불평등 시대의
시장과 민주주의

이 저서는 2017년 대한민국 교육부와 한국연구재단의
한국사회과학연구(NRF-2017S1A3A2066657)의 지원을 받아
수행된 연구임.

Market and Democracy in the Era of Inequality
by Hyeok Yong Kwon et al.

불평등 시대의 시장과 민주주의

MARKET and DEMOCRACY
in the Era of INEQUALITY

권혁용 김동훈 문우진 유항근 윤찬웅
이동한 이신화 이양호 이정진 임태균
정한울 조계원 지은주 최인숙 한서빈
지음

(주)버니온더문

머리말

〈불평등 시대의 시장과 민주주의〉는 한국연구재단의 한국사회과학연구(Social Science Korea, SSK) 대형사업인 '불평등 시대의 시장과 민주주의의 갈등과 조화'의 연구 결과물이다. 2017년 9월에 설립된 불평등과 민주주의연구센터(센터장 : 고려대학교 정치외교학과 권혁용 교수)는 불평등이 심화되는 시대의 시장 경제와 민주주의의 갈등을 해소하고, 그 대안을 제시하기 위해 총 21명의 국내외 학자들과 대학원생들로 구성됐다. 이 저서는 참여 연구원들의 개별적인 연구 결과물을 모은 것이다.

불평등과 민주주의연구센터는 불평등한 시장과 민주주의에 대한 다양한 경험적 연구와 비교연구를 통해 그 현황을 분석하고, 새로운 이론을 제시하며, 나아가 다중격차의 심각한 현실문제를 해결하기 위한 대안을 제시하는 것을 목표로 하고 있다. 불평등의 심화는 이미 세계적으로 일반적인 현상이 됐다. 그러나 국가와 정권마다 불평등의 양식과 수준이 다르며, 또한 그 대응의 아이디어와 정책도 다양하게 나타난다. 더불어 모든 국가에서 불평등의 심화가 상이한 정치제도와 연결되면서 새로운 다양성을 만들어내고 있다. 이와 같은 현실적인 문제의식 속에서 불평등과 민주주의연구센터에서는 20세기 이후의 불평등 지표와 민주주의 수준에 대한 자료를 분석하고, 그 관계에 관한 연구를 진행해오고 있다. 지역적으로는 OECD 국가군과 동아시아 국가군으로 구별해 연구를 진행해오고 있다.

이 저서는 이러한 주제들을 중심으로 한 참여 연구원들의 개별 연구 결과물이다. 총 3부로 나뉘어 있으며 11편의 논문을 주제별로 분류했다. 1부에서는 한국과 대만 그리고 프랑스에서의 불평등의 현황, 유권자의 인식과 정당 선택, 그리고 이를 개선하기 위한 제도개선을 다룬다. 2부에서는 불평등이 심화되는 과정에서 생성되는 패자들에 대한 보호의 문제를 다룬다. 또한 난민의 문제를 검토하고 도시개발 과정에서 발생하는 패자들에 대한 보호의 문제를 검토한다. 3부에서는 불평등이 심화되고 있는 시기의 민주주의의 문제를 검토한다. 다중격차 시대의 민주주의는 어떠한 민주주의가 되어야 하는가에 대한 고민을 담은 연구들을 수록했다. 각 연구의 세부 주제는 다음과 같다.

불평등 시대 유권자의 선택과 제도를 검토하는 제1부의 제1장은 〈투표 참여의 소득 편향 : 2003~2014 한국 사례 연구〉로 저자인 권혁용과 한서빈은 2003~2014년 〈한국종합사회조사〉 자료를 분석해 한국에서 투표 참여의 소득 격차가 발견되는지, 그리고 소득 불평등과 투표의 소득 격차가 어떠한 패턴을 보이는지를 통시적 시각에서 고찰한다. 분석 결과는 소득 불평등이 높을수록 더 많은 정치적 자원을 가진 고소득층의 목소리가 더 활성화되고, 적은 정치적 자원을 가진 저소득층은 정치과정에서 소외되거나 스스로 기권한다는 것을 입증해준다. 제2장은 김동훈, 윤찬웅, 임태균의 〈교육 불평등 완화를 위한 정치적 기반 : 공교육 투자 확대에 대한 세대효과〉로 저자들은 한국 사회의 공교육정책에 대한 한국인의 선호를 분석한다. 이 장은 교육정책에 대한 대중의 선호 분석을 통해 교육정책의 정치적 균열구조 및 정치적 토대를 살펴보고, 특히 교육정책에 대한 세대효과에 주목해 현재 사회변화의 동력인 밀레니얼 세대의 교육정책 선호를 살펴본다. 제3

장인 〈한국과 대만에서의 가난한 유권자의 역설〉은 한국과 대만에서 나타나는 가난한 유권자의 역설(the poor voter paradox) 원인을 분석한다. 저자인 지은주는 왜 가난한 유권자들이 자신들의 경제적인 이익에 역행하는 투표를 하는가에 관한 연구가 선진 민주주의 국가에서는 다양하게 진행되고 있지만, 동아시아의 사례에 관한 연구가 부족한 면에 주목한다. 제4장인 〈프랑스의 여성 평등과 대표성〉에서 최인숙은 프랑스의 여성 대표성에 대해 다룬다. 프랑스는 여성 대표성 확대를 위해 다른 국가들(할당제)과는 달리 파리테(남녀동수) 제도를 제정했다. 이 글은 그 파리테의 부상과 탄생배경, 제정·발전과정, 그리고 남은 과제를 밝히고 있다.

제2부는 불평등이 심화되는 가운데 발생하는 패자의 문제를 검토한다. 제5장인 〈동북아 난민 문제의 정치 외교적 대응 격차〉에서 이신화는 난민 문제에 대응하는 동북아 국가들의 정책 수립에 어떠한 요인이 작용하는지, 그리고 언제, 어떠한 조건에서 이들 국가는 포용적, 방관적, 혹은 배타적 정책을 채택해 '대응 격차(response divide)'를 보이는지의 문제와 관련해 난민 정책 수립에 대한 제안을 한다. 제6장인 〈한국인의 난민 태도 결정요인에 대한 실증적 탐색〉에서 정한울과 이동한은 난민에 대한 국민의 인식 및 태도를 다룬 실증적인 연구를 제시한다. 이 장에서는 유엔난민기구(UNHCR)와 한국리서치가 2020년 11월 공동으로 진행한 〈한국인의 난민 인식에 대한 조사〉 데이터를 활용해 한국인의 난민 문제에 대한 인식과 태도의 특징을 이해하고, 태도 결정요인을 실증적으로 검증했다. 제7장인 〈도시개발과 공간 불평등 : 성남시 태평동의 장소성을 중심으로〉에서 조계원은 성남시 태평동 사례를 중심으로 발전주의 도시화의 과정에서 초래된 한국의 도시개발과 공간 불평등의 역사를 고찰하고, 포용적인 도시개발의 방향을 탐구한다.

제3부는 불평등 시대 민주주의의 대응과 현실을 진단한다. 제8장인 〈민주주의의 역사〉를 집필한 유항근은 민주주의를 인류에게 주어진 축복이면

서도 위기로 보고 있다. 저자는 아리스토텔레스부터 시작해서 현대의 민주주의 사상가들에 이르기까지 민주주의의 대가들의 주장을 통해서 이러한 시각을 정리하고 있다. 제9장은 지역주의적 태도를 지역 정체성, 지역 경제 및 정치적 영향력에 대한 회고적 평가 및 지역 경제에 대한 전망으로 분류하고, 이들 변수가 지역주의 투표에 미치는 영향력을 분석한 〈지역투표, 지역주의 투표 및 이념투표〉이다. 저자인 문우진은 영호남민은 상대 지역에 대한 배타적 감정이 아닌 중립적 태도를 보이며, 영호남민의 지역주의적 정서는 자신의 출신지와 거주지를 기반으로 형성된 호감으로 구성된 것이라는 사실을 발견했다. 제10장인 〈세계 각국의 의회(국회)의원 소환제에 대한 정치 경제학적 분석〉에서 저자인 이양호는 의회(국회)의원을 소환하는 방법에 관해 연구하고 있다. 소환제와 관련해 찬반으로 나뉘는 뻬렉또라(Pélectorat)(인민주권) 논리와 페렉또라(Félectorat)(국민주권) 논리를 비교해 설명하고 있다. 제11장은 2020년 발생한 코로나19의 위기 상황을 맞아 이정진은 〈국가적 위기 상황에서의 비대면 국회 도입〉을 제시한다. 최근 국회는 코로나19와 같은 감염병의 확산이나 천재지변의 경우 원격영상회의를 할 수 있도록 국회법을 개정했는데, 이와 관련해 비대면 회의의 요건, 회의 방식, 적용 범위 등에 대한 구체적인 논의가 필요한 상황이다.

각 장에 수록된 연구는 대부분 미출간 원고이지만, 이 중에는 이미 저널에 출간된 연구들도 있다. 제1장인 권혁용, 한서빈 저 '투표 참여의 소득 편향 : 2003~2014 한국 사례 연구'는 '소득과 투표 참여의 불평등 : 한국 사례 연구, 2003~2014'의 제목으로 〈정부학연구〉 24권 제2호에 게재됐으며, 제2장인 김동훈, 윤찬웅, 임태균 저 '교육 불평등 완화를 위한 정치적 기반 : 공교육 투자 확대에 대한 세대효과'는 '한국교육정책의 정치적 기반 : 공교육 투자 확대에 대한 세대효과'의 제목으로 〈대한정치학회보〉 28권 2호에 게재됐다. 제5장인 이신화의 '동북아 난민 문제의 정치 외교적 대응 격차'는 동일한 제목으로 〈담론 201〉 제22권 1호에 게재됐으며, 제11장인 이정진의

'국가적 위기 상황에서의 비대면 국회 도입'은 '비대면 국회 도입을 위한 방안 모색'으로 〈의정논총〉 제15권 2호에 게재됐다. 이 단행본 발간을 위해서 논문 재출간을 허락해준 저널에 감사한다. 단행본의 기획은 지은주 박사가 맡았으며, 원고의 정리와 편집과정에서 강나라 연구원이 많은 수고를 했다. 우리 센터의 다양한 연구가 한국 사회의 불평등과 더 나아가 동아시아와 세계의 불평등을 해결하는 데 작은 디딤돌이 됐으면 한다.

2021년 8월
권혁용 김동훈 문우진 유항근 윤찬웅
이동한 이신화 이양호 이정진 임태균
정한울 조계원 지은주 최인숙 한서빈

CONTENTS

Market and Democracy
in the Era of Inequality

제1부

불평등 시대, 유권자의 선택과 제도

1장

투표 참여의 소득 편향 : 2003~2014 한국 사례 연구[1]

권혁용(고려대학교), 한서빈(오하이오주립대학교)

I. 서론

한국 선거에서 소득은 투표 참여에 영향을 미치는가? 많은 나라에서 발견되는 투표 참여의 소득 격차(income bias in voting) 현상이 한국에서도 발견되는가? 소득 불평등과 투표의 소득 격차는 어떠한 관계를 나타내는가? 투표의 소득 격차는 저소득층이 고소득층보다 더 투표 불참을 많이 하고, 소득이 높을수록 투표 참여를 더 많이 하는 현상을 가리킨다. 이러한 현상은 선출직 대표들이 저소득층의 요구와 이익에 반응하지 않는 대신에 고소득층의 경제적 이해관계에 매우 민감하게 반응하는 '불평등한 반응성'(unequal responsiveness)과 연결되어 있다(이현경·권혁용 2016; Bartels 2008; Gilens 2012). 투표의 소득 격차와 선출직 대표들의 불평등한 반응성이 결합해 불평등한 민주주의(unequal democracy)로 이끌게 된다. 소득 불평등과 정치적 불

──────────

1. 이 장은 〈정부학연구〉 24권 2호에 게재된 논문을 일부 수정, 보완한 것이다.

평등은 밀접하게 연관되어 있다. 물론 2가지 불평등 사이의 인과관계를 밝히는 것은 더 체계적인 이론 수립과 인과추론을 가능하게 하는 연구 설계와 결합한 경험적 분석을 해야 한다. 그런데 분명한 것은, 소득 불평등이 시민들의 정치 참여와 선택에 영향을 미친다는 점이다. 동시에 소득 불평등이 정당의 선거 전략과 정부의 정책 선택에 영향을 미치는데, 소득에 따른 정치적 반응성의 불평등이 중요한 메커니즘으로 작동해 소득 불평등을 완화하기 어렵게 한다. 하나의 순환 고리를 이루는 것이다(Bonica et al. 2013). 이러한 점에서, 한국에서 투표 참여의 소득 격차를 분석하고, 소득 불평등과 투표 참여의 소득 격차의 관계를 고찰하는 것은 현실적으로 매우 중요한 연구주제다.

소득과 투표 참여의 관계에 관한 연구들은 일반적으로 소득이 높을수록 투표할 확률이 높고, 저소득층은 투표 참여가 상대적으로 낮은 경향이 있다는 점을 발견했다. 주로 미국 정치 연구에서 이러한 투표의 소득 격차가 발견되며, 유럽 국가들을 대상으로 한 비교연구에서도, 그 정도는 미국보다 미약하지만, 소득에 따른 투표 참여의 격차가 발견됐다(Franklin 2004; Leighley and Nagler 2014; Wattenberg 2002). 투표의 소득 격차 현상은 규범적으로 민주주의의 작동과 관련해 중요한 이슈로 제기되어왔다. 다시 말해서, 고소득층이 저소득층보다 투표장에서 훨씬 과다대표(overrepresentation)되고 있다는 것이다. 정치적 평등에 바탕을 둔 민주주의의 원리에 어긋나는 현상이라는 점이 지적되어왔다. 그런데, 연구자들 사이에서 이견을 보이는 부분은, 투표의 소득 격차 현상이 소득 불평등이 증가해온 1980년대 이후에 그 이전 시기보다 더 심화됐는가 하는 점이다. 레일리와 네이글러(Leighley and Nagler 2014)는 미국에서 1972년에 나타난 투표의 소득 격차 정도와 2008년의 격차 정도가 크게 차이가 나타나지 않는다고 주장했다. 이러한 점은 놀랍게도 1970년대 중반 이후에 비약적으로 증가한 미국의 소득 불평등에도 불구하고 나타나는 현상이다. 반면, 프리먼(Freeman 2004)은 1970년대에 비해서 1990년대 말 미국 선거에서 투표 참여의 소득 격차가 훨씬 심화됐다고 주장했다. 미국 선거 정치 연구에서 통시적으로 소득에 따른 투표 참여의 불평등이 심화됐는지에 대한 논쟁이 활발하게 진행되어온 것에 반해서, 한국의 투표 참여 연구에서 투표 참여의 소득 격차에 관한 연구는, 우리가 알기에, 거의 전무하다. 한편으로는, 소득보다는 지역, 세대, 이념에 따라 투표 참여가 어떻게 달라지는지를 분석하는 경향이 강했다(강원택 2010; 이갑윤 2008). 또한, 선거 경합도와 정치적 이념성향 등 선거 국면적 변수나 정치적 요인으로 투표 참여를 설명하는 연구를 많이 진행했다(윤성호·주만수 2010; 조성대 2006; 한정훈·강현구 2009; 황아란 2008). 다른 한편으로, 소득과 투표 참여의 관계를 살펴본 연구들도 대부분 일시적인 횡단면 자료 분석에 머물러 온 것이 사실이다(서복경 2010; 서현진 2009). 이렇듯 기존 연구들이 횡단면 자료 분석이라는 제약이 있었기 때문에, 한국 선거에서 통시적으로 투표의 소득 격차 현상이 발견되는지, 그리고 시기적으로 어떠한 추이를 보이는지에 대해 밝혀내지 못했다.

이 장은 첫째, 한국 선거에서 소득과 투표 참여의 상관관계가 발견되는지, 둘째, 투표 참여의 소득 격차 현상이 통시적으로 어떠한 추이를 보이는지, 그리고 셋째, 소득 불평등과 투표 참여의 소득 격차가 어떠한 패턴을 나타내는지를 분석한다. 이러한 연구 질문에 답하기 위해서 〈한국종합사회조사(Korean General Social Survey, KGSS) 2003~2014〉 자료를 분석한다. 우리의 분석 결과는 2003~2014년 시기 동안 한국 사회에서 투표 참여의 소득 격차를 발견하게 된다는 점을 보여준다. 소득이 높을수록 투표할 확률이 높게 분석됐다. 우리의 분석은 또한 투표의 소득 격차가 투표율이 낮은 선거에서 더 뚜렷하게 드러나는 것을 제시한다. 이 연구의 분석은 또한 소득 불평등과 투표 참여의 소득 격차는 양(+)의 상관관계를 갖는 것을 발견했다. 소득 불평등 수준이 높을 때 투표 참여의 소득 격차가 더 큰 것으로 나타났다. 이러한 분석 결과들은 한국 선거에서 투표 참여의 불평등이 발견되며, 투표장에서 고소득층이 과다대표되고, 저소득층이 과소대표되고 있다는 점을 제시한다.

이 장의 학문적 기여는 우선 한국 선거 연구에서 그동안 상대적으로 간과되어온 투표 참여의 소득 격차를 체계적으로 분석한다는 점에 있다. 그리고 한국 선거에서 소득이 투표 참여에 어떠한 영향을 미치는지에 대한 체계적인 정치 경제적 연구라는 점에 의의가 있다. 두 번째로, 이 연구는 한국 선거 정치 연구에서 투표 참여의 소득 격차를 통시적으로 분석한 최초의 연구다. 2003~2014년 시간의 흐름에서 지난 12년 동안 소득과 투표 참여의 관계가 어떠한 추이를 보이는지를 보여준다는 점에서 이 연구의 기여가 있다. 셋째, 이 연구는 비록 추론적이기는 하지만 한국의 소득 불평등과 투표 참여의 소득 격차에 대한 분석과 해석을 제시한다는 점에서, 소득 불평등과 밀접하게 연결되는 정치적 불평등의 한 단면을 보여준다는 점에서 의의가 있다. 한국의 투표장에서 고소득층이 과다대표되고 저소득층은 과소대표되는 현상을 제시하는 것은 한국 민주주의의 현실을 정확히 직시하고 정치적 불평등의 완화를 위한 제도적, 정책적 대안을 마련하는데 첫 문제 제기가 될 수 있다.

이 장은 다음과 같이 구성된다. 다음 절에서는 소득과 투표 참여에 관한 정치학적 논의들을 간략히 소개한다. 그다음 절에서 우리가 사용하는 자료와 변수들을 소개하고, 이어서 분석 결과를 제시하고, 소득 불평등과 투표 참여의 소득 격차의 패턴을 탐색적 자료 분석을 통해 살펴본다. 마지막 절은 결론과 함께 정치학적 함의를 제시한다.

II. 투표 참여 : 이론적 논의

1. 소득과 투표 참여

투표 참여에 관한 논의는 비용—이득 분석(cost-benefit analysis) 이론 틀을 통해 접근할 수 있다. 대표적으로 다운즈(Downs 1957)의 모델은 상대적 비용

과 이득에 대한 개인의 평가를 반영한 것이다. 즉, 투표함으로써 얻는 이득
이 비용을 초과할 때 사람들은 투표한다는 것이다. 다운즈(Downs 1957)는 4
가지 변수가 투표의 이득에 영향을 미친다고 제시했다(274). 첫째, 정당이
제시하는 정책의 차이에 대한 인식, 둘째, 선거가 얼마나 박빙 경합인가, 셋
째, 투표행위 자체의 가치, 그리고 넷째, 얼마나 많은 사람들이 투표할 것인
가에 대한 예측 등이 그것이다. 이러한 투표 참여에 대한 논의는 다음과 같
은 간단한 교과서적 수식으로 표현할 수 있다(Enelow and Hinich 1984; Mueller
2003).

$$\text{Vote if and only if } PB - C + D > 0$$

여기에서 P는 어느 한 투표자의 표가 당선자를 결정지을 확률, B는 선
호하는 정당/후보자가 당선될 때 얻게 되는 심리적·물질적 효용, C는 투표
에 드는 정보취합 비용 및 기회비용, 그리고 D는 투표 자체로부터 얻게 되
는 효용을 가리킨다. 이 수식을 위에 제시한 다운즈의 4가지 요인들과 견주
어 살펴보면, 정당 정책의 차이에 대한 인식이 B의 값에 영향을 미칠 것이
고, 선거경합도에 대한 인식과 얼마나 많은 사람들이 투표할 것인가에 대한
인식이 P에 대한 인식(결정적인 표가 될 것이라는 인식)에 미칠 것이다. 투표행위
자체의 가치에 대한 투표자의 인식이 D에 영향을 미친다.

이 논의를 더 부연해 설명하자면, 유권자들은 경쟁하는 정당들의 정책
의 차이가 뚜렷하게 나타날수록 B의 값이 커지고, 전체 유권자 수가 적고
선거가 경합적이어서 유권자가 자신이 결정적 투표를 행사할 가능성이 크
다고 인식할수록 P의 값이 커지며, 그리고 정보취합비용과 기회비용이 작
을수록 투표에 드는 비용(C)이 적어지고, 투표가 시민의 덕목이라는 규범과
투표함으로써 얻는 표현적 효용(expressive benefits)이 클수록 D가 커진다. 각
각의 변수들이 투표할 확률에 영향을 미치게 될 것이다.

이 장의 문제의식과 관련해, 중요한 것은 소득계층에 따라 이러한 변

수들이 어떻게 차이가 나는지, 소득계층에 따라 위의 변수들에 대한 주관적 인식이 다르게 나타나는지에 따라 투표 참여의 확률이 다르게 나타날 것이라는 점이다. 볼핑거와 로젠스톤(Wolfinger and Rosenstone 1980)은 미국 선거의 투표 참여에 관한 고전적인 연구에서 극빈층이 투표율을 낮추는 것은 사실이지만, 극빈층을 제외하고 나면 소득이 투표 참여에 그리 커다란 영향을 미치지 않는다고 주장했다(26). 그런데도 소득이 투표 참여와 연관될 수 있는 5가지 이유를 제시한 바 있다(20-22). 첫째, 저소득층은 매일 매일의 생계와 직접적인 관련이 없는 부차적인 일에 헌신할 수 있는 시간이 부족하다. 둘째, 고소득층은 정치적 참여와 관심의 정도를 증가시키는 경향이 있는 직업을 갖는다. 셋째, 소득은 사회적 네트워크에 영향을 미친다. 고소득층은 시민적 덕목과 참여를 강조하는 규범과 사회적 네트워크에 연관될 가능성이 크다. 넷째, 고소득층은 정치적, 사회적 사안에 대해서 적극적으로 의사를 표시하고 개입할 가능성이 크다. 다섯째, 고소득층은 저소득층보다 현재 시스템에 더 큰 이해관계를 갖고 있다.

여기에서 지적할 점은, 유권자의 시각에서 투표 참여의 결정요인을 논의할 때, 정당과 후보자의 전략적 행위, 그리고 선거 국면에서 제시되는 중요한 이슈가 무엇이며 정당들이 어떠한 정책공약을 제시하는가에 대한 위로부터의 접근(top-down approach)과 결합되어야 완전한 이론적 논의가 가능하다는 것이다. 올드리치(Adrich 1993)는 합리적 행위로서 투표는 다른 집단행동의 논리와 달리 그렇게 큰 비용이 들거나 커다란 이득을 얻는 행위는 아니라는 점을 강조한다. 따라서 투표 참여 여부를 결정짓는 것은 오히려 전략적인 정당과 후보자들의 역할이 더 중요하다고 주장한다. 정당과 후보자들의 정책의 차별성 여부와 캠페인을 통해 어느 계층집단의 투표를 더 독려하는가가 중요하다는 것이다.

2. 소득 불평등과 투표 참여

소득 불평등과 정치 참여의 관계에 대해 서로 대립하는 이론적 예측이 존재한다. 첫째, 갈등이론(conflict theory)이다. 불평등이 증가하면서 사회의 소득분포 구조에서 저소득층의 위치가 이전보다 더 뚜렷하게 부각되고 불평등 이슈가 현저화(salient)되며, 이는 저소득층의 계층의식을 증진시키고 따라서 저소득층의 적극적인 투표 참여와 재분배정책 요구를 기대할 수 있다는 것이다(Brady 2004). 소득 불평등의 증가와 저소득층의 투표 참여 증가가 맞물려 있다는 예측인데, 이에 대한 일반적인 경험적 증거는 아직 부족한 것이 사실이다(Solt 2010).

둘째, 상대적 권력이론(relative power theory)이다. 소득과 자산은 정치적 자원으로 이어진다는 전제에서 출발한다. 소득 불평등이 심한 맥락에서는 고소득층의 정치적 자원과 저소득층의 자원의 격차가 더 커지게 된다(Goodin and Dryzek 1980). 이러한 논의의 맥락에 따르면, 소득 불평등의 증가는 정치 참여의 소득 격차를 더 심화시키고, 고소득층의 견해와 담론이 공론영역에서 더 힘을 발휘하면서 저소득층은 고소득층이 전파하는 가치와 규범을 내면화하는 적응을 보이게 된다(Gaventa 1980). 휴버와 스티븐스(Huber and Stephens 2012)는 상대적 권력이론의 이론적 예측을 사회학, 정치학, 그리고 인류학에서 흔히 가정하는, "'사회구조는 스스로 재생산한다'라는 가정에 부합한다"라고 평가한 바 있다(37).

그런데, 이러한 두 이론은 정치과정에서의 갈등과 투표 참여를 각 집단이 갖고 있는 자원(resource)으로 설명하는데(Brady et al. 1995), 베라멘디와 앤더슨(Beramendi and Anderson 2008)이 지적하듯이, 투표 참여를 자원뿐만 아니라 인센티브의 차이로도 설명할 필요가 있다. 여기에서 자원과 인센티브는 분석적으로 구분되는 개념이기는 하지만 현실적으로는 긴밀히 맞물려 있기도 하다. 소득 불평등의 증가가 저소득층과 고소득층의 투표 참여의 인센티브에 어떠한 영향을 미치는가에 초점을 둘 필요가 있다는 것이다. 예컨대, 투표할 것인가 하지 않을 것인가를 결정할 때, 소득 불평등이 투표 참여에 미치는 영향은 선거 경쟁에 참여하는 정당들이 어떤 정책을 제시하는가로 조건 지어질 것이다. 정당이 제시하는 정책이 유권자들이 투표 여부를 결정할 때 중요한 B값(선호하는 정당의 승리로부터 얻게 되는 효용)의 크기에 영향을 미칠 것이기 때문이다.

소득 불평등과 투표 참여의 관계와 관련해, 레일리와 네이글러(Leighley and Nagler 2014, 8-9)는 다음의 2가지 가상적 시나리오를 제시한다. 첫째, 저소득층에게 유리한 재분배정책을 제시하는 정당이 하나 존재할 경우, 저소득층은 두 정당 모두 재분배정책을 제시하지 않은 경우에 비해 정치적 소외를 덜 느끼게 된다. 따라서 소득 불평등이 증가하고 재분배정책이 현저한 선거 이슈로 등장할 때 하나의 정당이 재분배정책을 제시하고 선거 경쟁에 뛰어든다면, 저소득층이 투표할 가능성이 크다. 이러한 재분배 이슈의 현저성은 고소득층에게도 투표할 인센티브를 제공해 고소득층의 투표 가능성도 커진다. 이 경우, 종합적 효과는 저소득층의 투표율이 이미 낮은 수준이었기 때문에, 이전보다 투표하는 저소득층 유권자 수가 급격하게 늘어날 것이므로 이미 투표 참여가 높았던 고소득층의 증가에 비해 더 높은 증가율을 보일 것이다. 따라서 투표의 소득 격차는 줄어들게 될 것이다.

둘째, 경쟁하는 어느 정당도 재분배정책을 제시하지 않는 경우, 저소득층은 소득 불평등이 증가한 상황에서 더 정치적 소외를 느끼게 될 것이고 투표할 가능성이 작아질 것이다. 이는 고소득층에 비해 낮은 투표율을 보이면서, 이러한 경우 투표 참여의 소득 격차는 더 높아질 것이다. 두 시나리오 모두 전제하는 것은, 정당의 정책으로부터 도출되는 효용이 유권자들에게 투표함으로써 얻게 되는 이득과 연계되어 있다는 점을 전제로 한 것이다.

3. 한국의 선거와 투표 참여

서구 민주주의 국가에서 사회경제적 요인과 투표 참여의 관계에 관한 연구는 대체로 나이가 많을수록, 교육수준이 높을수록, 그리고 소득수준이 높을수록 투표에 참여할 확률이 높다는 것을 밝혀왔다. 그리고 이러한 현상은 대체로 시간이나 정치 정보 수준 등 정치 참여를 쉽게 만드는 자원이 풍부하다는 메커니즘으로 설명된다.

그런데 한국 선거 연구에서 제시된 바에 따르면, 연령과 투표 참여의 관계는 분명하게 드러나지만, 소득과 투표 참여의 관계에 대해서는 명확한 경험적 증거를 제시하지 못하거나 상반된 결과를 보여주었다(김성연 2015; 서복경 2010; 서현진 2009). 서현진(2009)은 2007년 대선과 2008년 총선에서 학력 수준이 높을수록 투표 불참의 확률이 높으며, 소득과는 아무런 상관관계가 존재하지 않는다고 밝혔지만, 서복경(2010)은 같은 선거들에서 연령이 높을수록, 학력이 높을수록, 그리고 소득이 높을수록 투표 참여의 확률이 높다는 것을 발견했다. 마찬가지로 김성연(2015)은 2012년 총선과 대선 자료에 대한 분석에서 투표 참여 집단과 불참 집단의 사회경제적 특성을 비교한 연구에서 소득의 차이가 뚜렷이 발견됐다고 주장했다. 투표 참여 추정 모델의 차이나, 모델 설정(specification)의 차이가 소득과 투표 참여에 관한 상반된 연구 결과로 이어졌을 수도 있다. 그런데 기존 연구들에서 나타나는 공통점은 횡단면 연구 설계에 바탕을 둔 분석이라는 것이다. 통시적으로 한국 선거에서 소득과 투표 참여의 관계가 어떠한 특성과 추이를 보이는지, 그리고 투표 참여의 소득 격차가 존재한다면, 소득 불평등과 투표 참여의 소득 격차가 어떤 관계를 나타내는지에 관한 연구는 존재하지 않았다. 이 연구가 최초의 시도라 할 수 있다.

III. 경험적 분석 : 자료와 변수

이 연구는 〈한국종합사회조사(Korean General Social Survey) 2003~2014〉(김지범 외 2017) 자료를 활용한다. 〈한국종합사회조사 2003~2014〉는 12년 기간 동안 매년 실시됐고, 다단계 임의추출 기법으로 추출된 응답자들을 대상으로 대면조사를 수행한 자료다.

이 연구에서 사용하는 종속변수는 투표 참여다. 문항은 "귀하는 지난

○○선거에서 투표하셨습니까?" 투표했다고 응답한 경우 1, 투표하지 않았다고 응답한 경우 0으로 코딩했다. 투표 참여뿐만 아니라 이 분석에서 사용된 문항 내용은 〈부록 표 A.3〉에 나타나 있다. 12년 기간 동안 두 차례의 대통령선거, 세 차례의 국회의원선거와 지방선거가 시행됐다(2004년 총선, 2006년 지방선거, 2007년 대선, 2008년 총선, 2010년 지방선거, 2012년 총선, 2012년 대선, 2014년 지방선거). 서베이 자료를 활용해 투표 참여를 분석하면서 다음의 2가지 점을 지적할 만하다.

첫째, 실제 투표율보다 여론조사 응답자 중에 투표했다고 응답하는 사람들의 비율이 거의 항상 높다는 점이다. 한편으로는 투표 불참자들일수록 여론조사에 참여하지 않을 가능성이 더 크기 때문이고, 다른 한편으로는 실제 투표하지 않았음에도 불구하고 투표했다고 응답할 인센티브가 존재하기 때문이다(desirability bias). 종합적으로 볼 때, 서베이 응답자 중에 투표기권자들이 과소대표 되면서 발생할 수 있는 왜곡과 투표에 불참했던 응답자 중의 일부가 투표했다고 허위로 응답하면서 발생할 수 있는 왜곡이 서로 상쇄된다면 분석에 커다란 편향을 가져오지는 않는다(Lutz and Marsh 2007; 김성연 2015, 51에서 재인용). 둘째, 선거의 층위에 따라 투표 참여 여부의 차이를 가져올 수 있다는 점이다(김욱 2006). 예컨대, 대통령선거가 더 중요한 선거로 인식되고 지방선거의 중요성이 상대적으로 낮은 것으로 인식되면, 지방선거에서는 기권하고 대통령선거에서는 투표할 수도 있다. 그러나, 선거 층위에 따른 투표 참여/기권 여부가 소득계층에 따라 체계적으로 차이가 난다고 믿을 만한 이론적인 근거가 존재하지 않는다면, 분석에 커다란 편의(bias)를 초래할 것이라고 볼 수 없다. 예를 들어, 저소득층이 체계적으로 지방선거에서는 기권하고 대통령선거에서는 대거 투표할 것이라고 생각할 논리적 근거는 없다. 따라서 이 분석에서는 모든 층위의 선거에서 투표 참여 여부를 분석한다.

투표 참여의 소득 격차를 분석하기 위해서 소득계층을 어떻게 구분할 것인가가 중요한 문제가 된다. 〈한국경제활동인구조사(이하 경활조사)〉 등 대단위 조사가 정확한 소득 측정에 더 적합한 자료이지만, 경활조사에는 투표 참여 여부를 묻는 문항이 존재하지 않는다. 투표 참여 문항과 소득 문항이 동시에 존재하는 경우, 소득은 대체로 주어진 소득 구간 중에서 응답자가 선택하는 문항으로 구성되어 있다. 물론, 가구소득 문항에 대한 응답의 정확성에 대해서 의문의 여지가 있다. 모든 가구 구성원의 소득을 정확히 알지 못하거나, 혹은 정확히 알더라도 축소 보고(under-report)할 유인이 존재하기도 한다. 그런데도 더 좋은 측정치의 결여로 인해 〈한국종합사회조사〉 자료의 소득 문항을 활용한다.

〈한국종합사회조사〉 자료에 포함된 세전(pre-tax and pre-transfer) 가구소득을 묻는 문항은 22개의 소득 구간으로 범주화되어 있다. 이 문항을 바탕으로 우리는 다음의 2가지 측정을 분석에 사용한다. 첫째, 22개의 소득 구간을 저소득층−중산층−고소득층으로 구분한다. 저소득층은 0−3구간, 중산층은 4−10구간, 그리고 고소득층은 11−21의 구간이다. 저소득층은 149만 원 이하, 중산층은 150만 원~499만 원, 고소득층은 500만 원 이상 집단으로 구분된다. 세 소득집단을 다른 기준으로 범주화해 분석한 경우에도, 아래에서 보고할 분석 결과와 질적으로 다르지 않은 결과를 발견했다. 둘째, 전체 응답자들의 중위 응답 구간인 7을 기준으로 중위소득 이하(7 포함; 0-7) 집단과 중위소득 이상 집단(8-21)으로 구분해 분석한다. 중위소득을 기준으로 이하와 이상을 구분하는 것은 멜처−리차드(Meltzer and Richard 1981) 모델에서 제시한 중위소득과 소득 불평등, 그리고 정부의 크기에 관한 연구와 맞닿아 있다. 멜처와 리차드(Meltzer and Richard 1981)는 소득 불평등이 증가하면서 중위소득이 평균소득보다 하락하는 경향이 있고, 선거에서 결정적인 중위투표자(=중위소득)가 더 많은 재분배정책을 요구하면서 재분배정책을 제시하는 정당에 투표할 가능성이 커진다는 이론을 제시했다. 이러한 2가지 소득집단 구분을 통해 한국 사회에서 투표 참여와 소득의 관계를 분석한다.

투표 참여에 영향을 미칠 수 있는 다른 독립변수들을 분석에 포함한다. 연령은 실제 나이로 측정한 것이다. 선진 민주주의 국가뿐만 아니라 한국 선거 연구에서도 연령이 높을수록 투표할 확률이 높다는 것은 잘 알려진 사실이다(이갑윤 2008). 연령이 높을수록 투표 참여에 필요한 자원, 즉 정보취합 비용이 적게 들거나, 더 많은 유휴시간을 갖고 있거나, 아니면 더 정치에 관심이 높은 경향이 있다. 따라서 연령이 높을수록 투표에 참여할 확률이 높을 것이라 예측할 수 있다. 성별(남성=1)을 분석에 포함한다. 한국 선거 연구에서 성별에 따른 투표 참여의 상관관계에 대해서 뚜렷하게 어느 한 성이, 다른 조건이 모두 같다면, 투표할 확률이 다른 성에 비해서 높다는 이론적, 경험적 발견을 제시하지는 못했다. 교육수준(1-7구간 범주)을 분석에 포함한다. 미국 등 선진 민주주의 국가의 투표 참여 연구에서는 교육수준이 높을수록 투표 참여의 확률이 높다는 연구 결과들이 축적되어왔다(Verba et al. 1995; Wolfinger and Rosenstone 1980). 교육은 개인의 인지적 숙련도, 정치로부터 얻게 되는 이득, 그리고 사회적 기술을 증가시켜서 투표 참여의 가능성을 높이는 것으로 제시됐다. 그런데 한국 선거 연구에서 교육수준과 투표의 관계에 대한 경험적 증거는 혼재되어 있다. 서현진(2009)의 연구는 교육수준이 높을수록 기권할 확률이 높다고 밝혔지만, 다른 연구에서는 교육수준과 투표의 양(+)의 상관관계를 제시했다(강원택 2010).

미국 선거 연구에서 흥미로운 논의 중에는 자기선택(self-selection) 메커니즘을 강조한 연구들이 있다(Kam and Palmer 2008; Mayer 2011). 즉, 개인이 갖는 어떤 제3의 특징이 더 교육에 투자해 높은 교육수준을 달성하는 것을 추구하게 만들고, 동시에 투표에 참여하게 만들 수도 있다는 것이다. 투표를 열심히 할 특성을 갖는 사람이 동시에 더 높은 수준의 교육을 받는 것을 추구한다는 것이다. 경제활동 변수를 분석에 포함한다. 현재 수입이 있는 일을 하는 경우 1, 그렇지 않으면 0으로 코딩한다. 노동조합원이면 1, 그렇지 않으면 0으로 코딩한다. 노동조합이 교육과 공동체 형성을 통해 노동조합원이 자신의 경제적 이해관계를 더 명확하게 이해하고 그에 바탕을 둬서 정책 선호를 형성하고 정치 참여를 독려하는 계몽 효과(enlightenment effect)가 있으므로 노동조합원일수록 투표할 확률이 높을 것이라 예측할 수 있다.

선거 국면에 따라 투표율에 차이가 발생한다. 더 치열하게 경합하는 박빙의 선거일수록 투표할 인센티브가 증가한다. 또는 특정 선거에서 경제 위기 등 외부적 충격이나 스캔들 등의 국면적 변수 때문에 투표 참여의 확률에 차이가 날 수 있다. 이러한 점을 포착하기 위해서 연도 더미변수를 분석모형에 포함해서 연도별 고정효과(fixed effects)를 고려한다.

투표 참여에 영향을 미칠 수 있는 정치적 변수들이 있다. 예컨대, 정치 관심이 높을수록 그렇지 않은 사람에 비해서 투표할 확률이 높을 것이다. 정치효능감(political efficacy)이 높을수록 투표할 확률이 높다. 즉, 정치적 사안에 대해서 많은 정보를 갖고 잘 알고 있다고 생각하거나, 또는 일반 국민의 의견이 정치권에 잘 반영되어 정책으로 산출된다고 믿는 사람일수록 민주적 정치과정에 참여해 투표를 통해 목소리를 내는 경향이 있는 것이다. 또한, 선거 경쟁에 참여하는 정당들의 정책 차이가 뚜렷하다고 느끼거나, 아니면 가장 선호하는 정당의 정책 입장과 본인의 정책 입장의 거리가 가까울수록 더 투표할 가능성이 클 것이다. 그런데, 아쉽게도 이러한 정치적 변수를 분석에 포함하지 않는데, 그 이유는 〈한국종합사회조사〉 자료에서 위의 정치적 변수들은 매우 간헐적으로 문항에 포함되어 있기 때문이다. 이 연구는 2003~2014년 시기 동안 소득과 투표 참여의 관계에 대한 통시적 분석을 하는 데 주된 초점을 두고 있다. 따라서, 정치적 변수들을 포함할 경우, 특정 연도 조사자료에 대한 횡단면적 분석에 그칠 수밖에 없다. 다만, 매년 조사에 포함된 다음의 2가지 정치적 변수를 분석에 포함한다. 첫째, 응답자의 정치적 이념(1-5 척도)을 포함한다. 1은 매우 진보, 그리고 5는 매우 보수를 가리킨다. 둘째, 지지 정당이 존재하는지에 대한 문항을 활용해 지지 정당이 없다고 응답한 무당파층을 1, 지지 정당이 있는 경우 0으로 코딩한 더미변수를 분석에 포함한다. 무당파층일수록 기권할 확률이 높을 것이라 예측할 수 있다.

IV. 경험적 분석 결과

1. 소득과 투표 참여

한국 선거에서 소득과 투표 참여는 어떤 특성과 추이를 보여주는가? 우선 2003~2014년 기간의 소득과 투표율의 특징과 추이를 탐색적으로 분석한 후에, 투표 참여가 이항(dichotomous) 변수이기 때문에 투표 참여의 결정요인에 대해 2003~2014년 기간의 통합자료(pooled data)에 대한 로짓(logit) 분석을 수행한다.

26페이지의 〈그림 1-1〉은 2003~2014년 사이에 치른 대통령 선거, 국회의원 선거, 그리고 지방선거의 투표율(중앙선거관리위원회(NEC) 자료)과 한국종합사회조사(KGSS) 자료에서 투표했다고 응답한 응답자들의 비율을 보여준다. 평균적으로 실제 투표율보다 한국종합사회조사 투표 응답이 약 15% 포인트 정도 높게 나타났다. 2008년과 2010년 자료의 경우, 중앙선거관리위원회 투표율은 2008년 국회의원 선거와 2010년 지방선거 투표율을 나타낸 것이고, 한국종합사회조사 투표율은 두 차례 모두 2007년 대통령선거에서 투표했는지를 묻는 문항에 대한 응답분포이기 때문에 자료가 일치하지 않는다. 2004년 자료의 경우, 두 자료가 약 21% 포인트 차이를 나타낸다. 투표율의 차이가 발견되지만, 앞에서 언급한 대로, 투표 불참자가 여론조사에도 불참하기 때문에 발생하는 왜곡과 실제 기권자가 조사에서 투표했다고 응답함으로써 발생하는 왜곡이 서로 대체로 상쇄 효과가 있다면, 분석에 커다란 편의(bias)를 초래하지는 않을 것이다.

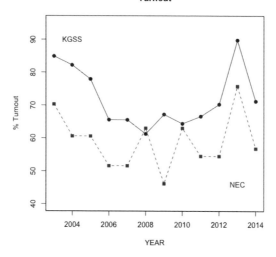

<그림 1-1> 한국 선거의 투표

우측의 〈그림 1-2〉는 소득계층과 투표 참여의 소득 격차를 보여준다. 2003~2014년 기간 동안, 고소득층이 저소득층보다 투표 참여를 더 많이 했다는 것을 알 수 있다. 패널 (a)를 보면, 원으로 표시된 고소득층의 투표 참여 비율이 네모로 표시된 저소득층의 참여 비율보다 2003년과 2013년을 제외한 다른 10년의 조사에서 높게 나타났음을 알 수 있다. 전반적으로 2003~2005년에 비해 2006년부터 투표율이 급격하게 낮아지는 것으로 조사됐는데, 이 기간에 고소득층과 저소득층의 투표 참여 비율이 더 차이가 난다는 점이 흥미롭다. 소득에 따른 투표 참여의 격차를 더 뚜렷하게 나타내는 것이 패널 (b)다. 위에서 언급한 대로 2003년과 2013년을 제외하고는 고소득층 투표 참여에서 저소득층 투표 참여를 뺀 차이는 모두 양수를 나타내었다. 2005년, 2010년, 2011년 조사에서 나타난 고소득층과 저소득층의 투표 참여의 격차는 10% 포인트 이상을 기록했다.

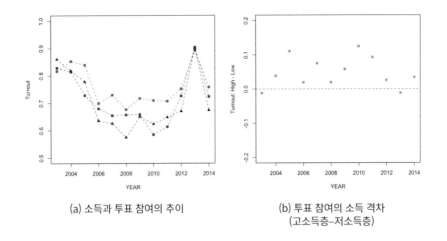

<그림 1-2> 소득계층과 투표 참여의 추이, 2003~2014

(a) 소득과 투표 참여의 추이

(b) 투표 참여의 소득 격차
(고소득층–저소득층)

언급해야 할 부분은, 전체 투표율이 낮게 나타날수록 고소득층과 저소득층의 투표 격차가 더 크게 나타난다는 점이다. 켄워시와 폰투손(Kenworthy and Pontusson 2005)은 고소득층이 저소득층보다 더 꾸준하게 투표하고, 저소득층의 투표 참여는 정치적 동원화(mobilization)의 영향을 많이 받기 때문에 전체 투표율이 증가한다는 것은 여태까지 투표장에 잘 나오지 않았던 저소득층의 참여가 증가했다는 것을 나타낸다는 주장을 제시했다. 〈그림 1-2〉가 제시하는, 전체 투표율의 하락과 소득계층의 투표 격차가 나란히 함께 발견된다는 점은 선진 민주주의 국가에서도 나타나는 일반적인 경향이다.

28페이지의 〈그림 1-3〉은 소득계층을 중위소득 이하 집단과 중위소득 이상 집단으로 구분한 후에 두 집단의 투표율을 보여준다. 2003~2014년 기간에 중위소득 이상 집단의 투표 참여가 중위소득 이하 집단의 투표 참여보다 항상 높았음을 알 수 있다. 패널 (b)는 중위소득 이상 집단과 이하 집단의 투표 참여 격차가 분석 대상 기간 동안 항상 양수였다는 점을 제시하고 있다. 2009년과 2010년 조사에서는 두 집단의 투표 참여 격차가 약 10% 포인트를 기록했다.

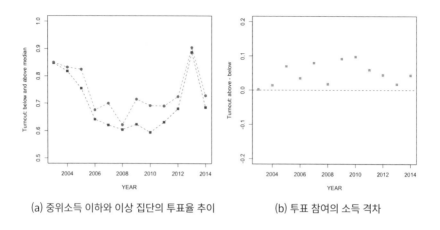

<그림 1-3> 중위소득 이하와 이상 집단의 투표 참여 추이, 2003~2014

(a) 중위소득 이하와 이상 집단의 투표율 추이   (b) 투표 참여의 소득 격차

　소득이 투표 참여에 미치는 영향을 체계적으로 추정하기 위해 로짓(logit) 분석을 수행했다. 〈표 1-1〉은 2003~2014년 통합자료에 대한 분석 결과를 보여준다. 투표 참여에 영향을 미치는 사회경제적 변수들과 일부 정치적 변수들을 포함하고 연도별 고정효과를 고려한 변수들을 포함한 모형을 추정했다. 분석 결과는 우리의 예측대로 저소득층일수록 중산층(준거 범주)에 비해 투표할 확률이 낮으며, 고소득층은 중산층보다 투표할 확률이 높다는 것을 보여준다. 두 변수의 추정계수는 모두 99% 신뢰수준에서 통계적으로 유의미한 것으로 나타났다. 승산비(odds ratio)를 계산하면, 저소득층은 중산층보다 투표할 확률이 약 15% 낮고, 고소득층은 약 20% 높은 것으로 추정됐다. 모델 (2)는 중위소득 이하 집단과 이상 집단을 구분하고 중위소득 이하 집단 더미변수를 분석모형에 포함한 결과이다. 마찬가지로 중위소득 이하 집단은 중위소득 이상 집단보다 투표할 확률이 낮은 것으로 나타났고, 이 결과는 99% 신뢰수준에서 통계적으로 유의미했다. 중위소득 이하 집단은 약 20% 정도 투표할 확률이 중위소득 이상 집단에 비해서 낮은 것으로 추정됐다. 분석 결과는 뚜렷하게 2003~2014년 기간 동안 투표 참여의 소득 격차를 보여주는 것이다.

<표 1-1> 소득과 투표 참여 2003~2014

변수	[1]	[2]
저소득층	−0.167*** (0.065)	
고소득층	0.181*** (0.051)	
중위소득 이하		−0.220*** (0.045)
연령	0.058*** (0.002)	0.057*** (0.002)
성별(남성=1)	0.224*** (0.044)	0.227*** (0.044)
교육수준	0.191*** (0.020)	0.192*** (0.020)
경제활동(경제활동=1)	−0.138*** (0.047)	−0.132*** (0.047)
노동조합원	0.288*** (0.080)	0.286*** (0.081)
정치적 이념	−0.080*** (0.022)	−0.079*** (0.022)
무당파층	−0.888*** (0.044)	−0.889*** (0.044)
상수	−0.394** (0.175)	−0.243 (0.182)
연도 고정효과	Yes	Yes
N	13,398	13,398
Log likelihood	−7,033.46	−7,032.50
Akaike Information Criterion	14,108.93	14,105.00

Note : 로짓 추정계수와 표준오차. 연도 고정효과는 지면의 제약으로 보고하지 않음.
* p⟨0.10, ** p⟨0.05, *** p⟨0.01

　　많은 연구에서 나타난 바와 같이, 연령이 한 살 많을수록 투표 참여 확률이 약 5% 높은 것으로 분석됐다. 여성보다 남성이 더 투표할 확률이 약 25% 높은 것으로 분석됐다. 교육수준이 0-7 척도에서 한 단계 높아질수록 투표할 확률이 약 21% 높은 것으로 분석됐다. 이 결과는 특정 선거 시기 횡단면 자료를 사용한 연구에서 고학력자가 더 많이 기권했다는 분석 결과(서현진 2009)와는 다른 것이다. 2003~2014년 통시적으로 분석했을 때, 한국 선거에서 고학력층이 더 많이 투표한다는 것을 보여준다. 이 점은 고학력층일수록 투표 참여에 대한 시민의식이 더 높기 때문이라 볼 수도 있지만, 일종의 자기선택 메커니즘(self-selection)이 작동해서 어떤 특성을 갖는 사람들이 학업을 계속해 고학력층이 되고 동시에 그 특성의 결과 투표를 하게 되는 것일 수도 있다. 물론 이러한 자기선택 메커니즘에 대한 경험적 검증은 더 정치한 연구 설계와 패널데이터 분석을 해야 할 것이다. 여기에서는 한국 선거에서 학력과 투표 참여의 양(+)의 상관관계를 지적하는 것으로 그친다.

분석 결과에 따르면, 놀랍게도 현재 수입이 있는 경제활동을 하는 사람이 아무 일도 하지 않고 있는 사람들(예컨대, 은퇴, 학생, 구직자, 실업자, 전업주부 등)에 비해 투표할 확률이 약 13% 낮은 것으로 나타났다. 이 결과는 다른 연구들과 차이가 나는 것인데, 고용상태에 있는 사람들이 실업자보다 투표 참여에 적극적이라는 연구들에서 준거 범주는 실업자지만, 이 분석의 준거 범주가 매우 이질적인 다양한 집단을 포함하고 있다는 점을 지적할 수 있다. 노동조합원들은 다른 집단에 비해 투표할 확률이 33% 더 높은 것으로 나타났다. 이념적으로 보수적일수록 투표할 확률이 7% 낮은 것으로 분석됐는데, 이는 소득과 연령, 그리고 이념의 상관관계가 매우 높다는 점에서 비롯되는 결과일 수도 있다. 지지하는 정당이 없다고 응답한 사람일수록 지지하는 정당이 있다고 응답한 사람들에 비해 투표할 확률이 무려 60% 정도 낮은 것으로 나타났다. 정치에 관한 관심이 낮거나, 정치 현실에 대해 만족하지 못하면 어느 정당에 대한 지지도 철회하게 될 것이고, 마찬가지 이유로 기권할 가능성이 클 것이다.

〈표 1-1〉에 보고한 분석 결과는 19~65세까지의 응답자들을 대상으로 한 것이다. 강건성 검증(robustness test)을 위해 65세 이상 응답자도 포함해 모형을 분석한 결과는 〈표 1-1〉에 제시된 분석 결과와 질적으로 동일했다. 저소득층 변수의 로짓 추정계수는 −0.238, 고소득층 변수의 추정계수는 0.182로 나타났고, 두 계수 모두 통계적으로 유의미했다. 한 가지 차이는 경제활동 변수가 65세 이상을 포함했을 때 통계적으로 유의미하지 않은 것으로 나타난다는 점이다.

2. 소득 불평등과 투표 참여의 소득 격차

저소득층이 고소득층보다 투표 참여를 덜 한다는 발견은 소득 불평등 수준에 따라 다른 패턴을 보이는가? 객관적인 소득분포의 불평등 정도와 투표 참여의 소득 격차는 어떠한 관계를 나타내는가? 이 절에서는 탐색적 수준에서 소득 불평등과 투표의 소득 격차의 관계를 살펴본다. 통계청에서 발표하는 지니계수는 2006년 이후부터 입수 가능하다. 따라서 이 절의 분석은 2006~2014년의 9개 자료만으로 소득 불평등과 투표 참여의 소득 격차의 관계를 살펴보아야 하는 제약이 있다. 물론 서베이 자료에서 소득 불평등에 대한 응답자의 인지와 태도를 묻는 문항들이 있으나, 주관적인 소득 불평등 인식보다는 객관적인 소득 불평등 수준과 투표 참여의 소득 격차의 관계를 분석하기 위해 부득이하게 탐색적 수준에서 상관관계를 산점도 (scatterplot)를 통해 고찰한다.

32페이지의 〈그림 1-4〉는 통계청 자료인 세전 가구소득 지니계수로 측정한 소득 불평등과 투표의 소득 격차의 관계를 보여준다. 패널 (a)는 고소득층과 저소득층의 투표 격차를 보여주고, 패널 (b)는 중위소득 이상 집단과 중위소득 이하 집단의 투표 참여 격차를 보여준다. 두 패널 모두 소득 불평등과 투표의 소득 격차가 양(+)의 상관관계를 나타낸다는 점을 제시한다. 즉, 2006~2014년 시기 한국 사회의 소득분포가 불평등할수록 투표 참여의 소득 격차도 더 뚜렷하게 나타난 것이다. 소득 불평등과 투표 참여의 소득 격차에 대한 체계적인 분석을 수행한 것은 아니지만, 〈그림 1-4〉에 제시된 패턴은 상대적 권력 이론의 주장에 조응하는 경험적 증거라 할 수 있다. 즉, 소득 불평등이 높은 맥락에서 고소득층의 정치적 자원이 더 파급효과를 갖게 되고, 고소득층의 투표 참여는 최소한 그대로 유지되는 반면에, 저소득층의 투표 참여는 더 감소하게 된다는 것이다. 이 경우, 그 효과는 투표 참여의 소득 격차의 확대가 된다. 그리고 소득 불평등과 투표의 소득 격차는 양(+)의 상관관계를 나타내게 된다.

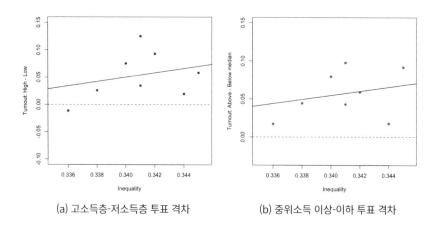

<그림 1-4> 소득 불평등과 투표 참여의 소득 격차

(a) 고소득층-저소득층 투표 격차   (b) 중위소득 이상-이하 투표 격차

V. 결론

이 장은 2003~2014년 〈한국종합사회조사〉 자료를 분석해 한국 선거에서 투표 참여의 소득 격차가 발견되는지, 그리고 소득 불평등과 투표의 소득 격차가 어떠한 패턴을 보이는지를 통시적 시각에서 고찰했다. 분석 결과는 다음과 같이 요약될 수 있다. 첫째, 2003~2014년 통합자료에 대한 분석 결과, 투표 참여의 소득 격차가 뚜렷하게 발견됐다. 중산층보다 저소득층은 투표할 확률이 낮고, 고소득층은 투표할 확률이 높은 것으로 분석됐다. 조사 응답자 중의 중위소득을 기준으로 중위소득 이하 집단과 중위소득 이상 집단을 구분해 추정한 모형에서도 중위소득 이하 집단이 중위소득 이상 집단보다 투표할 확률이 낮은 것으로 분석됐다. 2가지 다른 측정을 사용했을 때 모두 소득이 낮을수록 투표 참여 확률이 낮은 것으로 나타났다. 둘째, 탐색적 자료 분석을 한 결과, 소득 불평등과 투표 참여의 소득 격차가 양(+)의 상관관계를 나타내는 것으로 제시됐다. 한국 사회에서 소득분포가 불평등할 때 투표 참여의 소득 격차가 높았던 것으로 나타났다. 이러한 분석 결과는 갈등이론보다는 상대적 권력 이론에 조응하는 특징을 보여준다.

즉, 소득 불평등이 높을수록 더 많은 정치적 자원을 갖는 고소득층의 목소리가 더 활성화되고, 적은 정치적 자원을 가진 저소득층은 정치과정에서 소외되거나 스스로 기권하는 현상이 발견되는 것이다.

기존 한국 선거 연구에서 소득과 투표 참여의 관계에 관한 논의들이 특정 선거와 관련된 횡단면 연구 설계에 바탕을 뒀던 반면에, 이 연구는 2003~2014년 한국 사회에서 나타난 소득과 투표 참여의 관계를 통시적으로 살펴보았다는 점에서 새로운 학문적 기여를 제시한다. 통시적으로 살펴보았을 때, 투표율이 낮을 때 투표 참여의 소득 격차가 더 두드러지게 나타난다는 점을 보여준다. 낮은 투표율은 저소득층 중에서 기권자가 고소득층 기권자보다 더 많다는 점을 암시한다. 따라서 투표의 소득 격차는 더 증가하게 된다. 또한, 소득 불평등의 정도가 높을 때 투표의 소득 격차가 높아진다는 점도 소득 불평등의 증가가 저소득층의 정치소외 및 정치과정으로부터의 기권을 유도한다는 점을 보여준다. 불평등한 정치 참여가 소득 불평등이 높을수록 더 심화되는 것이다.

20여 년 전 레이파트(Lijphart 1997)는 "민주주의의 해결되지 않은 딜레마"(democracy's unresolved dilemma)로 정치 참여의 불평등을 지적한 바 있다. 저소득층과 고소득층의 정치 참여의 격차가 심화되면서 투표장에서 고소득층이 과다대표(overrepresentation)되는 현상을 가리킨 것이다. 정치적 평등의 원리에 바탕을 둔 민주주의에서 소득에 따른 특정 계층이 과다대표되는 것은 민주주의의 원리에 커다란 위협이 된다. 그리고, 이후 많은 연구를 통해 투표장에서뿐만 아니라, 정치과정과 그 산출물인 정책에서 고소득층의 요구와 이익이 훨씬 더 대표된다는 점이 밝혀졌다(Bartels 2008; Gilens 2012). 이러한 정치적 불평등의 한 단면이 한국 선거에서의 투표 참여의 소득 격차 현상으로 나타난다는 점을 이 연구에서 보여주었다. 소득 불평등과 정치 참여의 불평등이 맞물려서 전개된다는 점도 제시했다. 한국 사회의 정치적 대표(representation)의 불평등 현상에 대한 이슈가 좋은 연구주제가 될 것으로 본다. 한국 사회에서 어느 집단의 이익과 요구가 다른 집단보다 더 많이, 더 지속해서 반영되고 대표되는가에 대한 체계적이고 실증적인 연구가 필요하다.

<부록>

<표 1-A.1> 기술통계

변수	평균	중위수	표준편차	최소값	최대값
투표 참여	0.718	1	0.45	0	1
소득	8.253	7	4.806	0	21
저소득층	0.133	0	0.34	0	1
중산층	0.601	1	0.49	0	1
고소득층	0.266	0	0.442	0	1
중위소득 이하	0.531	1	0.499	0	1
중위소득 이상	0.469	0	0.499	0	1
연령	40.829	40	11.789	19	65
성별	0.475	0	0.499	0	1
교육수준	3.785	4	1.349	0	7
경제활동	0.649	1	0.477	0	1
노동조합원	0.084	0	0.277	0	1
정치적 이념	2.997	3	0.97	1	5
무당파층	0.337	0	0.473	0	1

<표 1-A.2> 상관관계

구분	연령	남성	고용	교육	노조원	소득	이념	무당파	투표	저소득	고소득
남성	0.002										
고용	0.092	0.297									
교육	−0.473	0.139	0.048								
노조원	−0.029	0.108	0.222	0.056							
소득	−0.071	0.032	0.162	0.377	0.074						
이념	0.101	−0.041	−0.017	−0.099	−0.018	−0.027					
무당파	−0.069	−0.01	0.023	0.035	−0.022	−0.013	0.005				
투표	0.211	0.055	0.02	−0.012	0.034	0.053	−0.017	−0.168			
저소득	0.19	−0.036	−0.163	−0.3	−0.07	−0.495	0.022	0.008	−0.002		
고소득	−0.02	0.021	0.105	0.288	0.059	0.81	−0.034	−0.018	0.05	−0.236	
중산층	−0.114	0.007	0.018	−0.052	−0.004	−0.388	0.016	0.01	−0.043	−0.48	−0.739

<표 1-A.3> 분석에 사용한 설문 문항

---

* 투표 참여=1, 기권=0
"귀하는 지난 _____ 선거에서 투표하셨습니까?"

　　2003 조사 - 2002년 대통령 선거
　　2004 조사 - 2004년 국회의원 선거
　　2005 조사 - 2004년 국회의원 선거
　　2006 조사 - 2006년 지방선거
　　2007 조사 - 2006년 지방선거
　　2008 조사 - 2007년 대통령 선거(분석에 사용) / 2008년 국회의원 선거
　　2009 조사 - 2008년 국회의원 선거
　　2010 조사 - 2007년 대통령 선거(분석에 사용) / 2010년 지방선거
　　2011 조사 - 2010년 지방선거
　　2012 조사 - 2012년 국회의원 선거
　　2013 조사 - 2012년 대통령 선거
　　2014 조사 = 2014년 지방선거

* 소득
"귀댁의 월평균 총소득은 세금공제 이전에 대략 어느 정도 됩니까? 귀하를 포함한 모든 가구원의 수입을 근로소득, 이자, 재산 및 임대소득과 연금, 각종 보조금 혹은 누군가로부터 개인적으로 받는 돈 등을 모두 합해서 말씀해주십시오." (0–21구간 척도)

저소득층 : 0-3구간(소득 없음-149만 원)
중산층 : 4-10구간(150만 원–499만 원)
고소득층 : 11-21구간(500만 원–1,000만 원 이상)
중위소득 이하 집단 : 0–7구간(소득 없음–349만 원)
중위소득 이상 집단 : 8–21구간(350만 원–1,000만 원 이상)

* 성별 : 응답자의 성별. 남성 1 / 여성 0

* 연령 : 응답자의 실제 연령.

* 교육수준 : "귀하는 학교를 어디까지 다니셨습니까?"
0 무학
1 초등(국민)학교
2 중학교
3 고등학교
4 전문대학(2, 3년제)
5 대학교(4년제)
6 대학원(석사과정)
7 대학원(박사과정)

* 경제활동 : "지금 수입이 있는 일을 하고 있습니까?" 취업 1 / 미취업 0

* 노동조합원 : "귀하는 현재 노동조합에 가입하고 있습니까?" 그렇다 1 / 아니다 0.

* 정치적 이념 : "귀하는 자신이 정치적으로 어느 정도 진보적 또는 보수적이라고 생각하십니까?"
1 매우 진보적
2 다소 진보적
3 중도
4 다소 보수적
5 매우 보수적

* 무당파층 : "귀하는 현재 어느 정당을 지지하십니까?" 지지 정당 없음 1 / 지지 정당 있다고 응답한 경우 0

교육 불평등 완화를 위한 정치적 기반 : 공교육 투자 확대에 대한 세대효과[2]

김동훈(고려대학교), 윤찬웅(휴스턴대학교), 임태균(하버드대학교)

I. 서론

　　교육과 배움의 권리는 보편적 인권으로서 내재적(intrinsic) 가치를 가지고 있는 동시에 정치적, 사회적, 경제적 발전을 위한 수단적(instrumental) 가치를 가지고 있다. 교육을 받지 못한 사람들은 자신의 정치적 권리를 행사하는 데 있어 어려움을 가질 뿐만 아니라, 사회적으로 소외되고, 새로운 기술에 적응하지 못하기에 경제적으로 뒤처질 수밖에 없다(Acemoglu et al 2002; Dahl and Shapiro 2015, 35; Helliwell and Putnam 2007).[3] 21세기의 현실은 60년 전 립셋(1959)과 같은 근대화론자들이 제시했던 장밋빛 예측들과는 다르게 대중교육은 확대됐으나, 사회구성원들의 받는 교육의 질적 차이가 확대되어 교육의 분배에 있어 불평등이 심화하고 있다. 교육은 사회 내에서 경제 불

─────────

2. 이 장은 〈대한정치학회보〉 제28권 2호에 수록된 논문을 수정, 보완한 것이다.

3. 교육은 개인의 보건/의료 상황에서도 긍정적 영향을 미치는 것으로 파악되고 있다. 부모의 교육수준이 1년 증가함에 따라 유아사망률이 약 7% 감소하는 것으로 나타나고 있다(Grossman 2006).

평등을 해소하는 가장 중요한 기제로서, 빈곤층이 부유층과 비교해 얼마나 비슷한 수준의 교육 및 지식과 경험을 성취하는가에 따라 경제 불평등이 완화될 수 있다. 그 점에서 교육 혜택의 질적 차이로 대표되는 교육 불평등은 정치, 사회, 경제의 핵심적 의제로 자리 잡았다(Piketty 2014).[4] 소득 불평등이 경제성장, 정치적 안정성, 사회적 통합에 악영향을 미치는 것과 마찬가지로, 교육 불평등 또한 유사한 결과를 가져올 가능성이 크다. 그뿐만 아니라, 소득 불평등은 실력주의(meritocracy)의 결과로서 경제적으로 정당화될 수 있지만, 교육 불평등은 기회의 평등이 담보되지 않고 있다는 것을 보여주는 것으로 도덕적으로뿐만 아니라 경제적으로도 정당화될 수 없다(Castelló-Climent 2008; Gift and Wibbels 2014).

이 장에서는 교육 불평등 완화를 위한 공교육 투자 확대의 정치적 토대를 살펴보고자 한다. 최근 한국의 현실은 교육 불평등 완화를 위한 공교육의 정상화라는 방향성과 관련해 공교육 투자 확대, 대학입시제도, 고교 평준화 정책 등 여러 측면에서 갈등적인 모습을 보여주고 있다. 2007년 이후 실행된 시·도 교육감 선거에서도 '진보'교육감이라는 명칭이 보여주듯이 이념 갈등의 상황이 지속되고 있다. 특히 최근 정부의 특목고 폐지 정책에 대한 논란은 한국 사회에서 교육정책이 가지는 다층적인 성격을 보여준다. 특목고 폐지를 반대하는 입장에서는 해당 정책이 교육기회 박탈과 학교 선택권 제한이라는 주장과 동시에 교육의 질적 수준과 교육경쟁력의 중요성을 외치고 있다. 반면, 특목고 폐지에 찬성하는 일부 지방교육청과 정부는 특목고 입시를 위한 과다한 사교육비지출 및 특목고의 높은 등록금을 근거로 현재 특목고 선택권은 부유한 계층에게만 있는 선택권이라고 주장하고

---

4. 교육의 질적 차이로 나타나는 부정적 영향으로 인해 최근 유엔의 지속 가능한 목표(UN SDGs)에서도 교육 불평등이 중요한 의제로 자리 잡았다. 더불어 개인적 수준에서도 교육 불평등을 경험한 학생일수록 부정적인 사회적, 감정적, 심리적인 영향을 경험할 뿐만 아니라, 학생들은 사교육비 등 사적 자원이 개인의 성취에 결정적 영향을 미친다는 점을 인지하게 된다. 이는 젊은 세대가 현실의 불평등을 수용하게 만들어 민주적 시민으로 성장하는 과정에서 정치적 평등을 포함한 민주적 가치에 대한 믿음이 약해진다는 점에서 교육 불평등은 민주주의의 지속 가능성에 대해서도 중요한 함의가 있다(Glaeser et al. 2007).

있다. 한국 사회에서의 공교육정책은 자유와 평등의 가치가 충돌하고, 자본주의와 민주주의가 충돌하고 있는 영역인 것이다.

코로나19 확산으로 초·중·고 등교가 제한되고 온라인으로 대부분의 교육 과정이 진행되어야 하는 상황 속에서, 개인의 환경에 따라 학습 성취의 격차가 심화하고 있다(김위정 2020; 박미희 2020). 정부의 공교육에 대한 투자 확대가 필요한 상황이지만, 정부의 교육정책은 기회의 평등과 관련된 공정성의 문제일 뿐만 아니라, 한정된 정부 자원을 배분하는 교육지출은 상황에 따라 누진적(progressive) 또는 역진적(regressive) 재분배 효과를 본다는 점에서 공교육 투자 확대를 지지하는 승리 연합(winning coalition)이 필요한 정치적 결정의 문제다(Ansell 2010). 한국의 공교육 정상화를 지속하게 하는 정치적 기반은 존재하는가? 이 장에서는 공교육에 대한 한국인의 선호 분석을 통해 교육정책의 정치적 균열구조 및 정치적 토대를 살펴보고자 한다.

정치, 사회, 경제문제에 대한 해결책으로 항상 등장하는 것이 교육정책이다. 교육에 대한 투자는 인적자본(Human Capital)의 축적과 기회의 평등 확보를 통해 경제성장에 기여하고, 빈곤과 소득 불평등을 완화한다는 점에서 공공재적 성격을 가지고 있다(Esping-Andersen 1999, 15). 전 세계적으로 2008년 경제위기 이후에도 다른 사회정책에 대한 정부지출이 줄어들었으나, 교육투자의 경우 집권 정당의 당파성과 상관없이 상당 부분 유지되어왔을 뿐만 아니라 교육투자 확대에 대한 대중의 선호 또한 증가했다(Gingrich and Ansell 2015, 282-304). 교육을 통한 인적자본의 축적은 자본의 수익률을 높이는 동시에 기술 수준 또한 상승시켜 지속적인 경제성장을 가능하게 할 뿐만 아니라(Barro and Lee 2015), 사회정책의 중요한 한 축으로서 시장의 경쟁 수준을 높게 유지하면서 다양한 구조조정으로 인한 폐해를 완화하는 중요한 역할을 하는 것으로 여겨진다(Boix 1998). 세계화 시대에, 그리고 서비스 경제로의 전환의 시기에 교육예산 확대는 경제성장을 유지하는 데 필수적인 요소일 뿐만 아니라 증가하는 경제 불평등을 완화할 수 있는 중요한 정책으로 주목받아왔다(Pontusson 2005). 〈그림 2-1〉에서 보여주듯이, 각 국가는 정부재정의 상당 부분을 교육비에 투자하고 있다. 대부분의 OECD 국가들의 경우, R&D 투자를 제외한 교육지출은 평균적으로 GDP 대비 약 4% 정도이고, 정부 총지출의 약 10%를 차지하고 있다.

한국은 2016년 기준으로 GDP 대비 약 3.9%, 정부 총지출의 약 12%를 교육 분야에 투자하고 있고, 2018년 기준 초·중·고 사교육비 총액이 약 20조, 학생 1인당 월평균 사교육비를 약 30만 원을 지출하고 있다(통계청, 2018). 이러한 현실은 한국을 세계적으로 교육열이 높은 나라로 인식시켰을 뿐만 아니라, 한국의 교육지출은 1945년 이후 한국의 고도성장을 설명하는 중요한 변수로 주목받았다(Seth 2002, 20-35). 1950년대 추진된 초등의무교육을 통해 1960년대 제조업 성장의 토대를 마련하고, 1970년대에는 중등교육, 1980년대에는 고등교육의 취학률이 급격하게 성장하면서 한국의 고속성장을 뒷받침하는 인적자본이 축적됐다는 것이다. 그리고 1990년대 이후, 대학진학률 및 취학률의 상승은 첨단산업 및 서비스산업 중심으로의 산업구조 전환에 기여한 것으로 평가받고 있다. 한국의 경우, 1960년대 이후 비슷한 정치 경제적 상황에 있던 국가들과 달리 보편교육 확대를 기반으로 점진적인 산업 구조조정을 통한 경제성장을 이루었다는 것이다(Ansell 2010).

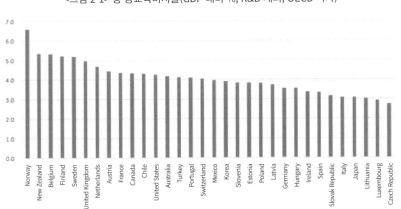

<그림 2-1> 총 공교육비지출(GDP 대비 %, R&D 제외, OECD 국가)

출처 : OECD(2019)

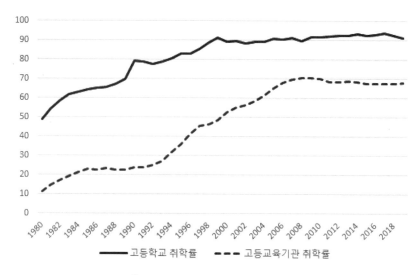

<그림 2-2> 한국의 취학률(취학률 : 취학적령 인구 가운데 학교에 재학 중인 학생 비율)

출처 : 국가통계포탈(Kosis.kr)[5]

　　보편교육의 확대 및 교육지출의 지속적인 증가가 가져온 긍정적인 혜택에도 불구하고, 이 글이 주목하고자 하는 패턴은 한국 정부의 공교육비 지출이 상대적으로 높지 않다는 점이다. 한국은 사교육비를 포함한 교육지출은 GDP 대비 약 12%로서 전 세계적으로 가장 많은 교육비를 지출하는 국가 중 하나이나, 교육지출 중 정부지출은 GDP 대비 약 4%로 OECD 국가 평균에 미치지 못하고 있다. 1990년대 이후 김대중 정부가 교육예산을 GDP 대비 약 6%로 확대하는 공약을 제시하는 등 교육예산의 확대가 이루어지는 듯했으나, IMF 경제위기 이후 정부의 교육지출은 5% 수준에 머물고 있다.

---

5. 취학적령 인구 : 유치원(만3세~5세), 초등학교(만6~11세), 중학교(만12~14세), 고등학교(만15~17세), 고등교육기관(만18~21세).

더욱이 〈그림 2-3〉이 보여주듯이 2010년 이후 정부의 교육지출은 점차 감소하고 있다. 이 논문은 이러한 추세에 대한 이해와 그 지속성을 파악하기 위해 교육정책에 대한 개인들의 선호를 분석하고자 한다. 한국의 대중은 교육정책에 어떠한 태도를 보이는가? 정부의 교육지출 확대를 지지하는 사람들은 누구인가? 어떤 개인이 선호하고, 교육정책에 대한 선호의 차이를 결정하는 요인은 무엇인가? 이 장에서는 2019년 12월에 시행한 여론조사에 대한 분석을 통해 한국 공교육정책의 정치적 토대를 파악하고자 한다.

<그림 2-3> 한국 정부의 총 공교육비지출(GDP 대비 %, R&D 제외, 2010~2016)

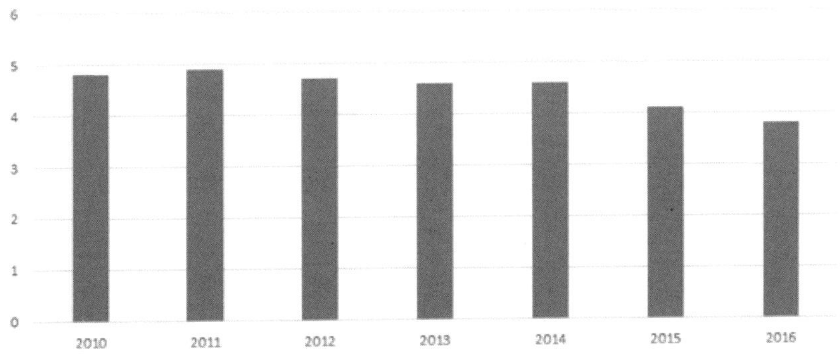

출처 : OECD(2019)

II. 분석의 틀

1. 기존 연구

교육정책은 교육의 재분배 효과, 노동시장에 대한 영향, 그리고 정부 재정에 미치는 영향을 고려할 때 본질적으로 정치적 결정의 산물이다(Ansell 2010). 비슷한 논지에서 아이벌슨과 스티븐스(Iversen and Stephens 2008, 600-637) 또한 교육과 직업 훈련에 대한 분석을 기존의 정치 경제학의 틀 안에서 통합해 진행할 필요가 있다고 역설한다. 교육이 소득 재분배 등 기존의 정치학적 이슈와 밀접한 연관을 가지는 만큼 비교정치 경제 및 국제정치 경제 연구의 관점에서 교육정책을 분석해야 한다는 것이다. 한국의 교육학 연구에서도 교육정책을 복지정책의 일환으로서 분석해야 한다는 주장이 존재한다(김인희 2006). 가령 경제 불평등으로 인한 여러 형태의 사회적 불평등을 완화하는 수단으로써 교육정책 연구에 대한 필요성이 제기되고 있고, 교육학, 사회학, 행정학 등의 분야와 지역, 계급, 연령 등 다양한 차원에서 교육정책과 불평등의 관계에 관한 연구들이 일부 진행됐다(방하남·김기헌 2011). 그러나 상대적으로 정치학에서는 이와 관련한 연구가 활발히 진행되지 않고 있다.

여론조사 분석을 통해 대중의 선호를 파악한 연구와 관련해, 비교정치 경제학의 분야에서는 많은 연구가 복지정책에 초점이 맞추어져 있다. 가령 김영순·노정호는 한국전쟁, 산업화 세대보다 민주화, 정보화 세대가 복지정책에 대한 선호가 높으며, 복지 선호에 대한 과세 동의 여부 등에 있어서도 한국에서는 세대별로 상이한 생각을 하고 있다는 점을 보여주었다(김영순·노정호 2017). 소득효과에 대해서는, 가령 이철승·황인혜·임현지(2018)는 사회적 안전망이 발달하지 않은 한국에서는 특히 중산층의 복지정책에 대한 지지가 강하다는 점을 제시했고, 최승문·강성훈(2018)은 소득이 높을수록, 그리고 소득 격차가 커질 것이라고 인식할수록 복지 재분배 선호가 낮아진다는 점을 주장했다.[6] 더불어 직업적 특성이 재분배 선호에 미치는 영향에 관해서도 많은 연구가 존재한다. 가령 아이벌슨과 소스키스(Iversen and

Soskice 2001)는 기술특정성(Skill Specificity)이 높을수록 사회보장정책을 더욱 지지할 유인이 있음을 주장했지만, 기술특정성이 높은 노동자일수록 직업적 안정에 대한 불확실성이 낮기에 사회보장정책에 대한 선호가 줄어든다는 주장 또한 존재한다(이보윤·김동훈 2015).

한편 성별 또한 기존 연구에서 복지 태도를 결정짓는 주요한 요소로서 주목을 받기 시작했다. 알바레즈와 맥카프리(Alvarez and Mccaffery 2003)는 여성들이 남성들보다 교육이나 사회보장지출을 확대하는 것에 더욱 찬성한다는 점을 제시했다. 여성이 남성보다 유아와 노인복지정책에 관한 선호도가 높다는 것을 보여주는 연구(Finseraas et al. 2012)와 더불어 구체적인 복지정책에 대해서도 성별 간에 차이가 있다는 점이 제시됐다. 가령 김수정(2015)은 노인, 장애인, 빈곤층에 대한 복지는 남성의 선호가 높았지만, 돌봄, 주거, 고용의 영역에서는 여성의 선호가 높다는 점을 보여주었고, 김은지·안상훈(2010)은 한국의 노동시장에서의 성별 차별로 인해, 여성은 남성보다 현금 형태보다는 사회서비스 형태의 복지를 선호하고, 복지를 확대하는 정당을 지지할 가능성이 더 크다고 주장했다.

교육정책에 관한 연구에서는 복지정책과 교육정책이 무엇보다도 정부지출에 있어 서로 상충적인 성격이 있다는 점에서 세대, 연령, 소득, 직업특정성이 개인 선호에 영향을 미친다고 제시하고 있다. 특히 교육정책에 대한 세대 간 차이가 있다는 점이 강조됐다. 가령 소렌슨(Sørensen 2013)은 연령이 높을수록 교육정책에 대한 선호가 감소하는 반면, 건강과 연금 정책에 대한 복지 선호는 증가한다는 점을 제시했다. 유사하게 브룬너와 벌스돈(Brunner and Balsdon 2004) 또한 연령이 높은 개인일수록 교육정책에 대한 선

6. 소득수준이 정책 선호에 미치는 영향에 관한 연구는 방대하다. 대표적인 연구로 중위투표자모형을 기반으로 재분배정책에 대한 선호를 분석한 멜처와 리차드(Meltzer and Richard 1981), 개인의 소득수준에 대한 전망이 복지 선호를 결정함으로 제시한 알레시나와 라페라라(Alesina and La Ferrara 2005) 등이 존재한다. 국가의 경제수준에 따라 복지 선호가 다르다는 연구는 디온과 벌치필드(Dion and Birchfield 2010)를, 개인의 소득수준에 대한 인식 및 오인이 재분배 선호에 미치는 영향에 대해서는 박선경(2017)을 참조하자.

호가 감소하고, 교육지출에 관해 중앙정부 지출보다는 지방정부 지출을 더 선호한다는 것을 주장했다. 칸타네오와 울터(Cattaneo and Wolter 2009) 또한 연령이 높은 유권자일수록 건강과 사회 안정성(social security)을 위한 복지정 책을 교육정책보다 선호하는 점을 제시하고 있다. 그러나 부쉬마이어와 트 램푸쉬(Busemeyer and Trampusch 2011)가 지적하듯 교육정책 선호에 영향을 미 치는 개인 수준의 요소에 관해서는 연구가 활발하게 진행되지 않았을 뿐만 아니라, 대다수의 기존 연구 또한 정당이 교육정책에 미치는 영향(Schmidt 2007), 국제기구를 통한 교육정책의 국제화와 같이 거시적인 변수에 집중해 왔다(Jakobi and Martens 2009). 특히 한국지역연구에서는 교육정책 선호에 관 한 정치학적 연구는 거의 존재하지 않는다. 가령 이상록·김형관(2013)의 연 구와 같이 복지 태도에 있어 세대 간에 유의미한 차이가 있고, 그 원인으로 서 교육수준이 제시되는 것과 같이 대부분 독립변수로 분석되고 있다.

2. 이론적 틀

이 장에서는 교육정책에 대한 개인 선호와 관련된 기존 연구에서 유의 미하게 제기되어온 연령 및 세대효과에 초점을 두고자 한다. 한정된 재원을 배분한다는 점에서 정부의 교육투자는 다른 사회정책투자와 상충관계가 있 고, 이러한 맥락에서 연령이 높은 개인일수록 교육투자로 얻는 이익이 작기 에, 복지정책과 같이 직접적인 혜택이 큰 정부지출을 선호한다는 것이 기존 연구의 일반적인 결론이다. 이러한 복지 선호는 고령화를 경험하고 있는 대 부분의 서구 선진국에서 고령 세대에 대한 복지지출 증가로 이어져 젊은 세 대의 재정 부담이 증가함에도 정부지출의 주된 수혜층은 고령 세대라는 점 에서 세대갈등을 유발하고 있다(강우진 2018). 한국적 맥락에서도 복지 선호에 대한 연령효과는 많은 연구에서 확인되고 있다(박길성 2011; 이승희·권혁용 2009). 이 연구는 서구 국가들에서 나타난 정부의 교육지출에 대한 연령효과와 더 불어 최근 한국 사회에서 지속해서 나타나고 있는 세대효과에 주목하고자 한다. 연령효과는 개인이 생애주기(Life Cycle)를 거치면서 생기는 생물학적 변화, 사회적 변화가 정치적 선호에 미치는 영향을 의미하나, 세대효과는 비슷한 시기에 역사적 경험을 공유한 '세대' 또는 코호트는 다른 세대와는 다른 의식 및 태도가 존재함을 의미하고, 이러한 세대효과의 존재는 연령효과와는 다르게 개인이 나이가 들어도 쉽게 변화하지 않는 성향이 존재함을 암시한다(Mannheim 1952).[7] 세대효과는 특정 역사적 경험을 공유한 세대가 시간이 지남에도 불구하고 특정 정책 선호를 유지할 가능성이 크다는 것을 의미하기에, 정책의 지속 가능성에 대한 함의에 있어 중요하다고 할 수 있다.

무엇보다도 교육정책에 대한 세대효과를 살펴보고자 하는 것은 최근 한국 정치에서 세대에 따른 정치적 균열이 강하게 나타나고 있기 때문이다(허석재 2015). 2002년 대선 이후 한국 사회에서의 새로운 정치적 균열로 나타나고 있는 세대갈등은 '산업화 세대' 및 '386세대'의 효과가 나타남에 따라 정치적 이슈 전반에 걸쳐 정치학 연구 및 언론의 주목을 받기 시작했다(김영순·노정호 2017; 노환희·송정민·강원택 2013; 황아란 2009). 유성진 외(2018)가 주장했듯이, 한국 사회에서는 이미 세대 정체성이 집단 정체성으로 작동해 새로운 정치적 균열구조를 형성해 개인의 선호에 있어 연령과 차별화된 영향을 미치고 있을 가능성이 존재한다. 더불어 허석재(2015)가 지적했듯이, 세대효과를 살펴봐야 하는 이유는 새로운 세대의 등장을 이해하는 것이 사회변동에 따른 정책 변화를 이해하는 데 있어 가장 중요한 요소라고 할 수 있기 때문이다. 한국교육정책에 있어 세대효과는 존재하는가? 만약 존재한다면 어떤 세대가 어떠한 선호가 있는 것인가? 이 논문은 현재 한국 정치에서 작동하고 있는 세대의 영향, 즉 세대가 선거, 이념, 복지정책에 대한 효과가 있

7. 허석재, "세대연구의 경향과 쟁점", 『미래정치연구』 제5권 제1호, 명지대학교 미래정치연구소, 2015, pp. 21~47.; 김영순·노정호, 위의 논문 이외에 한국 정치연구에 있어 세대효과에 대해서는 허석재(2015), 유성진 외(2018)를 참조하면 된다. 유성진 외(2018)가 언급했듯이 세대는 생물학적인 연령과 경험적으로 구분하기 어렵지만 개념적·이론적으로 명확히 구분되는 개념으로, 비슷한 연령은 세대의 필요조건이지만 충분조건이 아니다. 이 연구에서 의미하는 세대는 비슷한 시기에 태어난 코호트로서, 유사한 역사적 경험으로 인해 인식 및 태도에 있어 동질성을 갖는 집단을 의미한다(허석재 2015).

다는 기존 연구의 결과에 기반을 두어 교육정책에 대한 개인의 선호에도 유의미한 영향을 있을 가능성을 살펴보고자 한다.

더불어 이 장은 정부의 교육지출 및 교육정책의 성격상 정책의 주된 수혜층이 젊은 연령의 청년세대라는 점에서, 최근 전 세계적으로 주목받고 있는 밀레니얼 세대, 한국적 맥락에서는 청년세대, IMF세대, N포세대라는 표현으로 구분된 1980년 초반부터 2000년대 초반 사이에 출생한 세대에 주목하고자 한다(Rouse and Ross 2018; 유성진 외 2018). 가장 교육수준이 높은 세대이지만 어려운 경제 시기에 사회에 진입해, 경제 불평등으로 인한 좌절감이 크고 평생 총소득이 기존 세대보다 작을 것으로 예측되는 세대다(Rouse and Ross 2018). 미국의 경우에서도 역사상 가장 많은 대학 졸업자가 있는 세대이지만, 1930년대 대공황 이후 가장 열악한 경제 상황에서 사회에 진입한 이들이 경험한 현실은 대학 학위의 경제적 가치가 미국 역사상 가장 낮을 뿐만 아니라 현재 실업자의 약 40%가 밀레니얼 세대인 상황으로서, 사회적 정의에 민감하고 정치에 대한 직접적인 참여를 선호하는 등 이들은 연령효과와 구별되는 집단 정체성을 형성하고 있다고 평가받는다(Rouse and Ross 2018; McCall 2013).

한국의 맥락에서도 한국 밀레니얼 세대의 역사적 경험은 유사하다.[8] 2008년 경제위기 이후 저성장, 경제 불평등, 고령화의 시대에서 소위 만하임(Manheim)이 언급한 '민감한 시기(impressionable year)'를 보낸 이들은 기존 세대인 '산업화 세대', '386세대'와 구별되는 집단 정체성을 형성하고 있는 것으로 나타나고 있다(Manheim 1952; 이철승 2019; 유성진 외 2018). 한국의 밀레니얼 세대는 한국 역사상 가장 교육을 잘 받은 세대로서 고성장 시대에 출생해 성장의 풍요를 누리며 자랐으나, 본인들이 사회에 진출했던 시기는 한국의 저성장 시기로서 특히 청년실업(20~29세)은 지속적으로 증가해 2019

---

8. 역사적 경험이 재분배 선호에 미치는 영향에 대해서는 베나보와 티롤(Benabou and Tirole 2006)을 참조하면 된다.

년 기준 청년실업률은 약 10%로서 전체 실업률의 두 배에 해당했다(허진무 외 2019). 한국의 밀레니얼 세대는 취업난과 주거난 등으로 인해 불안이 일상화된 사회를 맞이했고, 1997년 이후 구조화된 노동시장의 이중화로 생존을 위한 경쟁에 내몰렸다(이재열 2019). 이러한 경험을 공유하는 밀레니얼 세대는 분배보다는 성장, 평등보다는 경쟁을 선호하는 동시에 치열한 경쟁에 노출된 결과로서 절차적 불공정에 대한 강한 인식을 가지는 것으로 여겨지고 있다(이순혁 2019). 가령 정규직과 동일한 일을 해도 공식적 채용 절차를 거치지 않고 들어온 노동자의 정규직화는 불공정한 것이라는 인식과 같은 것이다(박원익·조윤호 2019).[9]

이 장은 실력주의(meritocracy)에 기반을 둔 공정의 개념을 선호하고 불평등보다 절차적 불공정에 더 민감한 한국의 밀레니얼 세대가 한국의 교육정책에 어떠한 인식을 하고 있는지를 중점적으로 살펴보고자 한다. 바텔(Bartels 2008)이 언급했듯이 대중은 교육기회로 대표되는 기회의 평등이 유지되는 한 소득 불평등을 무시하는 경향이 있다. 한국의 대중, 특히 밀레니얼 세대는 이러한 교육제도, 교육투자에 대해 어떠한 선호를 나타내는가? 현재 사회변화의 동력인 밀레니얼 세대의 교육정책 선호에 대한 분석을 통해 교육정책에 있어 정치적 균열 및 그 지속성을 살펴보고자 한다.

III. 기술통계-여론조사의 일반적 결과

이 절에서는 체계적인 경험적 분석에 앞서 이 연구가 시행한 여론조사의 결과를 소개한다. 이 연구에서 사용된 자료는 저자들이 고려대학교 불

---

9. 더불어 학생인권조례와 같은 학교 내 민주주의, 개인의 권리를 인식하며 자란 세대로서 독창성, 다양성을 중시하는 특징을 가지고 있다고 평가받고 있다(허진무 외 2019).

제1부. 불평등 시대, 유권자의 선택과 제도

평등과 민주주의 연구센터와 한국리서치에 의뢰해 실시한 여론조사로서, 2019년 12월 13일부터 16일까지 전국 만 19세 이상 성인남녀 1,000명을 대상으로 진행한 여론조사의 결과다. 해당 여론조사는 대한민국 사회의 교육 불평등 현실 인식과 공교육예산 확대 등의 정책 선호를 조사하기 위한 여론조사로서, 총 7,302명에 조사를 요청해 응답률은 요청 대비 13.7%, 참여 대비 79.9%를 보였으며, 지역별, 성별, 연령별로 가중치를 부여해 총 1,000명의 응답으로 구성했다. 무작위 추출을 전제로, 95% 신뢰수준에서 최대 허용 표집오차는 ±3.1%p다. 이 절에서는 해당 자료를 이용, 한국인의 교육정책 선호 요인을 형성하는 다양한 교육 관련 인식의 균열과 정책 선호의 균열에 대한 구체적인 결과를 소개한다. 특히 우리 사회의 교육 현실과 공교육의 효용, 교육제도의 기능에 이르기까지 각 세대의 인식 차를 통해 사회적 균열의 해석에 실마리를 제공하고자 한다.

1. 사회 현실에 대한 인식 : 우리 사회의 교육은 불평등한가?

공교육 투자 등 교육정책에 대한 한국인의 선호를 알아보기에 앞서, 우리 사회의 교육 현실에 대한 전반적 인식을 조사했다. 우선 "우리 사회에서 교육 불평등은 매우 심각하다"라는 문항에 대해 4개의 척도(① 전혀 동의 안 함, ② 별로 동의 안 함, ③ 약간 동의, ④ 매우 동의)로 응답을 측정했다. '전혀 동의 안 함', '별로 동의 안 함' 등 부동의를 표시한 응답자는 전체의 13%, '약간 동의', '매우 동의' 등 동의를 표시한 응답자는 전체의 85%로, 우리 사회 교육 불평등이 심각하다는 인식이 압도적인 것으로 나타났다. 전반적으로 우리 사회의 교육 불평등에 대한 지배적 인식이 있다는 것이다. 다만 선호를 개인의 경제, 사회적 배경에 따라 구분한 〈그림 2-4〉 등에서 확인되는 바와 같이 세대에 따라서는 교육 불평등의 인식에 약간의 차이가 있었으나 이념, 지역, 성별, 학력, 월평균 가구소득(이하 소득) 등 다른 요소에서는 대체로 표준오차 범위 내에서 뚜렷한 차이의 패턴을 보이지 않았다.

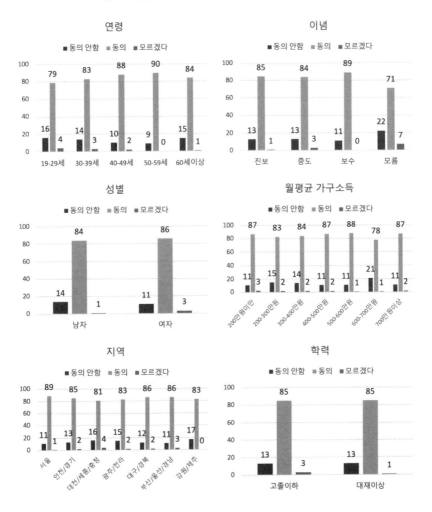

<그림 2-4> 문항 : 우리 사회에서 교육 불평등은 매우 심각하다.

더욱 구체적인 분석을 위해 교육 불평등은 교육기회의 불평등이라는 관점에서, 개인적 배경과 불평등의 관계에 대한 인식을 조사했다. 〈그림 2-5〉에서 보이는 바와 같이 소득이나 지역, 학벌에 따른 교육 수혜의 불평등에 대한 인식 역시 부정적인 방향인 것으로 드러났다. "우리 사회에서 가난한 사람들은 양질의 교육을 받을 기회가 적다"라는 조사 문항에 4개의 척도 구분에서 총 85%의 응답자가 동의를 표했으며, "우리 사회에서 지역별

초·중·고 교육수준의 차이가 크다"라는 문항에도 총 86%의 응답자가 동의를 표했다. 비슷한 수준의 절대다수의 응답자가 사회 불평등의 존재와 양상을 인식하고 있다고 답한 셈이다. 개인 배경과 교육 불평등과의 관계에서도 세대 간 균열이 여전히 확인되는 가운데, 전반적인 우리 사회 교육 불평등에 대한 인식은 성별, 이념, 지역을 막론하고 비교적 지배적 공감대가 형성된 것으로 보인다.

<그림 2-5> 문항 : 우리 사회 가난한 사람들은 양질의 교육을 받을 기회가 적다.

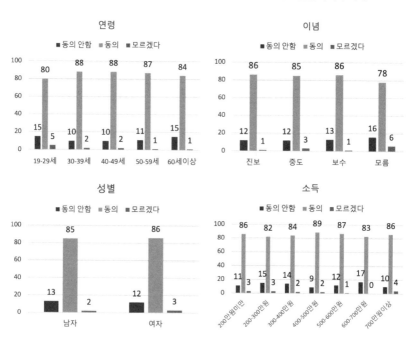

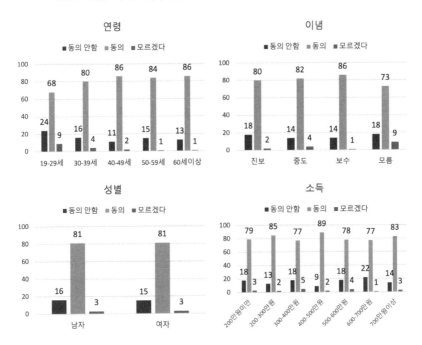

<그림 2-6> 문항 : 우리 사회에서 출신 고등학교가 명문대 입학에 있어 매우 중요하다.

또한 〈그림 2-6〉, 〈그림 2-7〉과 같이 교육 불평등의 요소 중 하나인 학벌 등 교육 과정 내의 위계에 따른 성과의 차이를 조사했다. "우리 사회에서 출신 고등학교가 명문대 입학에 있어 매우 중요하다"라는 문항에 81%의 응답자가 동의한다고 답했다. 이는 출신 고교에 따라 차별적인 개인별 교육효과가 다음 수준의 교육단계에도 영향을 미치고 있는 것이라고 볼 수 있다. 특히 노동시장 진입과 관련해, "학벌이 사회에서의 직장 및 소득에 매우 큰 영향을 미친다"라는 문항에는 92%의 응답자가 동의를 표했다. 교육기회의 불평등이 존재하고, 그러한 불평등이 다음 교육단계의 진입에도 영향을 미친다는 인식 때문에 기회의 불평등이 사회적, 경제적 불평등에도 영향을 미치고 있다는 인식으로 귀결된다.

<그림 2-7> 문항 : 학벌이 사회에서의 직장 및 소득에 매우 큰 영향을 미친다.

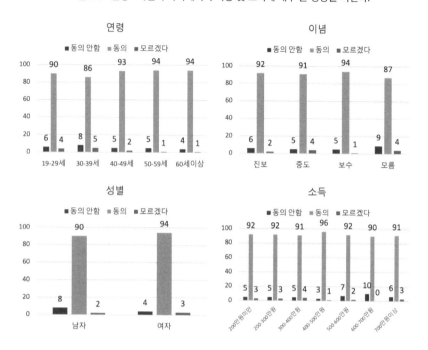

2. 교육제도에 대한 인식 : 우리 사회의 교육제도는 평등에 기여하는가?

앞서 사회의 인식을 통해 부의 차이, 지역의 차이 등에 따라 촉발된 교육기회의 불평등이 교육단계별 진입의 위계를 만들고, 그러한 위계가 사회, 경제적 불평등으로 이어질 가능성을 확인했다. 특기할 점은 이러한 인식들 사이에서 꾸준히 발견되는 밀레니얼 세대의 이탈 경향이다. 교육 불평등에의 인식 가운데, 교육의 계층 이동성에 대한 인식은 어떠한가? 〈그림 2-8〉은 "우리 사회에서 교육은 계층 이동에 도움이 되고 있다"라는 문항을 조사한 결과로, 전체 응답자의 78%가 '약간 동의' 혹은 '매우 동의'라고 응답했다. 교육 불평등의 존재와 그에 다른 사회적 효과에 대한 인식이 존재하고 있으나, 교육의 계층 이동성 효과에는 절대다수의 응답자가 긍정을 표시한 것이다. 이러한 모순적인 결과에 대해서 응답자 개별 수준의 분석을 통해 해석의 실마리를 찾을 수 있다. 40대, 50대, 60대 이상의 장년층이 80% 이상의 동의를 표했지만(각 83%, 84%, 86%), 30대는 73%, 특히 20대는 56%의 응답자가 동의를 표하는 수준에 그쳤다. 다시 말해 밀레니얼 세대의 다른 세대보다는 교육 불평등이 비교적 덜 하다고 느끼면서도 교육의 계층 이동성에 대한 인식은, 특히 20대의 경우 장년층보다 약 30%에 가까운 차이가 날 만큼 부정적이다. 이는 젊은 세대가 마주한 교육과 직업시장에서의 현실이 장년층의 그것이 다를 가능성(세대효과), 한 개인이 인생 주기에서 인지해온 교육의 효과에 대한 체증이 있을 가능성(연령 효과)으로 나누어 생각해 볼 수 있다. 장년층보다 더 경쟁적이고, 성장 가능성이 낮은 시대에 노동시장에 진입해야 하는 밀레니얼 세대의 경우 교육에의 효용감 자체가 낮은 것을 알 수 있다.

<그림 2-8> 문항 : 우리 사회에서 교육은 계층 이동에 도움이 되고 있다.

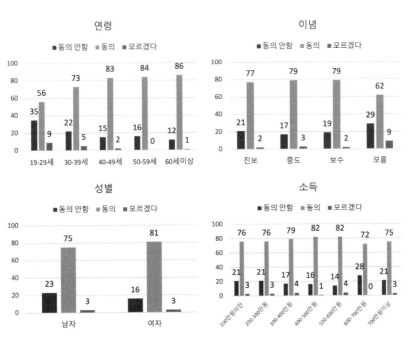

조사 문항을 약간 달리해 "우리 사회에서 교육제도는 사회를 평등하게 만들고 있다"라고 물었을 때는 59%의 응답자가 동의하지 않는다고 답했으며, 세대 간 차이는 크지 않았다(<그림 2-9> 참고). 교육의 계층 이동성의 효과 인식보다는 낮은 수치로, 현재의 교육제도가 사회 평등에 기여하고 있지 못하다는, 즉 제도 효능에 대한 부정적 인식이라고 할 수 있다. 종합하면, 중장년층의 경우 교육을 통한 배움이 계층 이동에 도움이 된다는 원론적 논리에는 동의하나, 현재의 교육제도, 혹은 공교육이 그러한 계층 이동의 수단이 되고 있지 않다는 인식에는 청년층과 의견을 같이하는 것이라 볼 수 있다. 이러한 제도 효능감의 수준을 구체적으로 확인하기 위해 현재의 교육제도가 원활히 기능하고 있는가에 대한 인식을 여론조사에 포함했다. "현재 대한민국의 교육제도는 학생을 평가하는 데 있어서 불공정하다"라는 문항에 81%의 응답자가 동의를 표했으며, "현재 대한민국의 교육제도는 재도전의 기회를 평등하게 제공하고 있지 않다"라는 문항 역시 69%의 응답자가 동의했다.

<그림 2-9> 문항 : 우리 사회에서 교육제도는 사회를 평등하게 만들고 있다.

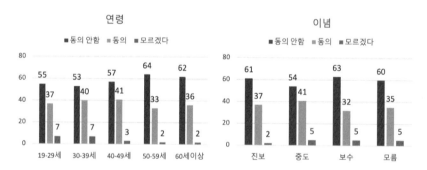

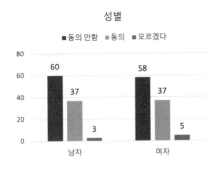

성별

■동의안함 ■동의 ■모르겠다

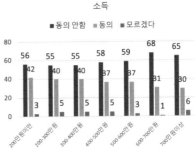

소득

■동의안함 ■동의 ■모르겠다

3. 제도 선호에 대한 인식 : 예산과 조세

교육 불평등 완화를 위한 정책에 대한 선호는 어떠한가? 그러한 정책을 위한 조세 선호에 어떤 사회적 균열이 있는가? 이를 알아보기 위해 "교육 불평등을 완화하기 위한 교육재정 확충을 위해 세금을 더 부담할 의향이 있으십니까?"라는 문항에 5개의 척도(① 매우 그렇다, ② 약간 그렇다, ③ 보통이다, ④ 별로 그렇지 않다, ⑤ 전혀 그렇지 않다)로 응답을 측정했다. 전체적으로 긍정적 응답이 27%, 중도적 응답이 27%, 부정적 응답이 44%인 것으로 나타났으며, 그런 가운데 개인의 응답이 개인의 경제, 사회적 배경에 따라 상이한 것으로 드러났다. 〈그림 2-10〉과 〈그림 2-11〉은 공교육 확대정책과 관련한 선호를 개인별 요소에 따라 구분한 도표다. 우선 성별에 따른 차이가 두드러졌다. 남성의 32%가 긍정, 38%가 부정적 응답을 표했지만, 여성의 경우 남성보다 낮은 19%가 긍정, 남성보다 압도적으로 높은 51%가 부정적인 입장을 표시한 것으로 나타났다.

<그림 2-10> 문항 : 교육 불평등을 완화하기 위한 교육재정 확충을 위해 세금을 더 부담할 의향이 있으십니까?

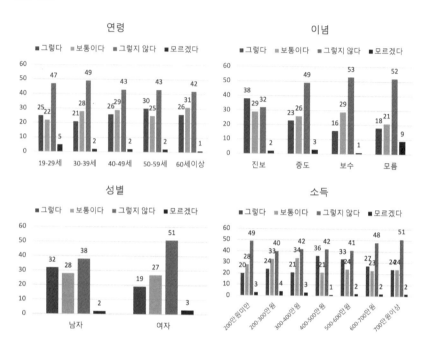

<그림 2-11> 문항 : 다음 선거에서 공교육에 대한 투자를 확대하는 정당을 지지하시겠습니까?

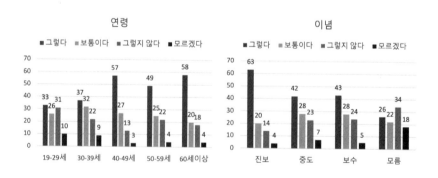

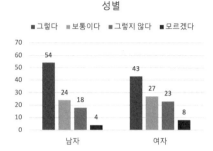

성별

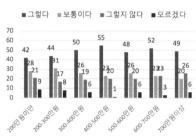

소득

　　성별에 따른 선호 차이 외에도 소득에 따른 차이가 있었다. 중산층일수록 교육정책을 위한 조세 부담에 동의한다는 비율이 높았다. 불평등에 대한 인식에서처럼 정책 선호에서도 청년층과 중장년층의 균열이 있었다. 청년층일수록 교육재정 확충을 위한 조세에 반대하는 것으로 나타났다. 또한, 문항을 약간 달리해 공교육 투자 확대 정당에 대한 지지를 묻는 문항("다음 선거에서 공교육에 대한 투자를 확대하는 정당을 지지하시겠습니까?")에 대한 응답에서도 역시 비슷한 정책 선호를 보였다. 이는 서구 국가들의 기존 연구에서 연령이 높아짐에 따라 교육정책에 반대하는 경향과 정확히 반대되는 것으로, 앞서 상대적으로 낮게 나타났던 젊은 세대의 교육 효능감을 고려할 때, 청년층은 교육을 통한 일종의 제도적 해결에 대한 신뢰가 매우 낮은 상태임을 암시하는 것이다.

4. 일반 사회복지 제도에 대한 인식

　　교육 관련 예산, 조세 선호와 구별되는 일반 사회복지제도에 대한 선호는 어떠한가? 응답자들의 사회경제적 약자들에 대한 일반적 태도를 측정하기 위해, "가난은 개인이 게으르고, 노력하지 않기 때문이라기보다는 사회제도 및 구조에 더 큰 책임이 있다", "부자들과 가난한 사람들의 소득 격차를 줄이는 것은 정부의 책임이다", "정부는 사회경제적 약자들에 대한 사회복지를 확대해야 한다" 등의 문항에 대한 응답을 요구했다. '매우 그렇지 않다'에서 '매우 그렇다'까지 5개의 척도로 측정한 응답에서 전체적으로는 사회적 약자에 대한 정부의 역할에 대한 긍정적 응답이 많았으나, 〈그림 2-12〉와 〈그림 2-13〉에서와 같이, 개인들은 연령, 이념, 성별, 소득에 따라 상이한 태도를 보였다. 연령이 낮을수록, 보수일수록, 여성일수록, 중산층일수록 사회복지에 대한 정부 책임에 부정적 인식의 경향을 보였다.

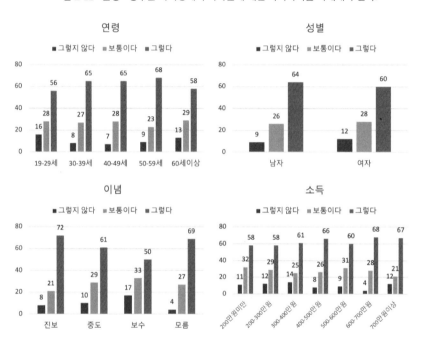

<그림 2-12> 문항 : 정부는 사회경제적 약자들에 대한 사회복지를 확대해야 한다.

대입, 취직시장에서의 저소득층에 대한 할당제에 대한 의견을 묻는 문항("대학이나 기업에서 저소득층 출신을 일정 비율로 뽑는 할당제를 확대해야 한다")에도 65%의 응답자가 동의를 표했다. 기본적으로 경제적 불평등에 관한 정부의 역할에 대해 긍정적인 입장이 우세한 것으로 보인다. 다만 "사회경제적 약자들에 대한 사회복지 확대를 위해 세금을 더 부담할 의향이 있다"라는 조세 정책 선호 관련 문항에 대해서는 긍정 답변이 과반을 넘지 못했다(37%).

<그림 2-13> 문항 : 사회경제적 약자들에 대한 사회복지 확대를 위해 세금을 더 부담할 의향이 있다.

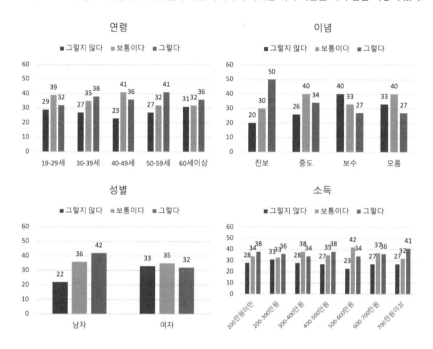

실업급여, 구직수당, 노인 기초연금 등 다양한 사회복지 프로그램에 대한 정책 선호에 대해 모두 긍정적 응답이 과반을 넘긴 가운데, 정부가 최소한의 생활비용을 현금 급여 등으로 보장하는 '기본소득제'에 대한 선호만이 과반을 넘지 못했다. 다만 부분적으로는, 기본소득제에 대한 청년층의 긍정적 응답이 두드러졌다. 이러한 현상은 〈그림 2-14〉에서와 같이, 청년 구직 활동 수당에 대한 20대의 긍정적 응답과 함께 현재 청년층의 정책 수요와 복지 태도를 정확하게 보여주는 사례라고 할 수 있다.

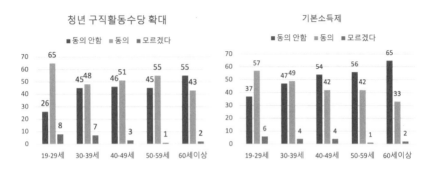

<그림 2-14> 청년 관련 복지정책에 대한 연령별 선호

이러한 연령에 따른 차이는 교육과정에 따른 교육재정 배분에 대한 선호에서도 분명히 드러난다. "귀하는 어떠한 교육단계에 더 많은 예산을 투입해야 한다고 생각하십니까?"라는 문항에 '영유아교육', '초등교육', '중등교육', '고등교육', '대학교육' 가운데 응답을 요청했다. '고등교육'에 대한 예산 투입 선호가 전체적으로 강했던 가운데(33%), 연령별 선호의 분포가 다르게 나타났다. 〈그림 2-15〉에서 보이는 바와 같이 자식 세대가 영유아일 가능성이 큰 30대와 손자 세대가 영유아일 가능성이 큰 60대 이상이 비교적 높은 영유아교육예산 투입에 대한 선호를 나타냈다.

<그림 2-15> 교육재정 투입의 우선순위에 대한 연령별 선호

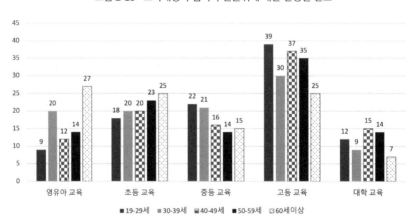

마지막으로 개인의 사회적 성공에 영향을 미치는 요소들에 대한 인식에 대한 조사에서도 세대 간의 분명한 대비가 나타났다. 〈그림 2-16〉은 각 요소가 개인의 사회적 성공에 미치는 영향을 묻는 문항에 대한 답변을 보여주는 것으로, 사교육과 공교육의 영향력에 대한 인식이 세대별로 차이가 있는 것으로 나타났다. 공교육의 영향에 긍정적 답변을 보인 비율이 60세 이상에서는 68%, 50대 59%, 40대 60% 수준이었으나, 20대와 30대에서는 그보다 낮은 50%, 55% 수준이었다. 반면 사교육의 영향력에 대한 긍정은 그 반대순으로 나타났다. 이는 앞서 살펴본 교육제도의 평등에의 영향력, 계층 이동성 등에 대한 인식과 결을 같이하는 것으로, 비교적 모두에게 평등하게 제공되는 공교육보다는 사교육을 통한 일종의 사적 구제가 개인의 성공에 더 큰 효능감을 준다는 인식이 젊은 세대일수록 더 강하다는 것을 보여준다.

<그림 2-16> 개인의 사회적 성공에 있어 공교육과 사교육의 효능감에 대한 연령별 차이

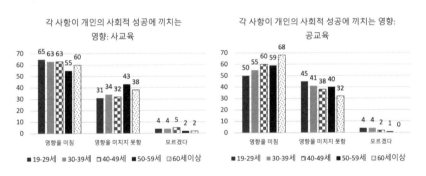

종합하면, 우리 사회에 다층적 의미의 교육 불평등에 대해 강한 공감대가 존재했다. 자원의 재배분을 통해 교육 불평등을 완화할 교육제도의 확대가 필요하다는 공감 역시 전체적으로는 강했으나, 그 양상은 개인적 요소에 따라 차이가 있었다. 특히 세대에 따른 인식과 선호의 차이는 거의 모든 문항에서 다른 배경요소에 따른 구별을 보였다. 밀레니얼 세대는 교육 불평

등에 대한 인식이 상대적으로 낮지만, 모순적으로 교육이 계층 이동성 효과가 있지 않다고 인식하는 경향이 강했으며, 노동시장 진입이나 자산 형성과 관련한 교육의 효과에 대한 인식에서는 장년층보다 매우 낮은 효능감을 가지는 것으로 나타났다. 이와 함께 교육정책과 관련한 재정 투입에도 다른 세대에 비교적 찬성 비율이 낮은 경향을 보였으며, 구직수당이나 기본소득제와 같이 청년층이 즉각적으로 수혜자가 될 수 있는 정책을 제외하고는 구별되는 모습을 보이지 않았다.

IV. 경험적 분석-교육정책 선호의 정치적 함의

앞서 살펴본 여론조사의 일반적 결과를 통해 교육정책의 여러 단면에 대한 세대 간 차이, 특히 밀레니얼 세대의 인식이 다른 세대와 비교해 두드러지게 차이가 있다는 것을 확인할 수가 있었다. 이에 따라 이러한 차이가 통계적으로 유의미한 것인지, 그리고 이러한 인식의 차이가 가져오는 정치적 결과는 무엇인지에 대한 체계적인 분석을 시행하고자 한다.

1. 공교육에 대한 투자 확대와 정당 지지

첫 번째 종속변수는 공교육 투자를 확대하는 정당에 대한 개인들의 선호이고, 이는 조사 문항 "다음 선거에서 공교육에 대한 투자를 확대하는 정당을 지지하시겠습니까?"에 대해 5가지 척도(전혀 그렇지 않다, 별로 그렇지 않다, 보통이다? or 그렇다?, 약간 그렇다, 매우 그렇다)로 응답한 결과를 '약간 그렇다'와 '매우 그렇다'라는 응답을 1로 코딩하고, '모르겠다'라고 대답한 응답을 제외한 나

---

10. 응답의 척도를 연속형 변수로 간주해 다중회귀분석을 분석한 결과가 더미변수로 변환해 분석한 결과와 차이가 없기에, 해석의 용의함을 고려해 종속변수를 더비변수화해 로짓(logit) 분석을 제시했다.

머지를 0으로 코딩해 더미변수로 변환했다.[10] 설명변수는 이 논문의 이론적 초점이 세대효과를 살펴보기 위해 응답자가 밀레니얼 세대(20세에서 35세)인지를 나타내는 밀레니얼 세대변수를 살펴보았고, 통제변수로서 60대 이상을 측정하는 연령변수, 성별, 교육수준, 이념, 소득, 전문직, 직장 지위, 그리고 현재 자신의 계층인식을 포함했다.

통제변수의 측정은, 첫째, 연령변수로서 '60대 이상'은 연령이 60대 이상인 응답자를 더미변수로 치환했다. 둘째 '성별'은 여성을 1로 코딩한 더미변수이고, 세 번째 통제변수인 '교육수준'은 1에서 6까지의 척도로서, 1은 중졸 이하, 2는 고졸, 3은 대학 재학, 4는 대학졸업, 5는 대학원 재학, 6은 대학원 졸업을 나타낸다. 네 번째 통제변수는 응답자의 이념성향에 대한 조사를 사용했다. 조사 문항은 "본인의 이념성향이 어떠하다고 생각하십니까"이며, 이에 대한 응답을 0(가장 진보)에서 10(가장 보수)으로 측정했다. 다섯째 통제변수인 소득수준은 월평균 가구소득을 나타내는 변수로써 1(100만 원 미만)에서 11(2,000만 원 이상)로 측정했다. 더불어 교육정책에 대한 전문직의 입장이 다르다는 안젤(Ansell)의 주장을 고려해, 전문직을 나타내는 더미변수를 추가했고, 직장 지위는 비정규직을 측정하는 더미변수다. 마지막으로 현재 자신의 계층인식의 경우, 우리 사회에서 어느 계층에 속하는지에 대한 질문에 대해 1(최상층)에서 5(최하층)로 측정했다(Ansell 2010). 회귀분석은 종속변수는 순위적인 응답을 더미변수로 변환했기에 로짓 회귀분석(Logit Regression)을 통해 살펴보았다.[11] 〈표 2-1〉은 공교육 투자를 확대하는 정당에 대한 지지에 대한 로지스틱 회귀분석의 결과를 정리했다.

---

11. 세대효과와 연령효과를 경험적으로 명확히 구분하는 것은 어려운 작업이다(허석재 2017). 이 경험적 분석에서는 회귀분석에 있어 응답자의 연령을 클러스터 처리해 세대효과에 미치는 연령효과를 통제하고자 한다(Bell and Jones 2013).

<표 2-1> 교육정책 선호의 정치적 결과 : 공교육 투자 확대 정당에 대한 지지 여부

구분	ß	Odds Ratio
밀레니얼 세대	−0.59(0.17)**	0.55(0.09)**
60대 이상	0.47(0.27)**	1.60(0.27)**
여성	−0.41(0.16)**	0.67(0.11)**
교육수준	0.18(0.05)**	1.20(0.06)**
이념(보수)	−0.17(0.04)**	0.84(0.03)**
소득	−0.02(0.03)**	0.98(0.03)**
전문직	0.60(0.35)**	1.81(0.63)**
직장 지위 (비정규직)	0.05(0.19)**	1.06(0.20)**
계층인식	−0.25(0.08)**	0.78(.006)**
N	907	907
Pseudo−	0.06	0.06

Note : 괄호 안의 수치는 표준오차(Robust), 연령을 클러스터로 통제, *p〈0.1; **p〈0.05.

분석 결과는 공교육 투자 확대와 관련해 한국인의 인식과 관련해 몇 가지 흥미로운 점들을 제시하고 있다. 첫 번째로, 밀레니얼 세대의 경우, 공교육 투자 확대를 하는 정당을 지지하지 않을 가능성이 매우 크다는 점이다. 변수의 교차비(odds ratio)가 1보다 작은 0.55로 다른 세대에 비해 55%나 지지하지 않을 확률이 높다는 것을 보여준다. 현재 한국 사회에서 소위 '진보' 교육감들에 의해 소득 불평등과 교육 불평등에 대한 해결책으로 제시되고 있는 공교육에 대한 투자 확대에 부정적이며, 공교육 투자 확대를 하고자 하는 정당을 지지하지 않을 가능성이 크다는 것으로 나타났다. 한국 사회의 주축이 될 밀레니얼 세대의 공교육 투자에 대한 부정적 인식은 현재도 매우 낮은 수준의 공교육예산의 비중이 앞으로도 지속될 것을 암시한다. 반면 산업화 세대를 대표하는 60대 이상 응답자의 경우, 공교육 투자 확대에 우호적이며, 공교육 투자 확대를 하는 정당에 대한 지지할 확률이 다른 세대에 비해 60%나 높다. 교육 불평등의 정도가 상대적으로 낮은 시기에 학생 생활을 했을 뿐만 아니라, 공교육의 혜택을 받은 산업화 세대가 현재의 밀레니얼 세대와 다른 인식을 하고 있다는 것은 그리 놀라운 결과는 아니다. 하지만, 현재의 '진보' 교육감 및 '보수' 교육감의 틀 속에 있는 한국교육정책의 정치적 갈등 양상을 고려했을 때 공교육에 대한 투자 확대에 대한 정치적 기반은 녹록지 않다는 점을 시사한다. 이념 변수의 경우, 보수적인 개인일수록 공교육 투자 확대 정당에 대한 지지는 부정적이고 지지하지 않을 확률이 진보적인 개인에 비해 84%나 높다. 전통적으로 보수적인 60대 이상의 유권자가 가지는 공교육에 대한 우호적인 인식이 어떤 식으로 선거에서 발현될지 명확하지는 않다. 하지만, 한국의 공교육 투자 확대에 대한 명확한 지지층이 존재하지 않는 것을 암시하고, 지속적인 공교육 투자 확대에 대한 정치적 기반은 매우 약하다고 할 수 있다.

2. 사회적 약자에 대한 대학입시 및 취업 우대정책

다음으로 한국교육정책에 있어 사회적 약자에 대한 우대정책에 대한 개인 선호를 분석한다. 첫 번째 종속변수는 취업 및 입시에 있어 사회적 약자에 대한 배려에 대한 인식을 나타내는 것으로, 조사 문항은 "대학이나 기업에서 저소득층 출신을 일정 비율로 뽑는 할당제를 확대해야 한다"이고, 이에 대한 응답은 5가지 척도(전혀 동의 안 함, 별로 동의 안 함, 약간 동의, 매우 동의, 모르겠다)로 조사했다. 할당제에 대한 종속변수는 응답 '매우 동의'와 '약간 동의다'의 응답을 1로 코딩하고 나머지를 0으로 코딩한 더미변수다.[12] 두 번째 종속변수는 대학입학제도에 있어 사회적 약자에 대한 배려 정책에 관한 것으로, 조사 문항은 "사회적 약자를 배려하는 입시 정책이 확대되어야 한다"이고, 이에 대해 응답은 5가지 척도(전혀 동의 안 함, 별로 동의 안 함, 약간 동의, 매우 동의, 모르겠다)로 조사했다. 앞의 종속변수와 마찬가지로 '약간 동의'와 '매우 동의'의 응답을 1로 코딩해 더미변수로 처리했다. 설명변수는 〈표 2-1〉과 동일하다.

---

12. 앞선 분석과 마찬가지로 문항에 대한 응답을 더미변수로 처리하지 않고 연속형 변수로 간주해 다중회귀분석을 통해 분석을 실시했으나 결과가 유사해 로짓회귀분석의 결과를 제시했다.

〈표 2-2〉의 결과는 앞에서 언급된 밀레니얼 세대에 대한 분석과 상당 부분 일관적이다. 경제적 불평등보다는 실력주의(meritocracy)에 기반을 둔 절차적 공정성에 민감하다고 알려진 밀레니얼 세대의 경우, 대학입시 및 취업 시 저소득층에 대한 할당제에 반대하고, 대학입시제도에서 사회적 약자에 대한 우대정책의 확대에 반대하는 것으로 나타났다. 할당제의 경우, 다른 세대에 비해 71%로 반대할 확률이 높을 뿐만 아니라 대학입학에 있어 사회적 약자에 대한 우대정책을 반대할 확률이 다른 세대에 비해 62%나 높은 것으로 나타났다. 이는 기존의 여론조사와 유사한 결과로서 "같은 대우를 받으려면 같은 관문을 거쳤어야 한다. 또는 시험 앞에서의 평등을 중시한다는 밀레니얼 세대의 인식이 이 분석에서도 유의미한 결과로 나타났다(허진무 외 2019). 한국 사회에서 지속적으로 논란이 되는 대학입학 및 취업에 관해 밀레니얼 세대의 경우, 특권층이 가질 수 있는 혜택뿐만 아니라 사회적 약자에 대한 우대정책 또한 반대하는 것으로, 이는 소득 불평등과 교육 불평등의 결과를 완화할 수 있는 제도적 장치로서 사회적 약자에 대한 우대정책(affirmative action)의 정치적 기반이 점차 약화될 것을 시사한다. 다른 통제변수 중에서 유의미한 결과를 나타낸 변수는 교육수준, 전문직 여부, 그리고 비정규직 변수다. 일반적으로 교육수준이 높을수록 할당제 및 우대 정책(affirmative action)을 지지할 가능성이 크다는 기존 연구와 일관적인 결과가 나타났다(McCall 2013). 더불어 비정규직인 개인의 경우는 사회적 약자로서의 인식으로 인해 사회적 약자에 대한 우대정책을 지지하는 것으로 이해된다.

<표 2-2> 교육정책 선호 : 사회경제적 약자에 대한 입시 및 취업 우대정책

구분	대입 및 취업 시 저소득층 출신에 대한 할당제 지지 (교차비-Odds Ratio)	대학입시 사회적 약자 우대정책 확대 (교차비-Odds Ratio)
밀레니얼 세대	0.71(0.12)**	0.62(0.11)**
60대 이상	0.99(0.19)	1.07(0.22)
여성	0.98(0.13)	0.81(0.15)
교육수준	0.87(0.05)**	0.92(0.06)
이념(보수)	0.95(0.04)	0.86(0.03)**
소득	0.96(0.03)	0.97(0.04)
전문직	1.02(0.34)*	1.03(0.46)
직장 지위 (비정규직)	1.34(0.28)*	1.32(0.36)
계층인식	0.94(.007)	1.03(0.12)
N	907	907
Pseudo-	0.02	0.03

Note : 셀의 수치는 교차비(Odds Ratio), 괄호 안의 수치는 표준오차(Robust), 연령을 클러스터로 통제,
*p⟨0.1; **p⟨0.05.

3. 교육 증세 및 기본소득제

마지막으로 교육예산의 증세와 최근 논란이 되는 기본소득제에 대한 세대효과를 살펴본다. 〈표 2-3〉은 교육 증세에 대한 선호 및 기본소득제에 대한 개인 선호 분석의 결과다. 첫 번째 종속변수는 교육 불평등 완화를 위한 증세에 대한 인식을 나타내는 것으로, 조사 문항은 "교육 불평등을 완화하기 위한 교육재정 확충을 위해 세금을 더 부담할 의향이 있으십니까?"이었고, 이에 대한 응답은 5가지 척도(매우 그렇다, 약간 그렇다, 보통이다, 별로 그렇지 않다, 전혀 그렇지 않다)로 조사했다. 앞의 분석들과 같이 종속변수는 '매우 그렇다'와 '약간 그렇다'라는 응답을 1로 코딩하고 나머지를 0으로 코딩한 더미변수다.[13] 두 번째 종속변수는 최근 한국 사회에서 논란이 되는 기본소득제에

---

13. 앞선 분석과 마찬가지로 응답을 더미변수로 처리하지 않고 연속형 변수로 간주해 다중회귀분석을 통해 분석 또한 유사한 결과가 나타난다.

대한 인식에 관한 것으로 조사 문항은 "정부가 국민의 최소한의 생활비용을 보장하기 위해 매월 기타 소득이나 근로 여부와 상관없이 전 국민에게 동일한 액수의 현금을 지급하는 기본소득제를 도입해야 한다"이었고, 이에 대해 1(전혀 동의 안 함)에서 4(매우 동의)로 응답을 조사했다. 앞의 종속변수들과 마찬가지로 또한 '약간 동의'와 '매우 동의'의 응답을 1로 코딩해 더미변수로 처리했다. 설명변수는 〈표 2-1〉과 〈표 2-2〉와 동일하다.

　　서구 선진국에 관한 기존 연구에서 지속적으로 제기된 주장 중 하나는 유권자들이 복지 및 교육을 포함한 사회정책예산의 세부 영역들을 제로섬의 관계로 인식한다는 점이다. 가령 연령이 높을수록 교육정책예산에 대한 선호가 감소하는 반면, 의료 및 연금 확대정책에 대한 선호는 증가한다는 것이다(Sørensen 2013). 〈표 2-3〉의 결과는 기존 연구 및 〈표 2-1〉의 분석과 일관적인 결과로서, 한국의 밀레니얼 세대는 교육 중세에 반대할 확률이 높은 것으로 나타났다. 다른 세대에 비해 80%나 반대할 확률이 높다. 반면 기본소득제에 대해서는 우호적으로 찬성할 확률이 다른 세대에 비해 49%나 높은 것으로 나타났다. 흥미로운 점은 기존 연구에서 제시된 서구 선진국의 상황과 반대의 결과가 나타났다는 점이다. 정부의 공교육 투자 확대를 상당 부분 반대하는 한국의 밀레니얼 세대의 경우, 교육예산 확대에 우호적이지 않지만, 기본소득제와 같은 복지정책에는 우호적으로 나타난다. 더불어 60대 이상의 경우 교육 증세에 우호적이지만, 기본소득제에 대해서는 우호적이지 않은 것으로 나타났다. 기본소득제에 대한 '60대 이상' 변수의 교차비가 1보다 작은 0.66이고 통계적으로 유의미하다. 교육 증세와 기본소득제에 대한 상대적 선호도를 직접 분석한 것은 아니지만, 〈표 2-3〉의 결과는 기존 서구 선진국을 대상으로 한 연구와 유사하게 개인들이 세부적인 사회경제정책들에 대해 일종의 제로섬 인식을 하고 있다는 것을 보여주지만, 그 방향성은 정반대일 가능성을 시사한다. 한국의 밀레니얼 세대는 교육지출은 반대하지만, 기본소득제는 선호하고 있고, 이는 한국 사회의 교육효과 및 교육정책의 맥락이 서구 선진국과 다르기 때문으로 추측된다. 입시 위주의 교육 및 과열된 진학 경쟁, 더불어 노동시장에서 대학 학위의 프리미엄이 사라진 현실에서 젊은 세대에게 교육예산의 확대가 가져오는 이익이 크지 않기 때문으로 추측된다.

<표 2-3> 교육 증세와 기본소득제

구분	교육 증세	기본소득제
밀레니얼 세대	0.80(0.13)*	1.49(0.23)**
60대 이상	1.01(0.20)	0.66(0.10)**
여성	0.54(0.09)**	0.67(0.10)**
교육수준	1.01(0.08)	0.88(0.05)**
이념(보수)	0.79(0.03)**	0.97(0.04)
소득	1.01(0.03)	0.92(0.03)**
전문직	1.53(0.48)	1.40(0.52)
직장 지위 (비정규직)	1.19(0.28)	1.06(0.20)
계층인식	0.86(.006)**	0.89(0.07)
N	907	907
Pseudo-	0.06	0.04

Note : 셀의 수치는 Odds Ratio, 괄호 안의 수치는 표준오차(Robust), 연령을 클러스터로 통제, *p<0.1; **p<0.05.

V. 결론

최근 한국 사회에서 중요한 화두가 된 교육 불평등은 학생들이 받는 교육의 질이 소득수준, 집안 배경, 학교의 재정 상황 등에 의해 학교 간 교육의 질적 차이와 개인의 상황으로 인해 학생들이 받는 교육의 질적 차이를 의미한다. 이러한 불평등은 세계화 이후 심화되는 경제 불평등의 결과로서, 대부분의 선진국의 경우 공교육 투자(publc education spending)의 확대를 통해 경제 불평등이 교육 불평등으로 이어지지 않도록 방지하는 것을 표면적으로는 중요한 사회정책의 목표로 설정하고 있다. 틸렌(Thelen 2012)이 언급했듯이 이러한 교육정책은 자유시장 경제를 활성화함과 동시에 시장의 수혜를 노동자 또한 얻을 수 있게 하는 정책으로 자본주의와 (사회)민주주의의 갈등을 줄일 수 있는 정책인 것이다. 그러나 다른 사회정책과 마찬가지로 교육정책 또한 분배적 갈등을 내포하고 있기에 국가 간 교육지출은 상당한 차이가 존재한다. 안젤(Ansell 2010)이 주장했듯이 정부의 교육예산은 그 성격에 따라 누진적(progressive) 또는 역진적(regressive)일 수 있다. 국민 대부분이 혜택을 받는 초·중·고 교육에 대한 투자는 누진적 효과가 있지만, 대학에 대한 투자는 역진적 효과가 있기에, 일반적으로 좌파 정당의 경우 보편교육에 대한 투자를 선호하고, 우파 정당의 경우 대학 중심의 교육투자를 선호할 것으로 추측할 수 있다(Ansell 2010). 그러나 교육의 확대는 교육이 가지는 지대(rent)의 축소를 의미해 노동시장에서 기존의 노조에는 임금 분산 및 하락의 결과를 가져오기에 노조의 정치적 지지를 기반으로 하는 좌파 정당은 교육정책에 있어 심각한 딜레마에 빠져 있다는 것이 일반적인 견해다(Rueda 2007; Gingrich and Ansell 2015). 현실적으로 좌파 정당이 집권해도 보편교육에 대한 투자의 확대가 잘 이루어지지 않는 이유로 이해할 수 있다. 한국의 경우 또한 우파 정당이 집권했을 경우와 좌파 정당이 집권했을 경우 공교육에 대한 투자 수준의 차이가 그리 크지 않은 이유가 이러한 기존 연구의 논리로 설명될 수 있으나, 이 연구가 제기하고자 하는 것은 서구 선진국과는 다르게 한국의 젊은 세대, 밀레니얼 세대의 교육 선호가 매우 부정적이라는 점에서 공교육의 투자 확대를 통한 교육 불평등의 해소가 점점 힘들어질 것으로 예측된다는 점이다.

교육의 기회는 개인에게는 기회의 관문으로서 지식, 기술, 경험의 축적을 통해 좋은 직장과 풍요로운 미래를 위한 첫걸음이라고 할 수 있다. 하지만 한국 사회에서는 모두가 그러한 교육의 혜택을 받고 있는가? 1990년대 이후 소비지출 대비 사교육비 비중은 2인 이상 도시 가구를 기준으로 1990년 3% 수준에서 2012년 7% 수준으로 성장했다(황규성 2013). 1980년대의 과외 금지 조치가 점차 완화되면서 꾸준히 성장한 사교육은 제도적으로 보편적 교육기회를 제공하는 공교육의 영역을 잠식하고, 교육기회의 불평등을 악화시키고 있는 것이 현실이다. 교육기회의 평등은 실력주의(meritocracy)를 의미하고, 실력주의는 결과적으로 경제 불평등을 심화시킬 가능성이 크다. 그러나 교육을 받을 기회에서부터 불평등한 현재 상황은 교육제도가 계층의 고착화를 해결하는 수단이 아니라, 오히려 기존의 경제 불평등을 가속화하는 제도로 전락한다는 것을 의미한다. 이철승이 주장했듯이 한국의 기존 세대가 경험한 기회의 평등이 다음 세대에게는 기울어진 운동장이 되어버린 상황인 것이다(이철승 2019). 이러한 현실에서 사교육이 불가능한 저소득층을 포용하는 교육정책과 공교육 기관의 경쟁력 약화를 방지하기 위한 투자가 절실한 상황임에도 불구하고, 현재 한국 사회에서의 공교육에 대한 정치적 기반은 매우 취약한 것으로 판단된다. 골딘과 카츠(Goldin and Katz 2008)가 언급한 것과 같이 현재의 소득 불평등은 "교육과 기술의 경주(race between education and technology)"의 결과로서, 급격하게 변화해가는 환경에 적응할 수 있는 교육을 받은 개인과 그렇지 못한 개인의 차이가 경제 불평등으로 나타나고 있다. 공교육 예산의 확대는 경제 불평등을 완화하는 중요한 정책임에도 불구하고, 교육정책의 분배적 효과에 따른 정치적 이해관계의 충돌과 더불어 한국 사회의 주축이 될 밀레니얼 세대의 공교육에 대한 부정적인 인식으로 인해 공교육 투자에 대한 정치적 기반은 지속적으로 축소될 것으로 예측된다.

3장

한국과 대만에서의 가난한 유권자의 역설

지은주(고려대학교)

I. 서론

이 연구는 한국과 대만에서 '가난한 유권자의 역설(the poor voter paradox)'
이 발생하는 원인을 규명하고자 한다. 가난한 유권자의 역설이란 자신의 경
제적 이익에 역행하는 방향으로 표를 행사하는 가난한 유권자들의 투표 행
위를 의미한다. 투표 과정에서 일부 가난한 유권자들은 자신들의 경제적
인 조건을 개선할 수 있는 분배와 복지정책을 제시하는 진보정당 대신 부
자들을 위한 정책이나 정치적 의제를 제공하는 보수정당을 지지한다. 이
러한 가난한 유권자의 역설적인 투표행태를 설명하기 위한 원인으로 기
타 이슈의 중요성, 잘못된 정보, 근시안적 유권자 등 다양한 원인이 제기된
다(Bartels 2008; Bénabou and Ok 2001; De La O and Rodden 2008; Frank 2005; Piketty
1995; Roemer 2001). 그러나 이는 대부분 선진 경제 국가의 가난한 유권자들을
설명하기 위한 것이다. 저소득 국가들의 가난한 유권자에 관한 연구는 많
지 않지만, 주로 정당정치의 저발전, 빈곤층의 낮은 교육수준, 통신기술 부
실, 정보 보급 부족 등이 제시되곤 한다. 한편 인도의 사례를 연구한 타킬

(Thachil 2014)은 가난한 유권자들이 보수당이 제시하는 선심성 정책에 사로잡힐 때 보수정당을 지지한다는 것을 발견했다.

한국과 대만은 오랫동안 경제적 풍요를 누린 선진 국가나 저소득 국가와는 다른 발전 경로를 거쳐왔고 경제 구조도 상이하다. 더욱이 선진 국가가 경제적 불평등을 경험하던 시기에 한국과 대만의 경제적 불평등은 심각하지 않았다. 한국과 대만은 1970년대와 1980년대에 급속한 경제성장을 달성했고, 경제가 성장하는 동안 부의 분배가 비교적 평등하게 이루어졌다. 여기에는 3가지 원인이 있다. 첫째, 경제 발전 계획을 강하게 추진하는 발전국가(developmental states)의 지도하에 한국과 대만은 "평등을 동반한 성장(growth with equity)"을 달성할 수 있었다(Fei et als. 1979; Rodrik 1995). 둘째, 분단국가라는 특수성은 공산주의가 끊임없이 군사적 위협을 제기하기 때문에 진보적 성향의 좌파 정당들이 성장하기 어렵다(Jou 2011). 좌파 정당은 가난한 자들에게 우호적이고 분배정책을 제시하는 경향이 있다. 안보의 이유로 한국과 대만에서는 가난한 유권자들이 선택할 수 있는 진보정당이 존재하지 못했다.[14] 셋째, 1980년대 민주화 이후 한국과 대만에서는 민주정당이 수립됐고, 그들은 민주화 이후 정당 경쟁 과정에서 가난한 유권자들을 대표할 것으로 기대됐다. 그러나 한국과 대만의 민주정당은 분배보다는 경제성장을 우선시했다(Peng and Wong 2008; Wong 2004). 즉 발전국가 시기 한국과 대만에서는 불평등이 심화되기보다는 오히려 국민 대부분이 경제성장의 혜택을 받았고, 이데올로기적인 대립이라는 구조 속에서 급진적인 좌파 정당이 성장할 수 없었으며, 민주화 이후의 민주정당은 분배정책을 제시하지 않음으로 인해 선거에서 선택할 대안이 존재하지 않았다. 이러한 조건들로 인해 한국과 대만의 가난한 유권자들의 불평등을 개선하기 위한 선택에 대한 학

---

14. 이 연구에서 진보정당이라는 용어는 사회주의 이념 정당이 아닌 부의 분배와 복지를 강조하는 민주적 정당을 의미한다. 한국과 대만에서는 민주화를 주도했던 민주정당이 권위주의 계승정당보다 분배와 복지를 강조하는 경향이 있다. 따라서 이 연구에서는 분배와 복지를 강조하는 민주정당을 진보정당이라고 하고, 경제성장을 중시하는 권위주의 계승정당을 보수정당이라고 한다.

문적 관심도 부재했다.

　　그러나 한국과 대만의 이러한 조건들이 변화하기 시작했다. 1998년과 2007년의 두 번의 경제위기 이후 한국과 대만은 경기 침체를 경험하고 불평등이 심화됐다. 이로 인해 소득 불평등 문제가 쟁점화됐고, 이후 빈곤층을 위한 사회안전망 제공, 복지서비스 확충, 성장 지향적 경제모델의 변화 필요성이 제기됐다(마인섭 2011; 지병근 2012; Chang 2014; Wu 2013). 그 결과 2012년 총선의 정당 경쟁에서는 최초로 주요 정당을 성장과 분배 스펙트럼상에서 양극으로 갈라놓았다. 이러한 변화는 2012년 한국의 국회의원 선거와 2012년 대만의 입법원 선거에서 동일하게 나타났다. 이는 그동안 가난한 유권자의 선택을 제약해왔던 근본적인 구조에 변화가 온 것이었다. 그러나 한국과 대만의 가난한 유권자들은 진보정당을 적극적으로 지지하지 않았고, 보수정당에 더 투표하거나 혹은 지속적인 지지를 보낸 것으로 나타난다. 즉 한국과 대만은 불평등이 심화되면서 정당경쟁에서의 차이가 나타났음에도 불구하고 여전히 '가난한 유권자의 역설'을 보여주고 있다. 그렇다면 2012년 한국과 대만에서 가난한 유권자의 역설이 발생한 원인은 무엇인가? 이 연구는 2012년 총선에서 나타난 한국과 대만의 '가난한 유권자의 역설'의 원인을 규명하고자 한다.

II. 문헌 연구 및 연구의 틀

　　기존 연구에서 나타나는 민주주의 국가에서의 가난한 유권자의 역설은 다음과 같이 3가지로 설명된다. 첫째, 가난한 사람들에게 있어서 종교나 인종과 같은 다른 요소들이 중요할 때, 경제적 투표는 발생하지 않는다. 미국의 빈곤한 주들에서 나타난 가난한 유권자들의 투표 결정요인을 추적한 프랭크(Frank 2005)는 가난한 유권자들이 경제적인 기반보다는 낙태나 동성결

혼과 같은 종교적인 이유로 투표한다는 것을 발견했다. 따라서 이러한 조건에서 정치 기업가들(political entrepreneurs)은 경제보다 도덕적 가치를 지닌 가난한 유권자들을 동원하게 되고, 결국 경제 이슈는 그들에게는 투표 시 고려 사항이 되지 못한다(Roemer 1998). 둘째, 가난한 유권자들은 평등주의라는 기준을 가지고 있으면서도, 특정 정책의 효과에 대해 잘못된 정보를 가질 수 있다. 바텔스(Bartels 2008)에 따르면 미국 내 가난한 유권자들은 민주당 정부에서 소득이 증가했음에도 불구하고 공화당을 선택하는 경향이 있는데, 그 이유는 그들이 평균소득의 증가보다는 선거운동 기간 내의 소득 증가에 더 민감했기 때문이다. 이런 근시안적인 가난한 유권자들로 인해 불평등을 개선하기 위한 선택은 이루어지지 않는다. 타킬이 제시한 인도의 가난한 유권자들 역시 근시안적인 유권자의 범주에 속한다. 그들은 단기적인 경제이익을 고려해 장기적이고 실질적인 혜택을 놓치고 있다. 셋째, 가난한 유권자들은 때로는 주어진 구조하에서 자신들의 노력으로 인해 경제적 조건을 개선할 수 있다고 믿는다. 이 경우 분배정책은 오히려 그들의 목표를 방해하는 정책이 된다. 사회적 유동성이 보장된다면 가난한 유권자들은 충분한 노력으로 부자가 될 수 있다고 믿고 경제 투표를 하지 않는다. 이는 '상향 이동성의 전망(the Prospect of Upward Mobility, 이하 POUM)'의 효과다(Bénabou and Ok 2001; Piketty 1995). 일부 가난한 유권자들은 교육수준이 높아지면 일자리의 기회도 늘고, 소득도 높아지기 때문에 분배정책의 확장이 미래의 자신들의 성과를 훼손할 수 있다고 생각한다(Piketty 1995, 578). 가난한 유권자들은 그들 또는 그들의 자녀들이 소득 사다리를 올라갈 수 있기를 바라며 재분배정책에 반대하기도 한다(Bénabou and Ok 2001).

이 3가지 접근법은 부분적으로 한국과 대만의 사례를 설명해줄 수 있다. 첫째, 종교나 인종적 요소와 유사한 요인으로 한국에는 지역주의가 있으며, 대만에서는 국가적 정체성이 있다. 한국의 영호남 지역의 강한 지역적 연대감은 지역 유권자 혹은 지역 출신 유권자들의 중요한 투표 요인이다. 또한, 대만에서 나타나는 대만인-중국인 정체성, 즉 국가적 정체성은 각각 민진당–국민당과 강한 연계성을 보여준다. 이는 가난한 유권자들의 선택을 포함해 한국과 대만 유권자들 투표의 많은 부분을 설명해준다. 둘째, 한국과 대만에서도 근시안적인 유권자가 존재한다. 이들은 특정 정책의 효과에 대해서 올바른 판단을 하지 못한다. 발전국가 시기의 한국과 대만의 가난한 지역의 주민들은 정부여당을 지지하는 경향이 있었다. 이는 보수 정당의 선심성 정책으로 제공되는 즉각적인 경제적인 보상에 기인한다. 이는 가난한 유권자들이 장기적인 경제적 조건을 개선하고자 하는 노력을 방해한다. 셋째, 'POUM' 가설은 한국과 대만의 가난한 유권자의 선택을 이해하는 데 중요하다. 개인의 재능이나 능력에 따라서 공직이나 기업에 채용되는 성과주의(meritocracy)는 전통적으로 한국과 대만에서 중요한 사회적 경제적 메커니즘이다. 성과주의는 개인의 경제적인 배경과 상관없이 채용을 보장하며, 능력에 상응하는 경제적인 보상을 제공한다(Evans 1998). 성과주의가 작동하는 한 정당의 분배정책에 의존하기보다 자신과 가족의 능력에 의존하는 것이 더 나은 경제적인 선택이 된다.

그러나 이외에도 한국과 대만의 특수성이 존재한다. 발전국가 시기에 형성된 잔여 복지주의(residual welfarism)는 한국과 대만의 가난한 유권자의 역설에 대한 또 다른 해명을 제공한다(Esping-Anderson 1996; Goodman and Peng 1996; Goodman et al. 1998). 한국과 대만의 발전 국가 시기에도 복지정책이 존재했다. 그러나 이는 매우 편파적이었는데, 권위주의 정권은 전체를 위한 복지서비스를 제공하는 대신 정권의 주요 지지자인 공무원, 교사, 군인들을 그 대상으로 했다. 여기에서 제외된 집단은 가족이 복지에 대한 일차적인 책임이 있었고, 이를 유지하게 하려고 정부는 가족 단위의 저축을 장려했다(Cadler 1990; 김도균 2012). 결과적으로, 국가가 제공하는 복지에서 제외된 집단은 가족을 단위로 해 스스로 복지의 문제를 해결해야 한다고 믿었으며, 정부를 복지의 문제 해결자로 여기지 않았다.

세계화와 경제 개방 이후 한국과 대만에서는 경제적 불평등이 심화됐고, 'POUM 가설'과 '잔여 복지주의'를 지탱해온 구조 또한 변화하기 시작했다. 높은 교육은 여전히 더 나은 직업과 더 나은 수입으로 이어지지만, 부모의 수입에 따라 자녀들이 누릴 수 있는 교육의 혜택이 달라지면서 교육을 통한 계급의 상향 이동에 경제적인 조건이 개입됐다. 한편, 자산을 소유한 계층의 부가 증가하면서 한때 높은 소득을 올렸던 의사, 변호사, 회계사 등 전문직 종사자들도 점차 자산을 가진 계층과의 격차를 극복할 수 없게 됐다. 이러한 구조적 변화 속에서 한국과 대만은 가족의 해체를 경험하고 있다(Inoguchi 2007). 핵가족과 독신가족이 증가하면서 가족이 중심이 되어 제공하던 잔여 복지가 더는 작동하지 않게 됐다. 이는 가난한 유권자들의 경제적인 안정과 기본적인 복지를 보장하던 구조의 붕괴를 의미한다. 결국, 가난한 유권자들은 자신들의 기본적인 경제생활을 보장받기 위해 정부나 정당에 의존해야 한다. 또한, 분배정책을 제시하는 진보정당을 지지함으로써 자신들의 경제적 조건을 개선해야 한다. 그러나 이와 같은 변화하는 조건 속에서도 2012년 한국과 대만에서는 여전히 가난한 유권자의 역설이 나타나고 있다.

이러한 모순을 이해하기 위해 이 연구는 한국과 대만의 가난한 유권자들의 정당 선택과 정치적 정향을 분석함으로써 그 원인을 찾고자 한다. 가난한 유권자의 역설을 설명하는 POUM 가설과 잔여 복지는 한국과 대만에서 한계에 이르렀지만 다른 요소, 즉 지역주의와 국가적 정체성은 여전히 유용하며, 또한 근시안적 유권자의 가설 또한 여전히 유용하다. 그러나 이 연구에서는 이와 함께 발전국가 시기에 형성된 가난한 유권자들의 성장에 대한 신념에 주목한다. 발전국가 시기의 한국과 대만은 '평등을 동반한 성장'을 했고, 국가의 편파적인 복지에도 불구하고 성장에 따른 전체적인 부의 증가로 인해 가난한 유권자들의 경제적 조건도 개선됐다. 따라서 가난한 유권자들이 여전히 국가 주도의 경제성장이 일자리를 창출하고 분배와 소득 모두를 증진할 것이라고 믿는다면 이를 주도하는 보수정당에 대한 지지는 사라지지 않을 것이며, 오히려 경제적 조건이 어려워지는 환경에서는 더욱 강화될 수도 있다. 그렇다면 선진 민주주의 국가의 가난한 유권자들이 자신들에게 유리한 세금과 분배정책을 유도하기 위해 투표 메커니즘을 사용한다면(Meltzer and Richard 1981), 발전국가의 '평등을 동반한 성장'을 경험한 가난한 유권자들은 경제성장을 유도하기 위해 투표 메커니즘을 사용할 것이라고 가정할 수 있다. 이런 점에서, 우리는 다음과 같은 가설을 세울 수 있다.

"경제 여건을 개선하기 위해, 발전국가의 성공을 경험한 가난한 유권자들은 경제성장을 통해서 개인이나 가족의 경제적인 조건이 개선될 것이라고 기대하며, 분배보다는 경제성장을 주장하는 보수정당에 표를 던진다."

즉 '평등을 동반한 성장'에 대한 믿음은 발전국가를 경험한 가난한 유권자의 역설을 이해하는 중요한 기반이 된다. 합리적인 유권자들이 경제적 이익의 선호에 근거해 표를 던지는 것(Downs 1957; Fiorina 1982)과 같이, 가난한 유권자들은 그들에게 더 나은 결과를 가져다줄 보수정당에 투표하며, 이는 결국 자신들의 경제적 이익에 근거한 투표다. 이 연구는 이 가설을 검증하기 위해 정당 경쟁에서 성장과 분배의 이슈가 양극화된 2012년 한국과 대만 총선의 사례를 중심으로 분석한다. 이를 위해 먼저 불평등이 심화되기 시작한 시기인 1990년대 초부터 2012년까지 한국과 대만의 가난한 유권자들의 정당 선택과 정책 선호를 검토한다. 이어서 2012년 한국과 대만의 각각의 총선에서 가난한 유권자들의 정당 선택을 OLS기법을 통해 분석한다. 한국의 자료는 〈제19대 국회의원 선거 유권자 조사〉를 활용한다. 이는 2012년 4월 12일부터 23일까지 한국 중앙선거관리위원회가 전국을 대상으로 실시한 조사다(n=1,000). 대만의 자료는 2012년 1월부터 3월까지 대만 선거 및 민주화 연구(Taiwan's Election and Democratization Study, 이하 TEDS)에서 실시한 〈총통 및 입법원 선거에 관한 전화 인터뷰(TEDS2012T)〉를 사용한다(n=1,825). 이후 OLS의 결과를 보완하기 위해 지역의 사례로 한국의 강원도와 대만의 윈린(雲林)현의 주민들을 분석한다.

III. 한국과 대만의 가난한 유권자의 정당 선택과 정책 선호 (1992~2012)

1990년대 중반까지 한국과 대만은 고도성장이 지속됐다. 한국의 경제성장률은 1990년 9.8%, 1991년 10.4%에 달했고, 대만 역시 1992년 8.4%로 높은 성장률을 기록했다. 그러나 1997년 시작된 외환위기로 인해 한국은 국제통화기금의 지원을 받았으며 1998년 성장률은 -5.5%를 기록했다. 대만은 외환위기의 직접적인 영향을 받지 않았지만, 2001년 성장률이 -1.3%로 떨어졌다. 두 경제는 곧 성장세로 돌아섰지만, 2008년에 다시 발생한 국제 금융위기로 인해 하락세로 전환했다. 한국은 2009년 0.7%의 성장률을 기록했고, 대만은 2009년 -1.6%의 성장률을 기록했다. 그 이후로 한국과 대만의 경제성장률은 3% 이상 증가하지 않았다. 경기 침체는 실업의 증가와 소득 불평등의 심화로 이어졌다. 한국의 실업률은 1998년 7%, 1999년 6.3%로, 발전국가 시기의 평균 약 2%였던 것과 극명하게 대비된다. 2002년 한국의 실업률은 3%대로 잠시 안정되는 듯했으나, 위기 이전의 2%대로 회복되진 못했다. 대만의 실업률은 1990년대에는 1%에서 2% 사이였으나 2001년에는 4.57%까지 상승했고 2002년에는 5.17%를 기록했다. 이후 대만의 고용지표는 더욱 악화되어 2009년 실업률은 5.87%에 달했다. 소득 불평등은 지속적으로 악화되어, 외환위기 이후 한국의 소득 5분위 배율은 3.80에서 4.55로 높아졌다. 그 후 2006년에는 5.38, 2009년에는 5.75에 이르렀다. 대만의 소득 5분위 배율은 2001년 6.39, 2009년 6.34로 한국보다 심각한 상황이다.

〈표 3-1〉과 〈표 3-2〉는 경제가 어려워지고 소득 불평등이 심화된 시기인 1992년부터 2012년까지 한국의 국회의원 선거와 대만의 입법원 선거에서 보수정당과 진보정당에 대한 계급별 정당 선택이다. 한국의 정당 명칭은 자주 바뀌지만, 정당의 이념과 당원, 정책에는 연속성이 있다. 따라서

한국의 정당을 보수정당과 진보정당으로 분류할 수 있다.[15] 대만은 2005년 새로운 선거제도가 도입되기 전 다당제였다. 주요 정당인 국민당과 민진당 외에도 신당, 친민당, 대만단결연맹 등이 활동했다. 이 가운데 국민당, 신당, 친민당은 범남진영으로 알려진 보수정당 집단이며, 정치적 스펙트럼의 반대편에 있는 민진당과 대만단결연맹은 범녹진영이라고 알려진 진보정당 집단이다. 한편 분석을 위해 한국과 대만의 가계소득의 평균을 전체의 조사 자료 중 하위 30%, 중위 40%, 상위 30%로 구분해 각기 임의로 하위계층, 중위계층, 상위계층으로 설정했다.

〈표 3-1〉의 1996년부터 2012년까지 한국 국회의원 선거의 계층별 정당 선택에서, 한국의 하위계층은 1996년 보수정당을 지지했다가 2000년과 2004년에는 진보정당으로 지지를 이동했다. 그러나 2008년과 2012년에는 다시 보수정당의 지지로 되돌아갔다. 경제가 어려워지고 소득 불평등이 심

<표 3-1> 한국 국회의원 선거에서 계층별 정당 선택 (1996~2012)

한국	1996		2000		2004		2008		2012	
정당 구분	보수	진보	보수	진보	보수	진보	보수	진보	보수	진보
하위계층	47.4	44.5	39.3	41.8	24.3	49.3	60.3	27.3	51.5	33.2
중위계층	39.4	47.6	43.3	39.5	25.8	44.6	59.1	27.6	43.3	43.3
상위계층	45.2	50.3	48.3	34.4	31.1	36.7	61.9	27.6	44.4	44.4
N	822		822		1,500		623		778	
파이썬의 카이제곱	P=0.002		P=0.491		P=0.050		P=0.499		P=0.752	

Note : 이 표는 주요 보수정당과 진보정당에 대한 정당 선택만을 포함한다. '소수 정당 지지', '답변 없음', '모르겠다' 등의 다른 답변은 포함되지 않는다.
출처 : 한국중앙선거관리위원회(http://www.nec.go.kr/portal/main.do)

15. 1990년대 이후 한국의 대표적인 보수정당의 명칭은 다음과 같이 변화했다 : 민주자유당 (1990~1995), 신한국당(1996~1997), 한나라당(1997~2012), 새누리당(2012~2017). 진보정당의 명칭 변경은 더욱 자주 변경됐다 : 민주당(1995~1997), 새정치국민회의(1995~2000), 새천년민주당(2000~2005), 민주당(2005~2007), 열린우리당(2003~2007), 통합민주당/민주당(2008~2011), 민주통합당/민주당 (2011~2014), 새정치민주연합(2014~2016).

화된 2008년 이후의 보수정당에 대한 지지는 상당히 높은 편이다. 2008년에는 60.3%, 2012년에는 51.5%로 보수정당을 지지했다. 우리가 분석하고자 하는 2012년에는 중위계층이나 상위계층의 지지율보다 훨씬 높게 나타난다.

〈표 3-2〉는 1998년 이후부터 2012년까지 대만 입법원 선거에서 계층별 정당 선택이다. 〈표 3-2〉에 의하면 가난한 유권자들은 1998년 진보정당을 지지했다. 그러나 2001년, 2004년, 2008년 선거에서는 보수정당에 대한 지지가 더 높았고, 2012년에는 진보정당을 지지했다. 그러나 2012년의 하위계층의 보수정당과 진보정당의 지지는 큰 차이를 보이지 않는다. 하위계층의 두 진영에 대한 지지는 한국과 비교해볼 때 그리 크지 않다. 1998년에는 8.9%, 2001년은 0.4%, 2004년은 5%, 2008년은 5.8%, 2012년은 1.2%다.

<표 3-2> 대만 입법원 선거에서 계층별 정당 선택 (1996~2012)

대만	1998		2001		2004		2008		2012	
정당 구분	보수	진보	보수	진보	보수	진보	보수	진보	보수	진보
하위계층	33.9	42.8	28.3	27.9	27.9	22.9	28.2	22.4	30.6	31.8
중위계층	40.1	39.9	34.1	28.8	32.0	28.6	34.9	20.8	46.8	28.2
상위계층	44.6	33.8	39.8	28.7	39.1	28.0	39.0	19.1	50.3	30.2
N	1,332		2,016		1,164		1,238		1,826	
파이썬의 카이제곱	P=0.000		P=0.000		P=0.000		P=0.000		P=0.000	

Note : 이 표는 주요 보수정당과 진보정당에 대한 정당 선택만을 포함한다. '소수 정당 지지', '답변 없음', '모르겠다' 등의 다른 답변은 포함되지 않는다.

출처 : 중화민국선거관리위원회(Central Election Commission) (http://www.cec.gov.tw/central)

〈표 3-1〉과 〈표 3-2〉의 하위계층의 선택에서 나타나는 중요한 특징은, 이들의 정당 선택이 중위계층과 상위계층의 정당 선택과 구별된다는 점이다. 한국과 대만의 중위계층과 상위계층의 정당 선택은 상호 간에 상당히 유사한 패턴을 보이며, 이는 하위계층의 선택과 명백하게 구별된다. 이는

한국과 대만의 하위계층은 다른 계층과 다른 정치적 선택을 한다는 것을 말하며, 이들의 경제적 계산은 다른 계층과 다를 수 있다는 것을 의미한다.

그렇다면 하위계층이 다른 계층과 어떠한 점에서 다른가를 보기 위해 계층별 주요 관심 이슈를 구분해보았다. 〈표 3-3〉과 〈표 3-4〉는 동일한 시기의 한국과 대만의 계층별 주요 관심 이슈다. 〈표 3-3〉의 한국의 사례에서 가난한 유권자들은 지역(경제)발전, 경제발전, 정치적 안정, 탄핵을 위한 심판(2004년)이 이들의 중요한 관심사였다. 불평등이 심화되고 있던 시기였음에도 불구하고, 이들은 소득 격차나 불평등을 중요한 문제로 여기지 않는다. 2012년 선거에서는 분배와 소득 불평등이 국회의원 선거에서 두드러진 이슈로 대두되고, 주요 정당이 경쟁적으로 분배정책을 내세웠지만, 하위계층 응답자의 99.1%가 경제발전이 가장 중요하다고 답했다. 그리고 중요한 점은 이들의 관심 이슈가 중위계층이나 상위계층과 다르지 않다는 점이다.

<표 3-3> 한국의 계층별 주요 관심 이슈(1996~2012)

구분	1996 (복수응답)		2004 (복수응답)		2008 (자유 답변)		2012 (복수응답)
순위	1	2	1	2	1	2	1
하위계층	지역(경제)개발 (51.7%)	정치적 안정 (19.1%)	경제 안정/지역 발전 (35.8%)	탄핵을 위한 심판 (21.6%)	정치적 안정 (51.2%)	경제적 안정 및 발전 (27.4%)	경제 발전 (99.1%)
중위계층	지역(경제)개발 (27.3%)	정치적 안정 (27.1%)	경제 안정/지역 발전 (37.8%)	정치 개혁 (26.2%)	정치적 안정 (54.7%)	경제적 안정 및 발전 (28.4%)	경제 발전 (99.4%)
상위계층	지역(경제)개발 (33.8%)	정치적 안정 (26.4%)	경제 안정/지역 발전 (50.0%)	탄핵을 위한 심판 (25%)	정치적 안정 (46.7%)	경제적 안정 및 발전 (31.1%)	경제 발전 (99.4%)
N	974		1,500		748		1,000
파이썬의 카이제곱	P=0.000		P=0.000		P=0.745		P=0.065

출처 : 한국사회과학데이터센터(www.ksdc.re.kr) 조사자료

〈표 3-4〉는 2004년부터 2012년까지 입법원 선거 기간 중 대만의 계층별 주요 관심 이슈의 변화다.[16] 모든 조사에서 응답자들은 질문에 대한 답을 쓰도록 요구받았다. 대만의 가난한 유권자들은 '실업(의 증가)', '경기 침체', '경제 발전', 중국과의 관계를 의미하는 '양안(兩岸) 문제'를 제시했으며, 한국의 경우와 마찬가지로 소득 재분배나 복지를 중요한 이슈로 제시하지 않는다. '실업'과 '경제 발전'이 직면한 가장 시급한 과제였다. 2012년 민진당이 분배 정의를 주요 선거 의제로 제시했지만, 하위계층은 가장 중요한 쟁점으로 '경제 발전'이라고 응답했다. 그리고 대만의 경우에도 2008년 상위계층의 두 번째 관심 이슈를 제외한다면, 한국의 경우와 마찬가지로 계층별 관심 이슈에는 차이가 없음을 볼 수 있다.

<표 3-4> 대만의 계층별 주요 관심 이슈 (2004~2012)

연도	2004		2008		2012	
순위	1	2	1	2	1	2
하위계층	실업 (31.8%)	경기 침체 (10.9%)	경제 발전 (42.5%)	실업 (12.4%)	경제 발전 86 (19.8%)	양안 문제 35 (8.1%)
중위계층	실업 (34.7%)	경기 침체 (11.5%)	경제 발전 (39.4%)	실업 (12.2%)	경제 발전 240 (33.1%)	양안 문제 90 (12.4%)
상위계층	실업 (28.3%)	경기 침체 (12.0%)	경제 발전 (41.9%)	물가 (10.6%)	경제 발전 91 (30.3%)	양안 문제 56 (18.7%)
N	1,164		1,238		1,826	
파이썬의 카이제곱	P=0.000		P=0.000		P=0.000	

출처 : 대만 선거 및 민주화 연구 조사자료(teds.nccu.edu.tw)

불평등이 심화되는 상황에서도 한국과 대만의 가난한 유권자들은 자신들의 경제적 상황을 개선해줄 수 있는 분배 문제를 제기하지 않는다.

---

16. 대만의 조사자료 중에서 이 질문 항목을 포함하고 있는 것은 2004년, 2008년, 2012년 자료다.

2010년 이전 한국의 조사에서는 분배의 문제가 질문지의 선택 사항으로도 포함되지 않았다. 이는 선택지로 고려되지 않을 만큼 중요한 이슈가 아니었음을 의미한다. 2012년 조사에서는 이 선택지가 포함됐으나 응답자들이 선택하지 않았다. 대만에서는 응답자에게 자유롭게 작성하도록 했음에도 불구하고, 가난한 유권자는 '소득 재분배'나 '복지 확대'와 같은 대답을 하지 않았다. 한편 한국과 대만의 가난한 유권자들의 중요한 관심 이슈는 다른 계층과 다르지 않지만, 정당의 선택에서는 차이가 있다. 불평등이 심화되는 구조 속에서 가난한 유권자들은 자신의 경제적인 조건을 개선하기 위해 다른 계층과는 상반된 정치적 선택을 한다는 것을 보여준다. 이는 중요한 발견이다.

IV. 2012년 선거에서 한국과 대만의 가난한 유권자의 선택

2012년 선거에서 한국과 대만의 주요 정당은 불평등을 해소하기 위한 정책을 제시했다. 한국에서는 비정규직 증가, 실업률 증가 등이 주요 사회 이슈가 되면서 보수정당인의 새누리당과 진보정당인 민주통합당이 일자리 창출을 첫 선거 공약으로 제시했고, 여기에는 다양한 복지 공약이 포함됐다 (마인섭 2011). 새누리당은 2012년 국회의원 선거운동에서 무상 보육 프로그램, 군인 월급 인상, 고교 의무교육, 근로시간 단축, 비정규직 소득 개선 등을 제시했고, 민주통합당은 무상 교육, 무료 의료, 노동시간 단축, 대기업 청년 의무 할당제, 정년퇴역군인 지원 등을 복지정책안으로 제시했다(지병근 2012, 51-52). 새누리당과 민주통합당의 선거 공약들은 비슷하게 보이지만, 근본적인 차이점들이 존재한다. 새누리당은 필요한 사람들에게 선별적인 복지서비스를 제공하는 생애주기 맞춤형 복지 제도를 제안했다. 이와는 대조적으로, 민주통합당은 보편적 복지를 제안했고, 일반 대중들에게 복지서비스를 제공하고자 했으며, 일자리와 주거 복지, 취약계층 대상 지원을 우선시했다. 또한, 복지서비스에 대한 재원 마련 방안에서 새누리당과 민주통합당은 서로 다른 입장을 보였다. 새누리당은 세수를 늘리기보다는 세수 지출을 조절하는 방안을 제시했고, 민주당은 세수 확대를 강조했다. 게다가, 민주통합당이 제안한 복지지출의 금액은 새누리당의 거의 두 배였다(이원웅 2012, 110-112).

2012년 선거 결과 새누리당이 42.8%를 득표해 152석을 차지했고, 민주통합당은 36.5%를 득표해 127석을 차지했다. 〈표 3-1〉에서와 같이 새누리당과 민주통합당에 대한 지지율에서 가난한 유권자의 지지율은 각각 51.5%, 33.2%로, 전국적인 결과와 비교해볼 때 가난한 유권자들은 보수정당을 더 지지했음을 알 수 있다. 보수정당을 선택한 가난한 유권자의 선택 원인을 분석하기 위해 '19대 국회의원 선거 유권자 조사'를 활용해 OLS 분석을 실시했다. 분석을 위해 응답자들을 하위계층(1,990,000원 이하 월 소득), 중위계층(2,000,000원-4,490,000원 월 소득), 상위계층(4,500,000원 이상 월 소득)의 세 집단으로 구분했으며, 이들은 각각 샘플의 21.4%, 47%, 16.5%를 차지한다. 그리고 이 중에서 하위계층, 즉 가난한 유권자들의 선택만을 분석했다. 종속변수는 가난한 유권자의 보수정당 선택(새누리당 선택 1, 기타 정당 0)과 진보정당 선택(민주통합당 선택 1, 기타 정당 0)이다. 독립변수로는 지역주의를 측정하기 위한 유권자의 출신지와 경제적인 요인인 국가경제에 대한 회고적 평가와 가정경제에 대한 전망적 평가를 포함했다. 그 외에 현직 의원에의 만족도와 정당 지지를 포함했다. 성별과 연령도 독립변수로 추가했다. 〈표 3-5〉의 모델 3과 4는 동일한 독립변수에서 정당 지지만을 제거했다.

정당 지지를 포함한 분석 결과에 의하면, 가난한 유권자의 새누리당 선택에서는 정당 지지만이 유의미하다. 반면 민주통합당의 선택에서는 정당 지지와 연령이 유의미하다. 정당 지지는 곧 정당 선택으로 이어지며, 젊은 세대일수록 민주통합당을 지지했다. 이어서 정당 지지를 제거한 분석에서는 다른 결과가 나타난다. 가난한 유권자의 새누리당 선택에 있어서 연령, 지역, 국가경제에 대한 회고적 선택이 유의미했다. 가난한 유권자 중 나이 든 세대, 영남지역의 거주자, 그리고 국가경제가 지난 몇 년간 악화됐다고 평가하는 경우 새누리당을 지지했다. 진보정당인 민주통합당을 선택한 경우는 젊은 세대, 호남지역, 지난 몇 년간 국가경제가 그다지 악화되지 않았다고 평가한 경우였다. 즉 가난한 유권자의 보수정당의 선택에는 정당 요소가 중요하며, 정당을 제외한다면 연령, 지역 그리고 경제에 대한 평가가 중요하다.

<표 3-5> 가난한 유권자의 선택 : 2012년 한국 국회의원 선거

구분		정당 지지 포함		정당 지지 제거	
정당		새누리당(I)	민주통합당(I)	새누리당(II)	민주통합당(II)
성별 (남성)		.516 (.400)	−.237 (.306)	.099 (.172)	.051 (.174)
연령		.000 (.015)	*−.028 (011)	***.038 (.006)	***−.035 (.006)
유권자 출신지	영남	.829 (.589)		***.944 (0261)	
	호남		−.566 (.536)		***1.660 (.334)
국가경제	회고적 선택	−.692 (.366)	−.147 (.273)	*.359 (.157)	**−.438 (.162)
가정경제	전망적 선택	−.243 (.260)	.022 (.205)	−.090 (.112)	.075 (.113)
재임 의원 만족도		−.090 (.274)	.260 (.221)	.225 (.126)	−.247 (.128)
정당 지지	새누리당	***5.623 (.489)			
	민주통합당		***4.184 (.369)		
상수		−1.344 (1.001)	.286 (.793)	−2.773 (.463)	2.111 (.463)
N		428	428	610	610
−2 Log likelihood		203.022	299.261	776.117	762.070

***p<.001 ** p<.01 * p<.05

Note : Standard errors are in parentheses.

대만에서는 2012년 입법원 선거와 총통 선거가 동시에 치러졌다. 이로 인해 총통 선거의 쟁점들이 입법원 선거의 쟁점을 압도했다. 대만 역시 한국과 동일하게 소득 불평등이 확대되고 실업률이 높아진 상황에서 '사회적 평등'과 '빈부 격차'가 주된 선거 공약으로 제시됐다(Wu 2013). 그러나 한국의 정당과는 달리, 보수정당인 국민당과 진보정당인 민진당은 이슈에 대해 상당한 차이를 보였다. 분배와 복지 문제는 차이잉원(Tsai Ing-wen) 민진당 총통 후보가 강조했다. 2011년 12월 열린 공개토론회에서 차이 후보는 빈부격차가 심화된 것은 국민당의 양안 정책 때문이라고 주장했다. 차이 후보는 빈부격차 해소 방안으로 부동산 실거래 가격에 따른 과세와 수도권 인근에 사회주택 공급을 제시했다(The China Times 2011. 12. 04, A2). 이와 대조적으로 마잉주(Ma Ying-jeou) 국민당 후보는 경제성장 정책에 초점을 맞췄다. 그는 과세 격차를 줄이는 데 실질적인 영향을 미치지 않고, 대신 국민 소득이 늘어나면 세율이 높아져 소득 격차 해소를 위한 최선의 수단인 국고 수입을 늘릴 수 있다고 강조했다(Chang 2014, 51). 한편 마 후보는 대만 경제성장을 위해 양안 경제 교역을 강화하겠다고 약속했다. 이에 대해 차이 후보는 양안 경제 교역이 빈부 격차를 더 악화시키고 소수에게만 이익을 편중시킬 것이라고 비판했다. 차이 후보는 양안 경제 교류 대신 미국 주도의 환태평양경제동반자협정(TPP)에 참여해야 한다고 주장했다.

2012년 선거 결과 마잉지우 국민당 후보가 총통에 당선됐으며, 입법원 선거에서는 국민당이 64석, 민진당이 40석을 얻으면서 보수정당인 국민당이 크게 승리했다. 그러나 앞서 〈표 3-1〉의 계층별 지지도를 본다면 중위계층과 상위계층의 선택은 전국 평균과 비슷하지만, 하위계층의 선택은 전국 평균과 다르다는 것을 알 수 있다. 하위계층, 즉 가난한 유권자들의 국민당과 민진당에 대한 지지율은 크게 차이가 나지 않는다. 2012년 가난한 유권자들의 투표 요인을 분석하기 위해 TEDS2012-T 자료를 활용해 OLS 분석을 실시했다. 〈표 3-6〉이 그 결과다. 분석을 위해 응답자들을 하위계층(34,000 대만달러 이하 월 소득), 중위계층(34,001-100,000 대만달러 월 소득), 상위계층

(100,001 대만달러 이상 월 소득)의 세 집단으로 구분했으며, 이들은 각각 분석자료의 23.9%, 39.8%, 16.4%를 차지한다. 그리고 이 중에서 하위계층만을 분석의 대상으로 삼았다.

종속변수는 국민당 선택(보수정당 선택)과 민진당 선택(진보정당 선택)이다. 독립변수로는 국가적 정체성, 국민경제와 가정경제에 대한 인식, '92 공식', 정당 일체감, 성별, 연령 등을 포함한다. 국가적 정체성은 대만인 정체성과 이중(dual) 정체성으로 구분되는데, 중국인 정체성은 비중이 작아서 포함하지 않았다. 이중 정체성은 대만인 정체성과 중국인 정체성 모두를 가진 응답자들을 의미한다. 국가경제와 가정경제에 대한 인식에 대해 국민경제와 가정경제 측면에서 회고적 투표와 전망적 투표를 포함했다. 또한, 양안 교역이 중요한 정치적 쟁점이 되면서, 양안 무역이 국가경제와 가정경제에 미치는 영향에 대한 인식도 포함했다. '92공식'이란 양안 관계에 대해 중국과 대만의 합의를 의미하는데, 구체적으로는 '하나의 중국'에 대해 기본적으로는 합의하지만, 그 해석은 개별적으로 하는 것을 말한다. 이는 중국 공산당과 대만 국민당과의 합의로서 민진당은 이 공식을 부정한다. 2012년 양안 경제 교류가 주요 정치적 쟁점이 되면서 '92 공식'에 대한 입장의 차이도 유권자들에게 중요한 이슈가 됐다. 정당 일체감은 국민당이 중심이 되는 범남진영과 민진당이 중심이 되는 범녹진영으로 구분했다.

〈표 3-6〉의 분석 결과에 의하면, 한국의 사례와 동일하게 대만의 가난한 유권자들의 정당 선택에서 정당 일체감은 가장 유의미한 변수로 나타난다. 범남진영을 지지하는 경우는 국민당을 선택했으며, 범녹진영을 지지하는 경우 민진당을 선택했다. 그러나 한국의 사례와 달리 다른 독립변수도 유의미하다. 가난한 유권자의 보수정당 선택에서 경제적 요인이 유의미하다. 가정경제 측면에서는 과거 가정경제가 나빠지거나 새 정부 들어 미래 가정경제가 나아질 것이라고 인식하는 경우 보수정당을 선택했다. 또한, 양안 교역이 국가경제와 개인경제에 미치는 영향에 대한 인식 역시 유의미하다. 국가경제에 대한 양안 무역의 효과가 작다고 인식하는 경우 보수정당을

선택했으며, 개인경제에 대한 양안 무역의 효과가 강하다고 인식하는 경우 보수정당을 선택했다. 반면 가난한 유권자의 진보정당 선택에서는 정당 일체감, 국가적 정체성, 연령이 유의미한 독립변수다. 대만인 정체성을 가진 유권자와 젊은 세대는 진보정당을 지지했다. 따라서 대만의 가난한 유권자들이 보수정당과 진보정당을 선택하는 원인에는 큰 차이가 있다.

<표 3-6> 가난한 유권자의 정당 선택 : 2012년 대만 입법원 선거

정당		국민당	민진당
성별 (남성)		−.359 (.221)	−.252 (.224)
연령		.141 (.089)	*−.189 (085)
국가 정체성	대만인 정체성		**.752 (.274)
	이중 정체성	.009 (.248)	
국가경제	회고적 선택	.248 (.167)	−0.31 (.196)
	전망적 선택	.165 (.171)	−.220 (.198)
가정경제	회고적 선택	*−.484 (.234)	.230 (.222)
	전망적 선택	*.432 (.218)	−.004 (.218)
양안 무역이 국가경제에 미치는 영향에 대한 인식		*−.484 (.234)	.400 (.222)
양안 무역이 개인경제에 미치는 영향에 대한 인식		*.432 (.218)	.225 (.337)
92 공식		.400 (.222)	.101 (.094)
정당일체감	범남진영	***4.187 (.421)	
	범녹진영		***3.779 (.371)
상수		−5.866 (.840)	−2.408 (.929)
N		819	819
−2 Log likelihood		557.301	536.081

***p<.001 ** p<.01 * p<.05

Note : Standard errors are in parentheses.

V. 가난한 유권자들의 사례연구 : 한국의 강원도와 대만의 윈린현

　가난한 유권자들의 선택을 좀 더 이해하기 위해 한국과 대만에서 소득이 낮은 지역인 강원도와 윈린현을 사례로 지역 주민들의 선호와 정당 선택을 분석한다. 2012년 강원도의 소득수준은 전국의 다른 지역과 비교할 때 전라남도에 이어 가장 낮은 지역이다. 소득수준이 두 번째로 낮은 지역임에도 강원도를 선택한 것은 전라남도는 지역주의 투표가 강하게 나타나서 다른 변수의 영향을 측정하기 어렵기 때문이다. 따라서 강원도의 사례 연구는 지역 정당이 없는 가난한 유권자들의 선택 요인을 보완해줄 수 있다. 강원도의 인구는 2012년 약 140만 명으로, 노동 연령 인구의 82.7%가 서비스업, 9.4%가 제조업, 8%가 농어업, 광업 등에 종사하고 있다. 강원도는 다른 지역에 비해 상대적으로 도시화가 덜 됐고 고령의 인구가 많다. 강원도가 지역주의가 설명하지 못하는 가난한 유권자들의 선택을 이해하기 위한 사례라면, 윈린현은 OLS 분석 결과를 더 이해하기 위한 것이다. 윈린현 역시 대만에서 두 번째로 소득이 낮은 지역이다. 2012년 가장 소득이 낮은 지역은 타이둥(臺東)인데 타이둥은 대부분 인구가 원주민들로 이루어져 있고, 그들의 투표는 종족에 기반하고 있다. 윈린현은 인구 615,000명으로 이루어져 있고, 서비스업이 지역 경제의 46.7%, 제조업이 32.7%, 농어업이 20.6%를 차지하고 있다.

　강원도의 사례연구를 위해 강원발전연구원에서 2012년 선거 직후에 발간한 『19대 총선 강원 리포트 : 유권자의 선택과 강원정치의 과제』(염돈민 편 2012)와 강원일보사에서 2013년에 발간한 『강원인, 당신은 누구십니까?』(김원동 외 2013)를 참조했다. 『19대 총선 강원 리포트 : 유권자의 선택과 강원정치의 과제』는 2012년 선거에서 강원도의 선거 쟁점, 유권자의 선택에 대한 분석을 제공하고 있으며, 『강원인, 당신은 누구십니까?』는 강원도민들의 정체성, 의식과 태도, 핵심 이슈에 대한 입장 등을 소개하고 있다. 반면 윈린현에 대한 2012년 선거 보고서나 주민에 대한 조사자료가 가용하지 않아 우리는 TEDS가 실시한 2009년 조사자료인 〈타오위안현과 윈린현의 현 시장 선거 관련 인터뷰(Interviews of Magistrate Elections of Taoyuan County and Yunlin County, TEDS2009M)〉를 이용했다. 또한, 2015년 4월 윈린현을 방문해 지역 농민 및 전문가들과 포커스 그룹 인터뷰를 진행했다. 12명의 농민을 무작위로 선정했으며,[17] 전문가 인터뷰는 윈린현 정부 대표 2명,[18] 윈린현 선관위원회 대표 3명,[19] 민진당 입법위원 보좌관 1명이다.[20]

1. 강원도 사례

2012년 강원도 국회의원 선거를 위한 지역구는 9개 구였으며, 선거 유세 기간에 강원도에 출마한 보수정당인 새누리당 후보들은 '성공적인 2018년 동계 올림픽 주최', '동해 지역의 경제 자유 구역 개발', '건물 문화 관광, 건강 보험 중심지', '폐광 및 주변 지역의 자원 특별법 제정'을 핵심 선거 공약으로 제시했다. 9개의 지역구에 출마한 진보정당인 민주통합당의 후보들은 '성공적인 2018년 동계 올림픽 주최', '지방 교통 네트워크 확장', '동해 지역의 경제 자유 구역 개발', '북한과의 경제적 협력을 위한 국가 산업단지 설립', '한강유역기금의 유통구조 개선 및 합리화' 그리고 '지방 정부 허가 없이 골프장 개발 금지' 등을 핵심적인 선거 공약으로 내세웠다(이선향 2012, 82-83).

---

17. 포커스 그룹 농민 인터뷰는 2015년 4월 24일 윈린현에서 이루어졌다.

18. 인터뷰 대상은 뤼천위안(Lu Cheng Yuan) (assistant manager)과 린리슈앙(Lin Li Shuang) (Senior Secretary)이다. 인터뷰는 2015년 4월 23일 윈린현 정부에서 이루어졌다.

19. 인터뷰 대상은 우청파(Wu Cheng Fa) (Deputy Secretary-General), 린량소(Lin Liang So) (First Department Director), 그리고 우쉬회이(Wu Hsiu Hui) (Fourth Department Director)다. 인터뷰는 2015년 4월 23일 윈린현 선거관리위원회에서 이루어졌다.

20. 인터뷰 대상은 티엔페이셩(Tian Fei Sheng) (Director of the Department of Commerce)이다. 인터뷰는 2015년 4월 15일 타이베이 입법원에서 이루어졌다.

후보자들이 제시한 주요 공약은 다음과 같은 특징을 지닌다. 첫째, 새누리당과 민주통합당 후보들의 핵심 공약은 수렴하는 경향이 있다. 두 정당의 후보들 모두 일자리 창출로 이어지는 경제 발전을 위한 산업구조 확립과 지역 경제 활성화에 초점을 맞추었다. 둘째, 두 정당 후보자들의 주장에서 나타나는 차이점은 대북정책과 관련된 이슈와 환경정책이었다. 민주통합당의 후보들이 대북경제협력을 강조하고 있는 반면, 새누리당 후보들은 이를 제시하지 않았다. 이는 대북정책에 대해 기본적인 차이를 보이는 두 정당의 기본 입장을 반영하고 있다. 환경정책과 관련해 새누리당이 개발, 발전 등에 주력한 반면, 민주통합당은 친환경 정책을 제시했다. 셋째, 두 정당의 후보자들이 제시하는 공약은 이미 지역 선거에서 반복적으로 제기됐던 이슈들이다. 특히 '성공적인 동계 올림픽 주최', '교통 네트워크 확장', '동해 지역의 경제 자유 구역 개발' 등은 지난 10년간 모든 강원도에서 치른 선거에서 모든 후보자의 핵심 공약이었다(이선향 2012, 85).

경제적으로 낙후된 지역인 강원도민들은 지역의 경제 저발전으로 인해 경제적인 박탈감을 느끼고 있었다. 경제적 박탈감에 대한 도민 의식조사 결과인 〈표 3-7〉에 의하면 강원도민의 77.7%가 취업의 기회에서 박탈감을 느끼고 있으며, 69.4%는 산업 경제 시설에서 박탈감을 느끼고 있었다. 67.9%는 중앙정부의 재정 지원 부족, 61.1%는 낮은 소득수준으로 인해 박탈감을 느끼고 있었으며, 56.7%는 경제적 자립을 박탈당했다고 생각하고 있었다. 경제적 궁핍과 높은 불만으로 인해 강원도에서는 선거운동 기간에 '강원도 무시론'이라는 표현이 자주 등장했다.

강원도가 중앙정부로부터 무시당한다고 생각하는 문제와 관련해, 1998년의 조사에 따르면 강원도민의 75.6%가 자신들이 정부나 공무원들로부터 푸대접을 받았다고 느끼는 것으로 조사됐다. 이로 인해 "강원도 경제가 저개발된 이유는 강원도가 정치권에서 모욕을 당했기 때문"이라는 표현에 대해 39.9%가 '강력하게 찬성한다'라고 했고, 35.7%는 '찬성한다'라고 응답했다. 또한, 이를 해결하기 위해 "강원도는 발전을 위해 지역 정당을 가져야 한다"라는 발언에 대해 32.5%가 '강력히 찬성'했고, 38.3%가 '찬성'했다. 따라서 1998년 조사에 따르면 응답자의 70% 이상의 도민들이 강원도가 낙후된 경제 여건을 개선하기 위해 지역 정당을 가져야 한다고 생각하는 것으로 나타났다(신병식 2000, 2012, 56). 2012년 선거를 앞둔 강원도민의 경제적 박탈감은 높고, 이를 해결하기 위해서는 지역 정당의 필요성을 느끼고 있다.

<표 3-7> 강원도민의 경제적 박탈감(타도와 비교) (%, 빈도)

No	구분	낮음	보통	높음	총계
1	취업 기회	77.7	20.3	2.0	100
2	산업 경제 시설	69.4	27.5	3.1	100
3	중앙정부 재정 지원	67.9	29.9	2.2	100
4	소득수준	61.1	35.5	3.4	100
5	경제적 자립도	56.7	38.9	4.5	100

Note : 응답자는 여러 개의 응답을 선택할 수 있다. (n=2,000)

출처 : (김원동 외 2012, 135) <표 IV-2-1> 타도와 비교한 강원도의 경제적 박탈감

　　2012년 강원도의 9개 선거구에서 실시된 국회의원 선거는 새누리당의 압도적인 승리였다. 9개의 선거구에서 모두 새누리당 후보가 당선됐다. 선거 후 이루어진 조사에서 강원도 유권자들이 후보를 선택할 때 가장 많이 고려한 요인을 후보의 도덕성(34.9%)이라고 응답했다. 이어서 후보자가 제시한 선거 공약과 정책을 고려했다(29.4%)라고 응답했으며, 후보자의 소속 정당을 고려했다(12.3%)라고 응답했다(이이범 2012, 24). 정당 지지가 투표로 이어지는 것은 OLS의 결과와 동일하다. 한편 이와 같은 응답은 강원도 유권자들은 어느 정당의 후보가 당선되든지 간에 약속을 이행할 수 있는 후보를 선호한다는 것을 의미한다. 10년이 넘게 동일한 정책공약이 지속되고 있다는 것은 이러한 문제들이 아직도 해결되지 못하고 있다는 것을 의미하며, 이를 해결해줄 인물이라고 생각되는 후보에게 투표했다고 해석할 수 있다.

　　지역 정당이 없는 강원도 유권자의 과거 국회의원 선거에서 후보 선택

은 상당히 유동적이었다. 강원도의 유권자들은 1992년과 1996년 국회의원 선거에서 보수정당을 지지했으나, 2000년에는 진보정당이 강원도의 9개 선거구 중 5개를 확보하면서 진보정당을 지지했고, 2004년에는 보수정당이 8개 지역구 중 6개에서 승리하면서 보수정당으로 돌아섰으며, 2008년에는 다시 진보정당이 8개 지역구 중 5개를 차지했고, 2012년 국회의원 선거에서는 보수정당이 9개 선거구에서 모두 승리했다. 즉 1990년대 초 이후 보수에서 진보로, 그리고 다시 보수로 반복되는 지지대상의 변화가 있었다. 지역 정당이 없는 조건은 강원도민에게 있어 특정 정당에 대한 정당 일체감을 발전시키지 못하게 한 것이라고 볼 수 있다.

한편 강원도민들은 강원도의 경제적 현황에 대해서는 만족하지 못하지만, 상대적으로 복지서비스에 대해서는 만족하는 것으로 나타난다. 〈표 3-8〉에 따르면 강원도민들은 교육에 대해 56.3%, 쇼핑에 57.4%, 의료 지원에 59.1%, 복지 제공에 60.5%, 요양시설에 67.3%, 교통수단에 70%로 대체로 만족하는 것으로 나타났다. 이는 불만족의 비율을 훨씬 웃도는 비율이다. 강원도는 청년층 이탈, 고령화, 농어촌 문제, 성장 동력 약화 등으로 복지 수요가 늘고 있다. 이런 복지 문제 중에서도 노인복지는 강원도에서 가장 핵심적인 이슈다. 이러한 점을 고려해 2007년부터 지역 정부는 노인복지 예산을 지난 10년 대비 5배로 확대했다(이원웅 2012, 112-113). 복지 제공과 관련해 지방 정부의 적극적인 대응이 복지에 대한 높은 만족도로 이어졌다고 볼 수 있다. 2005년 한국에서는 지방분권이 가속화되고, 지역적 차원에서 사회복지 예산이 증가했는데, 강원도는 그 혜택을 본 것으로 해석할 수 있다.

<표 3-8> 강원도민의 복지생활 조건의 만족도 (%)

경제생활 중 복지 항목	만족	보통	불만족	합
자녀교육 여건	13.0	43.3	43.7	100
소비, 구매 여건	10.4	47.0	42.6	100
의료 보건 여건	17.8	41.3	40.9	100
복지시설 여건	16.1	44.4	39.5	100
유아 탁아 시설 여건	14.5	52.8	32.7	100

출처 : 김원동 (2012, 126) (n=2,000) <표 IV-1-1> 경제생활 여건 만족도에서 복지 관련 부분만 발췌

2. 윈린현 사례

2012년 실시된 입법원 선거에서 윈린현은 두 개의 선거구로 나누어졌고, 각 선거구에서 국민당 후보와 민진당 후보가 경쟁했다. 제1선거구 국민당 후보는 고속철도 건설, 농가소득 보장, 여성 지원, 교육여건 개선, 청년실업 해소, 윈린현 내의 소득 유지(지역소득 중앙정부 이전 불가) 등을 제안했다. 같은 지역구에 출마한 민진당 후보는 농업 지원, 교육여건 개선, 문화군 설치, 환경보호 등을 제안했다. 제2선거구에서는 국민당 후보가 노약자 복지정책, 교육여건 개선, 고속철도 건설, 청년실업 해소, 농산물의 중국 수출 등을 약속했다. 같은 지역구의 민진당 후보는 농업 지원, 고령자 삶의 질 향상, 여성 장애인 지원, 사회안전망 구축, 근로자 소득증대 등을 제안했다.

윈린현 후보자들이 제시한 공약은 다음과 같은 특징을 지닌다. 첫째, 국민당과 민진당의 선거 공약은 수렴하지 않는다. 국민당의 두 후보는 고속철도 건설과 청년실업 해소를 강조했지만, 민진당의 두 후보는 농업 지원을 최우선 과제로 제시했다. 두 정당의 후보들은 지역 경제의 활성화를 위한 정책을 제시했지만, 국민당 후보들이 고속철도 건설을 제시함으로써 중앙과의 연결망 구축에 중점을 두었다면, 민진당 후보들은 윈린현 지역 내의 직접적인 지원을 중시했다. 둘째, 국민당과 민진당의 공약에서 대중국 문제와 환경문제에서도 차이가 나타난다. 국민당 후보는 양안 교류를 통한 지역 경제 발전을 제시했고, 민진당은 환경문제를 제시했다. 셋째, 모든 후보

제1부. 불평등 시대, 유권자의 선택과 제도

는 지역 경제를 위한 약속과 함께 복지 문제의 확대를 제시했다. 한국의 사례에서 복지 문제보다는 지역 경제의 발전 공약이 더 중요한 것과는 차이를 보인다.

TEDS2009M에 따르면 한국의 경우와 동일하게, 윈린현의 유권자들은 분배보다 지역 경제의 발전이 더 중요하다는 의견을 가지고 있다. 〈표 3-9〉에 의하면 윈린현 유권자에게 있어서 중요한 이슈는 지역(경제) 발전(10.2%), 농업정책(7.2%), 사회복지(4.4%), 경제개발(1.7%), 공공서비스(1.7%) 등이다. 농민과 이루어진 인터뷰에서도 이와 비슷한 결과가 나타났다. 정부가 윈린현을 위해 해야 할 가장 중요한 일이 무엇이냐는 질문에 대해 인터뷰에 응한 농민들은 '지역(경제) 발전(3)', '교육 제공(3)', '재정적 지원(2)', '정책 연속성(1)', '농업과 농업을 위한 기술지식 제공(1)', '환경보호'로 응답했다. '교육의 제공'과 '환경보호'를 제외한 모든 대답이 지역 경제에 관한 것이다.

<표 3-9> 윈린현 주민의 정책 선호도 (2009)

No	구분	빈도	백분율
1	지역(경제) 개발	137	10.2
2	농업정책	96	7.2
3	사회복지	59	4.4
4	경제 발전	23	1.7
5	공공서비스	23	1.7
6	기타	1,008	74.8

출처 : TEDS2009M (n=1,346)

한편 TEDS2009M 조사에 따르면, 응답자의 59.3%가 윈린현 지역 내에 파벌이 존재한다고 응답했다. 그리고 39.1%는 지역 파벌이 2009년 행해진 지방선거 결과와 관련이 있다고 보았다. 이에 대해 2015년 현 정부 인터뷰에서는 "지역 파벌의 네트워크는 대부분 국민당과 관련이 있다"라며 "농업 지역에서는 인적 네트워크가 중요하다"라고 설명했다. 입법위원 보좌관 인터뷰에서도 "파벌들의 활동이 현장에서 이루어진다"라고 했으며, "그들의 활동은 윈린현의 자원을 장악하는 것을 목표로 하는데, 이것은 국민당의 전통적인 사업 방식이다"라고 말했다. 그는 이러한 방식은 네포티즘(nepotism)의 폐해를 가져와 많은 부패 스캔들의 원인이 된다고 지적했다. 그러나 이러한 파벌 정치에 변화가 있음을 지적하기도 한다. 선관위 전문가 인터뷰에서는 "윈린현의 정치는 민진당이 집권한 이후 정당정치로 바뀌었다. 윈린현의 정치는 파벌로 설명되곤 하지만, 이는 민진당 지지자가 아닌 경우다"라고 했다. 이와 관련해 입법위원 보좌관은 "대만인 정체성은 (윈린현에서) 강하게 나타난다"라고 밝혔다. 이어서 그는 "민진당이 집권하면서 대만인의 정체성이 확산되기 시작했고, '통합'과 '지역 충성' 등의 구호가 중요해졌다 … 민진당을 지지해도 정당 자체에 대한 지지보다는 (2·28 사건과 같은) 역사적인 기억을 중시하는 예도 있다"라고 했다. 즉 윈린현의 경우 지역 파벌의 영향은 국민당의 지지로 연결되고, 대만인 정체성은 민진당의 지지로 연결된다.

2012년 입법원 선거에서 제1선거구에서는 민진당 후보가 당선됐으며, 제2선거구에서는 국민당 후보가 당선됐다. 윈린현 유권자들은 분열됐고, 보수정당과 진보정당이 각각 한 선거구를 차지했다. 그러나 전체 득표에서는 민진당이 55.6%를 획득하고, 국민당은 43.4%를 획득해 민진당이 우세했다. 과거 입법원 전국 선거에서 국민당은 1998년부터 2008년까지 과반의 득표를 하는 데 성공했다. 윈린현에서도 이 시기에 국민당에 대한 지지가 높았으나 2001년 입법원 선거 이후 국민당에 대한 지지가 서서히 감소하기 시작했고, 2012년 처음으로 전체 투표에서 민진당이 국민당을 앞질렀다. 이는 진보정당의 최초 승리라고 할 수 있다.

대만의 지방선거는 오랜 역사가 있고, 지역 경제 구조가 진화하는 과정에서 유권자의 정당 지지도 함께 발전했다. 2012년 윈린현에서 국민당 지지자들은 산업 혹은 사업과 관련되어 있고, 민진당 지지자들은 농업과 관련이 있다. 이와 관련해 현 정부 전문가는 "국민당은 주로 산업과 사업을 지원한다. 이런 이유로 농업에 의존하는 지역은 민진당을 지지한다. 윈린현은 농업이 중요한 지역이다"라고 설명했다. 비슷한 맥락에서, 선관위 전문가는 "농민들은 중앙정부의 농업정책에 대해 소외감을 느끼기 때문에 이들은 민진당을 지지한다"라고 말했다. 농민 인터뷰에서는 "민진당이 (국민당보다) 농민을 더 신경 쓰는 경향이 있다"라고 밝혔다. 이에 따라 국민당과 민진당의 선거 공약이 차이가 발생하는 것은 자당의 지지자들을 의식하기 때문이라고 볼 수 있다.

한편 양안 경제 교류는 2012년 입법원 선거에서 전국 단위의 주요 쟁점이었다. 〈표 3-6〉의 분석에 의하면 국민당 지지자들의 경우 양안 교류가 개인경제에 미치는 영향을 투표의 결정요인으로 고려했기 때문에, 이러한 측면에서 윈린현 유권자의 선호도를 검토할 필요가 있었다. 그러나 윈린현에서 진행된 전문가 인터뷰와 농민 인터뷰에 의하면 윈린현에서 양안 무역의 중요성을 찾기는 어렵다. 현 정부 대표는 "양안 교류의 거래량은 기대치에 미치지 못한다. 따라서 농민들은 중국 시장에서 아무런 기대도 하지 않는다"라고 했다. 선관위 전문가는 "양안 무역이 윈린현에 미치는 영향은 별로 중요하지 않다"라고 했다. 입법위원 보좌관 역시 비슷한 맥락에서 "윈린현의 농산물은 기본적으로 내수에 의존하고 있다. 2008년 마잉주 집권 이후의 농산물 직교역을 살펴보면 중국이 대만에 더 많이 판매한 것으로 나타났다. 따라서, 무역은 … 오히려 농민들에게 압력이 되고 있다"라고 말했다. 전문가 인터뷰에 의하면 양안 무역이 윈린현 경제에 미치는 영향이 미미하거나 부정적이다. 반면 농민 인터뷰는 일부 상반된 의견이 있다. 이들은 "(양안 무역은) 산업에 이익을 주지만 농업에는 큰 영향이 없다", "양안 무역은 위험 요소가 있어 정부가 관리해야 한다", "우리는 더 많은 양안 무역을 원하지만, 현재 우리가 참여할 방법은 없다"라고 대답했다. 한편 한 농민은 "제품을 수출하기 위해 양안 무역을 확대하기를 원한다"라고 했다. 상반되는 답변들은 윈린현 주민 내부에서도 상이한 선호가 있음을 말해준다.

VI. 결론

이 연구에서 분석하고자 했던 가난한 유권자들의 '경제성장 효과에 대한 믿음'은 한국과 대만의 가난한 유권자의 관심 이슈와 OLS의 분석, 그리고 강원과 원린현의 인터뷰에서 모두 확인된다. 즉 불평등이 심화되어가는 구조 속의 한국과 대만의 가난한 유권자들의 관심 이슈는 경제성장이며, 부의 분배가 아니다. 또한, OLS 분석 결과 한국의 가난한 유권자들이 보수정당을 선택한 데에는 국가경제에 대한 회고적 투표가 유의미했고, 대만의 가난한 유권자들이 보수정당을 선택한 원인으로는 가정경제에 대한 회고적, 전망적 투표가 모두 중요했다. 이는 보수정당이 집권할 경우 자신들의 경제적인 조건이 더 나아질 것으로 판단한 것이다. 또한, 대만의 가난한 유권자들은 양안 무역이 국가경제와 개인경제에 긍정적인 영향을 미칠 것으로 판단하는 경우 보수정당을 선택했다. 그러나 대만의 가난한 유권자들은 분열되어 절반은 진보정당을 지지했는데, 이들의 지지 원인은 부의 분배가 아니었다. 따라서 2012년 선거에서의 가난한 유권자들의 선택은 발전국가 시기에 형성된 '평등을 동반한 성장'에 대한 강한 믿음이 한국과 대만의 '가난한 유권자의 역설'의 중요한 원인임을 알 수 있다. 한편 한국과 지역주의와 대만의 국가적 정체성의 영향 또한 중요했는데, 이는 가난한 유권자들이 자신들의 이익을 구체화하는 데에 중요한 장애요인으로 작용하고 있다. 그러나 이 연구에서는 근시안적 유권자의 가설과 POUM 가설을 검증할 수는 없었다.

이 장은 정당이 최초로 성장과 분배의 스펙트럼에서 경쟁한 2012년 선거에서 가난한 유권자의 보수정당의 선택 원인을 분석한 연구다. 따라서 그 이후의 선거에서 나타난 가난한 유권자들의 보수정당 선택의 원인에 관한 연구가 필요하다. 2012년 이후 선거에서 한국과 대만 유권자들의 보수정당의 지지 원인으로 다양한 연구들이 시도됐는데(cf. 강원택 2013; 이현경 외 2016; 오수진 외 2017), 이 연구의 연속성에서 접근한 연구는 아직 부재하다. 한편, 이 연구에서 나타난 가난한 유권자 내부의 세대 간의 차이는 주목할 만한 주제다. 한국과 대만 자료의 OLS 분석에 의하면 기성세대는 보수정당을 지지하지만, 청년세대는 진보정당을 지지하는 경향이 있다. 청년세대는 소득 불평등이 심화되는 과정에서 성장이 아닌 분배를 강조한 진보정당을 지지하는 경향이 있는데, 그 원인에 관한 추가적인 연구가 필요하다.

4장

프랑스의 여성 평등과 대표성

최인숙(고려대학교)

I. 서론

랑시에르는 누구나 모든 것을 말할 수 있는 상태를 민주주의로 보고 있다(히로세준 2018, 21). 특권을 가진 사람만이 목소리를 내는 것이 아니라 누구나 평등하게 목소리를 낼 수 있고 받아들여질 수 있는 상태가 진정한 민주주의라는 것이다. 그러나 이 지구상에 이런 민주주의 국가는 얼마나 될까?

남성과 여성 사이에는 여전히 불평등이 존재하고, 특히 정치권에서 활약하는 여성 비율은 남성과 큰 격차를 보인다. 투표권도 남성과 여성에게 동시에 부여된 것이 아니다. 여성은 오랜 투쟁을 통해 점진적으로 투표권을 쟁취했다. 정치 지도자가 되는 것도 여성에게는 너무나 어려운 일이다. 세계 정치사가 이를 증명한다. 여성 지도자는 필리핀의 아키노(Corazon Aquino) 전 대통령, 리베리아의 설리프(Helen Johnson Sirleaf) 전 대통령, 칠레의 바첼레트(Michele Bachelet) 전 대통령, 독일 메르켈(Angela Merkel) 현 총리 정도로 극히 드물다.

대부분 국가에서 국회의 여성 의원 비율은 50%를 훨씬 못 미치고 있다. 2018년 발표된 통계에 따르면 세계 191개 국가 중 여성 의원 비율이 남성 의원 비율보다 높은 나라는 단지 3개국에 불과했다. 르완다가 여성 의원 비율 63.3%로 1위를 차지하고 있고, 다음이 볼리비아와 쿠바로 각각 53%를 기록하고 있다(Lévêque 2018).

　프랑스 역시 유럽에서 가장 보수적인 나라로 남녀 간 불평등이 꽤 크다. 1789년 프랑스 인권선언은 인간의 평등을 구가했지만, 프랑스 여성이 투표권을 부여받은 것은 1944년의 일이다. 가장에게 지대한 권한을 부여했던 나폴레옹법(민법)이 개정되고, 1974년 낙태법이 국회를 통과하면서 여성의 사회적 지위가 개선됐지만, 남녀 간에는 여전히 불평등이 존재한다. 정치와 행정, 그리고 전문적 의사결정 기관의 여성 참여율은 아직도 저조해 여성의 목소리가 배제되고 있다. 1997년 프랑스 국민의회의 여성 의원 비율은 10.9%에 불과했다. 이는 유럽 국가 중 최하위국인 그리스 다음으로 낮은 비율이었다. 그로부터 20년이 지난 2017년 선거에서는 하원의원 577명 중 여성 의원이 229명을 차지해 39.7%로 상승함으로써 세계 193개 국가 중 17위인 선두 자리에 올랐다(Women in national parliament 2019).

　이와 같은 변화를 가져오는 데 획기적인 역할을 한 것은 2000년 도입된 파리테(parité, 남녀동수) 제도의 영향이 크다. 파리테법 도입 당시 여성 의원의 비율은 12.3%에 불과했으나 불과 5년 후인 2007년 선거에서는 18.5%로 상승했다. 게다가 파리테 감시 위원회(l'Observatoire de la parité entre les femmes et les hommes)를 발족해 대통령 선거운동 기간에는 남녀 각 후보자는 파리테를 어떻게 실시할 것인지 공개적으로 질문을 받고 답을 하도록 하고 있다. 이처럼 프랑스는 정치권이 앞장서 여성의 대표성을 확대하기 위해 파리테를 실천하도록 함으로써 단기간에 큰 성과를 거둔 나라이지만, 이 제도가 정착되기까지는 사회적 갈등이 만만치 않았다.

　따라서 이 연구는 오랫동안 남성이 지배해온 프랑스 민주주의가 파리테를 도입함으로써 여성 평등을 실천하고, 여성의 대표성을 확대해 나가는 과정을 살펴볼 것이다. 특히 왜, 어떤 이유에서 프랑스가 파리테에 관심을 두고 도입하게 됐는지 그 배경을 살펴본 뒤 파리테 도입을 둘러싼 사회적 갈등과 논쟁, 그리고 합의도출 과정을 구체적으로 살펴보고자 한다. 아울러 파리테 제도가 작동할 수 있었던 주요 요인과 파리테가 안고 있는 문제점도 짚어볼 것이다. 파리테는 여성의 부재를 가시화하는 장치로서 성공한 모델이지만 그런데도 이를 둘러싼 논쟁은 계속되고 있다.

II. 프랑스 여성의 대표성 확대 방안

1. 프랑스 여성의 과소대표 요인

프랑스 여성들에게 참정권이 부여된 것은 제2차 세계대전 이후다. 프랑스 남성들은 1884년 투표권을 부여받았으니 1세기나 뒤늦게 이루어진 일이다. 또한, 이는 다른 유럽 국가에 비해서도 상당히 뒤늦은 것이었다. 드골 임시 정부는 1944년 4월 21일 명령에 따라 '여성들은 남성과 같은 조건의 선거인임과 동시에 피선거인'이라는 법률을 통과시켰다. 따라서 여성들은 남성들처럼 선거에 참여할 수는 있게 됐다. 그러나 이는 이론상으로 그러했고, 실제로 여성들이 선출직 공무원으로 나가는 출구는 좀처럼 열리지 않았다.

물론 프랑스는 국가 차원에서 페미니즘 운동을 효과적으로 이끌어 여성들이 직장생활과 가정생활을 양립할 수 있게 입법화하는 데 성공한 나라다. 그에 따라 프랑스의 경제 발전이 가속화된 영광의 30년 동안(1945~1975) 여성의 사회진출은 급속도로 증가했고, 프랑스 여성의 고용비율은 유럽 평균을 상회했다. 이러한 남녀 불평등 문제를 해소하고자 이베트 루디(Yvette Roudy) 여성 인권부 장관은 1983년 7월 13일 법 83-635호인 루디(Roudy)법을 제정해 우선 직장에서 여성의 평등권을 확대해 남성과 동등한 직업적 평등을 보장하고자 했다. 루디법은 같은 종류의 직장에 취업할 기회나 임금에 있어 여성의 차별에 저항하는 법이다.[21]

이와는 달리 여성의 정치권 진출은 매우 어려웠다. 여성들이 정계로 나갈 수 있는 창구가 막혀 여성 의원이 설 자리는 매우 적었다. 1946년 10월 21일 프랑스 국민의회의 여성 의원 비율은 5.6%에 불과했고, 이 비율은 1993년 선거에서(6.1%)도 거의 향상되지 않았다. 도의원도 마찬가지였다. 1958년 도의원 선거에서 여성 의원 비율은 0.7%에 불과했고, 그로부터 30년 후인 1988년 선거에서 4.1%로 증가했지만, 이는 그리 큰 진전은 아니었다.

프랑스 여성들이 정치권에서 오랫동안 배제된 이유를 보면 다음과 같다. 먼저, 1789년 프랑스 혁명에서부터 찾을 수 있다. 프랑스 혁명 당시부터 여성은 정치적 능력이 없다고 하는 절대적 원칙이 표방되어 이러한 사고가 150년 이상 유지됐고, 여성은 공직을 맡아 운영할 능력이 없다고 하는 고정관념이 합법화됐다. 또한, 제도적 제약이 여성 의원의 탄생을 한층 더 어렵게 했다. 다시 말하면, 1958년 제5공화국에서 채택된 규제, 즉 소선거구제에 의한 국민의회 의원 선거와 이에 따른 광범위한 관례 때문이었다. 소선거구제는 여성에 대한 간접적인 차별로 이어졌다. 소선거구제하에서 정당은 더욱 잘 알려진 인물, 즉 시장이나 시의원 등을 공천하는 경향이 강했고, 이들은 대부분이 남성이었다.

또한, 각료와 의원의 겸직(cumul des mandats) 제도는 정치인의 쇄신에 걸림돌이 됐고, 이는 여성들이 정계로 진출하는 것을 어렵게 했다. 정부는 행정관뿐만 아니라 입법에 관한 중요한 직무조차 고위공무원을 임명하는 수단에 의존했다. 이 고위공무원은 대부분이 국립행정학교(Ecole Nationale d'Administration) 등 엘리트 교육기관 출신의 남성들이었다.

이러한 제도는 여성들에게 불리하게 작용했다. 고리타분한 고령의 지

---

21. 루디법 사이트 : https://fr.wikipedia.org/wiki/Loi_Roudy_du_13_juillet_1983_sur_la_parit%C3%A9 (검색일 : 2020년 12월 2일).

도부가 이끌어온 프랑스 정당은 교육의 기회도 제공하지 않고, 후보자 선정 과정도 투명하지 않았다. 그 결과 정당은 엘리트 남성들이 그들의 재생산을 위한 공인 지명 집단으로서 기능해왔다.

1970년대 페미니즘 운동도 정치권이 아니라 사회운동에서 시작된 것이었다. 따라서 여성의 정치 대표성을 논의하기에는 시기상조였다. 정당의 지도부나 의원 중에는 여성이 지극히 드물었고, 따라서 여성의 목소리를 정치에 반영하는 것은 매우 어려웠다. 상황이 이렇게 되자 프랑스 공산당은 여성이 선거에서 당선될 수 있도록 할당제를 이용해 여성 후보를 일정 비율 공천했다. 프랑스 사회당 역시 당 지도부에 여성 할당제를 도입하기 위해 1974년 당내 규칙을 개정했다. 그러나 할당제는 프랑스 헌법에 위배된다는 헌법원의 판결로 도입이 무산됐다(Fatin-Rouge Stefanini 2008).

프랑스 여성의 정치권 진출을 방해한 또 하나의 원인은 사법부였다. 프랑스의 최고 사법기관인 최고평의회는 1982년 11월 1일, 3,500명 이상의 주민이 사는 지역의 선거인 명부에 한 성이 75% 이상을 넘지 못하도록 하는 상한선에 대한 법률규정을 무효화 했다. 이 판례는 여성의 정치적 대표성을 확장하는 데 큰 장애가 됐다(笹川平和財団 2016, 177).

2. 대표성 확대를 위한 제도 개혁

1) 파리테의 출현과 사회적 저항

프랑스는 여성의 대표성을 확대하는 방안으로 다른 국가들처럼 여성을 우대하는 할당제를 도입하려고 했지만 무산됐다. 그 이유는 할당제가 프랑스 헌법에 명시된 보편주의(Universalisme) 원칙을 위배하기 때문이었다.

1982년 사회당 정부 때, 같은 당 소속의 알리미(Gisèle Halimi) 하원의원은 명부식 투표제를 시행한 인구 3,500명 이상의 코뮌 선거에서 "한쪽 성별의 후보자를 반드시 30% 포함한다"라고 하는 할당제 법안을 제출했다. 이 법안에 명시된 30%는 의회에서 25%로 하향 조정되고, 명부식 투표제를 채택하고 있는 지방의회 의원 선거에서 "후보자 명부에 같은 성별 후보자를 75% 이상 공천해서는 안 된다"라는 최종 법안을 제출해 476명의 의원이 찬성(반대 4, 기권 3)함으로써 압도적인 지지를 얻어 가결됐다(Fantin-Rouge Steffanini 2008).

그러나 일부 공화당 의원들은 할당제를 문제 삼아 위헌 소송을 제기했고, 헌법원의 심의를 받아야 했다. 헌법원은 프랑스 헌법 제3조의 '국민주권'과 제6조의 '법 앞의 평등'을 인용해 "특정인이나 일부 국민이 주권을 배타적으로 보유·행사할 수 없고", 프랑스 제5공화국 체제에서는 "모든 시민은 법 앞에 평등하고 그 능력에 따라 대등하게 모든 지위 및 공직에 임할 수 있다"라는 규정을 들어 선거인과 피선거인을 범주에 따라 구별하는 할당제는 위헌이라는 판결을 내렸다(康江 2005, 58-59).

따라서 여성의 대표성 확대를 위한 다른 조치가 필요했다. 또한, 1992년 유럽에서 프랑스 여성의 대표성이 가장 뒤떨어진 통계치가 발표되자 정부 차원에서 대안을 마련해야만 했다. 그 대안으로 부상한 것이 바로 파리테(parité, 남녀동수제)였다.

사실 파리테란 단어를 최초로 사용한 것은 프랑스가 아닌 유럽회의였다. 유럽의회는 1989년 11월 6일과 7일 '파리테 민주주의'에 관한 세미나를 열고 '민주주의의 이상과 여성의 권리'에 대해 논의하고, 파리테를 '결정에 있어서의 남녀의 평등한 책임 분담'이라는 의미로 정의했다(糠塚 2018, 74). 그 후 파리테라는 용어는 유럽에서 활약하는 여성 운동가들과 정치관계자들 사이로 퍼져나갔다(Jenson and Marques-Pereira et Remacle 2007, 110).

프랑스 역시 1990년대 초 파리테에 대한 관심이 높아지기 시작했다. 특히 1992년 프랑스에서는 3가지 사건으로 인해 파리테에 대한 관심이 다른 나라들보다 고조됐다. 첫째, 1992년 3월 지방의회 의원 선거에서 여성 의원의 과소대표 문제가 부각되고 여성 의원 증가를 위한 운동이 벌어졌다. 둘째, 가스파르(Françoise Gaspard), 르 갈(Anne Le Gall), 슈레이베르(Claude Servan-Schreiber), 사회당 소속 세 명 여성 의원이 '여성들에게 힘을! 자유, 평등, 파리테(Au pouvoir, citoyennes! Liberté, Egalité, Parité, Seuil 출판사, 1992)'를 출간하면서 파리테 슬로건을 공개적으로 띄웠다. 이는 결정적으로 몇 개월 뒤 유럽위원회가 조직한 아테네 회의의 '여성과 권력(les femmes et le pouvoir)' 강연에서 재조명됐다(Bereni 2015, 10).

〈1992년 아테네 회의 선언문 '여성에게 힘을'〉

여성은 인구의 절반 이상을 차지하기 때문에 민주주의 국가는 의회와 행정부에 남녀 동수를 부과해야 한다.

여성은 인간의 재능과 잠재적 능력의 절반 대표하는데, 결정권 자리에 여성들이 과소대표 되는 것은 사회적 손실을 일으킨다.

국민 전체의 관심과 필요를 고려하면 결정권자 자리에 여성이 과소대표 되는 일은 있을 수 없는 일이다.

결정에 남녀가 동등하게 참여하는 것은 더욱 공정한 세상으로 향하면서 다양한 사상, 가치, 행동을 가져오기 때문에 우리는 공권력과 정치 권력의 남녀 동등한 재분배를 선언하며 공적, 정치적 결정을 하는 데 있어 남녀가 동등하게 참여하도록 요구한다.

우리는 실제 이 평등을 보장하기 위해 결정 과정 시스템을 반드시 변경할 것을 강조하는 바다.

여성들의 이러한 요구는 정치 분야와 지식인 세계를 지배해온 관습에 배치됐다. 프랑스 정계는 오랫동안 남성이 지배해왔다. 하원은 90%가 남성이 장악했고, 상원은 더욱 심해 95%가 남성 의원이었다. 정당의 수뇌부들도 남성이 독차지했다. 이러한 구조 속에서 여성 위원회나 여성단체는 긴밀히 운동했지만 큰 힘을 발휘하지 못했다. 프랑스 정계는 여성의 정치적 대표성에 영국이나 독일보다 덜 민감했다.

프랑스에서 1990년대 파리테를 지지하는 몇몇 연설 외에 정치 엘리트들은 여전히 남성 중심이었고, 이 남성들은 여성이 권력에 접근할 수 있게 하는 할당제의 도입을 대부분 반대했다. 1990년대 말 사회당 지도부는 파리테를 공식적으로 지지했지만, 대부분은 파리테 구호 사용에 반대했다.

또한, 이 파리테 원리는 프랑스 공론장을 지배하는 지식인들의 저항에 부딪혔다. 그들은 대부분 남성으로 언론, 특히 신문에 정기적으로 지식인이란 이름으로 파리테 원리를 호평하기도 하고 악평하기도 했다. 이 지식인들은 공화국의 신성한 원칙이라는 이름으로 파리테를 완강히 거부했다. 논단, 사설에서 그들은 파리테를 집단주의와 다문화주의로 연결해 정치적으로는 옳지만, 공화국의 전통적 관점에서는 많은 문제가 있다고 주장했다. 일부 지식인들만이 개혁을 지지했고 대다수는 반대했다. 정치 질서의 기본 원칙과 함께 할당제는 헌법원으로부터 위헌이라는 판결을 받았다. 1982년 결정에서 공화국의 불가분성과 능력주의의 원칙에서 보면 할당제에 의한 선거인 명부 작성은 위헌이라는 것이었다. 헌법학자들은 할당에 대한 위헌 판결을 1999년 헌법개정 때까지 고수했다(Bereni 2015, 11).

2) 대대적인 파리테 운동의 전개

파리테 도입을 위한 운동이 1992년부터 일어났다. 여러 시민단체, 특히 파리테를 위한 단체들이 창설되고, 기존의 단체들도 파리테 운동에 차츰 합류했다. 이 운동을 이끄는 투사들은 정치 엘리트들의 주목을 끌고 여론을 조성하기 위해 무척 애를 썼다. 그녀들은 '성명서'와 '청원서'를 내고, 여성 선거인 명부를 제출하며, 회견과 좌담회를 조직해 정부에 의사를 밝혔다. 그리고 의원들에게 편지를 보내기도 하고 직접 만나기도 하면서 법안을 만들고 팸플릿도 발행했다.

그러나 이때의 파리테 운동은 무력했다. 그 이유는 이 운동이 일부 투사에만 의존했고, 신입회원을 모아 양성하던 여성단체나 페미니스트 단체들은 1980년대 초부터 정원이 감소하고 쇠퇴했다. 게다가 파리테 요구는 여성운동을 하는 사람들의 지지를 만장일치로 끌어내지 못했다. 또한, 초기에 이 운동은 뿔뿔이 전개되어 응집력이 없었고, 여성단체들의 주장은 제각각이었다. 더욱이 캠페인은 파리테의 상반된 개념과 투사들과 시민단체 간의 정치문화의 차이에서 오는 갈등, 그리고 지도자의 성격이 뚜렷한 소그룹 활동가들 간에 벌어진 경쟁으로 알력이 심했다.

　1990년 중반부터 여성들은 다시 결집하기 시작했고, 파리테 협상은 청원서의 서명이나 시위 참가를 넘어 파리테를 광고로 만들어 캠페인을 벌임으로써 처음에는 몇십 명이던 참가자들이 몇백 명, 몇천 명으로 늘어났고, 결국 정당성을 획득하기에 이르렀다. 파리테를 위한 단체들이 증가해갔다. 30, 40대의 젊은 여성 엘리트 국가 공무원들과 프랑스의 8개 명문 그랑제콜(Centrale, l'ENA, l'ESCP-EAP, l'Essec, HEC, l'Insead, les Mines et Polytechnique) 출신들이 여성 그랑제콜(Grandes Ecoles au féminin, GEF) 네트워크를 조직했다. GEF의 젊은 여성회원들은 환호와 갈채 속에 '대기업의 여성 간부들의 처지'에 대해 연구 및 발표를 했다. 클럽, 서클, 그 밖에 다른 형태의 여성 네트워크 조직도 생겨났다. 이 현상은 도시뿐만 아니라 지방 차원에서도 일어났다. 2004년 1월 29일, 신생 여성단체인 '데 팜 리데르(des Femmes leaders)'가 클레르몽-페랑(Clermont-Ferrand)에서 지도자들과 함께 '여성과 돈'에 대한 토론회를 개최해 여성 창업자의 미래를 논의했다(Vidalie et Constanty 2004).

　1998년부터 여성들은 다보스(Davos)를 모방해 세계적 포럼을 열기 시작했다. 포럼은 노르웨이의 여성 기업인 앵비그(Kristin Engvig)가 창설한 '국제 여성 네트워킹(Women's International Networking)'에 의해 매년 조직됐고, 1998년 10월 제네바에서 300명의 회원이 포럼에 참석했다. 문학계도 마찬가지였다. 프랑스 최고의 문학상인 공쿠르상은 남성의 전유물이었기 때문에 페미나상을 창설했다. 영화계 역시 감독 중 15%만이 여성이었다. 미국 할리우드의 'strong women'과 같은 여성 노동조합은 프랑스에 존재하지 않았고, 단지 영화 페스티벌을 위한 조합 하나만 있을 뿐이었다. 크레테유(Créteil)의 여성영화제 총괄자인 뷔에(Jackie Buet)는 2000년부터 유럽 영화제에 여성 네트워크를 만들어 벨기에 페스티벌, 바르셀로나 페스티벌로 확대해나갔다(Vidalie et Constanty 2004).

여성들은 네트워크 회원이 되어 드러내놓고 활동하기 시작했다. 이들은 공론장에 나와 여성의 권력과 직업 평등을 주제로 한 토론을 벌였고, 주장을 펼치는 것보다 여성이 처한 실상을 알리고 대안을 제시하는 데 중점을 두었다. 대중연합의 여성 의원인 페크레스(Valérie Pécresse)는 1999년 창설된 '여성, 토론 그리고 사회('Femmes, débats et société)'라는 단체의 회원들과 함께 매월 1회 상원에 모여 대중운동연합의 아이디어 뱅크를 움직여 함께 일했다. 바슐로(Roselyne Bachelot) 역시 환경부 장관이 되어 '여성들의 출마'를 옹호했다. 그녀는 자코-김발(Hélène Jacquot-Guimbal)을 환경부의 총괄본부장으로, 파팔라르도(Michèle Pappalardo)를 에너지 통제와 환경 관리기구의 수장으로, 라모네(Marcelle Ramonet)를 소음방지 위원회 위원장으로 임명했다. 사회당의 이달고(Anne Hidalgo) 파리시 부시장은 파리 시청 주요 직에 파리테를 실천하기 위한 전투를 벌였다(Vidalie et Constanty 2004).

그러나 파리테 운동은 여전히 추상적으로 보였다. 따라서 주말마다 여성단체들은 서로 최근 정보를 교환하고 연구모임을 지속했다. 1998년 제1대 변호사회 회장으로 선출된 드 라 가랑드리(Dominique de la Garanderie)는 약 3년 동안 노력해 프랑스 여성 변호사협회를 궤도에 올려 유럽 여성 변호사협회(European Women Lawyers' Association) 네트워크 멤버로 만들었다. 그녀는 "변호사협회 회장이 되어 비정상적인 권력분배를 발견했다. 여성 변호사들에게는 가족법이나 이민 문제, 그리고 사회법을 맡기고, 남성들에게는 돈과 권력이 함께하는 비즈니스 형법을 맡겼다. 유리천장은 다른 곳과 마찬가지로 법조계에도 존재한다는 사실을 알았다"라고 토로했다(Vidalie et Constanty 2004).

한편, 언론을 통한 파리테 캠페인이 필요했다. 1990년대 의회에서 파리테법을 논의하면서 신문의 정치면과 사설, 그리고 논단의 일면을 장식했다. 여성 정치인, 지식인, 페미니스트 운동의 주요 인물들이 신문과 텔레비전을 통해 밀도 높은 지적 토론을 확대해 나갔다. 정치인을 비롯한 시민운동가 577명(남성 288명, 여성 289명)은 파리테 운동을 추진하는 서명을 해 1993

년 11월 10일 르 몽드(Le Monde) 신문에 게재했다(Bereni 2015, 11-12).

몇몇 정치인들도 파리테 운동을 실천하는 데 앞장섰다. 미셸 로카르 (Michel Rocard) 사회당 대표는 1994년 유럽의회 선거의 사회당 후보자 명부를 남녀 교호 순번제로 만들 것을 약속했고 이를 실천에 옮겼다. 우파의 시라크(Jacques Chirac)와 중도파의 발라뒤르(Edouard Balladur), 그리고 좌파의 조스팽(Lionel Jospin) 후보는 1995년 대선에서 승리하면 파리테 실현할 시책을 마련할 것을 공약으로 내걸었다. 대선을 이긴 시라크 후보는 대통령에 취임하자 곧바로 파리테 공약을 실천하기 위해 수상 직속의 자문기관으로 파리테 감시위원회를 설치했다(Feltin-Palas 2020).

파리테 후보자 명부(남녀 교호 순번제)는 영화 〈남과 여〉의 주제음악 가사를 따서 '샤바다바다 리스트(Liste Shabadabada)'로 불리고, 파리테는 〈남과 여〉의 경쾌한 멜로디와 함께 21세기 초반 프랑스 사회의 대유행이 됐다.[22] 파리테 운동은 이때부터 역사를 다시 쓰면서 대규모의 제도적 개혁을 이끌어 갔다.

3) 파리테법 탄생과 개정

파리테 운동은 결국 파리테법 제정을 끌어냈다. 1997년 사회당은 하원 선거에서 정권을 잡자 곧바로 파리테를 비롯한 공직선거의 다선 제한을 포함한 정치개혁을 시작했다. 이해 7월 8일 헌법개정을 통해 남녀평등에 관한 규정이 제정되고 다음과 같은 두 개의 문장이 추가됐다. 먼저, 제3조 5항, '법률은 선거로 선출되는 의원직 및 공직에 남녀가 평등하게 접근할 수 있도록 권장한다'와 제4조 2항, '정당 및 정치 단체는 법률이 정한 조건에 따라 제3조 5항을 실행하는 데 동참한다'라는 파리테 조항을 삽입했다.[23]

---

22. Un homme et une femme (chanson) : https://wikimonde.com/article/Un_homme_et_une_femme_%28chanson%29 (검색일 : 2021년 2월 1일)

23. 정치 파리테(La parité politique). 사이트 : https://www.vie-publique.fr/eclairage/19618-la-parite-politique (검색일 : 2021년 2월 1일)

따라서 프랑스는 세계 최초의 파리테 민주주의 국가가 됐고, 합법적으로 적극적 차별시정조치를 단행할 수 있게 됐다. 이 개혁은 남녀평등을 실천으로 옮기지 않으면 안 된다고 하는 최소한의 주장을 하고 있지만, 근본적인 개혁이 아닐 수 없다. 파리테로 초래된 새로운 질서로서 '중립적 시민권'과 개인으로 구성된 사회의 일체성에 기반을 둔 남녀 양성의 성별에 의한 이중의 질서를 마련한 것이기 때문이다.

파리테법은 남녀가 공직선거에 나갈 평등한 기회를 법적으로 보장한다. 파리테(Parité)란 라틴어인 'paritas'에서 기원한 것으로 '동등', '같음'의 의미로 '모두의 평등'을 나타낸다. 따라서 '평등에 대한 요구' 및 '사회적으로 구축된 타자성을 인정하는 것'으로 민주주의 국가에서 여성의 시민권에 문제를 제기할 수 없도록 하는 역할을 한다. 그러나 오늘날 파리테는 남녀 사이에 놓여 있는 불평등을 타파하기 위해 정치적 토대를 구축하는 것이 기본 이념이다. 프랑스 남녀평등 고등위원회는 파리테를 '권력을 정치에서 경제에 이르기까지 나누는 것(La parité: le partage du pouvoir, du politique à l'économique)'으로 정의하고 있다. 2000년 6월 정치 분야의 파리테법이 제정되고, 2001년 5월 직장에서의 평등에 관한 법이 제정되어 정치 분야 여성들의 자리에 초점을 맞춘 파리테법은 직장으로 파급되는 동력이 됐다(彩佳 2019, 75).

2000년 6월 6일 제정된 파리테법은 정당들이 공직자 선거의 후보자를 공천할 때 남녀 비율을 맞추도록 의무화했지만, 법적 효과는 크게 나타나지 않았다. 특히 국민의회와 원로원 선거의 경우 더욱 그러했는데 그 이유는 파리테법 적용이 어려운 다수대표제를 채택하고 있었기 때문이다. 따라서 이를 시정하기 위해 상원 선거의 경우 비례대표제를 사용하는 선거구의 범위를 확대하는 법률 개정이 불가피했다. '2003년 7월 30일 법'은 상원의원 4명 이상을 선출하는 지역(선거구의 2분의 1)에서는 구속명부식 비례대표제를 적용해야 하고, 남녀가 한 쌍의 출마하는 후보자 명부를 작성하도록 의무화했다. 그로부터 10년 후인 2013년에는 법 개정을 통해 3명 이상으로 확대

해 상원의원 선거구에 적용했다.[24]

한편, 하원의원 선거에서 파리테법을 위반한 정당은 벌칙으로 남녀 차의 50%의 보조금을 감액했다(만약 남성 70%, 여성 30%를 공천했다면, 40×0.5=20%). 그러나 프랑스 양대 정당인 사회당(PS)과 대중운동연합(UMP)은 그들이 의회에서 파리테법을 통과시켰음에도 불구하고, 2002년 하원 선거에서 이 법을 지키지 않고 벌칙을 받는 쪽을 택했다. 따라서 법 개정을 통해 '2007년 1월 31일 법'은 남녀 차의 75%(만약 남성 70%, 여성 30%를 공천했다면, 40×0.75=30%)로 벌칙을 강화했다. '2014년 8월 4일의 남녀평등법'에 따라 파리테법을 위반한 정당의 보조금 감액률은 남녀 비의 차의 150%(만약 남성 70%, 여성 30%를 공천했다면, 40×1.5=60%)로 한층 강화됐다(彩佳 2019, 85).

2000년 제정된 파리테법은 지방의회 선거에서도 문제점을 드러냈다. 다수대표제인 도의회의원과 인구 3,500명 미만의 코뮌 의회 의원 선거에는 적용할 수가 없었다. 그리고 지역권 의회 의원과 인구 3,500명 이상의 코뮌 의회 의원의 선거에서는 파리테법이 적용됐지만, 후보자 명부의 남녀 교호제를 6인(남남남여여여/남남남여여여…)으로 해 명부의 상위 번호는 남성에게, 하위 번호는 여성에게 부여함으로써 여성이 불리한 경우가 많았다.

또한, 의회의 요직인 의장이나 부의장 등 집행부의 일원에 대한 파리테 규정이 없었다. 프랑스 의회의 의장단은 당선된 의원들이 선출하고, 지방의회의 의장은 당해 지방자치단체의 수장도 겸하고 있다. 2000년 제정된 파리테법은 이러한 의장단에 관한 규정을 정하지 않았기 때문에 지방의회의 여성 의원이 증가해도 의장단은 여전히 남성 의원들이 독식했다.

이러한 문제점이 있음에도 불구하고 법률 개정은 좀처럼 이루어지지 않았다. 그러나 2013년 5월 17일 제정된 '국가 조직법과 법률'은 지방선거의 후보자 명부를 남녀 한 쌍으로 입후보하도록 의무화함으로써 큰 변화를 가져왔다. 남녀 후보자는 한 쌍으로 입후보하고, 유권자는 이 한 쌍에게 투

---

24. 정치 파리테(La parité politique). Ibid.

표하도록 제도를 바꿈으로써 입후보뿐만 아니라 선거 결과에 파리테가 보장됐다.

지역권의회 의원 선거와 기초자치단체의회 의원 선거의 불충분한 파리테 규정도 수정되어 각각 '지역권의회 의원 선거 및 유럽의회 의원 선거, 그리고 정당의 공적 원조에 관한 2003년 4월 11일 법률'과 '의원직 및 공직의 남녀 기회균등에 관한 2007년 1월 31일 법률'에 따라 선거 후보자 명부를 남녀 교호 순번제로 하도록 의무화했다. 기초자치단체 선거의 경우, 2000년 파리테법은 인구 3,500명 이상의 지역만 대상으로 했지만, 2013년 5월 17일 법률을 개정해 인구 1,000명 이상의 지역까지 확대 적용했다.

각 의회의 의장단에 대해서는 '2007년 1월 31일 법률'로 새롭게 파리테 규정을 정했다. 따라서 지역권의회는 의원들의 선거로 선출되지만, 이 후보자 명부는 남녀 교호 순번제를 이용한 구속명부식 다수대표 2회 투표제 선거로 치르기로 했다. 그리고 이 방식은 '2013년 5월 17일 법'에 따라 인구 1,000명 이상의 지역에서도 적용하도록 했다. 유럽의회 의원 선거, 상원의원 비례구선거, 프랑스령(누벨칼레도니아, 폴리네시아 등)에서 채택하고 있는 구속명부식 비례대표 1회 투표제 선거에서는 후보자 명부를 남녀 교호 순번제로 작성해야 한다. 2003년 4월 11일 법에 따라 지역권 의회 의원 선거, 2003년 12월 18일 법에 따라 코르시카 의원 선거, 2007년 1월 21일 법에 따라 인구 3,500명 이상의 코뮌 의회 선거가 이 방식으로 변경됐다. 남녀/여남을 교대로 하는 명부가 의무화된 지자체 의원 선거나 남녀 한 쌍으로 입후보하는 제도가 의무화된 시도의회 의원 선거에서는 파리테가 강제 규정되어 있다. 소선거구 2회 투표제로 실시되는 국민의회 의원 선거는 정당이 여성 후보자를 자주적으로 공천하도록 위임했다. 그러나 남녀 비율의 격차가 2%를 넘는 정당에는 징벌로 정당교부금에서 불이익을 주고 있다. 아울러 정당이 파리테 규정을 지키지 않으면 보조금을 삭감한다(糠塚 2013, 74).

프랑스의 정당보조금은 2가지가 있다. 하나는 국민의회 의원 선거 결과에 따라 보조금이 배분되는데 이는 파리테 규정이 적용된다. 다른 하나는 원로원과 국민의회 의원 수에 따라 배분된다. 2018년 정당보조금 총액은 6,618만 유로로, 전자와 관계된 보조금은 3,207만 유로였고, 후자와 관계 있는 보조금은 3,411만 유로였다. 다음 〈표 4-1〉은 2017년 국민의회 의원 선거 때 각 정당이 파리테 규정을 위반해 보조금이 감액된 액수다. 전진하는 공화국과 국민전선, 그리고 사회당은 파리테 규정(남녀 공천 비율 격차가 최대 2%)을 잘 지켰기 때문에 보조금 감액이 없었지만, 공화당과 불복종하는 프랑스는 파리테 규정을 지키지 않아 보조금을 감액당했다.

<표 4-1> 파리테법 위반과 정당보조금 감액(2018년)

정당	여성 후보자 수	남성 후보자 수	위반 여부와 감액
전진하는 공화국	228	220	감액 없음
국민전선	279	290	감액 없음
불복종하는 프랑스	262	285	252,518유로 (보조금 6.3% 감액)
공화당	182	278	1,800,000유로 (보조금 31.3% 감액)
사회당	179	183	감액 없음

출처 : 프랑스 내무부, 2018년

파리테법은 여러 차례 개정을 거치면서 경제 사회 분야로 확대되어 나갔다. 그 과정을 보면 2004년 3월 1일은 직업상 남녀평등과 혼합에 관련된 직업 상호 간 국가 합의서에 경영자와 노동조합이 사인했고, 2006년 3월 23일은 남녀 간 임금에 관한 법률이 남녀 임금의 차이 철폐에 관해 수단과 지원을 강화하고 직업 활동과 가정생활이 양립할 수 있게 강화했다. 또한, 2008년 7월 23일 헌법개정으로 1조 2항에 '법률은 선거로 선출되는 의원직 및 공직, 그리고 직업적·사회적으로 책임 있는 지위에 남녀가 균등하게 기회를 가질 수 있도록 한다'라고 변경했다. 2011년 1월 27일은 직원 500명 이상의 회사와 매출액이 5,000만 유로 이상인 회사는 주요 직책에 여성을 최소 40% 인선하도록 목표를 세웠다. 2012년 3월 12일은 2018년까지 공공기관의 주요 요직에 여성이 40% 차지하도록 하고 그 첫 단계로 2013년부터 20%를 임명하도록 했다. 2013년 7월 22일에는 파리테법 적용 범위를 선거 후보자뿐만 아니라 대학, 연구기관까지 확장했고, 2013년 5월 17일에는 파리테법을 활성화하기 위해 지방선거에서 남-여 투표 방식을 창설하고, 인구 1,000명 이상의 코뮌에서도 적용하도록 했다. 2014년 8월 24일에는 파리테법의 보편화가 이루어져 프랑스 사회의 모든 영역(스포츠, 상호 공제조합, 노동쟁의)으로 확장됐다(Mossuz-Lavau 2005).

<표 4-2> 프랑스 파리테법의 탄생과 발전과정

시기	역사적 전개
1944년 4월 21일	드골 장군 임시정부의 명령에 따라 여성에게 선거권과 피선거권 부여
1946년 10월 27일	헌법 전문은 '모든 분야에서 여성과 남성의 동등한 권리를 부여한다고 선언'(3조)
1999년 7월 8일	프랑스 제5공화국 헌법 제3조 및 제4조 개정 1999년 7월 8일 헌법적 법률 제1999-569호에 따라 '남녀가 의원직 및 공직에 평등한 기회를 얻을 수 있도록 촉진하는 것'이 헌법에 명기
2000년 6월 6일	파리테법 제2000-439호 제정. 선거인 명부 남녀 비율 동수 의무화. 남녀 차 최대 2%를 지키지 않는 정당에 보조금을 지급하지 않을 것을 명시
2001년 5월 9일	직장에서의 남녀평등을 다룬 제니송(Génisson)법 제정
2003년 7월 30일	상원의원 선거방식 2차 개정 법률 2003-697호로 4인 이상의 원로원 의원을 선출하는 지역에서는 구속명부식 비례대표제를 이용하도록 규정
2007년 1월 31일	남녀가 의원직 및 공직에 평등한 기회를 얻을 수 있도록 촉진하는 법률 제정 종래의 파리테 제도의 결점을 보완하고 강화함
2008년 3월 23일	'남녀가 선출직 의원과 공무원이 될 평등한 기회를 얻을 수 있게 촉진한다'는 헌법 1조를 직장과 사회의 지도자에게까지 확대
2011년 1월 27일	시의회 의원 선거방식 개정 법률 제2003-327호로 시의회 선거의 후보자 명부를 남녀 교호 순번제로 규정함
2013년 5월 17일	파리테법 활성화를 위해 지방선거에서 남-여 한 쌍으로 입후보 당선 방식 창설. 인구 1,000명 이상의 코뮌에서도 적용해야 함.
2014년 8월 24일	파리테법의 일반화. 프랑스 사회의 모든 영역(스포츠, 상호 공제조합, 노동쟁의 등)

III. 파리테법의 성과와 한계

1. 파리테법의 성과

1) 정치 분야

파리테법이 탄생한 후 여성의 정치적 대표성은 확대됐다. 그 예를 보면 2001년 지방선거와 2002년 총선에서, 특히 비례대표제로 치러진 인구 3,500명 이상의 코뮌에서 큰 효과를 나타내 2배 이상 증가했다. 다음 〈표 4-3〉에서 확인할 수 있듯이 2001년 3,500명 이상의 코뮌 선거에서 여성 의원 수는 47.5% 나타났다. 이는 5년 전 선거의 22%보다 2배 이상 증가한 것이다. 3,500명 이하의 주민이 사는 코뮌도 상황은 비슷하다. 파리테법이 제정되기 전인 1995년 선거에서 여성 의원 비율은 21%를 기록했는데, 제정 후인 2001년 선거에서는 30.05%로 9.05% 포인트 증가했다.

<표 4-3> 코뮌의 크기에 따른 기초의원 수(2001년 지방선거)

구분	여성 기초의원 당선자 수	여성 기초의원 당선자 비율
주민 3,500명 이하 코뮌	118,321	30.05%
주민 3,500명에서 8,999명 코뮌	21,558	47.4%
주민 9,000명에서 29,999명 코뮌	11,073	47.3%
주민 30,000명 이상 코뮌	5,441	48%
주민 3,500명 이상 코뮌	38,072	47.5%
Total	156,393	38.8%

출처 : 프랑스 내무부, 2001

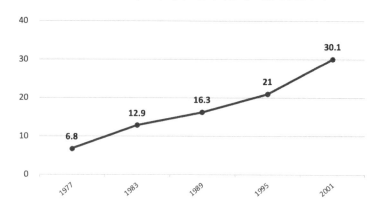

<그림 4-1> 인구 3,500명 이하 코뮌의 여성 기초의원 당선율 추이

출처 : 프랑스 내무부, 2001

한편, 최다득표 2회 투표제인 하원의원 선거에서는 다음 〈그림 4-2〉를 통해 알 수 있듯이 파리테법 제정 직후에는 큰 효과가 나타나지 않았다. 그러나 2012년 선거부터 큰 변화가 오기 시작해 여성 의원이 (26.5%)로 상승했고, 2017년에는 38.8%로 더욱 상승해 국민의회 의원 577명 중 224명이 여성 의원으로 선출됐다. 이는 국제수준 24.3%를 훨씬 뛰어넘는 수준이었다.

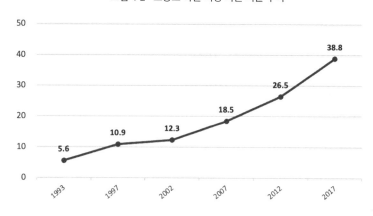

<그림 4-2> 프랑스 하원 여성 의원 비율 추이[25]

출처 : 프랑스 내무부, 2017

상원의원 선거도 마찬가지였다. 2007년 18.5%로 증가해 세계 평균 수준과 같았고, 2014년에는 22.3%, 2017년에는 32.9%로 계속 증가 추세에 있다.

특히 파리테법 효과가 가장 두드러진 선거는 비례대표제를 채택하고 있는 유럽의회 선거였다. 1994년에 유럽의회의 여성 의원 비율은 30%를 약간 상회했지만, 파리테법을 적용한 2004년 선거에서는 프랑스의 여성 의원 비율이 43.6%로 크게 증가했다(Mossuz-Lavau 2002).

그리고 유럽의회의 유로 지역 선거 및 국내 지방선거에 있어 후보자 리스트에 의무적으로 남녀 이름을 교대로 기재하는 법, 법적으로 파리테 의무를 포함하지 않는 단기 기재 방식의 상원의원 선거를 비례대표로 개정하는 방안 등이 논의됐다.

더욱 고무적인 것은, 2013년 5월 법부터 파리테의 규칙들은 더욱 발전됐고, 2015년 한층 강화됐다. 도의원 선거에서 각 지역은 남녀가 한 쌍이 되어 출마하고 뽑히도록 선거방식을 바꿨다. 이는 여성의 대표성이 크게 확대되는 계기가 됐다. 다음 〈그림 4-3〉을 통해 알 수 있듯이 2011년 도의회의 여성 의원 비율은 13.8%에서 2015년 50.1%로 수직으로 상승했다.

---

25. Assemblée nationale, Les femmes députées depuis 1945 사이트 : http://www2.assemblee-nationale.fr/14/evenements/2015/les-femmes-deputees-depuis-1945 (검색일 : 2021년 2월 10일).

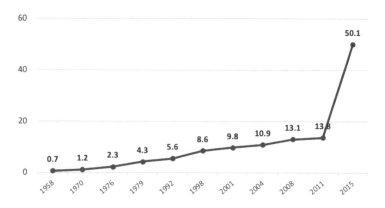

<그림 4-3> 도의회 여성 의원 비율 추이

출처 : 프랑스 내무부, 2016년

사실, 프랑스 정당들은 지방의원 선거에 남성 후보들보다 여성 후보들을 더 많이 공천하고 있다. 그러나 좌·우파 정당 간에 편차는 존재한다. 2015년 선거에서 좌파 정당들은 여성 후보를 60.62% 공천했고, 우파 정당들은 50.24% 공천했다.

2) 경제, 사회 분야

파리테법 제정으로 여성 정치적 대표성이 확대되자 차츰 경제 분야의 남녀평등에 관해 관심을 두기 시작했다. 2008년 프랑스 국립 통계 경제 연구소(Insee)는 15세 이상 남성의 62%가 취업을 하려고 일자리를 찾고 있으나 여성은 51%에 불과하고, 남성보다 여성의 실업률이 높은 것을 보면 남녀 간의 격차는 해소되지 않고 있다. 게다가 임금 수준도 남녀 간 격차가 19%로 나타나고 있다.[26]

현재 유럽연합 국가 중 프랑스는 스웨덴, 네덜란드에 이어 가장 남녀

---

26. 국립 통계 경제 연구소(Insee) 사이트 : Femmes et hommes – Regards sur la parité : https://www.insee.fr/fr/statistiques/1372781 (검색일 : 2021년 2월 1일)

가 평등한 나라가 됐고, 파리테법 제정 이래 정치 분야뿐만 아니라 다양한 분야에서 남녀가 평등한 상황으로 나아가고 있다. 이는 법 개정의 효과가 크다. 예를 들면, 2001년 직업상 양성평등을 강조하는 제니쏭(Génisson)법을 제정하고, 2003년에는 육아 휴가 연장에 관한 법을, 그리고 2004년 경영자 측과 노동조합 측의 남녀평등 고용에 관한 양자 간 전국상호협정, 2006년 남성과 동액의 여성급여지급법을 조인했다. 획기적인 것은 2008년의 파리테 개정법안에서 1999년 파리테법안의 '의원직 및 선거에 의한 공직'이라는 문구에 '마찬가지로 직업 및 사회에서의 책임 있는 보직'이라는 문구를 첨가한 것이다. 이전의 파리테법보다 진일보한 법안이고, 이는 파리테법 자체가 계속 진화하고 있음을 보여준다.

가정에서도 파리테 모델이 적용될 수 있도록 프랑스 정치권은 모색하고 있다. 2012년 대선에서 우파 정당인 UMP와 중도 정당인 모뎀(Modem)은 여성이 가정과 직장생활을 양립할 수 있게 하려고 '평등 협약(convention d'egalite)'을 만들기로 뜻을 같이했다. 이 개념은 후기 산업사회의 복지국가에서 여성의 발전을 위한 파리테 모델이라고 볼 수 있다. 이는 여성들에게 직장과 돌봄을 함께할 수 있는 수단을 제공하려는 것이다(Senac 2015, 88).

2. 파리테 효과향상을 위한 장치들

1) 파리테 감시위원회

파리테가 단시간에 효과를 발휘할 수 있었던 주요 요인은 무엇일까? 법제화와 이행의 의무규정이라는 강제성 때문이라고 볼 수 있지만, 그 외 파리테법이 잘 운용되도록 시스템을 구축했기 때문으로 볼 수 있다. 프랑스 정부는 파리테 운용을 감시하기 위해 파리테 감시위원회(L'Observatoire de la parité entre les femmes et les hommes)를 발족했다. 이 파리테 감시위원회는 시라크 대통령이 1995년 10월 18일 법령(Decret)에 의해 창설하고, 파리테와 관련된 정치적 문제들을 제도적으로 실행할 수 있도록 마련한 것이다. 이 제도는 1994년 실시된 유럽 선거에서 좌파 정당 '시민들의 운동(Mouvement des citoyens)' 대표인 슈벤느망(Jean-Pierre Chevènement)이 비례대표 명부에 다양한 사람을 넣어 남녀 동수로 공천을 시도한 것에서 착상을 얻어 공화당 하원의원인 바슐로(Roselyne Bachelot)가 페미니스트이자 사회당 하원의원인 알리미와 함께 만들었다. 공화당 대선 캠프에서 주요 역할을 한 바슐로 의원은 시라크 후보가 당선되자 파리테 감시위원회를 설치할 것을 강력히 건의했다. 시라크 대통령은 파리테 감시위원회의 위원장으로 바슐로 의원을 임명했고, 위원은 11명의 여성과 7명의 남성으로 구성했다. 그 후 위원은 33명으로 증원됐고, 파리테의 원칙을 지켜 남녀 동수를 지켜 임명된다. 위원들은 여성 인권부 장관의 제안으로 수상이 명령에 따라 임명하고 1회 재임할 수 있으며 보수는 없다. 이들의 사명은 여성들이 처한 국내와 국외의 정보수집 및 분석을 통해 자료를 도출하고, 특별한 활동 프로그램 등을 만들고 배포하는 일을 한다. 그리고 고질적인 남녀 불평등을 측정하고 파리테를 실행하는 데 방해가 되는 정치, 경제 분야의 장애물을 파악하고, 나아가 법안이나 규칙 등을 만든다. 또한, 파리테법의 실효성을 감시하고 평가해 3년마다 평가보고서를 출판 공개해야 한다.[27]

2) 남녀평등고등위원회

남녀평등고등위원회(Haut Conseil à l'Égalité entre les femmes et les hommes, HCE)는 파리테 감시위원회를 재편성한 것이다. 2013년 1월 13일 사회당의 프랑수아 올랑드 대통령은 파리테를 정치 분야뿐 아니라 다른 분야로 확대될 수 있도록 법령에 따라 남녀평등고등위원회를 창설했다. 이 법령은 남녀평등고등위원회가 시민사회와의 군건한 협력으로 여성의 권리와 평등에 관한 정치의 대전환을 위해 공적 토론을 활발히 해야 하는 수상의 자문기관으로 사명을 부여하고 정치, 경제, 사회문화 영역에 있어 남녀 불평등과 정부

27. 파리테 감시위원회(Observatoire de la parité entre les femmes et les hommes) 사이트 : https://fr.m.wikipedia.org/wiki/Observatoire_de_la_parit%C3%A9_entre_les_femmes_et_les_hommes

정책을 평가하거나 제안하도록 했다.[28]

　2017년 1월 27일 '평등과 시민권에 관한 법 181조'에 남녀평등고등위원회가 기재되어 사명이 더욱 강화됐다. 이 법은 또한 매년 남녀평등고등위원회가 프랑스 성차별 상태에 관한 보고서를 작성해 공개하도록 규정하고 있다. 남녀평등고등위원회는 파리테 위원회를 포함한 5개의 소위원회로 구성된다. 즉, 스테레오타입과 사회적 역할(Stereotypes et roles sociaux), 유럽 및 국제적 쟁점(Enjeux europeens et internationaux), 파리테(Parite), 건강과 성, 생식의 권리(Sante, droits sexuels et reproductifs), 젠더 폭력(Viloences de genre)이다. 5개의 각 소위원회는 1개월에 1회 모임을 열고, 전체 위원회는 1년에 2회 개최된다. 남녀평등고등위원회 위원은 의회 의원이나 지방의원, 시민단체의 대표자, 혹은 경험과 능력을 기준으로 선발된 사람, 지식인, 행정기관이 선출한 사람 등 다양한 사람으로 구성되어 있다. 위원은 남녀평등국 차관의 추천으로 수상이 임명되고 임기는 3년이며 1회 재임할 수 있다. 현재는 60여 명의 위원이 활동하고 있으며 무보수로 자원봉사를 한다.[29]

　현재 임명된 위원들의 구성과 경력은 다음과 같다.

---

28. 남녀평등고등위원회(Haut Conseil à l'Égalité entre les femmes et les hommes) 사이트 : https://fr.wikipedia.org/wiki/Haut_Conseil_%C3%A0_l%27%C3%A9galit%C3%A9_entre_les_femmes_et_les_hommes (검색일 : 2021년 2월 5일).

29. 남녀평등고등위원회, Ibid.

<표 4-4> 남녀평등고등위원회의 구성

구분	구성	이력
위원장	Brigitte Gresy	남녀평등 문제 전문가, 직장 평등에 관한 보고서 저자, 여성인권부 산하 직장 평등 고등위원회 사무총장 역임, 남녀평등고등위원회 위원 역임. 2019년 6월 24일 위원장이 됨
위원	10명의 의원	– 하원의장이 임명한 2명의 하원의원과 상원의장이 임명한 2명의 상원의원 – 프랑스 지방연합회가 임명한 2명의 지방의원 – 프랑스 도연합회가 임명한 2명의 도의원 – 프랑스 시연합회가 임명한 2명의 시의원 – 상원과 하원의 여성인권심의회 위원장
위원	20명의 대표	국가와 지방자치단체의 남녀평등에 기여한 공법, 민법의 법인과 단체 대표 20명
위원	22명의 전문가	남녀평등과 여성인권 영역에서 능력과 경험을 겸비한 20명의 전문가
위원	수상 혹은 부처에서 임명한 10명의 위원	가족, 여성, 아동과 관련된 각종 위원회의 사무총장 혹은 위원장
Total	63명	

출처 : 남녀평등고등위원회[30]

이 위원들은 평등과 시민권에 관한 법 제181조에 따라 보고서를 작성하기 위해 수상 혹은 여성인권부로부터 이의신청을 받을 수 있고, 또한 남녀평등고등위원회 자체적으로 이의신청을 할 수도 있다. 그리고 파리테 관련 법률에 대한 평가나 개선을 위한 의견서를 제출한다. 2017년까지 15개의 보고서, 9개의 의견서, 2개의 연구와 1개의 변론 등 업적이 많다. 권고의 40%가 공권력에 의해 논의되고 법제화됐다.[31]

이처럼 법제화 비율이 높은 것은 정부가 남녀평등고등위원회에게 답변할 책임을 부여해 공론장에서 논쟁을 일으킬 수 있게 시기를 잘 맞춰 평가

30. 남녀평등고등위원회 사이트 : https://www.haut-conseil-egalite.gouv.fr/stereotypes-et-roles-sociaux/travaux-du-hce/ (검색일 : 2021년 2월 5일).

31. 남녀평등고등위원회 사이트 : https://www.haut-conseil-egalite.gouv.fr/IMG/pdf/hce_plaquette_de_presentation_20170316-2.pdf (검색일 : 2021년 2월 5일).

서나 보고서를 제출하도록 하고 있기 때문이다. 또한, 남녀평등고등위원회의 중요한 역할인 공적 논쟁을 촉진하기 위해 언론 전문 요원도 1명 확보하고 있다.

남녀평등고등위원회는 파리테 추진 정책에 시민의 목소리를 반영하기 위해 플랫폼 역할을 하고 있다. 즉, 성 평등 운동을 추진하고 있는 현장 경험자들의 목소리를 시민단체를 통해 듣고 정책에 반영할 수 있도록 하는 것이다. 시민단체들은 정치 분야의 파리테를 시작으로 해 성 평등 추진을 위한 주역으로 영향력을 펼치며, 현장의 수요를 정부에 전달해주는 존재이기도 하다. 대표적인 시민단체인 '그녀들도(Elles aussi)'는 남녀평등고등위원회를 플랫폼으로 잘 활용하고 있으며, 정부가 추진하는 파리테 정책에 당사자들의 목소리가 반영되도록 중개자 역할을 하고 있다.

3) 정부와 시민단체들의 연대

시민단체들은 젠더 평등 추진 정책이 잘 시행되도록 여성 평등국과 연대를 맺고 있다. 이러한 단체들에는 보조금을 주고, 일부 단체에 대해서는 특정의 과제를 실행하도록 용역을 준다. 예를 들면, 폭력을 당한 피해자 여성을 지원하는 단체 중에는 여성 평등국으로부터 특정의 사명을 받아 연간 활동비를 받으면서 활동하는 경우가 많다.

시민단체는 시민활동 조직이고 기본적으로는 민간단체다. 그러나 젠더 평등의 추진에 대해 공익성이 높은 활동을 하는 단체 가운데는 정부조직과 제휴해 활동하는 때도 있다. 프랑스의 남녀평등 예산의 대부분은 젠더 평등 추진활동을 맡은 단체의 보조금으로 사용되고 있다(井上 2016, 26). 단 이러한 보조금은 사무실 운영비나 교통비로 사용되는 것으로 인건비로 사용될 수는 없다. 프랑스의 젠더 평등 추진 활동은 시민단체의 자원봉사자들로 지탱되고 있다(井上 2016, 31).

시민단체인 '그녀들도'는 1992년 창설 이래 다양하고 파리테 추진 활동을 다양하게 펼쳐왔다. 정치인을 지망하는 여성들을 위한 교육 및 연수, 그리고 여성들이 정치 경험을 쌓은 후 다시 직장으로 복귀할 수 있게 지원하고 있다. 나아가 파리테의 중요성을 알리기 위해 시민강좌, 여성 의원과의 교류회 등의 활동을 펼치고 있다. 이 단체는 파리테를 추진하는 여러 단체를 네트워크로 연결한 조직으로 본부와 지방 지부로 나뉜다. 본부는 파리에 있고 10명의 위원으로 구성되어 있으며 연 4회 위원회를 개최하고 있다. 그 밖에 파트너 단체의 대표 12명으로 구성된 자원봉사 단체로 정치인을 지망하는 전국 각지의 여성들을 연결해주는 역할을 하고 있다.

'그녀들도'는 남녀평등고등위원회를 통해 지방에 있는 파리테 추진 단체들의 요망사항을 정부에 알려주기도 하고, 상·하 양원에서 파리테 관련 법 제정을 심의할 때 당해 분야의 전문가로서 의견을 제시하고 있다. 하지만 이 단체는 정부의 의뢰를 받아 활동하는 것은 아니어서 보조금이나 위탁금을 받지 않고 '기획할 때마다' 여성 평등국에서 받는 보조금과 기부금으로 운영하고 있다.

3. 파리테법의 한계

파리테는 도입 당시에도 프랑스 사회를 양분할 정도로 격렬한 논쟁을 일으켰다. 그러나 이러한 논쟁은 파리테법이 도입되고 시행된 지 20년이 지났지만, 여전히 지속되고 있다. 파리테 반대파들은 "파리테가 50%의 성별 할당제에 지나지 않는다"라고 보고, 성별 할당제 위헌판결의 논리로부터 파리테를 격렬히 비판했다. 이들은 정통 공화주의자들로 파리테가 시민을 범주로 나누기 때문에 국민주권원리와 평등원칙이라고 하는 보편주의(Universalisme) 원칙과 배치된다는 논리를 펼쳤다. 대표적으로 바댕테르, 피지에와 히라타, 철학자 페리, 작가 몽트레노 등이 있다.

찬성파들은 형식적인 평등주의의 한계를 강조하고, 여성의 대표성이 낮은 민주주의는 진짜 민주주의가 아니라고 주장하며, 파리테와 할당제는 전혀 다른 원리라고 보고 있다. 대표적으로 알리미, 작가 크리스테바(Julia Kristeva), 역사학자 페로(Michèle Perrot), 자닌 모쉬-라보(JANINE Mossuz-Lavau),

크리에젤(Blandine Kriegel), 사회학자 브르디외(Pierre Bourdieu), 정치인 바슐로(Roselyne Bachelot), 루디(Yvette Roudy), 조스팽(Lionel Jospin), 아가생스키(Sylviane Agacinski) 등이 있다. 이 가운데는 이론은 의심스러운 점도 있지만, 실천은 옳다고 하는 조건부 찬성파도 포함되어 있다(Mossuz-Lavau 1998).

파리테 찬성파들은 할당제가 아닌 파리테가 왜 필요한지 다음과 같은 주장을 펼쳐나갔다. 첫째, 할당제의 할당 숫자에는 이론적 근거가 없다. 위헌으로 간주된 성별할당제는 여성을 상정한 일방성의 후보자 명부 비율을 25%로 했으나, 인구 53%를 차지하는 여성 후보 비율이 왜 25%여야 하는가? 이는 단지 정치적 타협에 지나지 않는다. 이에 비해 파리테는 항구적으로 50대 50이 원칙이다.

둘째, 할당제는 여성에게 우선권을 보장해 주기 위해 남성의 권한을 제한하므로 평등에 위반한다는 비판이 있다. 그러나 파리테는 남녀 각각 후보자 틀을 50대 50으로 하기 때문에 양성의 기회 평등을 보장하는 것이지, 남성에 귀속된 이익을 남성으로부터 빼앗아 여성에게 할당하는 것이 아니다. 파리테가 남성의 이익을 여성에게 할당하는 것이라고 비판하는 것은 여성을 법의 힘으로 정치영역에서 배제하던 구시대적 발상이다.

셋째, 할당제는 시민을 '남-여'로 나누어 구분하기 때문에 집단주의(communautarisme)에 빠질 위험성이 크다. 이는 여성만이 여성을 대표하고 여성의 요구를 이해할 수 있는 것은 여성들뿐이고, 여성을 대표할 수 있는 것은 여성뿐이라고 하는 기술적 관점에 지배된다. 그러나 파리테의 논리는 여성 의원이 있어야 한다는 주장이지, 결코 여성 의원이 존재하면 그 자체로 여성의 이익이 대표된다는 '기술적 대표'의 장치가 아니다. 여성 의원의 존재가 여성의 이익을 대표한 상태로 귀결되지 않는다. 여성 의원의 존재와 여성 이익의 대표가 필연적으로 결부되지 않는 것은 대표제 논리에 있어 남성 의원의 존재를 남성 이익의 대표라고 인식해오지 않았던 것과 같다(糠塚 2013, 75).

파리테는 완전 평등을 의미하고, 할당제는 바람직한 결과를 얻기 위해 수치를 설정하는 차별적인 개념이다. 파리테는 50대 50을 의미하는 것이 아니다. 법학자인 보젤 폴스키(Eliane Vogel-Polsky)에 따르면, 파리테는 소수자를 대표하기 위한 것이 아니고, 평등한 지위 때문에 요구되는 것이다. 또한, 파리테는 항구적인 법률로서 제정되지만, 할당제는 일시적 조치에 불과하다. 다시 말해 파리테는 구별된 사회적 범주로서의 여성을 대표하기 위해서가 아니라, 인간 개개인이 정치적 대표의 기본단위가 되지 않으면 안 된다고 하는 관점에서 출발한다. 따라서 파리테는 남녀의 권리이지, 결코 여성 우대정책이 아니다. 남녀 양성의 기회 평등을 보장하는 것이다. 남성에게 귀속된 이익을 여성에게 나누어주거나, 여성이 갈취하는 것이 아니다 (Vogel-Polsky 1994, 9).

<표 4-5> 파리테와 할당제의 차이

파리테	할당제
완전평등	차별적 개념
항구적인 법률로 제정	일시적 조치
여성의 정치적 대표의 기본단위	여성은 구별된 사회적 범주
남녀 양성의 기회 평등	여성 우대정책

언론과 출판계에서도 파리테를 둘러싼 논쟁이 벌어졌다. 누벨 옵쇠르 바퇴르와 렉스프레스 신문은 파리테 특집호를 간행했고, 출판계도 파리테에 관한 서적을 잇달아 출판했다. 파리테의 찬성/반대는 차이주의 대 보편주의라는 2항 구도를 일으켰고, 양 진영은 치열하게 논쟁을 펼쳤다. 파리테 찬성파는 "인간이 여성과 남성이라고 하는 성의 이원성으로 구성된 것이야말로 보편적이다. 모든 영역에서 남녀의 성별은 존재한다", "남성과 여성이 평등하다는 것은 양자 간에 어떠한 차이도 존재하지 않는다는 의미인가? 우리는 차이와 평등을 동시에 생각할 수 없을 정도로 무능한가?"라고 논쟁을 펼쳤다. 반면에 파리테 반대파들은 "역사는 차이를 명분으로 여성을 배제해왔다. 차이는 생물학적 영역에 있어 현실적인 의미가 있을 수 있지만,

정치가 개입할 사안은 아니다"라는 논거로 반박했다.

일부 페미니스트들은 일 공약을 실천하도록 압박을 가하면서 여성이 충분히 대표되지 않는 민주주의는 결함이 있는 민주주의라고 여론을 환기했다. 여성 정치인들도 여기에 합세해 여론을 움직이기 시작했다. 파리테 추진 활동을 전개한 시민단체 '그녀들도'는 파리테가 철학적 차원에서 실천적 차원으로 이행해 갈 수 있게 페미니스트 운동을 결집하는 역할을 했다. 이런 일련의 과정을 겪으면서 결국 개혁은 단행됐다. 헌법개정 초안이 의회에 제출된 이후 여성 의원들이 초당파적으로 힘을 모아 노력했고, 정권이 바뀌어도 대통령이 교체되어도 이 정책은 계속 추진되게끔 했다(笹川平和財団 2016, 180).

그런데도 파리테를 둘러싼 논쟁은 종식되지 않고 있다. 이 법은 남성과 여성의 실제적 평등을 의무화하기 위해 법률화의 필요성에 의해 탄생했다. 따라서 이 법은 '파리테 원칙에서 보면 실패 아닌가? 파리테가 정치적 효과보다 초월적 개념이었는가?'라는 의문을 일으킨다.

<표 4-6> 파리테법 제정 이유와 한계[32]

이유	한계
1. 국제수준에서 프랑스 대표성의 불평등 2. 토크빌의 평등 이념에 모순/정치적 여성 투쟁의 역사 환기	1. 긍정적 차별은 또 다른 불평등 일으킴 2. 시민들을 강제적으로 변화시킬 수 있는지에 대한 의문 3. 선거제도, 사법계/남성 우위론자들의 저항

특히 정치권은 파리테 규칙의 어려운 통합으로 비난을 받았다. 그 이유는 파리테 개념 자체가 한계를 가지고 있기 때문이다. 일부는 파리테가

---

32. La loi sur la parité et ses limites 사이트 : http://eco-mouv.e-monsite.com/pages/sujets-et-problematiques/ancien-programme/la-loi-sur-la-parite-et-ses-limites.html (검색일 : 2020년 12월 1일)

기대효과보다 역효과가 크다고 보고 있다. 파리테는 긍정적 차별정책이나 할당제와 원칙상 크게 다르지 않고 보고, 파리테로는 근본적인 문제를 해결할 수 없다고 주장한다. 파리테의 원칙은 사람들을 능력이 아닌 여자이기 때문에 기회를 보장해준다는 것이다. 바댕테르(Elisabeth Badinter)는 일찍이 "의회의 남녀 동수법 구도는 인간이 천부적으로 다르다는 것을 거부하고, 여성과 남성 사이에 오래된 장벽을 다시 치는 것이다"라고 파리테를 부정적으로 보았다. "많은 여성은 파리테의 법적 의무를 준수하기 위해 숫자를 채우느라 의원이 됐다. 그녀들은 능력이 아닌 여성이라는 이유로 거기에 있다. 파리테는 성적으로 다름을 강조하면서 상황을 악화시킨다"라고 주장하는 이들도 있다(Paul 2017).

　　프랑스 박물관장 카생(Françoise Cachin)은 파리테는 여성을 모욕한다면서 여성은 보호받아야 할 존재가 아니라고 말한다. 그녀는 파리테는 여성을 표면적으로 도울 뿐이라고 주장한다. 아르테미스(Artémis) 총괄본부장인 바르비제(Patricia Barbizet)는 파리테와 할당이 다를 것이 없다고 반박했다. 그녀는 여성을 위해 자리를 확보하는 것은 부적격인데도 기용해야 하는 것과 다를 것이 없다. 이런 차원에서 여성이 매번 기용된다면 여성은 그 일에서 의심의 과녁이 된다. 여성 작가인 몽트레이노 역시 "내가 보기에 파리테는 어마어마한 전략적 실수다. 너무 짧은 시간에 이룬 기적이다. 이는 눈부신 평등의 세계를 위한 열쇠로 마법의 아이디어다. 그러나 산술적 평등은 불합리하다. 진정한 남녀 혼합은 50대 50으로 협정을 맺는 것이 아니다. 파리테는 하나의 경고일 뿐이다. 따라서 남녀 간 진정한 평등은 세탁, 요리, 아이 돌봄, 그리고 급여의 실질적 평등에서부터 시작된다"고 주장한다(Paul 2017).[33]

　　한편, 남녀평등고등위원회도 2017년 국회와 행정부 등의 파리테 규칙

---

33. Paul, La parité en politique : une coquille vide, 2017년 8월 11일. https://www.monman datlocal.fr/innover-pour-son-territoire/social/parite-encore-ou-autre-chose/

의 도입에 대한 연구보고서에서 파리테법은 "법적 강제성으로 지구당 수준의 의회에서 자리를 배분하지만, 여성들은 행정부의 권력 배분에서는 제외되고 있다"라고 지적했다. 이 보고서는 "각종 의회의 의장단은 여전히 전통적으로 구성되어 있다. 다시 말해 여성들은 가족부나 청소년부, 어린이, 문화부 등을 맡고 있어서 파리테 실현이 여전히 어려움을 드러내고 있다(남녀 평등고등위원회 보고서 2018).

그리고 파리테법을 지키지 않는 정당에 벌칙으로 보조금을 삭감하는 데도 한계가 따른다. 큰 정당들은 정당보조금 삭감을 감수하면서까지 파리테법을 잘 지키지 않기 때문이다. 예를 들면, 프랑스 공화당은 2017년 하원 선거에서 여성을 약 39%밖에 공천하지 않아 178만 유로의 정당보조금을 감액당했지만, 상원과 하원의 당선자 수에 따라 받는 정당보조금은 충분하므로 감액된다 한들 큰 손해는 없다. 그러므로 다수의 당선자를 낼 수 없는 소규모 정당만이 보조금을 받으려고 파리테법을 지키고 있는 것이 현실이다(村上 2019, 92-93).

더욱 큰 문제는 이 파리테는 이미 힘을 잃었고 존재 의미는 단지 강제성인데, 이는 앞으로 노트르(NOTRe) 법의 영향으로 퇴보할 것으로 예상되고 있다. 남녀 고등위원회는 코뮌들의 합병으로 의원과 행정지도부가 많은 남성으로 재구성되어 파리테가 퇴보할 위험이 있다고 우려하고 있다. 노트르법은 코뮌 간 의석 배분을 줄일 것이기 때문이다. 2017년 지방의회 의장은 83.3%가 남성이었고 도의회는 90.1%였다. 101개 도 중 57개, 18개 지방 중 11개는 남성 의장–남성 부의장 2인조를 이루고 있다. 반대로 코뮌의 의장은 여성이 8%이고, 시장은 16%에 불과했다. 도 차원에서는 2015년부터 10명의 여성이 의장을 하고 있다. 지방 행정조직에서 여성의 더 나은 대표성을 위해 고등위원회는 행정 수뇌부를 남녀 2인조로 할 것을 권장하고 있다(Paul 2017).

이처럼 파리테 실현에는 아직도 많은 장벽이 남아 있다. 파리테 감시위원회가 이미 예견했듯이 모든 분야에서 파리테 원칙이 실현되려면 반세기 이상 걸릴지도 모른다. 프랑스 사회에서 파리테가 완전히 실현되려면 무엇보다 남녀가 함께 공동으로 가정과 돌봄을 책임져야 한다. 따라서 파리테 문화의 침투가 프랑스 전체의 과제가 되고 있다. 그런데도 파리테는 "위기에 있는 프랑스 공화국의 제도를 쇄신하기 위한 정치적 치료법"이라는 데는 모두가 동의하고 있다(Lépinard 2007).

IV. 결론

유럽 국가 중 매우 보수적인 프랑스가 여성의 대표성을 확대하고, 남녀평등을 실현하기 위해 파리테법을 어떤 절차로 제정하고 발전시켜 나갔는지 살펴보았다. 프랑스는 유럽 국가 중 여성 대표성이 가장 낮은 나라로 이를 극복하고자 1980년대 할당제를 도입해 여성의 대표성을 확대하려고 시도했지만 실패했다. 할당제는 프랑스 공화국 헌법정신인 보편주의 원칙에 위배된다는 이유로 헌법원이 위헌판결을 내렸기 때문이었다. 따라서 다른 대안으로 파리테라는 독특한 제도를 도입했다. 그러나 이 제도를 도입하는 데 만만치 않은 우여곡절을 겪어야 했다. 파리테를 둘러싸고 국가가 양분될 정도로 격렬하게 싸웠기 때문이다. 파리테 반대파들은 주로 정통 공화주의자들로, 이들은 파리테 또한 시민을 범주로 나누어 구별하기 때문에 할당제와 마찬가지로 보편주의(Universalisme) 원칙에 위배된다고 주장했다. 그러나 파리테 찬성파들은 평등주의의 한계를 인정하고 여성은 남성과 다른 범주로 분류해야 한다는 주장을 펼쳤다. 양측의 갈등과 논쟁은 치열했지만, 초당적으로 여성 지도자들이 앞장서고 분열되어 있던 여성단체들이 결집해 파리테 운동을 전방위적으로 펼침으로써 2000년 파리테법은 탄생하게 됐다. 파리테법이 채택되고 발전하는 데 큰 기재로 작용한 것은 언론을 통해 대대적으로 파리테 캠페인을 벌이며, 영화 주제가인 〈남과 여〉의 경쾌한 멜로디를 빌려 21세기 초반 프랑스 사회의 대유행을 만든 것이다.

　이러한 파리테 제도는 단기간에 프랑스 사회의 여성 평등과 대표성을 확대하는 데 효과를 거두었다. 프랑스 하원의 경우 파리테가 도입되던 당시에는 여성 의원 비율이 12.3%에 불과했지만, 2017년 선거에서는 38.8%를 기록해 세계 평균을 훨씬 상회했다. 이처럼 파리테 제도가 실효성을 거두는데는 1995년 창설된 파리테 감시위원회와 이를 계승해 2012년 재편성된 남녀평등고등위원회의 역할이 중요했다. 이뿐만이 아니라 시민단체들은 남녀고등위원회를 플랫폼으로 이용해 성 평등 운동을 추진하고 현장의 목소리를 정책에 반영할 수 있도록 연대하고 있다.

　이러한 성공으로 파리테제도는 정치 분야뿐만 아니라 사회·경제 영역으로 이어지면서 파리테 실천 운동은 확대되고 있다. 선거로 선출된 의회의 파리테부터 시민 서비스, 경제, 그리고 가정 내에서 파리테가 실현되도록 파리테 운동은 계속되고 이어지는 것이다.

　그런데도 파리테법은 한계를 안고 있다. 파리테법을 제정한 근본 목적은 권력의 배분이지 자리의 배분이 아니다. 그러나 파리테법은 산술적 평등으로 강제성을 원칙으로 하고 있으므로 이 법으로 사회의 모든 문제를 풀기에는 한계가 따르고 있다. 오랫동안 남성이 지배해온 프랑스의 관습과 문화를 강제적인 법으로 하루아침에 모두 바꾸기는 불가능하다.

　한국도 여성의 정치적 대표성을 확대하기 위해 할당제를 도입한 지 25년이 지났다. 이 기간에 제법 큰 성과가 있었지만, 최근에는 답보상태에 머물러 있다고 봐도 과언이 아니다. 프랑스가 파리테법을 만들고 발전시켜 나가기까지는 전방위적이고 대대적인 파리테 캠페인과 파리테 운동의 결과다. 한국이 할당제를 지속시키든, 프랑스식의 파리테로 전환하든 그 제도가 정당성을 얻기 위해서는 공론장에 여성들이 등장해 주장보다는 여성이 처해 있는 상황을 알리고 여론을 환기할 수 있는 충분한 토론이 있어야 한다.

　프랑스도 초기 파리테 운동은 구체적이지 못했고, 시민단체들의 목소리 또한 대립해 비난을 받기 일쑤였다. 그러나 시민단체들이 서로 정보를 교환하고 꾸준히 연구회를 진행해가는 과정에서 차츰 국민의 공감을 샀기 때문에 성공할 수 있었다. 한국의 여성단체들은 프랑스의 이러한 점에 주목하고 여성의 대표성을 확대하는 방안을 모색해 가야 한다.

Market and Democracy
in the Era of Inequality

제2부

패자에 대한
포용적 해법의 모색

5장

동북아 난민 문제의 정치 외교적 대응 격차[34]

이신화(고려대학교)

I. 서론

2018년 500여 명의 예멘인이 제주도로 들어와 난민 신청을 하면서 한국인들에게는 남의 일 같던 난민 문제가 커다란 사회문제로 떠올랐다. 난민은 온정적 보호가 필요한 희생자임에도 불구하고, 최근 유럽 난민 사태에서 나타나듯이, 난민 유입국의 수용정책이 한계를 보이고 현지인들의 반감이 커지면서 사회문제를 넘어 국가 간 정치 외교적 갈등으로 비화하고 있다(Washington 2018). 또한, 이를 빌미로 난민을 '안보화(securitization)'해 배척하는 나라들이 늘고 있다(Baar 2017). 기존의 군사안보 개념을 확대해야 한다는 문제의식에서 시작된 코펜하겐 학파에 따르면, 안보화란 평상시에는 안보적 사안으로 간주되지 않던 이슈가 안보위협으로 인식되어 갈등 관계나 위협 정치를 고착화할 수 있는 극단적 형태의 정치화 과정을 일컫는다(Buzan et al. 1998, p.25; 이병하 2018). 난민의 안보화는 2001년 9·11 테러 사태

---

34. 이 장은 〈담론201〉 제22권 1호에 수록된 논문을 수정, 보완한 것이다.

이후 두드러지게 나타난 현상으로, 그 후 국가들은 반이주, 반난민 정책을 강화하기 시작했다(Schlentz 2010).

하지만, 난민 수용을 거부하거나 미온적인 정책을 펴는 것은 인도주의적인 관점에서 비난받을 수 있는 일일 뿐 아니라 사회 및 국가 차원의 안보를 고려하는 현실적인 측면에서도 현명한 결정이 아니다. 난민을 거부함으로써 단기적인 사회안정을 도모할 수 있다 하더라도, 중·장기적으로는 더 큰 사회적 혼란과 불안 및 폭력사태까지도 유발할 수 있기 때문이다. 난민들에 대한 국경 통제나 강제 추방이 이루어지면 유입국과 인접국 간 정치외교적 갈등이 고조될 수 있다. 또한, 난민 인정을 받지 못한 경우 불법체류자가 되거나 이 나라, 저 나라를 전전하는 망명자 신세가 되어, 최악의 경우 인신매매범이나 반군 혹은 테러 단체의 손에 넘어갈 가능성도 있다. 그 결과는 버림받은 난민들의 인간안보(human security)와 이들을 배척한 나라들의 국가안보 모두에 부정적일 수밖에 없을 것이다(이신화 2017).

동북아시아의 경우, 1970년대 후반 수십만 명의 베트남 '보트피플'로 인해 처음이자 최대의 지역 난민 문제에 직면했다. 당시 이들을 수용하거나 정착시키는 과정에서 중국과 홍콩, 한국, 일본 등 동북아 국가들 내에서는 난민과 관련한 제도나 기구 및 의식변화 등에 대한 필요성이 대두됐다. 그러나 대부분은 개별 국가 차원이었고, 양자적이나 다자적으로 이루어진 경우에도 미국 주도나 유엔과의 관계적 맥락에서 이루어졌을 뿐 지역 차원의 대응은 없었다.

이후 동북아 난민 문제는 중동이나 아프리카, 유럽 지역 등과 비교할 때 그 규모나 심각성이 크지 않았음에도 불구하고, 역내 국가들의 난민 수용은 배타적, 소극적, 혹은 비일관적인 입장을 보여왔다. 일본의 경우 1981년 아시아 최초로 유엔의 '난민 지위에 관한 협약(Convention Relating to the Status of Refugees; 이후 난민협약)'과 '의정서(Protocol Relating to the Status of Refugees)'에 가입했다. 한국은 1992년 유엔난민협약과 의정서에 가입하고, 아시아에서 처음으로 독립된 난민법을 제정했다. 그러나 일본과 한국은 경제협력개발기구(OECD) 국가 중 가장 인색한 난민 인정국이다. 중국의 경우 1970년대 후반 베트남 난민들을 대거 수용했고, 1982년 유엔난민협약에 가입했다. 그 이후 1990년대 중반까지는 극소수의 난민만을 받아들였고, 1990년대 중반 이후 탈북자 문제 및 2009년 이후 미얀마의 코강족과 카친족 문제와 같은 대량 난민 사태에 직면해서는 비일관적인 대응 양상을 보였다(Song 2018).

그렇다면, 난민 문제에 대응하는 동북아 국가들의 정책 수립에 어떠한 요인이 작용하는가? 언제, 어떠한 조건으로 이들 국가는 포용적, 방관적, 혹은 배타적 정책을 채택해 '대응 격차(response divide)'를 보이는가? 이와 같은 문제 제기와 관련해 난민 정책을 수립하고 시행하는 문제는 일국의 문제로 보는 시각에서 벗어나 지역 국가 간 협력이 필요한 의제로 접근할 필요가 있으나, 동북아 차원에서는 함께 고민하고 해법을 모색하려는 학문적, 정책적 시도가 부재하다.

따라서 이 논문은 난민과 안보의 연계와 관련한 이론적, 실질적 쟁점을 바탕으로 한국과 일본, 중국의 난민 정책을 각각 논하고, 그동안 글로벌 이슈로 다루어지거나 개별국가 차원으로만 이루어져 온 난민 문제에 대한 동북아 국가들의 정책적 대응이 어떠한 공통점과 상이점을 갖는지 고찰하는 것을 목적으로 한다. 한국과 일본의 경우는 베트남 난민들을 제외하고는 난민 유입의 규모나 사례가 적어 정책 고려 요소들을 분석할 만큼 충분하지 않다는 한계가 있지만, 양국 모두 왜 난민 수용에 소극적인가에 대해 난민 수용의 역사, 현황, 정부 입장 및 사회적 반응의 관점에서 논하고자 한다. 중국의 경우는 베트남, 미얀마, 북한 난민 문제에 대한 대응이 어떠한 요인들에 의해 상이한 정책적 결과를 낳았는지를 중심으로 분석할 것이다. 여기서 '난민 문제'란 난민이 특정국에 유입, 수용 및 정착되는 과정에서 발생하는 제반 문제나 유입국의 난민 정책이 가져오는 파장(consequences)으로 정의한다. 결론에서는 난민 인정절차 과정에서 한·중·일 3국이 보인 개별국가 차원의 대응과 정책이 동북아 지역 차원에서의 협력 공조로 발전할 가능성과 필요성에 대해 가늠해보고자 한다.

II. '난민 문제'의 정치 안보적 쟁점

일반적으로 난민 발생은 분쟁과 박해의 결과이므로, 난민들은 국제사회의 인도적 지원 및 국제법적 보호가 필요한 무고한 피해자다(UNHCR 2018). 하지만, 난민들이 수용국 내 사회적, 경제적 부담을 가중할 뿐 아니라 테러, 반란, 무기 유입, 이념대결과 연관되거나 '난민 전사(refugee warrior)'가 되어 국가적, 지역적 안보위협을 일으킬 수 있다는 주장은 냉전기 때도 제기됐다(Adelman 1998; Zolberg et al. 1989). 예를 들어 1967년 이스라엘과의 제3차 중동전쟁에서 패배해 요르단으로 피신한 팔레스타인 난민은 공식 통계가 170만 명으로 요르단 전체 인구의 38~40%를 차지하고 있고, 난민 지위를 획득하지 못하고 머무르는 수까지 합치면 65% 이상을 차지한다. 이들이 사는 난민촌은 기반시설이 열악하고 경제적으로 피폐할 뿐 아니라 이스라엘과 접해 있는 요르단강 서안 지역은 테러나 무력충돌 등으로 불안한 정세가 이어져 왔다(Francis 2015). 그런데도 냉전기 난민 문제는 많은 경우 인도적 관점 및 이타주의(altruism)적 측면에서 다루어졌다.

탈냉전기 정치 인종 분쟁이나 공동체 갈등으로 빚어진 내전으로 지구촌 도처에서 난민 문제를 포함한 인도적 위기가 심각해지고, 난민의 규모와 이에 대응하는 국제사회의 부담이 커지면서, 국제규범이나 윤리적 측면에서 당연시 여겨져 온 난민 보호의 타당성에 대해 의문을 제기하는 목소리가 커졌다(Lake and Rothchild 1988). 어떤 규범적인 원칙과 근거로 개별국가나 국제사회는 난민을 보호하는 책임을 져야 하는가에 대해 난민의 인권 보호를 위한 국제규범 논리의 정당성을 주장하는 측과 국가 주권이나 사회안정, 문화 권리와 같은 논리를 강조하는 측 사이의 논쟁이 확대된 것이다(김희강 2015). 최근 몇 년간 유럽 사례를 통해 국제사회의 주요 외교·안보 이슈로 드러난 난민 위기는 분쟁의 결과인 난민들이 유입된 국가나 지역의 사회 분열, 경제적 불안정, 그리고 유관 국가 간의 갈등을 유발하는 원인이 되고 있다는 인식을 한층 더 확산시키고 있다.

난민 문제를 단순히 온정적 인도주의 차원에서만 본다든지, 유입국이 이를 안보화시켜 국가안보를 위협하는 존재로 낙인찍고 국가안보 우선 정책의 측면에서 접근하는 것 모두 올바른 해결책이 될 수 없다. 따라서 난민 문제의 긍정적, 부정적 요소를 종합적으로 고려해 국가 안보적 차원뿐 아니라 인간안보 시각에서 이들 문제의 해법을 찾을 필요가 있다. 이러한 맥락에서 난민 문제와 관련한 기존 학자들의 논쟁을 살펴보면 크게 난민들이 노동력 확보와 경제적 동력 제고 및 '자애로운' 국가 위상을 수립하는 데 긍정적인 효과가 있다는 측면과 사회적, 경제적 불안을 일으키거나 본국과의 관계 악화 가능성을 고려해야 한다는 주장으로 나뉜다.

'열린' 난민 정책을 시행하는 경우는 첫째, '계산된 친절(calculated kindness)'이 종종 그 동기가 된다(Loescher and Scanlan 1986). 난민과 이주자들은 수용국 내 생산을 늘리고 임금 통제를 유도하는 값싼 노동력을 제공하는데, 특히 고등교육을 받고 숙련된 근로자일 경우는 유입국의 산업 발전에 상당한 기여를 할 수 있다는 기대심리를 갖기 때문이다(Choucri 1993). 이러한 기대는 유입국이 저출산과 인구 고령화로 노동력이 급감하고 경제정체기에 고심이 커질수록, 그리고 난민 중 젊고 유능한 기술 숙련공들이 많을수록 커진다. 2015년 시리아 난민을 조건 없이 수용하겠다는 발표로 국제사회의 찬사를 받은 독일의 열의도 인도주의적 이유만이 아니라 젊은 노동력이 절실하게 필요한 실용적, 현실적인 고려도 반영된 정책적 결정이었다. 반면 개도국이나 저개발국의 경우는 난민 수용으로 인해 국제구호원조를 요청할 수 있고, 그 과정에서 난민구호뿐 아니라 자국의 경제도 활성화할 수 있다는 기대를 하게 된다(Dreher et al. 2018).

둘째, 난민은 외교정책 목표를 수행하는 데 있어 전략적 도구로 활용되기도 한다. 미·소 이념대립이 첨예했던 냉전기 동안 난민들은 체제의 우월성을 상징하는 '이동 중인 유권자(voters on foot)' 또는 '승리의 트로피'로 환영받았다(Stedman and Tanner 2003). 1960~1970년대 쿠바나 캄보디아, 에티오피아, 앙골라, 아프가니스탄 등에서 난민들은 게릴라전이나 지역전에 휘말려 직접 싸우거나 볼모가 됐고, 팔레스타인 난민은 이스라엘과 미국에 대한 아랍의 불만을 대변하는 상징적 존재로 각인됐다(Schreier and Sucharov 2016). 난민이 외교정책 목표수행과정의 전략적 도구로서 환영되는 것은 한국 정부가 북한이탈주민(탈북자)들을 '귀순 용사', 즉 '올바른 곳'(남쪽)으로 탈출한 용감한 영웅으로 환대한 것도 유사한 맥락이라 할 수 있다.

셋째, 난민과 유입국 주민들 간의 민족적 유대와 언어, 문화적 유사성은 유입국의 난민 수용정책에 긍정적인 영향을 미친다. 대다수 사람이 알바니아계인 코소보에서 분쟁이 발생했을 때 이웃국 알바니아는 위기발발 시작부터 국경을 열어 1999년 43만 5,000명가량의 코소보 난민들을 받아들인 바 있다(Roberts 1999). 후술하듯이 1970년대 후반 중국 정부가 30만 명가량 받아들인 베트남 난민들도 대부분 중국계 호아(Hoa)족이었다.

넷째, 인도주의와 국제적 이미지에 대한 고려는 글로벌 위상과 규범적 영향력을 강화하고자 하는 국가들이 난민에게 우호적인 정책을 시행할 가능성을 높여 준다. 스웨덴의 경우, 2015년 난민 지위를 신청한 수가 15만 5,000여 명(총인구의 1.6%)이 될 정도임에도 불구하고 난민 인정률은 67%나 됐다. 이는 유럽연합(EU) 28개 전체 회원국 인정률인 38%를 훨씬 상회하는 수치였다(European Commission 2016). 시리아 사태로 2015년 이래 폭증하는 난민들로 인해 망명자 수용에 대한 부정적인 여론이 높아지고 스웨덴 정부도 국경경비 강화정책을 실시하고 있지만, 여전히 관용과 개방성에 대한 자국의 글로벌 명성을 중시하는 입장을 견지하고 있다(Government Offices of Sweden 2018).

반면, 난민을 국가안보관점으로 연계해 "1명의 난민은 참신(novelty)하고, 10명의 난민은 지루하며(boring), 100명의 난민은 위협이다"(Kent 1953, p.172)라고 했듯이, 얼마나 많은 수가 유입되는가가 중요한 척도가 된다. 첫째, 난민이 대량으로 유입되면 사회적, 경제적, 정치적, 심리적 저항이 발생할 뿐 아니라, 이러한 대규모 유입은 또 다른 유입을 제공하는 빌미가 된다는 우려도 난민 규모가 국가 안보적 이슈인 이유다(Salehys and Gleditsch 2006). 난민에 대한 강경 대응을 기조로 삼고 있는 국가들은 무엇보다도 난민과 이주민이 대규모로 유입되면 경제적, 사회적 부담이 된다는 점을 가장 경계한다. 난민은 자국민에게 나누어주어야 할 일자리 및 사회적 자원, 복지혜택 등을 제한할 수 있는, 반갑지 않은 경쟁자로 간주하기 때문이다. 유럽 난민 사태가 점점 심각해지고 있지만, 여전히 세계 난민들의 84%는 개도국에 거주하고 있으며(Edmond 2017), 제한된 자원이나 사회 인프라를 둘러싼 난민과 지역민들 간 경쟁과 갈등이 가시화되고 있다(Murdoch and Sandler 2004).

둘째, 얼마나 예측할 수 없이 급작스럽게 유입이 이루어지는가 하는 긴박성의 문제(Suhrke 1998), 그리고 얼마나 장기간 머물 것인가 하는 체류기간의 문제도 우려의 대상이다. 일반적으로 2만 5,000명의 난민이 5년 이상 한 지역에 머물 때 장기적 혹은 반영구적 체류로 분류한다(Loescher et al. 2008). 2017년 12월 기준, 전 세계 난민들의 절반가량이 한 국가에 5년 이상 체류하고 있는데, 수용국들은 이들의 사회통합에 더 많은 투자를 하는 동시에 국경 강화 및 난민 송출을 모색하는 '뉴 노멀(new normal)' 상황을 맞고 있다(Salant 2017).

셋째, 난민 사태가 긴급한 인도적 위기상황으로 국제적인 관심과 지지를 불러일으킨다고 하더라도 유입국 내 정치 사회적, 법적, 제도적 요인에 따라 난민 문제가 정치화, 안보화되어 난민 지위 인정에 부정적 결과를 가져올 수 있다(송영훈 2014). 이는 국제인권법과 규범에 대한 국가(들)의 준수 여부와도 연관이 되는데, 국가가 왜 국제법/규범을 준수하는가 하는 이유를 설명하기보다는 국가가 언제 국제법/규범을 준수하는가 혹은 준수하지 않는가를 규명하는 것과도 연관된다(Flowers 2016). 무엇보다 국가 간 정치 외교적 관계가 난민 수용 여부에 큰 영향을 끼치는데, 대표적인 예로 북한과의 관계를 고려한 중국은 탈북자들을 예외 없이 불법체류자로 규정해 강제송환하는 것을 원칙으로 삼고 있다. 혹자는 한 국가가 난민들을 배출하는 것은 경쟁이나 갈등 관계에 있는 이웃 국가로부터 정치, 군사, 경제적 양보를 얻어내기 위해 고의로 유도한, 일종의 '억지로 조작된 이주(coercive engineered migration)'의 결과라고 주장하기도 한다(Greenhill 2010). 이 경우 인도적 측면과 국가안보 측면의 딜레마가 더욱 악화될 수 있다. 왜냐하면, 어떠한 위협이라도 자국민의 안전을 담보하는 것이 한 국가의 국가안보정책이며, 난민도 이러한 원칙에 예외가 될 수는 없기 때문이다.

넷째, 유입된 난민들이 순수한 민간 피해자인지, 취업 목적의 '가짜 난민'인지, 정치·군사적 목적을 가진 반군이나 테러범 혹은 스파이인지에 대한 논란은 수용국 주민들이 뚜렷한 근거도 없이 난민들을 잠재적 범죄자나 일자리를 잠식하는 경쟁자로 치부하게 한다. 수용국이 빈곤과 자원 부족에 시달릴 경우, 지역 주민과의 갈등, 경기 침체, 테러의 원인으로 난민은 가장 손쉬운 '희생양,' 비난의 표적이 되기 때문이다. 설사 선진 산업국으로 유입된다고 할지라도 독특한 문화적, 사회적, 종교적 배경을 가진 난민들은 사회적 응집력과 국가 정체성에 대한 도전으로 낙인찍히기도 한다(Lee 2001). 시리아, 이라크 및 여타 아프리카와 중동 국가로부터의 난민들이 속출하면서 헝가리와 폴란드, 독일, 네덜란드, 이탈리아 등지의 유럽인들의 반난민 정서가 강해지고, 이들이 자국에 심각한 위협이 되고 있다는 강한 불만과 반발은 종종 민족주의와 외국인 혐오증 심화로 이어지고 있다. 난민 중 간혹 테러범이나 전염병 소지자가 있을 수 있으나, 난민이나 이주자에 대한 우려와 부정적인 반응은 실제 위협보다는 선입견이나 편견, 혹은 '만들어진(constructed)' 두려움인 경우가 많다. 그런데도 난민의 안보화와 '두려움(fear)의 정치'는 극우세력의 부상을 촉진하고 정부가 난민 제한 정책을 시행하는 '편리한 변명'으로 활용된다(Karasapan 2017).

이상과 같은 우호적인 난민 정책의 요인과 난민 유입에 대한 부정적 견해는 난민 유입국마다 처한 상황 및 역량, 난민 인정절차의 효율성이나 공정성, 유엔 난민법에 대한 국내법적 해석차, 의사결정 방법 등에 따라 변화를 거듭하지만, 한 가지 분명한 것은 대다수 국가가 인도적 보호책임보다는 안보와 주권의 관점에서 난민 수용 여부를 결정한다는 점이다. 따라서 난민들이 유입, 수용 또는 거부, 그리고 정착하는 일련의 과정 및 유입국의 대응 격차를 비교 고찰하기 위해서는 개별국가의 난민 수용의 역사 및 현황, 정부의 관점과 경제적, 사회적 여파 및 여론의 추이 등을 종합적으로 고려해야 한다. 왜냐하면, 난민이란 그 발생 원인을 규명함으로써 규정될 수 있으나, 난민 지위 획득은 유입국이 판정하는 것이므로 난민 인정을 거부당한 비호신청자들에 대해 어떠한 국제적 접근이 필요한지 제시할 필요가 있기 때문이다. 따라서 어떠한 상황과 정책적 고려로 각국의 난민 인정에 있어 상이한 격차가 나타나는지에 대해, 인도적 보호와 인간안보를 근거로 한 국제규범과 주권과 국가안보를 강조하는 정치적 현실 간의 괴리나 긴장 관계를 분석, 고찰하는 것이 중요하다.

III. 한국의 난민 문제와 정부의 대응

한국이 직면한 난민 문제는 크게 탈북자 이슈와 외국인 난민 이슈로 구분할 수 있으나, 난민법과 탈북자법이 별도로 있는 한국에 정착한 탈북자들을 난민으로 볼 것인가는 법적 검토 및 정책적 고려가 필요하다. 중국 등에서의 탈북자에 대한 난민 인정 문제의 경우는 국제법이 공인하는 난민으로 봐야 한다는 주장이 설득력을 얻고 있으나(손현진 2017), 한국 내 탈북자들을 난민협약에서 정의하는 난민으로 보기에는 무리가 있다. 헌법상 법적 지위가 대한민국 국민일 뿐 아니라, 한국 정부의 '북한이탈주민의 보호 및 정착지원에 관한 법률'에 따라 난민으로 규정하고 있지 않기 때문이다. 그러나 난민법을 통해 난민 인정심사와 지원정책을 받는 외국인 난민들에 대한 처우 문제는 탈북민들에 대한 보호와 지원에 우선을 두고 있는 한국 정부의 정책과 대비된다. 사실 한국 정부가 외국인 난민 인정을 결정한 것은 2001년 2월이 처음이었다. 이 결정은 1990년대 후반 이후 중국 내 탈북자들에 대한 강제송환이 국제적 이슈가 됐을 때 중국 정부의 반인도적 행위 중단을 강력하게 촉구한 한국이 막상 자신들의 땅에서는 단 한 명의 난민도 인정하지 않았다는 국제사회의 비판을 의식한 것이었다.

한국의 난민 정책의 경우, 1975년 4월 사이공 함락 이후 베트남을 떠나 메콩강을 떠돌다 한국 해군함정에 구조된 1,355명이 부산항으로 그해 5월 입항했고, 이들을 위한 임시 체류지를 만들면서 관련 제도적, 정책적 필요성이 대두됐다. 남베트남과의 우방 관계로 베트남전에 참전했던 한국은 다른 참전국들과 국제기구가 미국 주도하에 공조하는 가운데 적극적으로 베트남 난민 구조에 나섰는데, 난민 중 많은 수가 재베트남 교포나 한국인의 베트남인 배우자나 자식이었다(노영순 2017). 1977년 이후 보트피플이 늘면서 정부는 유엔의 지원 약속에 따라 부산 해운대에 난민보호소를 건립했다. 대한적십자사의 통계에 따르면 1975년부터 1992년 누적 합계 약 3,000명의 베트남 난민이 입국했고, 그들 중 20% 정도에 해당하는 600명가량은 월남 참전 한국 장병을 비롯한 국내 연고자들을 찾아 국내에 정착시켰다. 나머지 난민들의 절반 이상은 미국으로 송출됐고, 그 외 뉴질랜드와 캐나다로 각각 230명 안팎의 난민들이 정착지를 받아 떠났다. 1993년 2월 잔류 난민 150여 명이 뉴질랜드로 떠나면서 부산 보호소도 폐쇄됐다(부산역사문화대전 2018).

1975년부터 20년 동안 UNHCR의 통계상 140만 명가량이 베트남을 떠나 세계 각지를 떠도는 난민이 된 점을 고려하고, 중국이 25만 명, 홍콩이 20만 명, 일본이 8,600명을 각각 정착시킨 것과 비교할 때 한국이 정착지를 제공한 규모는 작았다. 또한, 대부분은 UNHCR의 중재를 통해 대한적십자사와 함께 이들을 제3국으로 정착시키고 구호비용도 유엔이 부담하는 정책을 추구했다. 한편, 부산에 정착한 대다수 난민의 삶은 보호소 내에서만 이루어져 한국 사회와의 상호작용은 별로 없었고, 한국 사회의 관심이나 관여도 적었다(노영순 2017). 더욱이 주목할 것은 이들 베트남 난민들은 국제법이 규정하고 보호하는 난민으로서 한국 정부가 인정했던 것은 아니라는 점이다. 왜냐하면, 한국의 공식적인 유엔 가입은 북한과의 관계 등으로 인해 1991년 9월에야 이루어졌고, 이에 따라 한국 정부가 난민 지위에 관한 유엔 난민협약과 의정서를 비준한 것은 1992년 12월이었기 때문이다. 그 후 1994년 7월 출입국관리법에 난민 관련 규정을 신설해 외국인 난민 신청을 받기 시작한 것이다(정인섭 2009). 그러나 한국이 그 이후 난민을 인정한 것은 2001년 에티오피아 출신 반정부단체 활동가이자 전도사였던 타다세 데레세 데구(Tadasse Deresse Degu)에 대해 난민 지위를 부여한 것이 최초였다(매일경제 2001. 02. 13).

2001년 UNHCR 한국사무소를 개소하고 2002년 1명을 추가로 받아들였으며 2003년에는 13명 등 난민으로 인정받는 수가 늘었지만, 난민 신청자들이 급증하는 추이를 감안할 때 한국 정부는 여전히 난민 수용에 매우 소극적이다. UNHCR 통계에 따르면 2000~2017년 사이 한국행 난민 신청자는 3만 2,641명이었으며 이들 중 파키스탄(4,267명) 신청자가 13.1%로 제일 많았고, 이어 중국(3,639명), 이집트(3,244명), 나이지리아(1,826명)순이었으며, 난민들의 국적이 점점 다양해지고 있다(UNHCR 2017).

2012년 동아시아 최초로 별도의 '난민법'을 제정하고 이듬해 7월 시행하면서 당시 한국 정부는 난민 신청자의 절차적 권리가 보장되고 국제적인 인권 국가로서의 위상 제고를 홍보했다(한겨레 2018. 06. 20). 하지만 2017년 121명에게 난민 지위를 부여하는 등 이제껏 총 839명만이 난민으로 인정됐다. 1994년 5명에 불과했던 난민 신청자가 2017년 9,942명으로 근 2,000배가 증가한 것을 감안하면 난민 인정률은 오히려 더 낮아지고 있다. 2000~2017년 사이 UNHCR이 공개한 세계 190개국의 평균 난민 인정률은 28.9%이고 OECD 전체 37개 회원국의 평균 인정률은 24.8%지만, 한국은

4.1%에 그쳤다(e-나라지표 2018; UNHCR 2017). 물론 국내 난민 신청자가 매해 수천 명씩 증가하고 있다는 점을 감안해야 하겠지만, 2018년 5월까지 누적 합계 4만 470명의 난민 신청자 중 절반 정도만이 심사를 받은 상태이고, 난민 지위가 거부된 망명자들은 소송을 되풀이하며 몇 년을 법적으로나 사회적으로 불안정한 상태에서 지내고 있다(김예경 외 2017). 또한, 주목할 것은 난민 인정률의 높낮이가 난민 수용성과 보호 현실을 제대로 반영한다고만 할 수 없다는 점이다(송영훈 2018). 설사 난민으로 인정받았다 하더라도 한국에 정착하는 일이 쉽지 않아 제3국행을 고민하거나 실제로 선택하는 때도 종종 있기 때문이다. 이러한 현상은 탈북자들도 비슷해 사회적 차별이나 자녀교육의 어려움 및 신변 안전 등으로 한국 사회에 적응하지 못하고 제3국으로 탈남(脫南)하는 탈북자들도 늘고 있다(오마이뉴스 2015. 10. 14).

<표 5-1> 한국의 연도별 난민 신청자/인정자 추이[35]

연도	신청(명)	인정(명)	연도	신청(명)	인정(명)
1994~2000년	96	0	2009년	324	74
2001년	37	1	2010년	423	45*
2002년	34	1	2011년	1,011	42
2003년	84	12	2012년	1,143	60
2004년	148	18	2013년	1,574	57
2005년	410	9	2014년	2,896	94
2006년	278	11	2015년	5,711	105
2007년	717	13	2016년	7,542	98
2008년	364	36	2017년	9,942	121

출처 : 법무부, 2017; e-나라지표, 2018.

---

35. 〈표 5-1〉은 법무부 난민과 법무부 출입국외국인 정책 통계연보 자료를 정리한 것으로, 2009년까지의 통계는 난민인권센터 행정정보공개청구 결과이고, 2010년 이후는 e-나라지표(2018년)에서 인용, 정리한 법무부 난민과의 연도별 난민 인정 현황이다. 참고로 2010년 난민 인정 수치는 난민인권센터 행정정보청구 결과에는 47명, e-나라지표에는 45명으로 되어 있다.

제2부. 패자에 대한 포용적 해법의 모색

2018년 6월, 560여 명의 예멘 난민 신청자들이 말레이시아-제주 간 직항 노선을 이용해 제주도로 한꺼번에 밀려들었다. 내전과 박해를 피해 유엔난민협약국이 아닌 말레이시아로 탈출했으나 이들이 난민으로 인정받지 못하고 체류 연장이 불가능해지자, 관광객 유치를 위해 2002년부터 무비자로 입국이 가능한 제주행을 택한 것이다. 이를 계기로 한국 사회의 난민 문제에 관한 관심이 제고됐으나 수용 여부를 둘러싼 논쟁이 거세졌고, 난민법 폐지를 주장하는 청와대 국민청원이 2018년 7월 71만 4,000여 명을 넘어서는 등 난민 문제가 주요한 정치 사회적 이슈로 급부상했다(청와대 2018). 난민 수용에 반대하는 사람들은 난민이나 외국인 노동자의 유입으로 인해 일자리가 줄고 사회갈등이 심화된다는 주장뿐 아니라 난민 신청자가 스마트폰을 소유하거나 소셜네트워크서비스(SNS)의 일종인 페이스북이나 트위터를 사용한다는 이유로 가짜 난민이라는 주장을 한다. 하지만 스마트폰의 일반화와 SNS가 중동 민주화 열풍의 기폭제가 됐듯이, 난민들에게 있어 구글 지도나 GPS는 탈출 루트를 찾고 다양한 정보를 얻는 필수품이라고 반박하며, 난민 문제는 이민 통제의 관점이 아닌 난민의 인권 보호의 측면에서 접근해야 한다고 반박하는 시민단체의 목소리도 높다(이신화 2017).

주목할 것은 종교를 고려하지 않고 난민 수용 여부를 물었을 때는 긍정적(50.7%)인 입장이 부정적(44.7%)인 것보다 많았는데, 이슬람 난민이라 물었을 때는 28.7%가 우호적이고 66.6%가 적대적인 입장을 보였다(중앙일보 2018. 08. 06). 이렇듯 한국 사회의 '이슬람 포비아' 현상은 인종적, 종교적 편견 심화로 이어질 우려가 있다. 2017년 전체 난민 신청자의 30%가량이 종교적 이유로 한국으로 오고자 할 만큼 종교가 난민 신청의 주요 요인으로 부상하고 있지만, 회교도들이 밀려온다는 한국인들의 우려와는 달리 무슬림에서 기독교로 개종한 것이 박해의 이유가 되어 망명신청을 한 경우도 있다(e-나라지표 2018).

2018년 12월 한국 정부는 제주에 입국해 난민 신청을 한 총 484명의 예멘인에 대한 심사 절차를 마친 결과 2명만을 난민으로 인정했는데(연합뉴스 2018. 12. 14), 이는 전 세계적으로 예멘인에 대한 난민 인정률이 2017년 UNHCR 통계 기준 58.1%로 상당히 높은 편인 것과 대조적인 결과다 (UNHCR 2018). 하지만 한국 정부는 예멘 난민들이 내전의 피해자라 하더라도 한국 난민법을 기준으로 판단하는 것이 우선이라는 입장을 견지하고 있다. 다만, 예멘의 내전 상황 등을 감안해 단순 불인정 되거나 난민 신청을 철회한 60명을 제외한 나머지 412명에게 인도적 체류를 허가했다(연합뉴스 2018. 12. 14).[36] 이러한 정부의 결정은 앞서 언급한 난민들에 대한 한국 사회의 여론과도 무관하지 않은 것으로 보인다.

IV. 일본의 난민 문제와 정부의 대응

일본은 심각한 인구 부족 현상에 직면해 합법적 이민과 외국인들의 입국에는 점점 관대한 정책을 표방하는 반면, 난민 수용에는 매우 엄격하고 인색한 입장이다. 1981년 일본은 아시아 최초로 유엔난민협약과 의정서에 가입하고, 1982년 난민 인정제도를 공식적으로 도입했다. 또한, 2010년 지구촌 국가들의 책임 분담으로 난민 문제를 영구적으로 해결한다는 취지의 재정착난민제도를 아시아에서는 처음으로 일본이 도입했다. 일본에서 난민 신청을 한 외국인이 6개월 이후부터는 일자리를 찾아 나설 수 있는 이 제도가 시행되자, 2013년 19명이었던 인도네시아 난민 신청자가 2017년 2,038명으로 늘어나는 등 필리핀, 베트남, 스리랑카, 네팔, 인도네시아 등에서 수천 명이 몰려들었다(The Asahi Shimbun 2018/02/14). 이에 따라 2018년부터

---

36. 인도적 체류란 1년 동안 한국에 체류하며 일할 수 있는 허가를 해준 것으로 매년 재심사를 통해 그 기간을 1년씩 연장할 수 있는 제도다. 난민으로 인정되면 내국인과 동등하게 취업, 교육, 의료, 사회보장 혜택을 받을 수 있고, 그 가족들도 동일한 대우를 받는다(법무부 2017).

일본 정부는 난민 제도를 취업 목적으로 악용하려는 가짜 난민을 통제한다는 취지로 2010년 도입된 제도를 변경해 난민 인정 기준을 강화하는 정책을 실시하고 있다. 따라서 법무성에 의해 난민법상 박해 사유가 명확하지 않은 경우로 판단되면 구직이 불가능하게 됐다(김고은 2018).

난민 인정 여부를 관할하는 법무성 입국관리국은 난민 신청자 대부분이 취업을 목적으로 한다고 간주해 이들을 보호 대상이라기보다는 관리 및 감시 대상으로 다룬다는 비판을 받기도 한다. 일본에 입국한 망명 신청자들은 철창과 감시카메라가 있는 시설에 강제수용되어 기약 없이 난민 인정 결과를 기다려야 한다(Economy Chosun 2018/07/09). 〈표 5-2〉에서 살펴볼 수 있듯이 2001~2017년 동안 일본의 난민 신청자들은 한국행 신청자들보다 훨씬 많았지만, 난민으로 인정받는 것은 더욱 어려웠다. 2017년 한 해 동안 일본에 망명을 신청한 1만 9천 623명 중 20명, 즉 0.2%의 난민율을 기록해, OECD 다른 국가들의 인정률에 비해 현저히 적은 수치로 이스라엘 다음으로 가장 낮게 나타났다(UNHCR 2017).

특히 2016년 망명 신청자 수가 1만 900여 명이었던 것 대비 2017년에는 거의 두 배가량이 증가한 것임에도 불구하고, 난민 인정자는 28명에서 20명으로 오히려 감소했다. 일본 정부는 유엔 난민법에 근거해 판단한 것이라고 발표했지만, 난민 인정 벽이 너무 높고 당연히 인정받아야 할 망명 신청자들이 누락 혹은 외면받았을 것이라는 주장이 많다. 한 예로 2017년 미얀마 정부의 박해와 처벌을 피해 일본으로 들어와 난민 신청을 한 로힝야족 120명은 명백한 난민 인정 자격을 갖추었음에도 19명만이 난민 지위를 획득했다. 일본 역시 한국과 마찬가지로 인도적 체류 허가제가 있지만, 이 허가를 받는 것 역시 매우 어려운 실정이다(김고은 2018).

연도	신청(명)	인정(명)	연도	신청(명)	인정(명)
2001년	358	26	2010년	1,202	39
2002년	250	14	2011년	1,867	21
2003년	336	10	2012년	2,545	18
2004년	426	15	2013년	3,260	6
2005년	384	46	2014년	5,000	11
2006년	954	34	2015년	7,586	27
2007년	816	41	2016년	10,901	28
2008년	1,599	57	2017년	19,629	20
2009년	1,388	30			

출처 : 일본 難民支援協会의 웹사이트에 인용된 法務省入国管理局의 자료를 요약정리한 것임(難民支援協会 2017).

　　일본도 한국 상황과 유사하게 난민 인정을 받더라도 정착지의 자원이나 시스템을 제대로 파악하지 못하고, 사회적 무관심과 차별이 심해 고립되거나 제3국으로의 망명을 모색을 희망하는 난민들이 종종 있다. 이러한 가운데 2018년 이바라키현 난민 수용시설에서 난민 지위를 받지 못하고 장기간 수용되어 있던 4명이 자살했지만, 외국인에 대해 배타적인 '난민 쇄국'을 표방하는 일본의 반난민 정책은 점점 강화되고 있다(Economy Chosun 2018. 07. 09).

　　주목할 것은 일본의 경우, 난민의 자국 수용에는 님비(Not in My Backyard: NIMBY)적 태도를 보이는 대신, 지구촌 난민 문제에 대한 재정적 지원 및 일본인들의 인도적 활동을 위한 교육 및 지원에서는 관대한 정책을 펴고 있다는 점이다. 지난 수십 년간 일본은 전 세계 난민 구조나 재정착 프로그램의 주요 기부자이고, 일본 외교관 출신 사다코 오가타는 1991~2000년 동안 UNHCR 수장이었다. 아베 신조 총리는 2015년 9월 유엔 총회에 참석해 난민 문제는 국제사회가 연대해 해결할 문제라고 규정하면서 적극적인 난민 수용 및 지원을 촉구했는데, 전년 대비 세계 난민들을 위한 지원금으로 3배 증가한 미화 8억 1,000만 불을 약정하면서 회원국 대표들의 찬사를 받았다. 하지만, 그 직후 가진 기자회견에서 아베 총리는 난민과 이주민을 일본으로 받아들이기 전에 국내총생산(GDP)을 올리고 사회안전망을 강화해야 하고, 여성과 고령자 인력을 활용하는 방안 및 저출산 문제부터 먼저 해결해야 한다는 입장을 밝혔다. 그러면서 시리아 등에 대한 경제지원으로 일본은 충분한 책임을 하고 있다고 강조했고, 2018년 5월 아베 총리는 시리아 난민이 가장 많이 체류하는 요르단과 레바논에 1,000만 불 지원을 약정했고, 세계은행 인도지원기금에도 6,500만 불을 지원하고 있다(MFJA 2018).

또한, 일본은 중동, 아프리카, 아시아 등의 현지 난민촌에서 활동하는 일본 민간단체들에 대한 재정적, 행정적 지원을 하는 한편, 일본 대학교들에서 난민 지원의 선봉장 역할을 할 수 있는 인재양성을 위한 프로그램이나 학과들을 개설 운영하는 것을 지원해왔다. 실제로 이러한 프로그램을 수료하거나 대학을 졸업한 학생들이 세계 도처의 분쟁지역이나 취약 지역에서 활동하고 있다(호사카 2018).

이렇듯 일본 정부는 난민을 직접 수용하는 것보다는 난민이 발생한 지역에 대한 재정적, 인적 지원이나 후속 사업 등을 강화하는 이중적 난민 정책을 표방해왔다. 그 결과 일본은 미국, 독일, EU에 이어 세계에서 4번째로 규모가 큰 난민 지원국임에도 불구하고, 국제사회로부터 난민 문제를 '돈으로 해결'하고 난민구호 노력에 찬물을 끼얹는 태도라는 비판을 받았다(McCurry 2015). 더욱이 아베의 유엔총회 발언도 안보리 상임이사국 진출 가능성을 높이고, 평화헌법 개정과 관련한 국제사회의 비난 여론을 무마하려는 의도라는 비판적 해석이 많다.

하지만, 일본도 베트남 난민 위기가 발발했을 때는 1975년 5월 126명의 난민이 미국 국적 선박을 통해 일본에 처음 입항한 이래 한국보다 6배 많은 1만 8,000여 명의 인도차이나(베트남, 캄보디아, 라오스) 난민들을 임시 수용했고, 그들 중 8,600명을 정착시켰다(노영순 2017). 특히 일본에 정착한 첫 번째 베트남 난민이었던 루 핀 차우는 일본에서 가수로 데뷔해 인기를 끌기도 했다(Economy Chosun 2018/07/09). 그러나 당시 일본이 난민 위기 직후부터 자진해 수용정책을 폈던 것은 아니었다. 베트남전에서 전쟁 경기로 막대한 돈을 벌고도 보트피플들의 기항을 거부해 국제적 비난을 받으면서(중앙일보 1977. 10. 01), 국제사회에서 경제적 지위에 걸맞은 인도주의적 책임에 대한 부담 및 난민 수용을 통한 국제위상 제고를 염두에 둔 전략적 조치였다고 평가된다.

한편, 일본 거주 탈북자는 200여 명으로 알려져 있는데, 이들 대부분은 일본 정부의 특별한 지원이 없어 경제적 고충을 겪으면서도 일본 사회 내에서의 부정적인 대북한 인식, 북한에 있는 가족들의 신변 우려 등으로 인해 신분을 감추고 살고 있다(자유아시아방송 2016. 01. 18). 일본의 탈북자 정책이 국제사회의 비판거리가 됐던 것은 2002년 5월 중국 선양 소재 일본의 영사관으로 진입하려는 탈북자들을 중국 공안이 강제로 연행해가는데도 일본 영사관 측에서 아무런 조치도 취하지 않았을 때였다. 당시 중국 공안의 행위를 두고 일본 내 우익언론들은 주권 침해와 국제법 위반이라고 비판을 했지만, 중국 정부는 일본 부영사의 동의로 이루어진 것이라고 반박해 중일 간 외교 이슈로까지 비화됐다. 일본 영사관의 결정이 비인도적인 처사였다는 비난이 들끓자 일본 정부는 탈북자들이 난민 신청을 할 수 있도록 했으나, 신청 자격을 일본 거주 경험이 있는 조선총련계 탈북자들로만 국한했다(오수열·김주삼 2006).

2006년 6월 일본인 납치 문제와 북한 내 인권 문제에 대한 일본의 입장을 밝히는 일명 '북한인권법'을 발효해 탈북자 지원에 관한 규정을 포함했으나, 탈북자에 대한 난민 인정 여부에 관한 내용은 담지 않았다. 2010년 민주당이 집권하면서 재중 탈북자 중 조총련계 귀환자들뿐 아니라 다른 탈북자들의 수용도 추진했다. 그 배경에는 탈북자들을 통해 일본인 납치 문제를 비롯한 북한 내부 정세를 파악하고자 하는 정치적 의도가 있었다. 하지만 난민 수용에 인색한 일본이 탈북자들에게만 예외를 줄 것인지가 불확실했고, 북한이 핵 개발을 포기하지 않으면 인도적 지원을 하지 않겠다는 일본 정부의 입장이 탈북자 문제를 다루는 것과 어떻게 연계될 수 있는지도 불분명했다(이신화 2010). 아베 정권도 현재까지 계속 핵 문제에 관한 강경한 입장을 견지하며 탈북자 문제를 포함한 모든 북한 관련 영역에서 일관된 정책을 고수하고 있다. 특히 일본 정부는 탈북자 문제를 비롯한 북한 내 인권 문제와 관련해 2004년 이래 EU와 더불어 유엔 총회에서 대북인권결의안에 대한 공동제안국 역할을 담당해왔다.

또한, 일본은 1990년대 후반 북한 급변사태로 인해 대량 탈북이 발발할 경우, 30만 명가량이 해상을 통해 일본으로 밀려들 것을 대비해 정책안을 마련했다. 그 안에 따라 한반도 유사시 대규모 난민 사태가 발생하면 한시적으로 이들을 일본에 수용하는 방침을 정한 것으로 알려졌다(윤태형·이수형 2002). 2018년 12월 현재, 일본 정부가 추가로 북한 급변과 관련해 대비 방안을 마련했다는 소식은 없으나, 대량 탈북 발발 시, 탈북자들의 인권이나 인도적 측면보다는 이들 중 일본인 납치자들이 포함되어 있을 가능성에 초점을 둘 것으로 보인다. 한편, 중국과 한국 정부는 그러한 사태가 발발하더라도 일본 정부가 직접적인 개입을 하기보다는 재정 지원과 같은 한정된 역할을 해주기를 바랄 것이다.

V. 중국의 난민 문제와 정부 대응

중국은 1982년 9월 유엔난민협약서와 의정서를 비준했지만, 난민 수용을 위한 국가 차원의 법적, 제도적 장치는 부족하다. 1985년 11월 자체적으로 '중화인민공화국 외국인 출입경관리법'을 제정했으나 망명을 신청하는 난민 관련 사항을 이에 포함하지 않았다. 2012년 출입경관리법(出入境管理法)이 제정되기까지 난민 관련 국내법의 부재로 인해 비호신청자들은 외국인과 무국적자를 통제하는 국내법의 적용을 받아 보호를 받지 못했는데, 2013년 7월부터 난민 인정 신청을 하면 심사 기간만 임시 신분증을 발급받고 중국에 체류할 수 있게 됐다. 다른 국가에서처럼 난민 인정자들은 신분 증명서를 받고 거주할 수 있으나 난민 지위를 결정하는 절차는 여전히 불투명했고, 이 절차에 UNHCR이나 국제기구가 참여하는 것을 거부하고 있다 (Song 2018). 2017년 12월 기준 30만 1,700명가량의 난민이 중국 내에 거주하고 있다. 하지만 이들 대다수는 1970년대 후반 유입된 베트남 난민들(30만 895명)이고, 나머지 난민들은 이후 중국에 거주하게 된 소말리아인(182명), 나이지리아인(86명), 이라크인(52명), 라이베리아인(45명), 기타(362명) 등이다 (UNHCR 2018).[37]

중국의 난민 정책은 지난 30여 년에 걸쳐 베트남, 미얀마, 북한, 시리아 등으로부터 탈출한 망명 신청자들에 대한 중국 정부의 상이한 대응을 통해 보다 구체적으로 고찰할 수 있다. 첫째, 중국 정부는 1970년대 후반 인도차이나 반도에서 발생한 30만 명에 달하는 난민을 수용했다. 주로 중국계 베트남인들로 구성된 이들은 캄보디아(1978년)와 중국(1979년)과의 전쟁 및 베트남에서의 박해를 피해 도망 나온 사람들이었다. 당시 하루에 4,000~5,000명에 달하는 난민들을 받아들였고 이들의 탈출을 돕기 위해 비무장 선박까지 보내는 등 적극적인 난민 수용 정책을 펼쳐 "난민도 잘살 수 있다(Refugee Can Prosper)"는 희망과 더불어 2006년에는 안토니오 구테레스 당시 UNCHR 고등판무관(현 유엔 사무총장)은 이를 '세계에서 가장 성공한 통합프로그램'으로 명명한 바 있다(Ibsen 2014).

이같이 중국 정부가 베트남 난민들을 적극적으로 받아들인 요인으로, 우선 국가 간 정치 외교적 관계를 꼽을 수 있다. 중국과 베트남은 1960년대까지 상호원조를 주고받는 '좋은(good)' 관계를 맺고 있었다. 그러나 1970년대 미소 냉전기대립 구도 하에 나타난 군사적, 경제적 원조와 관련한 갈등 속에서 베트남은 소련 편에 서게 됐다. 1978년 베트남은 학살 정권 크메르

---

37. 중국의 역대 난민 신청자 및 인정자 수치는 한국과 일본의 경우와 달리 집계된 수치나 기준 등이 출처에 따라 달라 본 논문에 포함하지 않음.

루즈를 응징한다는 명목으로 캄보디아를 침공했는데, 당시 중국은 크메르 루즈 정권을 지지하고 있었다. 결국, 중국은 베트남 공산 정권이 중국계 베트남인들을 박해한다는 이유로 1979년 베트남을 침공하면서 인도차이나반도 분쟁은 절정에 달했고, 중국과 베트남 정권의 관계는 악화 일로를 걷게 됐다. 그러므로 중국은 베트남 난민들을 대거 받아들여 베트남 정권에 망신 주기, 이른바 '네이밍 & 쉐이밍'을 주는 전략적 차원에서도 난민 수용에 매우 적극적이었다(Parameswaran 2018).

또한, 민족적 친화감을 들 수 있는데, 1975년 이래 베트남 공산 정권은 북부 지역의 중국계 호아족의 재산을 몰수하고 경제적 기회나 관직 등에서 차별을 하기 시작했고 중국은 이를 구조적 박해라고 비난했다. 또한, 호아 난민들을 '형제 동지', '귀환자'라고 칭하며 중국 사회에 환대하며 수용함으로써 민족적 유대감을 회복하는 정책을 시행했다(Lam 2000). 경제적 고려도 중요했는데, 호아족은 사이공 함락 이전에 베트남의 사적 상권과 무역에 있어 70~80%를 차지하는 부호들이었고, 고학력자 및 고도기술 숙련공들이 많았다. 이들은 베트콩 쪽으로 승세가 기울어지기 시작하자 이미 자신들의 자산을 중국 등 해외로 돌리기 시작했기 때문에, 이들을 받아들이는 것은 경제적, 사회적인 면에서도 중국에는 이득이 됐다. 더욱이 대규모로 난민을 받아들임으로써 유엔과 EU 등에서의 국제 원조를 장기적 플랜으로 받을 수 있게 됐고, 이를 난민구호뿐 아니라 자국의 경제, 사회 발전에도 활용할 수 있는 기반을 만들 수 있었다는 점에서(Lam 2000) '계산된 친절'이었다 할 수 있다.

이에 더해 국제적 위상에 대한 고려도 들 수 있다. 1949년 중국 본토를 통일했지만, 여전히 국제사회에서 대만의 위상은 컸고, 중국 공산당 정부의 국제적 지위는 취약한 면이 많았다. 호아족을 받아들임으로써 인도주의를 지향하는 온화하고 책임 있는 이미지를 고양하는 반면, 민족 간 유대를 강조함으로써 동남아를 비롯한 세계 전역에 흩어져 있는 범민족 화교 공동체로부터 합법적인 중국의 정치적 실체로서 정당성을 인정받는 계기로 삼고자 했다(Lesh 2017).

둘째, 미얀마 난민들에 대한 중국 정부의 대응은 크게 2가지 사건에서 상이한 격차를 관찰할 수 있다. 2009년 8월 미얀마 북부 중국과의 접경지역인 샨 지방에 거주하는 3만 명의 만다린을 사용하는 한족 계열인 코강족들이 미얀마 정부군의 공격을 피해 중국 쪽으로 탈출했다. 중국 정부는 미얀마 정부가 아무런 사전 통보 없이 공격해 국경 지역을 불안하게 했다고 즉각 비판 성명을 내고 코강족들을 받아들였다. 하지만 그들에게 난민 지위를 부여하지는 않고 일시적인 체류만을 허가한 것이었고, 미얀마 정부에 '국내 문제'를 하루속히 해결해 국경 지역 안정을 보장하라고 촉구했다(Jolliffe 2015).

한편, 2011년 6월 미얀마 정부와 내전 중인 북부 중국 접경지역의 카친 분리주의 반군 1만 명이 중국 쪽으로 탈출했다. 이 내전의 원인으로 중국계 회사에 의해 카친 지역에 건설 중인 수력 댐에 반발하는 카친들의 불만도 한 몫을 차지하고 있었다. 중국 정부는 미얀마 정부가 카친을 소탕하기 위해 접경지역을 침공한 것에 대해 아무런 성명을 발표하지 않았다. 그뿐 아니라 UNHCR이 난민이라고 인정한 카친 망명자들에 대해서도 인도적 지원을 거의 제공하지 않았고, 2011년 11월과 2012년 8월에 거쳐 이들을 강제송환했다. 2013년 3월 중국 정부는 예외적으로 3,000명의 카친 난민들을 수용했고, 그들 중 80명을 2016년 11월 난민으로 인정했을 뿐이다(Jolliffe 2015).

중국 정부의 미얀마 난민들에 대한 상이한 대응도 국가 간 정치적, 경제적 관계를 통해 파악할 수 있다. 1949년 중국 공산 정권 수립 이래 미얀마는 중국에의 의존도를 줄이고 서방세계와 유대를 맺고자 노력함으로써 중국과 미얀마 양국은 상호 불신 관계가 됐다. 1966~1976년 중국의 문화대혁명 시기 이후 양국 관계는 조금씩 개선되기 시작했는데, 미얀마는 1988년 군부의 시위대 진압으로 수천 명이 사망하는 사건 이후 국제 고립이 심화되면서 중국과의 관계 개선에 적극적으로 나서게 됐고, 같은 해 개방된 접경 무역정책에 상호 합의한다. 미얀마와 접경지역인 중국의 윈난성에는 한족이 아닌 소수민족들이 대부분 살고 있고 미얀마로부터 마약밀매가 성행해 국경 안보가 문제시되는 지역이다. 더욱이 그 지역에서 1990년대에 천연가스가 발견되면서 양국 간의 경제적 관계는 긴밀해졌다. 중국은 2007년 1월 유엔 미얀마에 대한 안보리의 인권 결의안에 거부권을 행사했고, 2009년 양국은 석유 및 천연가스 파이프라인의 공동 건설에 합의했다. 그러나 국가 간 경제적 관계의 고려는 그다지 크게 작용하지 않았다. 왜냐하면, 2011년 이후 미얀마는 석유와 천연가스 파이프라인 관련 무역량이 늘어났음에도 불구하고 미얀마 정부의 공격을 비난하며 코강족을 수용했기 때문이다(Jolliffe 2015).

한편, 중국에 있어 국경 안보의 측면에서 미얀마 난민들은 위협이다. 특히 난민 이동은 마약밀매를 촉진할 수 있고 천연자원 공동 발굴 프로젝트 수행에 방해가 된다는 점에서도 원치 않는 손님이다. 이러한 고려에서 2015년 12월 중국은 미얀마 정부와 반군들 간의 평화 협상을 중재하고자 노력했고, 장기화되고 있는 카친 분쟁이 자국의 투자이익과 접경 안보에 해악이므로 분쟁 종결을 위한 조치가 취해져야 한다고 강조했다. 이는 중국이 오랫동안 중국이 견지해 온 비개입정책에 위배되는 입장 표명이었다. 그러면서도 접경지역 안정과 국제 평판을 고려해 미얀마 정부 측과 반군 측을 동시에 포용하는 식의 이중적(two-timing) 전략을 견지했다(Song 2018).

이에 더해 지정학적 이해관계도 고려 요소가 됐다. 2003년 5월 미국이 미얀마의 유나이트와 네이트 군부를 불법 마약조직으로 비난하자 중국은 미얀마에 대한 미국의 개입 가능성을 견제하기 시작했다. 또한, 2010년대 들어 미국이 미얀마 인종 분쟁에 대한 우려 등을 표명하는 빈도수가 늘자 중국의 지역 강국으로서의 지정학적 이해관계를 훼손시킨다고 판단해 중국은 더 적극적으로 미얀마 내전에 중재적 역할을 모색했고, 2015년 12월 미국 대사가 카친 지역을 방문한 직후 중국은 미얀마 정부와 카친 반군 간 평화 협상을 주선했다(Thompson 2009).

반면, 민족적 유대감은 미얀마의 경우 그다지 크게 고려되지 않은 것으로 보인다. 비록 코강족이 같은 언어를 구사하는 중국계였지만, 베트남 호아족과 달리 적극적으로 수용하고 중국 사회에 통합시키지 않았고, 일시적인 체류 허가를 준 후 대다수 난민을 미얀마로 돌려보냈다. 즉 이들을 받아들였던 원인은 같은 한족이기 때문이 아니라 미얀마 정부에 대한 반발과 경고의 차원이라는 정치 외교적인 요인이 컸다. 더욱이 이들은 호아족과 달리 가난하고 배우지 못한 농민들이었으므로 중국 사회에 오히려 경제적, 사회적 부담이 된다고 판단한 것이다(Thompson 2009).

셋째, 탈북자에 대한 중국 정부의 입장은 1970년대와 1980년대 북한 탈북자의 존재를 부정하고 북한 정부와 조용한 양자적 해결책을 모색하는 것이었다. 1990년대 중반까지도 이러한 기조하에 공식적으로는 부정 혹은 거부하면서도 일시적으로 중국에 체류하거나 제3국행을 묵인했다. 하지만 1990년대 후반 들어 '기획 망명'이 가시화되어 탈북자 문제가 세계적인 이목을 끌게 되자, 중국은 탈북자들이 예외 없이 모두 불법 경제이주자라고 단언하고 엄격한 단속 정책을 펴 강제송환하기 시작했다. 북한으로 돌아갈 때 처벌이나 노동교화소 등에서 고충을 받는 박해의 위험, 즉 국제난민법이 난민으로 인정하는 기준점이 되는 조건이 존재하는데도 강제송환을 한 것이고, 국제사회의 비판이 이어짐에도 불구하고 방침을 바꾸지 않았다. 이러한 중국 정부의 입장 역시 북한과의 정치적 관계를 고려한 측면이 강하다. 왜냐하면, 북한과의 혈맹관계, 그리고 탈북자를 인정할 경우 북한 정권의 정치적 정당성이 훼손될 수 있다는 정치적 우려가 중국으로서는 국제적 비판보다 더욱 중요한 것이기 때문이다(이신화 2010). 또한, 1962년 조·중 국경조약에 의해 불법 이주자들을 본국으로 송환한다는 정당성을 내세운 것은 접경지역의 불안을 해소하는 것도 중국으로서는 중요한 고려 요소로 작용한 것이라 볼 수 있다(Robertson 2017).

한편, 중국 북동부 지역인 지린성과 랴오닝성 주변에 20~30만 명의 탈북자들이 거주하는 것으로 추산되는데, 이들 규모가 커지고 체류 기간이 장기화할 경우 16개국과 국경을 맞대고 있는 중국으로서는 '난민 도미노' 현상이 생길 수 있다는 우려가 있다. 이에 더해 조선족이 많이 체류하고 있는 중국의 동북부 지방 주민들이 대량 탈북으로 인해 불만이 커질 수 있고, 인구 분포가 바뀔 수 있다는 사회적 요인도 탈북자들에 대한 강력한 통제 정책에 일조했다. 대량 탈북사태가 발생할 시 중국이 자국의 국가안보를 위해 국경을 폐쇄하거나 재중 탈북자들을 빌미로 북한 상황에 개입할 경우, 한·북·중·미가 복잡하게 얽히는 갈등 및 분쟁으로 비화할 수 있다. 북한 정권 몰락으로 한국 주도의 통일이 이루어져 친미 성향의 통일 한국이 들어서거나 북한 영토에 잔존할 핵무기와 대량 살상 무기의 처리 문제로 인해 미·중이 맞붙을 가능성이 북한 급변사태와 연계된 중국의 전통안보적 문제라면, 대량 탈북으로 인한 경제적 부담과 사회 혼란에 대한 우려는 중국의 비전통적 안보위협이다.

혹자는 북한이 북핵 문제와 관련해 중국과의 협상력을 제고하기 위해 탈북자를 역으로 이용할 수 있다는 주장을 펴기도 한다. 즉 미국이나 국제사회가 비핵화의 압박을 강하게 하면 경제적 고충으로 인해 더 많은 탈북자가 중국으로 갈 수 있고, 북한에서 급변사태가 날 때 대량의 탈북 난민이 중국 쪽으로 밀려들면 중국은 '탈북자 공포(fear of outflow)'를 우려할 수밖에 없을 것이라고 주장한다. 이 주장에 따르면, 잠재적으로 파괴적인 영향력을 가진 인구이동에 대한 공포가 강대국까지도 자국의 전략에 협조할 수 있도록 해 약소국이 상대적 영향력을 행사할 수 있다는 것이다(Greenhill 2010). 그러나 한 국가를 유지 발전시키는 데 인구는 가장 중요한 요소이기 때문에, 한국의 5,000만 명 인구 대비 절반 정도인 2,500만 명가량의 인구를 보유한 북한이 이러한 잠재적 가능성만 믿고 자국민을 유출하는 전략을 구사할지는 의문이다.

VI. 한·중·일 난민 정책의 비교분석

한 국가가 난민 수용 여부를 결정하는 정책을 수립할 때 어떠한 요인이 가장 중요하게 작용하는가는 그 국가가 처한 국제 정세나 지역 상황, 국내 여건, 그리고 난민의 규모나 성격 등이 고려된 결과다. 즉 일국의 난민 정책은 규범, 제도, 법적인 요소뿐 아니라 정부 부처 간 이견, 정부와 시민단체의 입장 차, 국가 간 관계를 포함한 정치적, 사회적, 국제적 요소까지 종합적으로 검토되어 추진된다(송영훈 2016). 한·중·일 3국도 각각의 난민 수용과 관련한 역사적 배경과 현황, 정부 관점 및 사회적 반응에 따라 유사점과 차이점을 보여 왔다.

첫째, 난민 수용의 역사적 배경을 살펴볼 때, 한국과 일본의 경우 비호 신청자들의 수가 상대적으로 많지 않았다. 대다수의 난민은 중동, 아프리카, 혹은 남아시아에서 발생하는데, 이들 난민은 물리적 거리가 멀고, 문화적, 종교적 차이가 클 뿐 아니라, 난민 수용 절차가 까다롭고, 관련 법규도 미흡한 일본행이나 한국행을 선호하지 않았다. 상대적으로 대규모 난민 사태에 몇 차례 직면했던 중국의 경우는 국가 간 정치 외교적 관계, 국경 안보, 민족적 유대감과 같은 요소들에 대한 복합적인 고려에 따라 비일관적이고 상이한 난민 대응책을 보였다.

1970년대 베트남 난민 사태는 한·중·일 3국 모두에 역사상 최초이자 최대 규모로 난민을 구조, 수용한 것이었는데, 당시 3국의 결정은 각국이 처한 다양한 국내외적 상황과 이해관계에 주안점을 두고 이루어졌다. 중국의 경우는 베트남과의 전쟁, 중국계 베트남인들의 난민화, 전 세계 화교 커뮤니티에서 중국 공산 정권의 정통성 확보 등을 이유로 자발적이면서 적극적인 정착국이 됐다. 일본은 경제 강국의 위상에 걸맞은 국제사회에서의 인도주의적 책무를 수행해야 하는 요구 및 미국과의 관계, 그리고 국제적 평판을 제고해 이들을 받아들일 수밖에 없었다. 한국은 미국과의 관계 및 베트남에 참전했던 역사적 경험 및 국제사회의 재정적 지원이 난민 수용의 중요한 고려 요소가 됐다. 더욱이 수십만 명의 보트피플이 동북아 해상을 떠돌며 국제적으로 인도주의적 구호의 목소리가 높아지고 인접국 중국과 일본에서 수많은 난민을 받아들이고 있는 가운데 이들을 외면할 정치적, 외교적 명분도 없었다. 하지만 이들이 수용됐던 부산 보호소는 한국 사회와의 직접 교류가 거의 없었고, 1993년 마지막 남은 베트남 난민들이 재정착을 위해 한국을 떠나고 보호소가 폐쇄될 때까지 근 20년이란 기간 동안 이들 문제는 한국 사회에서 별다른 관심도 받지 못했다. 당시 유엔 회원국이 아니었던 한국은 유엔 난민법에 근거해 이들을 난민으로 받아들인 것이 아니라 임시 수용한 것이었고 결국 제3국으로 송출했다. 이렇듯 3국 모두 베트남이나 베트남 난민들과의 관계, 지리적 인접성, 국제사회의 압력 등 유사한 요인들에 의해 베트남 난민들을 받아들였음에도 불구하고, 당시 3국이 이 이슈와 관련해 합의나 공조를 보인 것이 아니라, 미국이나 UNHCR과 개별국가 차원에서 협의하고 지원받는 등의 과정이 있었을 뿐이다.

둘째, 정부 차원에서 볼 때 3국 모두 난민 수용에 대한 원칙이나 전문 지식 및 실질적인 제도적 장치 없이 난민 인정 사유로 정치 외교적 고려가 앞서왔다. 한국의 경우, 역대 한국 정부는 인권 국가로서의 국제적 위상 제고를 난민 인정의 이유로 내세워 왔지만, 2013년 난민법 시행은 한국이 같은 해 UNHCR 집행 이사회 의장국으로 선출된 것과 무관해 보이지 않는다. 또한, 중국 정부에 대해 재중 탈북자의 난민 인정 여부와 강제송환 관련 법적 보호 방안을 촉구하기 위한 대의명분을 쌓는 차원에서의 정책적 선택인 것으로도 해석된다. 1994~2017년 동안 가족 재결합이 법무부의 난민 인정 사유 중 가장 많았는데(32.4%), 이는 난민으로 인정받으면 배우자와 미성년 자녀까지 난민으로 인정해주기 때문이다. 그다음으로는 정치, 인종, 종교적 이유순이었으나, 2009년 이후에는 어느 이유에도 속하지 않는 '기타'의 비중이 커지고 있다(31.6%). 따라서 그동안 단 한 번도 '기타'를 난민 인정 사유로 받아들이지 않았던 법무부의 판단기준으로 볼 때 난민 인정이 어려울 수밖에 없다. 더욱이 신청자 수가 급증한 데 비해 담당 심사관 수는 턱없이 부족해 2017년 난민 신청 9,942건을 37명의 심사관이 맡아 처리하는 실정으로 심사 결과까지 소요시간이 7개월 이상이 걸리는 등 제대로 된 심사가 힘들어 난민 인정이 일종의 '로또'가 되고 있다는 비판도 있다(SBS 2018. 07. 07). 이러한 문제는 정부가 제주 예멘 난민 사태 이전에는 난민 문제를 적극적으로 해결할 필요를 인식하지 못한 것과 무관하지 않다(이병하 2018). 최근 들어 난민에 대한 인도적 지원과 보호, 국제사회의 책임 분담 동참, 정착 가능성 등에 대한 균형적 고려를 통해 난민들을 이민자들을 대상으로 하는 사회통합정책 내에 포함해 수용해야 한다는 학술적, 정책적 제언들이 나오고 있다(조영희 2017). 그러나 여전히 한국 정부는 탈북자들에 대한 정착지원에 우선순위를 두고 있어 외국 난민들 수용을 위한 예산 및 행정절차 마련 등은 미흡한 실정이다.

　일본의 경우, 오랫동안 견지해온 배타적 이민정책에서 벗어나 2018년 12월 외국인 노동자를 대폭 수용하는 출입국관리법안을 통과시켜 2019년 4월부터 향후 5년간 34만여 명을 받아들이겠다고 발표했다(조선일보 2018. 12. 10). 그러나 1999년 설립된 일본의 난민 지원 NGO인 난민지원협회는 2003년 이래 난민법 제정을 꾸준히 추진해왔으나 여전히 이루지 못하고 있다(難民支援協会 2017). 이렇듯 인색한 일본의 난민 정책은 난민 보호보다는 통제에 역점을 둔 일본 정부의 강한 입장에서 비롯된다. 특히 UNHCR이 국제법상 규정하고 있는 난민 기준을 충족하는 때도 법무성은 매우 엄격한 심사 과정을 통해 대부분의 난민 신청 사유를 취업 목적으로 판단하고, 가족 재결합도 난민 인정 사유의 중요한 척도가 되지 못한다(The Japan Times 2018/05/21). 또한, 심사 과정에서 난민 신청자들에게 충분한 기회가 주어졌는지, 공정한 절차가 이루어졌는지, 신청서가 거부된 경우 그 이유가 무엇인지 등에 대한 논란과 비판도 많다. 주목할 것은 일본 정부가 난민 문제를 '아웃소싱'해 금전적 해결방법을 모색하는 경향을 보인다는 점이다. 이는 난민 문제와 관련해 일본 정부가 국제사회에서의 국가 위상을 고려한 정책 방안이지만, 인권단체들은 자국 정부가 유엔 난민법에서 규정하는 '박해'를 지나치게 엄격하게 해석함으로써 난민 인정 기준을 충족한 사람들까지 거부한다고 비난한다(The Japan Times 2018. 05. 21).

중국 정부의 관점에서 볼 때, 앞선 사례에서 밝혔듯이 난민 출신국과의 정치 외교적 관계가 가장 중요한 고려 대상이었다. 난민 배출국과의 경제적 협력관계 수준은 중국 정부의 난민 인정 여부에 결정적인 영향을 끼치지 않은 것으로 보인다. 미얀마와의 천연자원 공동 프로젝트로 무역량이 늘어났지만, 미얀마 정권의 급작스러운 접경지역 공격에 반발해 코강 난민을 받아들였다. 북한의 경우 무역량은 중국 경제 규모 등을 고려할 때 아주 미미함에도 불구하고, 양국 간 정치 외교적 관계를 고려해 강제북송을 한 것은 미얀마의 경우와 대비된다. 또한, 인종적 유대감은 종교적 요소보다는 중요하게 고려된 것으로 보이지만, 적극적으로 중국 내에 통합시킨 호아족과 달리 임시 수용만을 허락한 코강족에 대한 중국 정부의 입장은 자국 내 경제적, 사회적 이득 관계라는 실용적 이유가 민족이라는 감정적 부분보다는 중요한 요인으로 작용하고 있음을 방증한다.

한편, 국제난민법에 상응하는 난민 지위 결정에 관한 국내법이나 절차, 제도 등이 미흡한 상황이 오히려 중국 정부에게는 책임 부담을 회피하는 편리한 핑곗거리가 되고 있다. UNHCR이나 국제 NGO들이 촉구하는 미얀마나 탈북자에 대한 난민 지위 부여 혹은 강제송환 금지에 대해 무반응을 보이는 것이 이를 반증한다. 2013년 시행되기 시작한 신(新)출입경관리법은 정치적 판단으로 난민 인정에 오히려 엄격한 잣대가 되고 있다. 더욱이 중국 당국은 북한과의 양자적 국경조약이 국제적으로 보편화된 다자적 난민법에 우선하는 정책을 견지하고 있다. 중국 여론도 난민 수용에 거부감을 보인다.

주목할 것은 강대국 위상에 걸맞은 국제사회의 역할을 적극적으로 모색하고 있는 중국도 일본과 마찬가지로 난민 수용에는 매우 소극적인 대신 시리아 난민을 포함한 인도주의적 지원을 위해 세계식량기구(WFP)와 협정을 맺는 등 재정 지원을 확대하는 정책을 펴고 있다는 점이다. 유럽 난민

사태와 관련해서도 난민 발생의 근본 문제인 분쟁과 기근 및 저개발에 대한 정치적 해결을 위해 양다자적 방법을 통해 재정적 지원과 국제공조를 할 수 있다고 하면서도, 당사국이 아니라는 이유를 들어 난민 수용을 위한 직접 개입에는 반대하고 있다(Varrall 2017). 2017년 6월 왕이 외교부장은 시리아 난민 사태와 관련해 더욱이 최근의 중동 난민 사태와 관련해 중국 정부는 난민은 이주민이 아니고 본국으로 돌아가는 것이 그들의 소원일 것이라고 우회적으로 난민 수용 거부 의사를 공식화했다(New China 2017/06/24). 또한, 2015년 10월 우시커 전 중동 특별대사의 말을 빌려 미국의 무리한 중동 민주화 정책 추진을 비롯한 서방국들의 교만이 시리아 난민 위기의 근본 원인이 됐다고 비판하며 서방국이 난민들을 책임져야 한다고 촉구한 바 있다(The AsiaN 2016. 3. 7).

셋째, 사회적 반응의 측면에서 볼 때, 일본과 한국은 인구감소와 고령화로 심각한 노동력 부족 현상에 처해 있음에도 불구하고 난민을 자국에 수용하는 것에 대해서는 매우 소극적, 배타적이었다. 한국의 경우, 민족 동질성에 대한 자부심이 강한 한국인들에게 '남의 이야기'였던 난민 문제가 사회적으로 별다른 준비나 공감대가 형성되기도 전에 급부상하면서 외국 난민들에 대한 우려, 경계심, 거부감 등이 커진 것이다. 특히 이슬람 종교와 문화를 지닌 예멘인들을 난민으로 받아들이는 것에 대한 한국 국민의 반응은 생소함을 넘어 매우 부정적이다. 이들이 제한된 일자리를 빼앗는 '가짜 난민'일 뿐 아니라 잠재적 강간범이나 테러범일 수 있다는 인식은 실제 위협이라기보다는 가상적 공포로 한국 사회 내 부정적인 인종 편견과 외국인 혐오증을 부추길 수 있다는 위험을 내포하고 있다.

한국과 마찬가지로 민족적, 문화적 동질감이 강한 일본의 사회적 풍토 및 난민에 대한 부정적 인식이나 편견이 공공안전에 대한 두려움과 연결되어 이들을 받아들이는 것에 거부감이 강하다. 일본인들은 다른 국가들이 세계 난민 문제를 위해 골머리 앓고 있는 것에 대해 일종의 무임승차나 님비현상을 보일 뿐 아니라, 난민들이 일본 사회에 직접적인 위협이 되는지에 관계없이 만들어진 '위협 프레임'에 민감하거나 취약해 적극적으로 난민을 수용하는 것은 어렵다(Horiuchi and Yoshikuni 2018). 즉 일본과 한국의 경우, 난민에 대한 부정적인 사회적 관념과 국가 정체성이 강하게 작용해 정부가 소극적인 난민 수용정책을 추진하는 데 일조하고 있다(Flowers 2009). 더욱이 이러한 사회적 경향이 지속 강화된다면, 난민의 안보화를 통해 '만들어진 두려움'은 포퓰리즘 정치가들이나 정부에 의해 배타적 난민 정책을 펴는 편리한 핑계로 악용될 수 있다.

중국인들은 세계 경제 강국으로 부상하고 있는 자국이 세계평화와 안보를 위해 긍정적인 역할을 하고 인도적 문제에도 기여해야 한다고 하면서도 중동 문제, 특히 난민 문제는 중국의 해결책임이 아니라는 입장이다. "채권자 없는 채무는 없다. 미국을 찾으라(冤有头, 债有主, 前面左拐美帝府)", "유럽인들에게 그들을 맡겨라. 중국으로 오지 마라(肆年-鹤顶红: 难民交给欧洲人就好, 千万别放到中国来)"라는 표현에서 알 수 있듯이, 중국인들은 서구 책임론을 강하게 표출하고 있다(Varral 2017).

또한, 난민 수용이 중국 경제에 긍정적인 영향을 끼칠 수 있다는 일부의 주장에도 불구하고, 난민은 경제적 부담이라는 관점이 지배적이다. 중국은 아직 개도국이므로 자국과 직접 관련 없는 국가들로부터 유입된 난민들을 수용할 상황이 아니라는 것이다. 더욱이 이 난민 중 잠재적 강간범이나 강탈범이 섞여 있을지도 모른다는 가능성이 사회적 긴장이나 불안감을 가져올 수 있다는 우려도 중국 네티즌들 사이에서 적잖게 나타나고 있으며, 특히 한국과 마찬가지로 이슬람 난민들에 대한 거부감이 강하다. 더욱이 인구 조절을 위해 지난 36년간 정부의 산아 제한책인 한 자녀 정책을 감내해왔는데, 이제야 자신들과 아무런 상관도 없는 외국 난민들에게 자신들의 '자리'를 내주는 것에 대한 거부감도 크다. 중국이 지구촌 인도적 문제에 공헌하는 가장 좋은 방법은 자국 개발과 안정을 통해 모든 중국인이 빈곤에서 벗어날 수 있게 함으로써 스스로 세계 문제에 골칫거리가 되지 않는 것이라는 게 많은 중국인의 입장이다(Varral 2017).

요약하면, 한·중·일 3국은 국제규범적 논리나 난민의 인권이라는 측면 보다는 자국의 주권과 사회질서 유지 및 유관국과의 정치 외교적 관계에 주 안점을 두고 난민 수용과 보호 정책을 추진해왔다. 난민들을 사회안정과 경제문제, 그리고 국가 간 갈등을 조장하는 위협 요소로 인식해 거부하는 사회 여론은 3국 정부가 난민 사태를 정치화시켜 난민 수용을 꺼리는 정책으로 이어졌다. 따라서 일반적으로 우호적인 난민 수용의 이유가 되는 노동력 요소는 저출산으로 노동력 감소에 고심하는 한국과 일본에 고려 대상이 되지 못하고 있다. 한·중·일 국민은 값싼 노동력의 보강보다는 사회안정을 더 우선시하는 경향을 보이고, 종교적인 요소, 특히 이슬람에 대한 거부감이나 경계심이 3국 모두에서 매우 강하게 나타나고 있다. 3국 모두 글로벌 위상 강화를 위해 난민 문제를 외면할 수 없다는 점을 인식하고 있으며, 일본에 이어 중국도 난민의 직접 수용 대신 국제적인 인도적 지원을 강화하는 정책을 추진하고 있다. 제주 예멘 난민 사태를 계기로 난민 문제가 실질적인 정치 사회적 현안으로 부상한 한국도 '난민 외주화' 정책을 펼 가능성이 작지 않다.

VII. 결론

오늘날 한·중·일 3국의 난민 정책은 난민 인정과 관련한 국내법이 유엔 난민법에 우선해 소극적이거나 '불인정'이라는 공통점을 지닌다. 또한, 각국의 난민 문제는 글로벌 이슈로 다루어지거나 개별국가의 정책적 대응 차원에서만 이루어져 왔다. 물론 지역적 차원에서 난민 위기 사태를 풀어가려는 타 지역의 접근법을 상대적으로 심각성이 낮은 동북아 난민 문제에 그대로 적용하기 힘들 뿐 아니라 그럴 필요성도 적어 보인다. 동북아 지역에서는 아직 유럽이나 중동, 아프리카 지역에서처럼 난민 유입의 지역적 확대와 국가 간 긴장 및 전염병 전파나 테러 위협이 발생할 징후는 보이지 않고 있다. 또한, 한·중·일 정부 모두 엄격한 난민 수용정책을 표방하고 있어서 난민 위기가 사회안정과 국가안보에 위협이 될 가능성도 희박하다.

하지만 한 국가 내에서 법적이나 정책적 통제를 강화해 난민 수용을 거부하는 것은 효과적인 방안이 되지 못할뿐더러 오히려 역내 국가 간 반목과 갈등을 조장해 지역 차원의 불안정까지 초래하게 된 유럽과 아프리카 등의 사례를 반면교사 삼을 필요가 있다. 동북아 차원에서 난민에 관한 지역협력의 필요성과 당위성을 찾을 사례는 아직 많지 않다. 하지만 1970년대 베트남 보트피플, 최근 부각되고 있는 아랍이나 아시아 내전 국가 출신 난민 문제, 향후 탈북자 문제가 대량 탈북 위기 등의 긴급한 상황으로 전개될 경우 등은 동북아 지역의 난민 거버넌스가 확립되면 어떤 이점이 있는지, 없으면 어떤 문제점이 생기는지를 가늠해 볼 수 있는 사례들이 될 수 있을 것이다.

대표적인 예로 탈북자가 한국이나 동남아, 그리고 부분적으로는 일본으로 유입되는 사례에서 살펴볼 수 있듯이, 탈북자 문제가 한·중, 북·중, 북·일 간 정치 외교적 갈등이나 지역 불안정성을 확대할 가능성이 있다. 특히 북한 급변사태로 인해 대량 탈북 위기와 같은 긴급 상황이 발발할 경우를 상정할 때, 난민 문제는 동북아에서도 일국 차원의 정책을 넘어서 역내 국가 간 긴밀한 협력 공조를 통해 효과적인 해결책을 모색해야 하는 초국가적 이슈다. 지난 수년 동안 한·중·일 3국은 각각 국가 차원에서 대량 탈북 시나리오를 장기적 안보 과제의 하나로 개발하고 있는데, 이러한 사태는 발생 시 역내 국가들이 직면할 공동의 문제라는 점에서 지역적 접근 노력이 중요하다. 일례로 한국에 정착한 탈북자는 법적 지위가 대한민국 국민이므로 난민이 아니지만, 일본이나 중국의 경우 탈북자들은 난민 정책의 대상이다. 그러나 탈북자 문제가 유럽과 같이 지역 안보위협으로 인식될 경우는 한국 정부도 국제적 협력정책과 국내법 간 충돌을 고려해 대응 방향을 고려해야 할 것이다.

특히 얼마나 많은 탈북자가 얼마나 이른 시간에 어떠한 식으로 어디로 밀려들 것인가에 대한 시나리오 작성, 그들의 장기 체류 상황 관리 문제, 그리고 북한 상황 변화에 따라 어떠한 유형의 탈북자가 한국, 중국, 혹은 제3국으로 유입되어 사회불안이나 국가 간 분쟁의 소지가 될 수도 있으리라는 것 등에 대한 대응책은 지역 차원에서 이루어질 때 정책적 효과가 나타날 수 있는 이슈다. 역내 국가들은 난민 문제가 지역 안정과 발전에 불안 요소가 될 수 있다는 우려에는 공감하고 있지만, 저마다 그 규모나 심각성 및 유입 시 국내 상황들이 달라서 정부 간 합의를 이루기가 쉽지 않아 대응 격차를 보일 수밖에 없을 것이다. 따라서 유엔의 안보 역할과 연계해 급변사태를 포함한 북한 미래의 불확실성과 난민 위기에 대응하는 지역적 차원의 거버넌스 구축에 대한 가능성과 한계 및 방안 등을 고찰하는 것이 중요하다.

　이를 위해 유엔국제이주기구(IOM)가 주도가 되어 추진되고 있는 난민과 이주 문제의 지역적 거버넌스 논의체인 '이주를 위한 지역협의과정(Regional Consultative Processes on Migration: RCPs)'의 '지역 이주 이니셔티브' 노력이 그 지역 국가들에 어떠한 긍정적 결과를 가져왔는지 살펴보는 것이 유용할 것이다. 현재 17개의 RCPs가 운영 중인데, 예를 들어 아프가니스탄, 카자흐스탄, 터키 등 7개의 국가가 참여하는 '난민 보호와 국제이주에 관한 알마티 과정(Almaty Process on Refugee Protection and International Migration)'은 중앙아시아와 그 인접 지역이 직면한 이주민 문제와 난민 보호의 도전에 대한 정보교환 및 지속적인 상호 대화를 촉진하고, 필요에 따라 타 지역 국가들을 옵서버(observer)로 초대해 공동 위협을 규명하고 해결책을 모색하고 있다. 한편, 이집트, 에리트레아, 에티오피아, 수단 등 4개국으로 구성된 '인신매매와 이주민 밀입국에 대한 아프리카 연합-혼 오브 아프리카 이니셔티브(AU HoAI)'는 이 지역의 인신매매와 밀입국과 관련한 위협 요소 파악과 예방 및 공동 대응책 마련을 위한 경험 공유와 전략 및 행동 강령 채택 등을 효과적으로 추진하고 있다(IOM 2018).

　한·중·일 3국도 독자적인 지역 차원의 난민과 이주 거버넌스를 만드는 것이 힘든 현실을 감안할 때, 동아시아 차원의 난민과 이주 문제를 파악하고 지역 특수성을 감안한 규범과 전략을 발전시키는 플랫폼으로써 IOM 산하에 '이주와 난민에 관한 동북아 이니셔티브'(가칭)라는 RCPs를 설치하고 운영하는 것을 고려해볼 만하다. 이러한 이니셔티브는 각국 최고지도자급에서 선언적 차원에서부터라도 시작해 개별국가의 난민과 이주 문제의 특수한 사회적, 정치적 속성을 반영하면서도 각국의 난민 심사 과정상의 효율성, 절차적 공정성, 의사결정 방법, 유엔 난민법에 대한 해석, 법적, 재정적, 행정적 지원체제 등에 대한 지역 차원의 가이드라인을 마련하는 구체적인 정책 노력으로 이어져야 한다. 설혹 각국의 난민 정책을 규율하는 공동의 기준과 초국가적 규범이 마련됐다 해도 개별국가의 정책 이행 여부를 일일이 관리나 통제하는 것은 불가능한 일이다. 따라서 동북아 난민 안보 거버넌스의 내용은 정부 주도의 양다자적 협력모델을 통한 정책 조율뿐 아니라 유엔 및 국제인권구호 NGO들이 지원하는 난민 수용 관련 국제 차원의 보편적 다자 규범을 혼용해 발전시켜 나가되, 각국의 사정을 존중하고 상호 협력하는 방안을 동시에 모색할 필요가 있다. 궁극적으로 이러한 이니셔티브는 지역적 문제를 넘어 증가 일로에 있는 세계 난민 문제들의 해법을 찾아가는 동북아 국가들의 '지역적 목소리'로 이어질 수 있어야 할 것이다.

6장

한국인의 난민 태도 결정요인에 대한 실증적 탐색

정한울(한국리서치), 이동한(한국리서치)

I. 서론

이 연구는 한국인의 난민에 대한 태도를 경험적으로 분석하고, 난민 수용과 이들에 대한 차별적 대응을 일으키는 요인을 실증적으로 규명하는 것을 목적으로 한다. 2018년 1월에서 6월 사이에 '무사증 제도'를 시행하고 있는 제주도에 입국한 561명의 예멘 출신 난민 신청자(남성 504명, 여성 45명)들의 수용 여부를 둘러싼 논란을 계기로 한국에서도 '난민(refugee)' 이슈가 사회 쟁점으로 떠올랐다. 당시 한국 사회에서는 6월 한 달 새 70만이 넘는 국민이 난민 수용 반대 청원에 서명하고, 온-오프 공간에서 찬반 격론이 벌어지면서 더는 대한민국도 '난민' 문제의 무풍지대가 아님을 실감케 했다. 2018년 12월 말 제주출입국·외국인청은 예멘 난민 484명 중 2명만 난민으로 공식 인정했지만, 412명에 대해서는 임시로 체류를 허용하는 인도적 체류 허가 조처를 내림으로써 예멘 난민 사건은 일단 수면 아래로 잠복했다(김선혜 외 2019; 석인선·황기식 2019, 93).[38]

2020년 11월 28일 법무부가 난민 재신청 절차를 강화하는 내용을 담은 난민법 개정안을 입법 예고하면서 난민 인권 단체, 정의당 등 진보성향 단체·정당의 반발이 이어졌고 논란이 재점화되는 양상이다. 법무부의 개정 안 취지는 난민 재신청 절차가 체류 연장이나 취업 목적으로 악용되는 것을 막는 데 초점을 맞추고 있다. 이를 위해 '심사 부적격 결정제도'를 신설하고, 허위 난민 신청 브로커에 대한 처벌 강화를 내세우고 있다. 이에 난민 수용 찬성 단체나 진보정당은 개정안이 오히려 난민 인정심사제도 제도 자체를 무력화하고, 난민 정책의 퇴보를 가속화할 것이라며 반대 입장을 분명히 했다. 정부의 예고 입법이 제주 예멘 난민 신청 과정에서 분출한 폭발적인 수용 반대 여론에 굴복해 '난민 정책'의 퇴보라는 비판을 낳을 정도로 급브레이크를 밟는 모양새인데, 한국 정부의 난민 정책의 변화에 여론의 영향력이 커지고 있음을 보여주는 결과다.

이 과정에서 예멘 난민 관련 사회적 갈등은 단순한 찬반 논쟁을 넘어 난민에 대한 적지 않은 편견과 오해가 나타나고, 공공연한 차별과 혐오가 여과 없이 노출되는 등 적지 않은 후유증을 남겼다. 이에 학계에서도 난민 문제에 대한 다양한 논의들이 진행되기 시작했다. 제주 난민 사태를 계기로 크게 보면 ① 국제법상의 난민의 정의와 난민 정책에 대한 국제비교, ② 한국의 난민 정책 및 법적 제도와 거버넌스, ③ 한국 사회의 난민에 대한 사회적 배제와 차별, 혐오 등 다양한 각도에서 난민 문제가 다뤄지기 시작했다 (김선회 외 2019; 김연주 2020; 박미숙 2019; 송영훈 2019).

문제는 한국의 난민 정책 결정 과정과 사회적 논의 과정에서 시민사회의 난민에 대한 여론의 영향력이 커지고 있지만, 시민들의 난민에 대한 인식과 태도에 관한 실증적 연구는 크게 부족한 상황이라는 것이다. 기존 연구들은 대체로 법적, 제도적 접근법, 담론 연구 및 표적 그룹 인터뷰와 같은

---

38. 단순 불인정 56명, 직권종료(출국자)가 된 사람은 14명이었다. 이같은 결정은 결과적으로 난민 인정자는 최소화해 반대 여론을 수용하되, 즉각적인 출국 조치가 아닌 임시로 인도적 체류는 허용함으로써 난민 신청자 수용의 찬성 측을 무마할 수 있었던 절충점으로 작용한 것으로 보인다.

질적 연구 방법에 집중되어 있다는 한계를 보인다. 온라인 공간을 중심으로 제주 난민을 둘러싼 혐오 표현과 차별적 담론들이 표출되고, 소위 사실과 다른 '가짜 뉴스' 등이 유통되면서 여론의 난민에 대한 태도는 객관화된 실태와 무관하게 편견과 왜곡된 이미지에 의해 좌우될 가능성이 크다. 따라서 한국 사회 난민의 실태에 대한 이해, 난민을 바라보는 인식과 태도에 대한 실증적인 분석이 시급한 상황이다(성신형 2020; 정한울 2018).

이 연구는 유엔난민기구(UNHCR)·한국리서치의 〈한국인의 난민 인식에 대한 조사〉 데이터를 활용해 한국인의 난민 문제에 대한 인식과 태도의 특징을 이해하고, 난민 수용에 대한 태도 및 차별 인식에 미치는 태도 결정요인을 실증적으로 검증한다.[39]

II. 기존 연구 검토 : 난민 태도 결정요인

한국 사회에서 사회갈등이 과거에는 주로 집단 간 이익 극대화를 위한 이해관계 충돌 영역에서 분출됐다면 최근 들어서는 젠더, 성 소수자, 난민 등 사회적 인정과 배제를 둘러싼 '정체성' 갈등이 심각해지는 추세다. 이해관계 기반 사회갈등이 주로 집단행동의 물리적 충돌로 이어진다면 사회적 인정과 배제를 다루는 정체성 기반 사회갈등은 외집단에 대한 혐오와 차별 행위로 표출된다. 이익 갈등과 정체성 갈등이 중첩될수록 갈등 양상이 폭발적이며 복합적인 양상을 띠게 된다(정한울·송경재·허석재 2019).

---

39. 한국리서치 54만 명 액티브 패널 대상으로 2019년 12월 행정안전부 발표 지역/성/연령 인구 분포에 비례해 할당 표집(quota sampling)한 19세 이상의 전국 성인남녀 1,000명을 대상으로 듀얼 접촉(이메일과 모바일)한 웹조사의 응답 결과다. 조사는 2020년 11월 23~30일 사이에 이루어졌다. 일반 웹 조사는 60세 이상 고연령층이 표본에서 제외되나 한국리서치 액티브 패널의 경우 모바일 응답 시스템을 활용해 60세 이상 응답자 할당 표집이 가능하다.

난민 문제에 대한 태도는 무엇보다 난민의 유입으로 발생하는 이해관계에 대한 인식 차이를 반영한다. 기존 연구나 예멘 난민 수용 반대 청원이나 온라인 논쟁 과정에 나타난 난민 수용 반대의 논리는 대체로 ① 성폭력 위험의 증가, ② 이슬람 테러분자 잠입에 따른 테러 위협의 상승, ③ 난민 유입으로 인한 일자리 잠식, ④ 난민 지원을 위한 사회경제적 비용의 증가, ⑤ 할례 의식으로 상징되는 종교/문화적 갈등에 대한 우려 등으로 요약할 수 있다(석인선·황기식 2019; 오혜민 2019). 반대로 난민 수용에 찬성하는 입장은 ① 인도적 책임을 강조하는 규범적 이유, ② 다문화 수용에 따른 문화적 다양성 제고, ③ 국익의 관점에서 난민 수용을 찬성하는 입장으로 나눠볼 수 있다. 국익의 관점에서 난민 수용을 찬성하는 입장은 국제사회에서 대한민국의 위상과 평판 제고 (소위 '소프트 파워' 강화)에 기여한다는 입장에서부터 경제적으로는 인구 절벽으로 인한 국내 노동력 감소, 내국인 기피업종에 대한 노동분업 등의 경제적 이득을 주목해야 한다는 주장도 등장하고 있다(송영훈 2019; 연합뉴스 2019. 12. 19).

결국, 난민 수용에 대한 태도는 크게 보면 ① 난민 수용에 따른 경제적, 사회적, 정치적 손익 비용(성폭력, 사회적 위험이 증가한다거나 난민 지원의 국가재정 부담이 커진다거나, 이질적인 문화/테러리스트의 잠입에 따른 국가안보 및 사회통합 비용 증가에 대한 우려)에 대한 판단, ② 난민이라는 집단(out group)을 어떤 집단 정체성의 관점에서 파악하고 정의할 것인가라는 정체성 기반 판단이 작동하고 있는 것으로 볼 수 있다. 이러한 맥락에서 이 연구에서는 한국인의 난민 태도 결정 요인으로서 난민 유입으로 인한 경제, 사회적, 정치적 손익 부담에 관한 판단과 난민 집단에 대한 태도에 영향을 미치는 정체성 요인과 특정 집단에 대한 편견·혐오 요인에 초점을 맞춘다.

난민 집단에 대한 태도에 영향을 미치는 정체성과 편견 요인으로 우선, 세계시민 정체성에 기반한 인도주의적 책임을 강조하는 인도주의적 관점 및 외부 집단의 수용이 문화적 다양성을 증진할 것이라는 다문화주의는 난민에 대한 수용적 태도를 강화하는 핵심적인 요인이다(UNHCR Global Report

2019; 송영훈 2019). 반대로 '국가/민족(nationality)' 단위의 국가/민족 정체성은 난민에 대한 부정적인 태도를 강화키는 심리적 기제다. 사회 정체성 이론 (social identity theory)에 따르면 내집단(in-group)과 외집단(out-group)의 범주화 (categorization) 및 양 집단 간 상호작용(interaction)이 외부 집단에 대한 편견 (prejudice)과 적대감(hostility)을 강화한다(Nussubaum 1996; Tajfel and Turner 1979). 즉 자신을 인류 공동체/세계시민 정체성이 강하거나 다문화주의적 성향이 강할수록 난민을 인도주의적 비호(asylum)를 제공해야 '밖에서 온 우리'(in-group)로 보고, 난민 수용 태도를 견지할 것이라는 가설이 가능하다. 반대로 국경/혈통을 기준으로 한국/한국인 경계 밖의 외부 집단(out-group)으로 난민을 바라보거나 단일문화, 단일민족 정체성을 수용할 경우 난민은 우리 집단에 위협/부담을 주는 대상으로 인식하게 된다. 물론 국경을 초월한 세계시민주의가 아닌 국가/민족주의와 결합한 민주적 시민성, 즉 '민주적 국가/민족주의(democratic nationalism)'가 국가 경계 내에서의 주권의식을 강화하면서도 외부 집단에 대한 관용적 태도를 강화할 수 있다는 주장도 있다. 즉 국가 공동체에 대한 자부심과 애착이 외부 집단에 대한 관용적 태도를 강화하거나 그 사회적 기반인 사회 신뢰 자본과 양립 가능하다는 반론이다(Walzer 1997; 정한울·이곤수 2011; 정한울 2020).

이 연구에서는 또한 외집단으로서의 난민에 대한 내집단의 부정적인 태도를 결집하는 요인으로서 우파 권위주의 성향(Right Wing Authoritarian)/권위주의적 민족주의 성향(authoritarian nationalism)에 주목하고자 한다. 미국, 유럽에서 난민을 포함한 외부 집단에 대한 인종주의적 혐오와 외부 집단을 배제하는 우파 포퓰리즘의 유행은 소위 외부 집단에 대한 관용적 태도와 인권의 보편성을 강조하는 '민주적 시민성'을 결여한 '우파 권위주의 성향'의 확산에 기반하고 있는 것으로 알려져 있다. 우파 권위주의 성향은 ① 카리스마를 가진 지도자에 대한 순종, ② 외집단(out-group)에 대한 공격성, ③ 전통적 가치에 순응하는 인습주의 차원으로 구성되며, 다수의 주류 집단('국민/내국인')을 내집단(in-group)으로 범주화하는 한편, 특정 소수자 및 사회적 약자 집단을 외집단(난민/이민자)으로 규정함으로써 이들에 대한 강한 반감을 정치적으로 동원해왔던 것이 사실이다(이상신 2015; 하상응 2019; Aichholzer and Zandoella 2016; Benhabib 2002, 415-117).

한편 국가를 경계로 한 내/외집단 범주화가 아닌 국가의 하위 집단 범주(sub-nationalism)를 기준으로 한 내/외집단 범주화도 난민에 대한 적대감과 반감을 강화하는 요인일 수 있다(Levine 1998). 국가의 하위범주로서 난민에 대한 부정적인 태도를 강화하는 자원으로서 인종주의, 종교적 근본주의 등 소위 이슬람 포비아로 표현되는 이슬람 난민에 대한 반감과 편견에 주목하고자 한다. 개신교 일각(소위 개신교 우파)에서 제기해온 이슬람의 반여성주의적 문화와 이슬람 난민의 (성) 폭력성에 대한 불안감도 난민 수용 반대 여론을 강화하는 핵심 요인 중의 하나이다. 제주 난민 사태 과정에서 줄곧 난민 반대 입장을 고수한 개신교 우파의 경우 '여성 할례'로 상징된 이슬람 문화 및 '독일 쾰른 중앙역의 집단 성범죄 사건', '난민캠프 자원봉사 여성의 강간 살해 사건' 등 반여성적 문화와 폭력성을 근거로 난민 수용은 한국 여성에 대한 성폭력 위험과 범죄 증가로 이어질 것이라고 경고했다(성신형 2019; 오혜인 2019). 이러한 이슬람 포비아와 페미니즘과의 결합이 난민에 대한 태도에 미치는 영향도 관심사다. 일반적으로 여성주의, 페미니즘이 소수자에 대한 연대의식과 관용적 태도를 보이는 것과 달리 한국에서는 일부 래디컬 페미니스트 그룹(약칭 '랟펨')을 중심으로 제주 예멘 난민 신청자들에 대한 공개적인 반대와 격한 혐오를 표현하면서 반난민 정서를 이끌었던 것이 사실이다. 일부 래디컬 페미니스트 그룹은 난민은 물론 이주민, 트랜스젠더 등을 생물학적 여성의 경계 밖 집단을 사회적 배제의 대상으로 설정하고 이들에 대한 혐오 공격을 통해 안티 여론을 이슈화해왔다. 이에 대해 '경계 없는 페미니즘', '확장된 페미니즘'으로 나아가야 한다는 페미니즘 진영 내부의 비판이 제기되는 등 논쟁이 확산되고 있다(김보명 2020; 김선혜 외 2019; 배재훈 2019; 이윤종 2020; 이효민 2020).

III. 한국인의 난민 인식에 대한 이해

이 장에서는 한국인의 난민에 대한 태도에 대한 실증 데이터를 중심으로 한국인들이 난민과 난민 수용에 대해 어떠한 태도를 가졌는지 보고하고자 한다. 난민 태도에 관한 기초적인 실증연구가 부족했기 때문에 태도 결정요인에 대한 통계적 검증 이전에 한국인들이 난민 문제를 바라보는 시각에 대한 상세한 기술을 통해 이해의 수준을 높이고자 한다. 이 연구에서는 크게 난민에 대한 거리감과 수용 태도, 난민 수용 절차, 수용 난민에 대한 처우를 중심으로 살펴본다.

1. 난민에 대한 태도

난민에 대한 태도는 크게 난민에 대해 느끼는 심리적 거리감(정체성 요인), 난민 수용에 대한 찬반 태도(이해관계 차원), 난민 수용 절차 및 수용 난민에 대한 처우 등을 정책적 태도로 나누어 한국 사회의 인식 지형을 살펴본다.

1) 난민에 대한 심리적 거부감 : 한국 사회 소수자/외부 집단과의 비교

난민 수용에 대한 태도는 기본적으로 난민에 대한 인식에 좌우된다고 볼 수 있다. 난민에 대한 태도를 비교 분석하기 위해 소수자 집단과 외집단에 대한 심리적 거리감을 측정한 결과를 살펴보자. 비교를 위해 전과자, 동성애자, 난민, 북한이탈주민, 외국인이민자/노동자, 장애인 등 한국 사회의 대표적인 소수자, 아웃사이더 집단을 선별하고, 각각에 대해 1. 거리감이 전혀 없다 ~ 5. 매우 거리감이 크다로 응답한 결과다.

심리적 거리감, 거부감의 경우 전과자 집단에 대해 가장 크고(매우 크다 58%, 대체로 크다 26%), 그다음이 동성애자(매우 크다 31%, 대체로 크다 28%)였고, 그 다음이 난민으로 49%가 거리감이 크다(매우 18%, 대체로 31%)고 답했다. 북한이탈주민에 대해서는 36%(매우 10%, 대체로 26%), 외국인 이민자/노동자에 대해서는 37%(매우 9%, 대체로 28%)순이었고, 장애인에 대해서는 13%(매우 3%, 대체로 10%) 수준에 그쳤다(그림6-1).

전과자의 경우 공동체의 법과 제도를 공공연하게 위반한 집단이라는 점에서 심리적 거부감이 매우 강한 것은 자연스러운 현상이다. 난민의 경우 동성애자에 대한 거부감보다는 낮았지만, 과반에 가까운 시민들이 거리감을 크게 느끼는 집단으로 응답했다는 점에 주목할 필요가 있다.

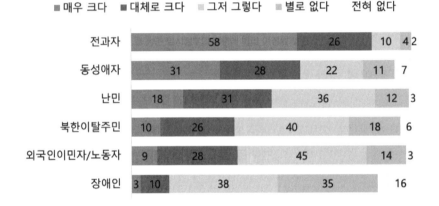

<그림 6-1> 한국 사회 주요 소수자 및 외집단에 대한 심리적 거리감(%)

출처 : UNHCR·한국리서치(2020. 11)

2) 난민 수용에 대한 찬반

2020년 11월에 실시한 유엔난민기구·한국리서치 조사결과를 보면 한국인들은 난민 수용에 거부 의사를 갖는 응답이 53%로 찬성한다는 응답 33%를 크게 웃돌고 있다. 참고로 예멘 난민에 대한 수용 반대 청원운동이 한창이던 2018년 6월에 실시한 한국리서치 〈여론 속의 여론〉 조사에서 예멘 난민 수용 찬성이 24%, 반대 56%로 역시 반대 여론이 압도적으로 우세했다(그림 6-2, 그림 6-3).

사회집단별로 난민 수용에 대한 찬반을 확인해보면 남자보다 여자가, 5060세대에 비해 2030세대에서, 이념성향으로 보면 중도 및 보수층에서 난민 수용에 대한 부정적인 태도가 강한 것으로 나타나고 있다. 학력별로는 대재 이상에서나 고졸 이하에서나 찬반 격차는 비슷하지만, 고졸 이하 층에서는 모르겠다는 응답 유보층이 많았다. 성, 연령, 학력, 이념성향별 난민 수용에 대한 태도 격차는 카이제곱 검정결과 통계적으로 유의한 차이로 나타났으나 월 가구소득별 인식 차이는 통계적으로 유의한 결과는 아니었다 (표 6-1).

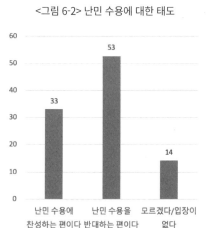

<그림 6-2> 난민 수용에 대한 태도

출처 : UNHCR·한국리서치(2020. 11)

<그림 6-3> 2018년 예멘 난민에 대한 태도

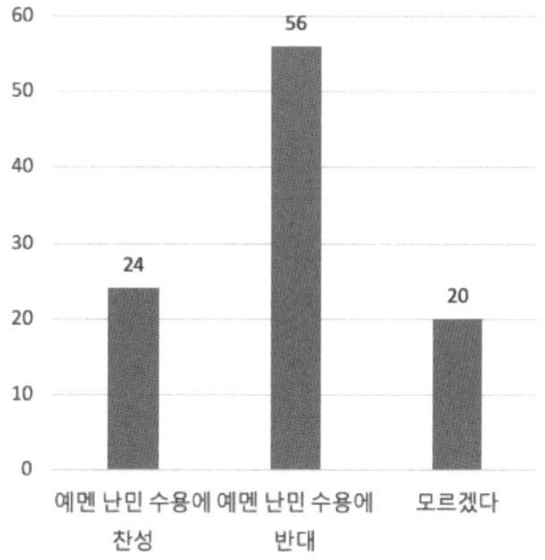

출처 : 한국리서치 <여론 속의 여론> (2018. 6)

<표 6-1> 난민 수용에 대한 찬반(%)

Base=전체	난민 수용 찬성	난민 수용 반대	모름/입장이 없다	계
전체	33	53	14	100
성별*				
남자	41	49	10	100
여자	26	56	18	100
연령*				
18~29세	20	65	15	100
30~39세	22	61	17	100

Base=전체	난민 수용 찬성	난민 수용 반대	모름/입장이 없다	계
40~49세	29	54	17	100
50~59세	43	47	9	100
60세 이상	43	43	14	100
학력**				
고졸 이하	31	50	19	100
대재 이상	35	55	11	100
월평균 가구소득				
200만 원 미만	31	53	16	100
200~300만 원	30	54	15	100
300~400만 원	30	57	13	100
400~500만 원	36	45	18	100
500~600만 원	34	51	14	100
600~700만 원	37	53	10	100
700만 원 이상	36	53	11	100
이념성향***				
진보(0–4)	44	47	8	100
중도(5)	30	53	17	100
보수(6–10)	28	60	12	100

Note : 카이제곱 검정결과 → ***(p<0.001), **(p<0.01), *(p<0.05)

3) 난민 정책에 대한 태도 : 엄격한 제한과 내국인 대비 차별 필요

난민 정책에 대해서도 부정적인 인식이 지배적이다. 우선 난민 심사제도에 대해 '너무 느슨하므로 지금보다 엄격하게 적용해야 한다'라는 주장이 52%, '현재 수준이 적절하다'라는 응답이 26%에 그쳤다. 난민 인권 관련 단체 등의 주장처럼 현행 기준이 '너무 엄격하므로 지금보다 완화해 적용해야 한다'라는 의견은 7%에 그쳤다(그림 6-4).

심사 이후 수용이 결정된 난민에 대한 처우에 있어 '내국인 대비해 법적 처우나 복지혜택에서 차이를 두어야 한다'라는 입장이 69%나 됐고, '내국인과 동일한 처우를 해야 한다'라는 입장은 22%, '잘 모르겠다'라는 유보층이 9% 수준이었다. 복지혜택이나 법적 처우는 물론, 거주이전의 자유나 직업 선택 등 기본적인 자유권에 대한 제한에도 찬성하는 입장이 다수 여론이다(그림 6-5).

복지혜택이나 법적 처우는 물론, 거주이전의 자유나 직업 선택 등 기본적인 자유권에 대한 제한에도 찬성하는 입장이 다수 여론이다. '난민 거주제한 폐지'에 찬성한다는 입장은 38%에 그쳤지만, '폐지하지 말아야 한다'라는 입장이 과반이 넘는 53%였다. '난민의 건설업 취업 금지'에 대해서 찬성한다는 응답이 56%, 반대한다는 여론은 27%에 그쳤으며, 잘 모르겠다는 응답이 17%에 달했다(그림 6-6, 그림 6-7).

종합하면 한국인 중 난민에 대해 거리감을 크게 느끼는 사람이 과반에 육박하며, 난민 수용에 대한 비토 여론이 찬성 여론을 압도하고 있으며, 난민심사제도나 수용 난민에 대한 처우에 있어서 공공연한 자유의 제한과 내국인 대비 공식적 차별의 필요성을 강조하는 의견이 우세하다. 한국 사회에서 반난민 정서와 사회적 배제 여론이 얼마나 강한지 보여주는 결과다(김희주 2020).

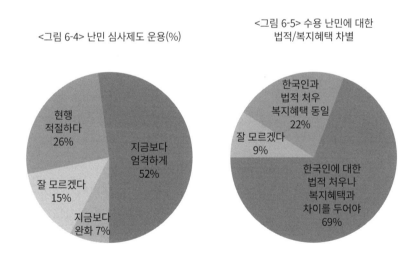

<그림 6-4> 난민 심사제도 운용(%)

현행
적절하다
26%

지금보다
엄격하게
52%

잘 모르겠다
15%

지금보다
완화 7%

<그림 6-5> 수용 난민에 대한
법적/복지혜택 차별

한국인과
법적 처우
복지혜택 동일
22%

잘 모르겠다
9%

한국인에 대한
법적 처우나
복지혜택과
차이를 두어야
69%

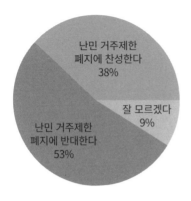

<그림 6-6> 예멘 난민 거주제한
철폐에 대한 찬반(%)

난민 거주제한
폐지에 찬성한다
38%

잘 모르겠다
9%

난민 거주제한
폐지에 반대한다
53%

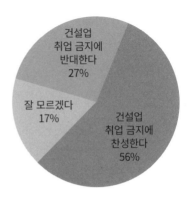

<그림 6-7> 건설업 취업 금지

건설업
취업 금지에
반대한다
27%

잘 모르겠다
17%

건설업
취업 금지에
찬성한다
56%

출처 : UNHCR·한국리서치(2020. 11)

2. 반(反)난민 태도의 설명 가설들[40]

1) 난민 태도에 미치는 요인 : 난민 유입에 따른 기대효과와 편견

⑴ 난민 유입에 따른 기대와 우려

이러한 난민 수용에 대한 태도에 미치는 요인을 살펴보기 위해 난민 수용 증가 시 발생할 주요 현상에 대한 찬반을 질문한 결과를 각 진술에 대한 동의 정도로 정렬한 것이 〈그림 6-8〉이다. 우선 난민 수용을 늘리면 '국가 재정 부담 증가'에 대한 우려가 77%로 가장 높았고, '범죄 등 사회문제 증가' 우려가 71%, '난민 집단과 한국인과의 충돌 증가' 우려는 66%로 나타났다. '이슬람 난민 중 테러리스트가 잠입할 수 있다'라는 테러리즘에 대한 우려도 55%나 됐고, '국내 일자리 경쟁이 심화'라는 부정적인 인식도 52% 수준에 달했다.

---

40. 이 장의 주요 결과는 시사인 '래디컬 페미니스트의 과장된 난민 반대'(2021/696호)로 소개됐다.

이에 비해 '기피업종 취업으로 한국경제에 도움이 될 것'이라는 기대감에는 48%만 동의했고, '한국 문화의 다양성을 강화할 것'이라는 순기능에 대해서는 40%, '난민 수용으로 한국의 국제적 위상이 강화될 것'이라는 찬성 논리에 동의하는 비율을 34%에 그쳤다. 난민 수용 찬반에 대한 논리 중 반대 논거에 대한 동의 비율이 압도적으로 우세하고, 찬성 논리의 논거가 되는 낙관적 기대에는 동의하는 비율이 과반에 못 미쳤다. 상대적으로 기피업종 취업 효과에 대한 기대감이 높은 것은 주목할 만하다.

<그림 6-8> 난민증가가 초래할 효과 : 동의(매우 동의 + 대체로 동의, %)

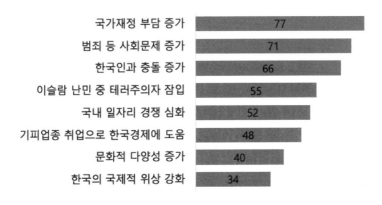

출처 : UNHCR·한국리서치(2020. 11)

(2) 손익계산에 반영된 편견

문제는 이러한 손익계산 자체에 난민에 대한 편견과 혐오가 이미 작동할 수 있다는 점이다. 사실 난민 수용의 경제적 부담이 크다거나("예멘 난민 1인당 세금 138만 원 지급" → 가짜 뉴스), 범죄 발생 및 사회문제 증가 우려(한국형사정책연구원 2017년 통계에 따르면, 외국인 범죄율은 내국인의 절반 수준), 가짜 난민에 대한 오해(2019년 기준 5,879건의 난민 심사 완료자 중 인정률은 1.2%(71건)에 그치고, 인도적 체류 허가조차 2.9%(169건)에 그치는 수준) 등 현재 한국 사회의 난민 허용에 대한 우려와 불안감은 상당 부분 과장된 오해나 가짜 뉴스 영향이 작용한 결과로 보인다(송용훈 2019).

　　실제로 지난 2018년 조사와 2020년 조사에서 '예멘 난민' 신청자들을 실제 '전쟁 난민'으로 인식하는 비율과 '취업을 목적으로 한 가짜 난민'으로 보는 비율을 보면 2018년 조사에서는 '내전, 강제징집, 학살을 피해 온 전쟁 난민'으로 보는 비율이 40%, '불법 취업을 목적으로 들어온 난민'으로 보는 비율이 37%, '모르겠다'라는 응답이 23%였다. 2년이 지난 2020년 11월 조사에서는 '전쟁 난민'이라는 응답이 증가해 50%, '불법 취업 난민'이라는 응답은 33%였고, '모르겠다'라는 응답은 17%로 감소하는 추세다(그림 6-9).

　　난민에 대한 올바른 이해가 중요한 것은 취업 목적으로 들어온 가짜 난민이라는 불신이 난민 수용에 대한 부정적인 태도를 강화하기 때문이다. 〈그림 6-10〉에서 2018년에 들어온 예멘 난민 신청자를 불법 취업 난민으로 보는 사람들의 91%가 난민 수용 일반에 반대했지만, 이들을 전쟁 난민으로 보는 사람 중에서는 57%가 난민 수용에 찬성한다고 밝혀 과반을 넘었다.

　　난민 수용에 대한 사회적 불안감에도 불구하고, 실제 한국 정부 당국의 난민 인정률은 매우 낮다. 법무부 통계에 따르면 1994년부터 2019년까지 난민 신청 64,357건 중 심사 완료한 건수는 31,852건에 불과하며 심사 완료 건수 중 난민 인정 총건수는 744건으로 2.3%에 불과하다. 2019년 최근 발표만 봐도 15,451건, 심사 완료 건수는 5,879건, 그중 난민 인정 건수는 71건에 불과해 심사 완료 대비 1.2% 수준에 불과하다. 실제 이상의 우려와 편견이 작동하고 있음을 시사하는 결과다.

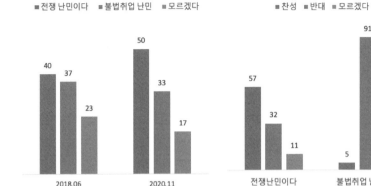

<그림 6-9> 예멘 난민에 대한 인식(%)　　<그림 6-10> 예멘 난민 인식별 난민 수용 태도(%)

출처 : UNHCR·한국리서치(2020. 11); 한국리서치<여론 속의 여론>(2018. 6)

<표 6-2> 2019 난민업무 현황-난민 인정 심사(단위 : 건)

구분	신청	심사 완료				철회	대기
		소계	인정	인도적 체류	불인정		
전체 누적 (1994~2019)	64,357	31,852	744	1,790	29,318	10,183	22,322
해당 연도 (2019년)	15,451	5,879	71	169	5,639	4,139	

출처 : 법무부 출입국외국인 정책 통계연보(2019)

(3) 실존하는 이슬람/아시안 혐오?

한국에서 집단적 난민 쇼크는 예멘 난민이 첫 사례라서 난민의 출신 국가나 인종에 대한 혐오와 차별적 인식을 체감한 경험은 없다. 그러나 2020년 조사에서 난민 신청자의 출신 지역/국가에 따라 호감도를 물어본 결과(1. 매우 호감 ~ 4. 매우 비호감)를 보면 한국인들이 난민의 출신 국가/인종/종교 등에 따라 인종주의 혹은 국가주의적 혐오와 차별 인식이 존재함을 시사하는 결과를 확인할 수 있다.

응답 결과를 보면 예멘 난민 충격을 가져온 서아시아지역 국가(시리아, 예멘 등) 출신에 대해서는 비호감이라는 응답이 55%로 가장 많았고, 중국 등 동아시아 국가 출신에 대한 비호감이 51%, 동아시아 지역 외 국가 출신(이란, 파키스탄, 말레이시아, 미얀마, 인도, 카자흐스탄 등)에 대해서도 비호감이 50%에 달했다. 반면 중남미 국가들이나, 아프리카 지역 출신에 대해서는 부정적인 감정이 42~43%에 그쳤고, 특히 백인이 다수인 유럽/북미지역의 주요 선진국 출신의 난민에 대해서는 부정적인 응답이 29% 수준에 불과하다. 난민 신청자의 출신 국가에 대한 비호감이 큰 서아시아 국가들의 경우 대체로 이슬람 비중이 큰 나라들이며, 뒤를 잇는 중국, 동아시아 이외의 동남아 국가들은 대체로 경제 수준이 낮고, 한국의 외국인 노동자 시장에 이미 유입되고 있는 나라들이 다수다. 좀 더 면밀한 분석이 필요하겠지만 ① 이슬람 포비아, ② 노동의 유입 경험에서 오는 편견이나 부정적인 이미지가 작동한 것으로 추정해볼 수 있다.

<표 6-3> 난민 신청자 출신 지역별 감정 : "매우 + 대체로 부정적(비호감)이다"

(단위 : %)

서아시아 (시리아, 예멘 등)	동아시아 (중국 등)	동아시아 이외 아시아 지역 (이란, 파키스탄, 말레이시아, 미얀마, 인도, 카자흐스탄 등)	중남미 (멕시코, 브라질, 파라과이, 아르헨티나 등)	아프리카 (이집트, 에티오피아, 나이지리아, 콩고 민주공화 국 등)	유럽/북미 (프랑스, 영국, 독일, 스페인, 캐나다 등)
55	51	50	43	42	29

출처 : UNHCR·한국리서치(2020. 11)

2) 외집단에 대한 적대감을 키우는 근원들

(1) 다문화 수용성과 국가 정체성

다문화 태도에 따른 난민에 대한 태도를 살펴보기 위해서 다문화 수용성 지수를 산출한다. 다문화 수용성 지수는 동아시아연구원의 다문화 지표(이주자 증가의 기대효과, 문화적 다양성의 경쟁력 기여, 한국인의 외국 이주민 이해 노력에 대한 태도, 외국인과의 자녀 혼인 수용도, 국적 취득 외국인에 대한 권리 보장) 등에 대한 응답을 −2~+2까지 재코딩해 합산한 지수다(-10~+10, 표 6-4). 이를 다문화 수용성이 낮은 집단(-3~-10), 중간(-2~+2), 높은 집단(+3~+10)을 분류해 난민에 수용에 대한 태도를 살펴보자. 각각에 대한 응답분포와 전체 지수의 수준별 난민에 대한 태도 분포는 〈표 6−5〉에서 확인할 수 있다. 예상대로 다문화 수용성이 높을 집단일수록 난민 수용에 대한 찬성 비율이 높고, 낮은 집단일수록 반대 비율이 높다.

<표 6-4> 다문화 수용성에 대한 태도 지수 문항

구분	매우 그렇다	대체로 그렇다	그저 그렇다	별로 그렇지 않다	전혀 그렇지 않다
	1	2	3	4	5
1. 외국인 이주자들이 늘어나면 우리나라 문화는 더욱 풍부해진다.	2	21	29	33	15
2. 어느 국가든 인종, 종교, 문화가 다양해지면 국가경쟁력에 도움이 된다.	5	29	38	20	8
3. 한국인이 먼저 외국 이주민들을 이해하려고 노력해야 한다.	5	35	35	17	8
4. 나는 자녀가 외국인과 결혼하는 것에 대해 반대하지 않을 것이다.	9	36	31	14	10
5. 한국 국적을 취득한 외국인에게는 투표권이나 사회보장에서 한국 사람과 동등한 권리를 주어야 한다.	10	38	27	14	10

출처 : UNHCR·한국리서치(2020. 11)

<표 6-5> 다문화 수용성 지수의 수준별 난민에 대한 태도(%)

구분			난민 수용에 찬성하는 편이다	난민 수용을 반대하는 편이다	모르겠다 입장이 없다	전체
다문화 지수***	높음	(315)	64	24	12	100
	보통	(457)	27	55	17	100
	낮음	(243)	3	85	12	100
	전체	(1016)	33	53	14	100

출처 : UNHCR·한국리서치(2020. 11)

개인의 소속집단 정체성에 따른 난민에 대한 시각 차이도 확인해보자. 대한민국 국민으로서 소속감과 세계시민으로서의 소속감이 강할수록 난민 수용에 찬성하는 비율이 높고, 반대로 소속감이 약할수록 난민 수용에 반대하거나 유보적인 비율이 강하다. 세계시민 정체성이 외부 집단에 대한 관용적 태도를 강화하는 것은 예상대로이나 대한민국 국민 정체성이 강할수록 난민 수용에 우호적인 것은 국민 정체성이 외부 집단에 대한 배타적 태도가 아닌 외부 집단에 대한 우호적인 인식과 연결된다는 점에서 '민주적 민족/국가주의' 가설의 가능성을 배제할 수 없음을 보여준다.

<표 6-6> 대한민국과 세계인 소속감 수준에 따른 난민에 대한 태도(%)

대한민국 국민 정체성***		난민에 대한 태도			세계시민 정체성***		난민에 대한 태도		
		난민 수용에 찬성	난민 수용에 반대	모르겠다			난민 수용에 찬성	난민 수용에 반대	모르겠다
소속감 없음	(29)	40	48	12	소속감 없음	(98)	16	69	14
별로 없음	(108)	30	54	16	별로 없음	(436)	30	54	15
약한 소속감	(468)	25	63	12	약한 소속감	(372)	35	50	15
강한 소속감	(411)	7	59	34	강한 소속감	(111)	51	40	9
전체	(1016)	33	53	14	전체	(1016)	33	53	14

Note : 카이제곱 검정결과 → ***(p<0.001), **(p<0.01), *(p<0.05)

출처 : UNHCR·한국리서치(2020. 11)

(2) 난민에 대한 반대는 우파 포퓰리즘의 산물인가?

이제 다른 극단에 의한 우파권위주의, 우파 포퓰리즘이 반난민 정서에 미치는 영향을 보자. 우파 권위주의 성향은 망가넬리-라타지 외(Manganelli-Rattazzi et al. 2007)가 정립한 7개 문항 7점 척도를 사용해 자유주의적 성향(-4~-21), 중간(-3~+3), 우파권위주의 성향(+4~+21) 등 세 집단으로 분류했다.

조사결과 우파 권위주의적 성향이 있는 응답층이 29%, 자유주의적 성향을 보이는 응답층이 27%, 중간 응답층이 44% 수준으로 분포하고 있다.

우파 권위주의, 포퓰리즘 성향은 난민 수용에 대한 태도는 난민 수용에 대한 태도와 뚜렷한 상관관계가 확인되지 않는다(표 6-8). 우파 권위주의 성향이 강한 응답층에서 난민 수용 찬성이 38%, 반대인 자유주의 성향 층에서 40%로 차이가 없고, 중간층에서 25%로 낮게 나타났다(카이제곱 검정 결과 통계적으로 유의하지 않음). 한국에서 난민에 대한 반대 정서가 외집단을 배척하며 내집단 정체성을 강조하는 우파 권위주의 성향이나 우파 포퓰리즘의 결과로 이해하는 것은 일부 극우적 인종주의, 우파 권위주의 성향 커뮤니티의 영향력을 과대평가하는 것임을 보여준다.

흥미로운 점은 우파 권위주의 성향이 동성애자에 대한 거리감에서는 뚜렷한 상관관계를 보인다는 점이다(그림 6-11). 자유주의 성향 응답층에서는 국내 내집단 중 성 소수자에 대해 거리감을 크게 느낀다는 응답이 48%에 그쳤지만, 중간 집단에서는 61%, 우파 권위주의 성향으로 분류된 집단에서는 68%까지 올라간다. 우파 권위주의에 기반한 포퓰리즘의 동원이 외부 집단보다 내부 성 소수자에 대한 배타적 태도를 유발하는 데는 효과적일 수 있음을 시사하는 결과다.

<표 6-7> 우파 권위주의 지수(RWA) 산출 문항과 응답 분포(%)

구분	전적으로 반대	상당히 반대	약간 반대	반대도 찬성도 아님	약간 찬성	상당히 찬성	전적으로 찬성
원자료 코딩	1	2	3	4	5	6	7
1. 우리나라를 망쳐놓고 있는 극단주의를 제압할 수 있는 강력한 지도자가 필요하다.	3	3	7	21	29	22	14
2. 우리나라에 진정으로 필요한 것은 폭넓은 인권 보장이 아니라 좀 더 강력한 법질서다.	4	7	10	23	27	17	11

제2부. 패자에 대한 포용적 해법의 모색

구분	전적으로 반대	상당히 반대	약간 반대	반대도 찬성도 아님	약간 찬성	상당히 찬성	전적으로 찬성
3. 우리의 가치관과 법질서를 보존하기 위해서는 우리 사회의 문제 집단들을 강력히 척결해야 한다.	3	8	10	25	27	17	10
4. 정부 권력에 비판적인 사람들은 국민을 쓸데없이 혼란스럽게 만들 뿐이다.	9	12	19	26	19	9	7
5. 우리나라에 가장 필요한 것은 국가 지도층의 인도에 잘 따르는 질서정연한 국민이다.	12	17	19	26	17	6	3
6. 권위에 대한 순종과 존경은 우리 아이들이 배워야 할 가장 중요한 덕목이다.	16	16	18	24	15	8	4
7. 사회 혼란을 일으키는 사람들과 싸워 우리나라를 옳은 길로 되돌려 놓기 위해서라면 무력을 사용하는 것도 정당화될 수 있다.	17	19	17	22	15	6	4

(Manganelli-Rattazzi et al. 2007, 이상신 2015, 하상응 2017)

<표 6-8> 우파권위주의 지수 분포와 난민 수용 입장

우파권위주의 지수(RWA)		난민 수용에 찬성	난민 수용에 반대	모르겠다	합계
유효	우파 권위주의 (298)	38	52	10	100
	중간 (443)	25	55	20	100
	자유주의 (274)	40	49	11	100
	전체 (1016)	33	53	14	100

Note : 우파 권위주의 관련 각 진술에 전적으로 찬성 +3, 상당히 찬성 +2, 약간 찬성 +1, 반대도 찬성도 아님 0, 약간 반대 –1, 상당히 반대 –2, 전적으로 반대 –3으로 리코딩해 합산한 결과다.
출처 : UNHCR·한국리서치(2020. 11)

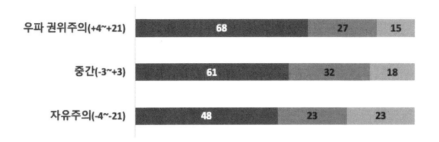

<그림 6-11> 우파권위주의 성향(RWA) 집단별 동성애자에 대한 거리감***(%)

■크다 ■보통 ■없다

	크다	보통	없다
우파 권위주의(+4~+21)	68	27	15
중간(-3~+3)	61	32	18
자유주의(-4~-21)	48	23	23

Note : 카이제곱 검정결과 → ***(p<0.001), **(p<0.01), *(p<0.05)
출처 : UNHCR·한국리서치(2020. 11)

(3) 한국의 페미니스트는 난민에 적대적인가?

서두에 살펴본 것처럼 한국 사회의 급진적 페미니스트 그룹은 2018년 제주 난민 사태 과정에서 난민 반대 여론을 적극적으로 주도하고 동원했다. 반면 페미니즘 진영 내 다른 한편에서는 이러한 외부 집단에 대한 혐오와 차별에 반대하며 '열린 페미니즘'으로의 진화를 주장한 바 있다. 그렇다면 시민 개개인의 차원에서 페미니즘 성향은 난민에 대한 태도에 어떠한 영향을 미칠까? 2019년 페미니스트 성향을 측정하기 위해 시사인·한국리서치가 〈20대 남자〉 조사에서 사용했던 6개의 페미니즘 지표를 사용했다. 안티페미니즘 성향(-2)~친페미니즘 성향(+2)으로 재코딩해 합산하면 −12~+12의 범위의 지수로 환산된다. 전체 응답자의 25%가 친페미니즘(+4~+12), 47%가 뚜렷한 입장이 없는 중간 수준(-3~+3), 28%가 안티페미니즘 성향(-4~-12)으로 분류된다.

<표 6-9> 페미니즘 지수 산출 문항과 응답 비율(%)

구분	매우 동의	약간 동의	별로 동의 안 함	전혀 동의 안 함	모르겠다
원자료 코딩	1	2	3	4	9
1. 나는 스스로 페미니스트라고 생각한다.	3	20	35	30	12
2. 페미니즘은 한국의 여성의 지위향상에 기여해왔다.	7	36	29	17	11
3. 페미니즘은 남녀의 동등한 지위와 기회 부여를 이루려는 운동이다.	11	34	27	18	11
4. 페미니즘은 여성을 피해자로만 생각한다.	17	23	34	15	11
5. 페미니즘이나 페미니스트에 거부감이 든다.	17	24	34	14	10
6. 페미니즘은 남녀 평등보다 여성 우월주의를 주장한다.	18	24	34	14	10

<표 6-10> 페미니즘지수 분포[41]

구분		빈도	퍼센트	유효 퍼센트	누적 퍼센트
유효	친페미니즘	254	25	25	25
	보통	474	47	47	72
	안티페미니즘	288	28	28	100
	전체	1016	100	100	

출처 : UNHCR·한국리서치(2020. 11)

페미니즘 성향별 난민 수용에 대한 태도를 보면 친페미니즘(25%) 성향은 난민 수용에 관용적인 태도를 강화하고 있다. 안티페미니즘 성향 층에서는 난민 수용 찬성이 23%, 반대가 64%, 유보 입장이 14%에 그쳤지만, 친페미니즘 층에서는 난민 수용 찬성이 49%, 반대 39%, 유보 12%로 차이가 뚜렷했다. 다만 중간층에서는 수용 반대가 53%로 찬성 31%보다 많았다. 난민에 공개적인 반대와 혐오를 표출한 래디컬 페미니즘 성향 층은 상대적으

41. 진술별로 페미니즘에 매우 우호적+2, 약간 우호적 +1, 모름 0, 약간 비우호적 -1, 매우 비우호적 응답을 -2로 리코딩해 합산한 결과다.

로 소수에 그치고 있다.[42]

한편, 내집단 중 래디컬 페미니스트 그룹에서는 배제의 대상이 되는 '동성애자'에 대해서도 상대적으로 친페미니스트 그룹에서 거리감이 크지 않고(47%), 안티페미니즘 그룹에 속할수록 거리감이 크다고 답하고 있다 (67%). 결국, 페미니스트 정체성을 가진 일반 시민들은 급진적 페미니스트 그룹과 달리 성 소수자 등의 국내 내집단 소수자 그룹은 물론, 외집단 소수자인 난민에 대해 상대적으로 우호적인 인식을 보인다(카이제곱 검정결과 통계적으로 유의한 차이). 즉 래티컬 페미니스트는 한국의 페미니스트를 대표한다고 보기는 어렵다. 반대로 페미니스트 정체성을 가진 일반 시민은 생물학적 여성 범주와 국경의 경계를 넘어 내외집단의 소수자에 연대하는 '경계 없는 페미니즘' 성향에 가깝다고 할 수 있다.

<그림 6-12> 페미니즘 성향별 난민 수용 태도(%)

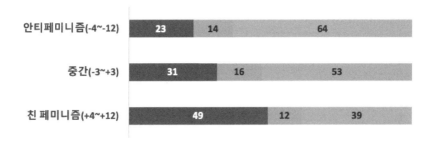

Note : 카이제곱 검정결과 → ***(p<0.001), **(p<0.01), *(p<0.05)
출처 : UNHCR·한국리서치(2020. 11)

---

42. 이러한 결과는 2019년 시사인·한국리서치의 〈20대 남자〉 조사 데이터에서도 동일하게 나타난다(천관율·정한울 2019).

IV. 한국인의 난민 태도 결정요인에 대한 실증 분석

이 장에서는 지금까지의 논의를 바탕으로 주요 설명 변인들의 영향력을 실증적으로 검증하고자 한다. 이 연구에서 검증하고자 하는 종속변수로 ① 난민에 대한 심리적 거리감(1. 매우 크다 ~ 5. 전혀 없음), ② 난민 정책에 대한 태도(난민 수용 찬반/수용 난민에 대한 처우) 결정요인을 검증한다. 난민에 대한 심리적 거리감 변수의 경우 리커트 서열척도이므로 순서 로지스틱 회귀분석 방법을 적용한다. 난민에 대한 태도와의 비교 준거를 위해 국내 소수자 집단 중 가장 외집단 인식이 컸던 동성애자에 대한 거리감에 대한 분석 결과를 비교한다.

난민과 동성애자에 대한 심리적 편견이나 거리감을 설명하는 핵심 독립변수로는 ① 외집단에 대한 관용적 태도를 강화하는 요인으로서 다문화주의(-/+)/우파권위주의(-/+)/페미니즘(-/+)에 초점을 맞추되 통제 변인으로서 국가 자부심(+)/사회 신뢰(+) 지수들을 포함한다.[43] ② 내집단 정체성의 범위로서 국민 혹은 세계시민으로서의 정체성(대한민국 국민/세계시민 소속 1~4점 척도), ③ 사회경제적 변인(젠더/연령/학력/종교), ④ 이념성향, ⑤ 경제/안보/코로나 방역 인식을 방정식에 포함했다.

---

43. 다문화주의는 외부 집단에 대한 가장 포괄적인 가치관과 성향을 대표하고 있으며, 국가 자부심과 국가 정체성이 외부위협이나 민주적 시민성, 사회자본에 분절적인 영향(차원이나 이슈나 차원별로 긍정적인 반응을 끌어내기도 하고 부정적인 효과를 유발)을 미치는 것으로 알려졌다. 사회 신뢰 자본은 민주적 시민성이나 관용적 태도 형성의 사회적 기반 역할을 하는 것으로 알려져 있다(정한울·이곤수 2011; 황정미 2011). 국가 자부심 지수는 1. 나는 다시 태어나도 한국에서 다시 태어나고 싶다, 2. 한국은 희망이 없는 헬조선 사회다, 3. 나는 대한민국 국민임이 자랑스럽다, 4. 나는 오늘의 대한민국에 대해 부끄럽게 느끼는 점들이 있다, 5. 한국은 선진국이다의 5개의 진술에 대한 1~4점 척도를 -2~+2로 리코딩해 합산했다. 사회 신뢰 지수는 1. 정부는 우리나라를 올바른 방향으로 이끌어가고 있다, 2. 한국은 계층 상승의 기회가 열려 있는 사회다, 3. 우리나라의 법은 공정하게 집행되고 있다, 4. 우리나라는 사람들이 서로 믿고 의지하며 살아갈 수 있는 사회다, 5. 한국은 복지제도가 잘 갖추어진 사회라는 진술에 대한 1~4점 척도 응답을 -2~+2로 리코딩해 합산했다.

1. 난민에 대한 심리적 거리감의 근원

우선 〈표 6-11〉에서 난민과 동성애자에 대한 심리적 거리감을 설명하는 변인들의 영향력을 살펴보면, 우선 난민에 대한 거리감과 동성애자 거리감에서 '다문화주의'는 일관된 영향력을 보여주었다(p<0.001). 획일적인 주류 문화 대신 다양한 이질적인 집단의 유입으로 인한 문화적 다양성을 존중하는 태도야말로 소수자/외부 집단에 대한 수용성을 높여주는 요인인 셈이다.

이 연구에서 주목한 우파 권위주의 성향은 난민에 대한 부정적인 태도보다는 동성애자에 대한 거리감을 키우는 요인(-)으로서 유의한 것으로 나타났고, 페미니즘 성향은 난민과 동성애자에 대한 거리감을 좁히는 요인으로 작동(+)하는 것으로 나타났다(난민 모델 p<0.01, 동성애자 모델 p<0.001). 레디컬 페미니스트 일부 집단에서 난민에 대한 반대 여론을 주도했지만, 시민 개인 차원에서는 반대로 페미니즘 성향이 난민에 대한 관용적 태도와 연결되는 것이다. 한편 국가정체성 요인에서 자부심 같은 심리적 요인은 양 집단에 대해 유의한 영향을 미치지 못했지만, 국민 정체성(대한민국 국민으로서의 소속감) 요인, 즉 경계인식은 '민주적 민족주의' 가설보다는 사회정체성 이론의 가정에 부합하는 것으로 나타났다.

사회경제적 변인으로서는 젠더와 연령대의 영향력이 유의한 것으로 나타났다. 주목할 점은 젠더인데, 페미니즘이 소수자 및 외부 집단에 대한 거리감을 좁히는 일관된 요인이었지만, 여성 집단은 남성(여성 0, 남자 1)에 비해 난민에 대한 거리감은 크고(부호 +, p<0.01), 반면 동성애자에 대해서는 거리감은 반대로 남자에 비해 우호적인 것으로 나타났다(부호 -, p<0.05).

한편 세대 요인은 난민 및 동성애자에 대한 심리적 태도에서 상반된 영향을 미치고 있다는 점이 흥미롭다. 60대 이상 대비 20~40대일수록 난민에 대해서는 부정적이지만(부호 -), 동성애자에 대해서는 반대로 우호적인 태도(부호 +)를 보인다. 나이 든 세대일수록 직간접적인 전쟁 난민의 경험 및 후발 개도국의 경험을 공유하고 있는 것이 상대적으로 해외 난민에 대한 우호적인 태도를 유지하게 만드는 반면, 젊은 세대의 경우 2010년대 들어와 강화되고 있는 안티 다문화 성향이 안티난민 성향을 강화하는 것으로 추측해 볼 수 있다.

또한, 60대 이상 세대보다 젊은 세대의 동성애에 대한 우호적인 태도 는 이념성향의 영향을 추측해볼 수 있다. 실제로 보수 이념 대비 진보적 이 념 정체성을 가진 집단은 동성애에 대한 관용적 정서가 유의하게 강한 것으 로 나타났지만, 난민에 대한 거리감에서는 진보와 보수 간에 특별한 차이가 발견되지 않았다. 종교의 경우 개신교 분파의 반난민 동원에도 불구하고, 난민에 대해서는 무신론자 대신 개신도 교도가 유의하게 차이나는 거부감 을 가지고 있지는 않았다. 그러나 개신교도는 무신론 집단보다 동성애자에 대한 거부감이 상대적으로 강한 것으로 나타났다(부호 -, p<0.001).

한편 가정경제인식, 국가경제인식, 코로나19 방역에 대한 인식 중에서 는 코로나 요인이 난민과 동성애자 집단에 대한 정서적 거리감에 유의한 영 향을 미치고 있다. 전체적으로 난민과 동성애자 집단에 대한 심리적 우호 정서/반감 정서에는 경제적 이해관계보다 다문화주의, 페미니즘과 같은 가 치관과 연계된 심리적 정향이나 국민 정체성, 세대 정체성 요인이 경제적 인식보다 유의한 결정요인으로 작동하고 있음을 확인할 수 있다.

<표 6-11> 난민과 동성애자에 대한 심리적 거리감 검증모델 :
순서 회귀분석(Ordered Logistic Regression)

모델	종속변수	(1) 난민 거리감 (1 매우 크다 - 5. 전혀 없음)		(2) 동성애자 거리감 (1 매우 크다 - 5. 전혀 없음)	
		B 추정값	표준오차	B 추정값	표준오차
① 심리 성향 (저→고)	다문화주의(-10~+10)	0.225***	(0.019)	0.101***	(0.017)
	우파권위주의(-21~+21)	-0.009	(0.008)	-0.030***	(0.008)
	페미니즘(-12~+12)	0.033**	(0.012)	0.061***	(0.012)
	국가 자부심(-10~+10)	0.024	(0.019)	0.026	(0.019)
	사회 신뢰(-10~+10)	-0.072**	(0.021)	-0.034+	(0.020)
② 정체성 (소속감)	국민_정체성 (1. 저→4. 고)	-0.318**	(0.099)	-0.227*	(0.098)
	세계시민_정체성 (1. 저→4. 고)	0.016	(0.085)	-0.115	(0.084)

모델	종속변수	(1) 난민 거리감 (1 매우 크다 - 5. 전혀 없음)		(2) 동성애자 거리감 (1 매우 크다 - 5. 전혀 없음)	
		B 추정값	표준오차	B 추정값	표준오차
③ 성별	〈성별=남자(여자)〉	0.384**	(0.129)	−0.250*	(0.127)
연령	20대(60대+)	−0.804***	(0.207)	1.171***	(0.204)
	30대(60대+)	−0.889***	(0.209)	0.598**	(0.206)
	40대(60대+)	−0.549**	(0.191)	0.362+	(0.188)
	50대(60대+)	−0.307+	(0.175)	−0.033	(0.175)
학력	고졸(대재 이상)	0.147	(0.130)	0.136	(0.128)
종교	개신교(무교)	−0.084	(0.165)	−0.675***	(0.167)
	천주교(무교)	−0.290	(0.217)	0.084	(0.210)
	불교(무교)	−0.056	(0.171)	−0.034	(0.168)
	기타(무교)	0.698	(0.428)	0.496	(0.415)
④ 이념	진보 (보수)	−0.090	(0.170)	0.590***	(0.168)
	중도 (보수)	−0.051	(0.154)	0.041	(0.154)
⑤ 경제/ 안전	가정경제 (1. 악화→5. 개선)	−0.048	(0.094)	−0.046	(0.093)
	국가경제 (1. 악화→5. 개선)	0.095	(0.091)	−0.033	(0.089)
	코로나 방역 (1. 악화→5. 개선)	0.123+	(0.064)	0.158*	(0.063)
모델 요약		n=967 Chi²(22)=271.050, p=0.000 Nagelkerke R²= .261		n=967 Chi²(22)=211.772, p=0.000 Nagelkerke R²= .207	

Note : 순서로지스틱 결과 검정결과 → ***(p<0.001), **(p<0.01), *(p<0.05), +(p<0.1)
(임계값 표기 안 함)

2. 난민 수용 찬반과 인정 난민에 대한 차별적 태도

난민 수용 찬반 및 인정 난민에 대한 내국인 대비 처우(동등한 대우 여부)에 대한 태도 결정요인을 통계적으로 검증한다. 종속변수로는 ① 난민 수용에 대한 찬반(난민 수용 0 반대, 1 찬성), ② 난민 지위가 인정된 난민에 대한 내국인 대비 처우(차이를 두어야 한다 0, 내국인과 동일한 법적 처우와 복지혜택을 제공해야 한다 1)에 대한 로지스틱 회귀분석을 수행했다.[44]

44. 모름, 무응답은 제외하고 이분형 변수로 코딩해 로지스틱 회귀분석을 수행했다.

설명 모델로는 앞의 심리적 거리감 모델 외에 ① 난민 유입이 초래할 기대효과(앞서 살펴본 이해관계 차원의 갈등 변수들) 관련 변수들과 ② 이슈 관여도(난민 이슈에 관한 관심도/인지도) 요인을 추가해 분석한다. 난민 수용에 대한 찬반이나 처우에 대한 태도는 해당 집단에 대한 심리적 태도가 아닌 정책적 판단과 이해관계가 반영될 수밖에 없기 때문이다.

분석 결과를 보면 외집단 적대감 강화를 유발하는 가치와 성향 변수 중에서는 다문화 수용성만이 유의한 변수로 떠올랐다. 다만 국민 정체성 요인(대한민국 국민으로서의 소속감)이 난민 수용 찬반에는 영향을 미치지 못하지만, 국가 심사를 통해 인정된 난민에 대해서는 대한민국 국민으로서의 소속감이 강할수록 인정 난민에 대해 내국인과 동일한 처우를 보장해야 한다는 입장을 강화하는 데 유의한 영향력을 보이는 것은 주목할 점이다.

난민 수용 찬반에 대한 태도 및 인정 난민에 대한 처우에서는 다문화 수용성 변수를 제외한 우파 권위주의나, 페미니즘 등의 심리적 정향이나 정체성 요인들보다 난민 유입이 초래할 사회경제적 비용이나 기대이익에 대한 계산이 더 직접적인 설명변수로 작동하고 있는 것으로 볼 수 있다. 부정적인 요인으로는 범죄 사회문제 유발/일자리 경쟁 격화 등의 부작용에 대한 우려 요인이나 이슬람 테러리스트의 유입에 대한 부정적 기피업종에 대한 노동력 보완, 국제적 위상에 기여와 같은 국익/경제적 이익의 차원에서의 판단이 난민에 대한 태도와 인정 난민에 대한 태도에 유의한 영향력을 행사하는 것으로 나타났다(계수 부호 +).

난민 수용에 대한 태도나 난민 처우에 대해 사회집단 중 성별은 일관된 설명력이 확인됐다. 여성은 남성보다 일관되게 부정적인 인식이 확인된다. 즉 여자 대비 남자가 난민 수용 찬성이 높고(+), 내국인과 동등한 대우를 해야 한다는 입장이 뚜렷하게 강한 것(+)으로 나타났다. 한편 세대효과는 난민 수용 찬반에 대해서만 유의한 것으로 나타났다. 60대 대비 2040세대에서 난민 수용에 대해 반대가 강했고, 인정 난민에 대한 처우에서는 세대 차이가 발견되지 않는다.

<표 6-12> 난민 수용 찬반과 내국인 대비 수용 난민에 대한 처우 태도 검증모델 :
로지스틱 분석(Logistic Regression)

모델	종속변수	(1) 난민 수용 0. 반대~1. 찬성		(2) 내국인 대비 난민 처우 0. 차별~1. 동등 대우	
		B 추정값	S.E. 표준 오차	B 추정값	S.E. 표준 오차
① 심리성향 (저→고)	다문화주의(-10~+10)	0.205***	(0.049)	0.136**	(0.041)
	우파권위주의(-21~+21)	0.015	(0.018)	-0.006	(0.015)
	페미니즘(-12~+12)	0.035	(0.029)	0.026	(0.022)
	국가 자부심(-10~+10)	0.001	(0.043)	-0.004	(0.034)
	사회 신뢰(-10~+10)	-0.018	(0.045)	-0.061	(0.037)
② 정체성 (소속감)	국민_정체성(1. 저→4. 고)	0.052	(0.245)	0.548**	(0.198)
	세계시민_정체성(1. 저→4. 고)	-0.001	(0.195)	-0.083	(0.155)
③ 기대효과와 우려 (1. 부정 인식~ 4. 긍정 인식)	국가재정 부담	0.036	(0.254)	0.193	(0.210)
	범죄/사회문제	0.870**	(0.290)	0.504*	(0.237)
	테러리스트 잠입	0.632**	(0.220)	0.106	(0.177)
	한국인과 충돌	0.377	(0.275)	0.019	(0.224)
	일자리 경쟁	0.575*	(0.225)	0.121	(0.184)
	기피업종 취업 기여	0.401+	(0.229)	0.111	(0.189)
	다문화 다양성 기여	0.225	(0.211)	0.192	(0.185)
	국제적 위상 제고	0.587**	(0.206)	0.327+	(0.169)
④ 성별	〈성별=남자(여자)〉	0.585*	(0.286)	0.421+	(0.235)
연령	20대(60대+)	-2.007***	(0.502)	-0.494	(0.398)
	학력	-1.110*	(0.494)	0.002	(0.385)
	종교	-0.772+	(0.417)	-0.161	(0.340)
	50대(60대+)	-0.117	(0.357)	-0.238	(0.297)
학력	고졸(대재 이상)	-0.100	(0.284)	0.318	(0.230)
종교	개신교(무교)	0.630+	(0.352)	-0.313	(0.299)
	천주교(무교)	0.546	(0.437)	0.349	(0.346)
	불교(무교)	-0.299	(0.379)	-0.145	(0.310)
	기타(무교)	-0.353	(0.811)	-0.013	(0.732)
⑤ 이념성향	진보(보수)	0.314	(0.362)	-0.104	(0.309)
	중도(보수)	0.561	(0.342)	0.296	(0.291)
⑥ 이슈 관여도	이해도(1. 저→4. 고)	-0.114	(0.238)	0.240	(0.192)
	관심도(1. 저→4. 고)	0.914***	(0.258)	0.159	(0.205)
⑦ 경제 안전	가정경제(1. 악화→5. 개선)	-0.323	(0.200)	-0.023	(0.168)
	국가경제(1. 악화→5. 개선)	0.077	(0.205)	0.095	(0.161)
	코로나19 방역	0.174	(0.148)	-0.104	(0.116)
모델 요약		n=645 Chi2(32)=458.038, p=0.00 Nagelkerke R2= .690		n=673 Chi2(32)=174.890, p=0.00 Nagelkerke R2= .341	

Note : 순서로지스틱 결과 검정결과 → ***(p<0.001), **(p<0.01), *(p<0.05), +(p<0.1)

제2부. 패자에 대한 포용적 해법의 모색

V. 결론

이 연구는 2018년 6월 제주 예멘 난민 반대 청원으로 시작된 난민 수용을 둘러싼 사회갈등 이후 한국인의 난민에 대한 인식과 태도가 어떠한지, 한국인의 난민 태도 형성에 영향을 미치는 요인이 무엇인지 경험적 데이터 분석을 통해 탐색한 결과다. 특히 난민이라는 외부 집단을 바라보는 정서적 태도와 정체성 인식에 영향을 미치는 심리적 성향 변수의 영향력을 중심으로 난민 수용 태도에서는 난민 수용에 대한 기대 및 우려 요인에 대한 인식이 미치는 요인을 실증적으로 검증했다. 심리적 편견이나 정체성의 차원에서는 다문화주의와 국가 정체성, 우파 권위주의, 페미니즘과 같은 가치 성향이 난민이라는 외부 집단에 대해 어떠한 영향을 미치는지 검증하는 한편, 난민 유입으로 인한 일자리 경쟁의 위협과 같은 경제적인 우려나 (성) 범죄 및 테러 위협과 같은 사회안전과 국가안보 차원의 불안감의 영향력을 분석 대상으로 삼았다.

분석 결과, 다문화 인식과 국민 정체성은 난민과 동성애자 등 안팎의 마이너리티 그룹에 대해 상반된 영향을 미치고 있었다. 난민 유입을 둘러싼 사회갈등을 해결해나가기 위해서는 난민 이슈 자체의 쟁점과 담론에 대한 이해와 대응도 중요하지만, 역시 한국인과 한국의 시민사회가 국경 밖에서 살아가고 있는 외부 집단들을 어떻게 인식하고 있고, 얼마나 포용적으로 사고하고 있는지에 대한 다문화 가치 확장 없이는 난민에 대한 부정적인 시각이 단기간 내에 개선될 수 없음을 의미한다. 문제는 2010년대 초반까지만 해도 한국 사회에서 단일민족 단일문화 신화에서 탈피해 다민족, 다문화 가치가 급격하게 확산하는 추세였지만, 이후 젊은 세대를 중심으로 외부 집단, 외부 세계에 대한 배타적이고, 폐쇄적 태도가 강화되고 있다는 점이다 (윤인진 2011; 황정미 2016; 2011).

한편 대한민국 국민으로서의 정체성은 난민에 대한 양면적인 효과를 가져오는 것도 주목할 결과다. 대한민국 국민으로서 소속감의 강화는 난민

에 대한 부정적인 태도와 연결되는 데 국민 정체성 형성에서 집단 경계의
식을 강화하고, 국적 및 시민권 등 법적/정치적 조건을 공유하지 않는 집단
에 대한 배타적 태도를 강화하는 경향과 관련이 있을 것으로 생각된다. 그
러나 동시에 국민 정체성은 일단 국가 제도를 통해 인정된 난민에 대해서는
내국인과 동등한 대우를 해야 한다는 입장을 강화하는 경향도 발견된다. 국
가 경계의 공동체 구성원으로서의 소속감은 국가 내집단(국적과 시민권의 공유)
과 외집단(경계 밖의 집단)에 대한 배타적인 태도를 강화한다는 사회 정체성 이
론의 가정이 타당함을 보여주지만, 일단 대한민국의 법적/제도적 진입장벽
을 통과한 대상에 대해서는 동등한 시민권을 부여하고 인도적 비호와 지원
을 해야 한다는 책임의식이 작동한 결과일 수 있겠다(강원택 2011; 정한울 2017).

　　한편, 이 연구에서 주목했던 우파 권위주의/우파 포퓰리즘 성향은 난
민에 대한 정서적 거리감에는 영향이 유의하지 않지만, 국내 소수자이자 아
웃사이더 집단인 동성애자에 대한 거부감을 강화하는 요인임이 확인됐다.
한편 래디컬 페미니즘의 반난민 활동에도 불구하고 개인 차원에서 페미니
즘은 난민과 동성애자에 대한 우호적인 정서를 강화하는 요인임이 확인됐
다는 점도 흥미로운 결과다. 이와 함께 난민 논쟁 과정에서 급진적 페미니
스트 그룹과 함께 반난민 여론을 이끌었던 우파 개신교의 활동에도 불구하
고, 개인 차원에서는 개신교 신자 여부는 난민에 대한 태도에 유의한 영향
력이 확인되지 않았다. 온라인/오프라인의 담론을 주도한 우파 권위주의/
개신교 우파 교단/급진적 페미니즘 그룹의 영향이 확인되지 않았다는 점은
이 연구의 중요한 발견 중의 하나다.

　　반면 사회 계층으로 보면 여성과 젊은 세대의 난민 포비아는 반난민 정
서의 집단적 근거지 역할을 하고 있음을 확인할 수 있다. 노령세대나 남성
보다 난민에 대한 우려가 일관되게 높고 난민에 대한 반감과 정책적 반대
입장이 뚜렷하게 확인됐다. 반면 여성과 젊은 세대의 경우 난민이 아닌 동
성애자에 대해서는 반대로 관용적 태도가 일관되게 나타난다. 좀 더 면밀한
분석이 필요하겠지만, 이는 젊은 세대, 여성의 성향에 큰 영향을 미치고 있

는 진보적 이념이 난민에 대한 태도에는 별 영향을 미치지 못하지만, 동성애자 등 국내 소수자에 대해서는 우호적인 태도를 강화하는 현상과 관련이 있을 것으로 예상된다.

그러나 이 연구에서는 제주 난민 사태에서 불거졌던 난민 수용에 대한 반대 여론이 폭발한 데에는 (성) 범죄의 증가, 일자리 경쟁 촉발, 이슬람 테러주의자의 유입 등, 사회경제적 비용과 이해득실에 대한 우려가 작동하고 있음이 확인됐다. 반면 난민 수용을 한국의 국제적 위상 제고라는 국익 차원의 평가가 긍정적인 인식을 강화하는 것도 사실로 나타났다. 문제는 난민 유입에 따른 비용 편익의 계산이 온전히 '합리적 계산'의 결과로 볼 수 있는지에 대한 의문이다. 사실상 한국 사회 들어오는 난민의 규모로는 한국 사회 전반에 걱정할 수준의 파장을 만들기에 미미한 수준이며, 정부 차원의 과도한 지원을 걱정하기에는 충분한 인적, 재정적 지원 체계를 갖추지 못하고 봐야 할 것이다(송영훈 2019).

이 연구에서는 충분히 다루지 못했지만, 난민 유입이 가져올 결과에 대한 기대효과에 대한 평가나 위험요인에 대한 우려가 실제 이상으로 과대 포장되고 있다는 것은 결국 난민 수용의 기대효용에 대한 평가가 이미 '이슬람 포비아' 같은 비합리적인 편견과 혐오가 작동한 결과물일 수 있음을 시사한다. 이 과정에서 이슬람이나 중동지역에 대한 인종적, 종교적 편견이 작동하고, 난민 포비아를 자극하는 가짜 뉴스/혐오 뉴스의 영향도 상당히 작용했을 것으로 추측된다. 이 연구에서는 난민 문제에 대한 객관적, 합리적 판단을 저해하는 인종적, 종교적 편견 요인, 왜곡된 정보의 유통이 난민에 대한 태도 형성에 미치는 영향을 충분히 통제했다고 볼 수 없다. 이 연구가 가진 가장 큰 한계라 할 수 있으며, 이후 심층적 후속 연구가 넘어야 할 최대 과제라고 할 수 있다.

7장

도시개발과 공간 불평등 :
성남시 태평동의 장소성을 중심으로

조계원(고려대학교)

I. 서론

이 글의 목적은 성남시 태평동(太平洞) 사례를 중심으로 한국의 도시개발과 공간 불평등의 역사를 고찰하고, 더 포용적인 도시개발의 방향을 탐구하는 것이다. 성남시는 광주대단지, 분당, 판교라는 세 개의 신도시 개발의 역사를 지닌 곳으로 한국의 '발전주의 도시화'(developmentalist urbanization) 과정을 압축하는 장소다. 특히 원도심에 속한 태평동은 도시빈민의 비자발적 이주와 집단적인 생존권 투쟁, 신도시 개발로 인한 사회적·공간적 양극화, 도시재개발/도시재생을 둘러싼 이익 갈등과 같은 공간 불평등 문제가 지속해서 발생해온 장소성[45]을 지니고 있어서 한국 도시개발의 역사적 과정을

---

45. "추상적 실재인 공간과 달리 장소는 특정 사건이 특정 위치에서 지속적으로 발생하고 그것이 주체에 의해 체험되면서 의미가 부여되는 장이다. 이때 사건의 위치는 단순히 지리적 좌표가 아니라 사회적 관계 속에서 설정되는 상황이며 상호작용이 일어나는 맥락이기도 하다. 이는 장소가 특정한 맥락 속에서 의미를 갖게 되는 구체적 공간이라는 의미를 갖는다. 장소의 이러한 성질을 장소성이라 부른다."(조명래 2013, 156)

중층적으로 살펴볼 수 있는 중요한 사례라고 할 수 있다. 경기도를 중심으로 한 신도시 개발에 관한 연구는 이미 다수가 존재하지만, 이 글은 공간 불평등에 초점을 맞춰 분석을 진행한다는 점에서 차별성을 지닌다.[46]

발전주의 도시화는 발전주의 국가에 의한 압축적·선택적·집중적 도시화 과정을 가리킨다.[47] 경제성장과 산업화를 최우선적인 국가 목표로 설정하고, 강력한 사회적 통제와 자원의 동원을 통해 수출주도 성장을 추구한 발전주의 국가는 산업적 근대화를 공간적으로 뒷받침하는 방식으로 도시화를 진행했다. 도시 공간의 기능과 효율성 중심으로 산업시설과 인프라를 지역적으로 선별해 공급했으며, 이 과정에서 사회적 형평성이나 환경보호와 같은 가치는 도외시됐다(문돈·정진영 2014, 135; 박인권·홍철 2019, 176). 한국의 발전주의 도시화는 다음과 같은 특징을 지닌다. ① 산업화를 위해 가용자원을 건조환경에 선택적으로 투자함, ② 권위주의 정부와 재벌 사이의 개발연합이 형성됨, ③ 서울과 같은 인구 집중 도시의 경우 불량 촌이 형성되고 일정 부분 존치됨, ④ 사회복지 차원의 임대주택 공급보다는 중산층 대상의 신규 주택 건설함, ⑤ 부동산 자산의 끊임없는 상품화 및 지대 이익 실현 추구다(신현방 2016, 6-7). 이와 같은 도시화의 결과 집단 간, 계층 간, 부문 간 사회적 기회, 자원, 권력이 공간적으로 불균등하게 배분되는 공간 불평등이 발생했다(조명래 2011a, 4).

자본주의 체제에서 도시화는 개발을 통해 지대 차익을 추구하는 경제적 요인이 작용하지만, 한국의 경우는 부동산을 자산축적의 수단으로 활용하는 국가-자본-중산층의 개발연합 형성(신현방 2016, 6-7) 또는 민간자원을

---

46. 경기도 신도시 형성과 변천 과정에 관한 기존 연구는 경기문화재단(2020)을 참조.

47. 압축적 도시화의 단적인 측면은 도시화율을 통해 확인할 수 있다. 도시화율은 1960년 28.0%, 1970년 41.2%, 1980년 57.3%, 1990년 74.4%, 2000년 79.7%로 상승했다. 서구의 경우 150~200여 년이 걸린 도시화 과정을 한국은 1/5~1/6의 기간에 급속히 진행한 것이다(조명래 2003, 17-18). 이는 사회적·공간적 이동이 어느 사회보다 빨랐음을 의미하며, 이에 따라 한국인이 느끼는 시공간적 압축 경험의 강도도 클 수밖에 없었다(김왕배 2018, 74-75).

동원한 주택공급연쇄의 형성(김명수 2020, 2장)과 같은 정치 경제적 동학 속에서 도시 공간의 구축 및 재편이 이뤄졌다. 그러나 도시는 거시적 요소들이 미시적인 생활 장소에서 인간의 사회적 실천을 통해 생성되는 공간이기도 하다(김왕배 2018, 21-22). 그러므로 도시 공간에 대해 거주자들이 부여하는 사회적 의미와 기억, 이를 둘러싼 담론적 경합과 장소에 대한 감정을 종합적으로 고려해 공간 불평등의 양상에 대한 분석을 진행할 필요가 있다.

이러한 문제의식을 바탕으로 태평동이라는 장소에 누적된 3가지 기억의 층위를 분석하고자 한다. 첫 번째는 1968년부터 1970년까지 3년간 무허가 건물에 거주하는 철거민을 집단 이주시켜 정착시키려는 서울시의 계획 하에 만들어진 광주대단지의 기억이다. 이곳은 도시빈민의 생존권 투쟁이 일어난 결여의 장소임과 동시에 서민들에게 '내 집 마련의 꿈'을 실현할 욕망의 장소이기도 했다. 두 번째는 1989년부터 1996년까지 진행된 분당 신도시 개발 이후 서민층 거주지와 중산층 거주지로 도시 공간이 양극화되는 과정에 대한 기억이다. 세 번째는 초창기 도시 발전에 중심적 역할을 했던 원도심이 차츰 쇠퇴해 재개발과 도시재생사업의 대상이 된 현재 진행 중인 기억이다. 이에 대한 분석을 통해 공간 불평등을 줄일 수 있는 도시개발의 방향성을 모색해 보고자 한다.

II. 압축적 도시화와 거주지 분리

『성남시사』에 따르면 태평동은 1973년 7월 1일 경기도 광주군 성남출장소가 성남시로 승격되면서 만들어진 행정동이다.[48] '근심 걱정이 없는 태

---

48. 1975년 10월 태평1·2동으로 나뉘었고, 1980년 9월 태평1동을 다시 태평1·3동으로 분동했다. 1989년 5월 수정구에 편입된 후 1990년 1월 태평 2동을 태평 2·4동으로 분동했다.

평한 지역을 만들자'라는 뜻으로 이름을 지었다는 사실은 다른 의미에서 보면 이곳이 '근심 걱정이 많은' 장소였다는 뜻이기도 하다. 원래 산림지대였던 이곳은 서울시가 1968년부터 1970년까지 3년간 무허가 건물에 거주하는 철거민을 집단 이주시켜 정착시키려는 계획하에 경기도 광주군 중부면 (수진리·탄리·단대리·상대원리 등 4개 리) 일대에 조성한 대규모 주택 단지(광주대단지)의 일부가 된다. 이 지역은 도시개발을 위해 삶의 기반을 뿌리 뽑힌 채 쫓겨난 사람들을 위해 '개발'된 공간이었다. 광주대단지 지역은 임야가 총면적의 60%를 차지해서 택지 개발이 어려운 구릉 지대였지만, 토지 매수 지역의 80%가 국·공유지였기 때문에 싸게 매입할 수 있다는 이유로 선택됐다.[49] 도로 교통이 불편해 서울과의 근접성이 떨어지는 공간적·사회적으로 고립된 곳이기도 했다(성남시사편찬위원회 2014, 58-61).

1961년부터 군사정권에 의해 시작된 경제개발의 효과는 1960년대 후반부터 가시적으로 나타나기 시작하는데, 그 결과 이촌향도(離村向都)가 가속화되어 수도권과 영남권을 중심으로 인구가 집중되는 도시화 양상이 심화됐다. 1970년 6대 대도시(서울, 부산, 대구, 광주, 대전, 인천)에 집중된 인구는 전체 인구의 77.7%에 이르렀다(조명래 2003, 20-21). 인구가 집중되면서 무허가 불량주택의 수도 급격히 늘어났는데, 1967년 10월 기준으로 서울에만 약 20만 호의 불량주택이 존재했다. 초기 산업화 단계에서 노동력이 포화상태였기 때문에 도시로 이주한 사람들은 날품팔이나 행상 등으로 먹고 살면서 빈민화됐고, 주택을 살 여력이 없었기에 불량주택에 거주했다(박홍근 2015, 245).

---

49. 택지 조성을 위한 정지 사업은 1969년 3월에 시작됐는데, 사업지의 60% 이상이 산림지여서 가파른 지형과 암반 지질을 정지하기 위해서는 대규모 토목 공사가 이뤄져야 했다. 하지만 예산 부족으로 서울시가 낮은 정지 작업비를 고수했기 때문에 시행 업체는 표피만 벗겨내는 산림 개간 수준에서 택지와 도로를 만들었다. 현재 성남 원도심 지역의 택지와 도로가 가파른 지형에 위치하는 것은 이 때문이다(성남시사편찬위원회 2014, 64-5). 성남출장소 건물이 있던 곳은 성남시 수정구에서 가장 높은 산등성이에 자리 잡은 현재의 태평4동이다. 이곳은 당시 도시계획의 상징인 '20평(실평수 13평)짜리 격자형 구도'에 따라 작은 평수의 주택들이 밀집해 있으며, 정착 1세대들이 가장 많이 남았던 지역이기도 하다(박승현 2006, 84-85).

도시개발 과정에서 무허가 불량주택에 거주하는 도시빈민을 집단 이주 시키는 정책은 1955년 서울 중구 양동의 화재민 집단 거주지를 철거해 도봉구 미아동의 사유지로 이주시킨 것이 시작이다(정착지조성이주사업, 1955~1972). 이후 서울 도심의 구릉지와 하천 변을 비롯한 국공유지 등에 형성된 판자촌과 천막촌을 철거해, 이곳의 거주자들을 서울의 외곽이나 주변 지역으로 이주시키는 도시계획사업이 지속해서 진행됐다(김묘정 2007, 80). 1961년 도동지역 도로공사로 철거민들이 수색동으로 집단 이주했으며, 1964년에 명동에서 철거민들이 정릉동으로 이주했다. 1964년부터 4년 동안 약 3만 6천 가구가 40개 지역에 집단으로 이주했다. 이 과정에서 사당동, 도봉동, 염창동, 거여동, 하일동, 시흥동, 봉천동, 신림동, 창동, 쌍문동, 상계동, 중계동 등지에 다시 대규모 불량주거지가 조성됐으며, 이곳은 계획된 주거지가 아니었기 때문에 상하수도, 전기, 도로 개설 등이 제대로 되어 있지 않아 철거이주민은 열악한 주거 조건에서 생존위기에 처하게 됐다(김묘정 2007, 80). 이러한 모습은 광주대단지에서도 반복된다.

1차 경제개발 5개년 계획(1962~1966년) 기간에 연평균 8.3% 경제성장이라는 성과를 거둔 군사정권은 1967년에 2차 경제개발 5개년 계획에 착수하게 된다. 이와 더불어 서울은 국가 주도의 산업적 근대화의 성과를 드러내는 공간으로 변모해야 할 필요성이 커졌다(박홍근 2015, 242-243; 조명래 2011b, 50). 박정희 대통령이 직접 발탁해 1966년 4월에 취임한 김현옥 서울시장(1966~1970년 재임)은 부산시장으로 재임하면서 얻은 '불도저'라는 별명처럼 여의도 개발, 청계천 복개, 세운상가 건설과 같은 대규모 도시개발사업을 속도전으로 진행했으며, 이로 인해 그의 재임 기간 내내 서울시는 만성적인 재정적자에 시달려야 했다(박홍근 2015, 247-250).

그는 서울의 근대화를 위해 무허가 불량주택 문제를 보다 적극적으로 해결할 방법을 모색했다.[50] 그중 하나는 새로운 아파트를 마련해서 도시빈민들을 수용한다는 계획(시민아파트 사업)이었고, 다른 하나는 서울 외곽에 위성도시를 만들어 인구를 분산시키는 것(광주대단지 사업)이었다(박홍근 2015,

제2부. 패자에 대한 포용적 해법의 모색

256). **51** 총사업비 240억 원을 투입해 총 40개 불량주택지구 78만 평의 판잣집을 철거하고, 9만 채의 아파트를 건설한다는 계획하에 시작된 시민아파트는 1969년부터 1972년까지 32개 지구 425동 17,204가구가 지어졌으나 부실 설계, 지반 취약, 자재 부족 등으로 심각한 안전문제를 안게 됐다. **52** 결국 1970년 와우아파트 붕괴 사고로 이어졌고, 김현옥 시장도 이에 대한 책임을 지고 시장에서 물러났다(박홍근 2015, 256-257).

　　광주대단지 사업은 빈민 주거지 철거와 강제이주를 핵심으로 하는 기존의 철거민 집단 이주 정착지 조성 정책의 연속선상에 있다. 이런 의미에서 최초의 수도권 '신도시'**53** 건설은 인구 분산을 위한 도시 '개발'보다는 도시빈민의 합법적인 '추방'에 가까웠다(박홍근 2015, 241). 광주대단지는 추방당한 사람들을 위한 공간이었다는 점에서 그 탄생부터 태평하기 어려운 결여의 장소였다. "무단 토지 점유와 불법 주택 건설을 일삼는 철거민들에게까지 선심을 쓸 만한 여유"가 없었기 때문이다(성남시사편찬위원회 2014, 71). 그래서 도시에 거주할 권리를 결여하고 있는 철거민들은 서울 중심부에서 남쪽으로 약 20km 떨어진 곳에서 자신의 결여를 처절하게 경험해야 했다. 서

---

50. 기존의 철거민 집단이주 정책은 2가지 이유에서 한계가 있었다. 첫째, 시유지에 정착시킨 도시빈민 중 상당수는 생계상의 이유로 원 주거지 근처로 되돌아와서 다시 불법 주거를 했다. 둘째, 불량주거지를 도심에서 벗어난 곳으로 옮기는 데 중점을 두었기 때문에 정착지에 또 다른 불량주거지를 재생산하는 결과를 초래했다(박홍근 2015, 255-256).

51. 1967년 5월 대통령 선거와 6월 국회의원 선거를 앞두고 4월부터 도시빈민들에게 토지를 불하해 이들이 시멘트 블록과 슬레이트 지붕을 갖춘 집으로 판잣집을 개량하면 소유권을 인정해주는 '판잣집 양성화' 정책이 잠시 시행되기도 했지만, 총선 이후에 폐기됐다(송기영 2018, 283-284).

52. 시민아파트는 연탄 난방에 10평 남짓이었는데 서울시가 부지 조성, 골조공사, 전기와 상하수도 공사만 하고, 내부 공사 일체는 입주자가 자비로 해야 했다. 입주권을 가진 도시빈민들은 내부 공사 비용을 부담하기 어려웠으므로 입주권을 판매하고 다시 판잣집을 짓는 경우가 많았다. 그래서 시민아파트 건설은 도시빈민의 주거 문제 해결에 거의 도움이 되지 않았으며, 오히려 부동산업자가 구입한 입주권을 두고 부동산 투기가 일어났다(박홍근 2015, 257-258; 송기영 2018, 288).

53. 우리나라에서 현대적 의미의 신도시가 본격화된 것은 1960년대 후반이며, 공업단지 건설에 따른 배후도시 건설과 수도권 과밀문제 해소라는 2가지 정책목표에 의해 이루어졌다. 최초의 신도시 건설은 울산 신시가지(1962년)이다. 그러나 대도시 과밀해소를 위한 위성도시 성격의 신도시 건설은 광주대단지가 최초다(한국토지공사 1997, 51).

울시는 '선입주 후건설' 방식에 따라 최소한의 생활 조건이 갖춰지지 않은 상태에서 무작정 도시빈민을 강제로 이주시켰다. 토지 정지 작업에 들어간 지 2개월만인 1969년 5월부터 청계천 변, 철도 변 등의 철거민들을 집단으로 입주시키기 시작했는데, 1971년까지 3년 동안 그 수가 12만 4,165명(2만 4,833가구)에 달했다.[54] 철거민[55]에게 각각 20평의 대지가 추첨으로 분양됐지만, 당장 생계도 막막했기 때문에 대부분 주택을 짓는 것은 엄두도 내지 못했다. 1970년대 초까지 광주대단지의 생활여건은 "살 곳도 먹을 곳도 일할 곳도 없는 참담함 그 자체"였다(성남시사편찬위원회 2014, 65-67). 대다수 철거민 입주자들은 불안한 삶을 사는 빈곤층 노동자들이었는데, 허허벌판이나 다름없는 광주대단지에서 생계를 유지하기 어려웠다. 버스로 서울까지 2시간 반 정도(1970년 말 기준) 걸렸기 때문에 교통비와 시간 등을 감안하면 출퇴근도 불가능했다. 그래서 초기에 이주한 철거민들의 절반 가까이가 서울로 돌아갔으며, 일부는 분양증을 판 돈으로 단지 안에 무허가 건물을 짓고 살았다(성남시사편찬위원회 2014, 73-75).

다른 한편으로 광주대단지는 '집이라는 장소를 원하는 사람들'을 위한 욕망의 공간이기도 했다. 서울시는 1968년 4월 4일 「한강 이남에 '제2의 서울'」이라는 계획을 발표한 지 1개월 만에 광주대단지 사업을 발표했으며, 이 사업을 '35만 명 규모의 새 위성도시 건설', '대전시 규모의 새 도시 건설' 등으로 홍보했다(성남시사편찬위원회 2014, 58-60). '광주대단지에 가면 싼값에 집을 살 수 있다', '광주대단지에 살판났다'라는 소문이 퍼지면서 저렴한 돈으로 주택을 마련할 수 있다는 기대를 하고 광주대단지로 이주하는 사람이 늘어

---

54. 서울시가 무리하게 철거민들을 이주시킨 것은 서울 도심 정비를 통해 1969년 청계천 변 복개 공사와 세운상가 아파트 건립 공사에서 부지를 매각해 시 세입을 확충할 기회였기 때문이다(성남시사편찬위원회 2014, 65).

55. 철거민도 무허가 가옥주와 주거 세입자 등과 같은 여러 집단으로 구성되어 있다(최인기 2009, 194-195). 철거 가옥에 살던 세입자들에게는 입주권이 부여되지 않았는데, 이들은 자신들에게도 입주권을 인정해 달라며 집단행동을 하기도 했다(성남시사편찬위원회 2014, 83-84).

났다. 분양증을 매매해 큰 이득을 보려는 부동산 투기업자들은 철거민들에게 웃돈을 주고 분양증을 팔도록 유도했고, 이 분양증을 새로운 입주자들에게 불법적으로 전매했다. 이 과정에서 돈을 모두 쓴 '전매 입주자'들은 천막을 치거나 판잣집을 짓고 살았고, 여유가 있는 사람들만 주택을 짓고 살았다. 1971년 서울시의 조사에 따르면 광주대단지 내 철거민 수는 4만 1,596명이었는데, 전입자 수는 6만 8,623명으로 1.6배가 많았다(성남시사편찬위원회 2014, 67-69). 이들이 이곳에서 열악한 주거 조건을 견뎌낼 수 있었던 것은 '내 집' 마련의 꿈과 부동산 가격 상승에 대한 기대가 있었기 때문이었을 것이다(정주아 2016, 259). '내 집'을 갖는다는 것은 삶의 터전이 되는 장소를 갖게 된다는 의미를 뛰어넘는다. 그것은 자산축적의 욕구를 실현할 수 있는 수단을 지닌 주체가 된다는 뜻이기도 하다. 재정적자에 시달리던 서울시는 이렇게 부동산 투기 바람을 일으켜서 유보지 매각으로 기대 이상의 이익을 거둘 수 있었는데, 이러한 땅값 상승 때문에 광주대단지 사업이 가능했다(성남시사편찬위원회 2014, 71-72).

1971년 8월 10일, 3~6만 명의 주민들이 대규모 시위를 벌인 '광주대단지 사건'은 결여와 욕망의 장소성이 유발하는 감정이 중첩되어 집합행위로 드러난 것으로 해석할 수 있다. 결여의 장소성은 주로 철거민 집단의 경험과 관련되어 있다. 강제이주를 위해 급조된 취약하고 불안한 공간 속에서 최소한의 생존권을 박탈당한 도시빈민들은 공포와 분노의 감정을 경험할 수밖에 없었다. 국가 권력은 '집단 수용소'와 같은 공간에 강제로 거주하도록 해, 이들이 국가의 보호에서 벗어난 배제된 존재임을 각인시켰다(조명래 2013, 49). 최소한의 존엄성조차 유지할 수 없는 조건에서 누적된 분노는 집합행동 과정에서 격분으로 표출됐다(김왕배 2020, 108-109). 시위대는 서울시 소속 광주대단지사업소 건물에 가서 집기를 훼손하고, 관용 차량 1대를 방화했으며 2대를 넘어뜨렸다. 또한, 시영버스를 뺏어 타고 "청와대로 가자"라는 구호를 외치면서 서울시로 진출하려고 시도했다. 이 사건으로 인해 21명이 구속·기소됐는데, 대부분 철거민 입주자들이었다(성남시사편찬위원회 2014,

101-103).

　　욕망의 장소성은 전매 입주자들의 불만과 관련된다. 1971년 7월 13일, 서울시는 한 차례 유보했던 전매 행위 금지, 전매 입주자의 분양 재계약 및 분양 대금 시가 일시불 납부, 철거민의 택지 대금 일시불 납부를 공고했다. 전매 입주자들은 이러한 조치에 가장 민감하게 반응했다. 10~15만 원을 주고 분양증을 매입했는데, 여기에 16~32만 원의 분양 대금을 일시불로 납부해야 했기 때문이다. 그래서 이들은 7월 17일 '분양지불하가격시정대책위원회'(나중에 투쟁위원회로 바뀜)를 구성해 집단 민원을 제기하는 등 적극적 대응에 나선다. 대책위는 8월 10일에 궐기대회를 개최하기로 하고, 현수막과 전단을 배포해 주민들의 참여를 독려하는 한편, 토지불하가격 인하와 취득세 면제라는 요구를 고수하면서 서울시의 타협안을 거부했다(성남시사편찬위원회 2014, 87-93). 그러나 8월 10일 당일 이들의 예상과 달리 철거민과 기타 공조 세력이 참여하면서 궐기대회가 대규모 시위로 확대됐으며, 서울시가 모든 요구를 수용하겠다는 소식이 전해지자 사건 시작 6시간 만에 종료된다. 이들의 행위를 추동했던 것은 '불하가격 시정'으로 대표되는 재산권 보호를 위한 욕망이었다(임미리 2012, 241-245). 실제로 이 사건으로 직접적인 혜택을 본 것도 전매 입주자였으며, 월동대책비와 취업대책비가 투입되기는 했지만, 단지 내 이주민의 생활여건이 크게 개선되지는 않았다(임미리 2012, 251-253).

　　광주대단지 사건 이후 대단지 건설 사업이 서울시에서 경기도로 이관되면서 이곳은 성남시로 승격됐다. 그러나 이 사건은 박정희 정권 최초의 대규모 집합행동이었기 때문에 정부는 경찰 병력과 정보·수사 요원을 통해 통제를 강화했다. 또한, 정부와 언론이 광주대단지 사건을 '폭동', '난동'으로 규정하면서 성남 시민들의 사회적 소외는 오히려 심화됐다. 이후에도 저소득층의 전입·전출이 이어지면서 도시 전체가 빈민 지역이라는 낙인을 받게 된다. 1970~1980년대를 거치면서 20평 규모의 벽돌집이 3층 집으로 개조됐지만, 20평으로 늘어선 집들과 2m 남짓의 골목길로 구성된 태평동의 도시경관은 현재까지도 크게 달라지지 않았다(성남시사편찬위원회 2014, 105-108).

광주대단지의 기억은 한국의 압축적 도시화 과정이 빈곤층을 비롯한 주거불안계급[56]의 거주지 분리(residential segregation)라는 공간적 배제와 집중 과정을 수반했음을 보여준다. 이는 거주지 분리가 도시 공간 내에서 유사한 사회경제적 지위를 지닌 인구집단들이 같은 지역에 자발적으로 거주하면서 발생하는 현상이 아님을 뜻한다(박윤환·임현철 2016, 208). 재개발을 통해 도시 공간을 재구성하면서 한편으로는 사회경제적 약자들을 보다 취약한 빈곤주거지역에 집중시키고, 다른 한편으로는 주거불안을 통해 집에 대한 소유욕을 불러일으켜 주택 구매를 유도하는 것이다.

한국의 발전국가는 경제성장을 위해 국내의 모든 경제적·사회적 자원을 동원하는 체계였다. 이에 따라 사회정책도 경제성장이라는 목표의 부산물로 발전했다. 주택정책도 마찬가지였다. 서구 사회 경우 사회문제의 하나인 주거문제에 개입해 안전을 보장하기 위한 사회정책의 하나로 주택정책이 발전했지만, 한국은 경제성장의 안정적 관리를 위한 수단으로 활용됐다. 그로 인해 1970년대부터 1980년대 중반까지의 주택정책은 '사회안정' 차원에서 주거난을 완화해 중산층 이상의 주거 불만을 해소하면서, 선택적 집중을 통한 성장을 위해 주택산업에 대한 자원 배분을 제한하는 '수요제한형' 정책으로 자리 잡았다(김명수 2020, 54-59). 이 과정에서 도시빈민을 비롯한 주거불안계급의 주거문제 해결은 도외시될 수밖에 없었으며, 최소한의 자원을 투입한 거주지 분리를 통해 밀집지역 내에서 스스로 알아서 주거문제를 해결하도록 방치했다. 그 결과 주거불안계급은 취약한 주거환경에 거주하면서 소득, 교육, 건강, 사회 이동 등의 측면에서 더 불리한 조건에 놓이게 되고, 거주지와 일자리의 공간적 불일치 때문에 불이익을 받게 되며, 빈곤으로 인한 사회적 낙인과 차별 속에서 정치적 참여와 소통 측면에서 배제되

---

56. 주거불안계급이라는 용어는 박미선(2017)에서 가져온 것이다. 이는 불안정한 노동자계급을 의미하는 신조어인 불안계급(precariat) 개념을 주거문제와 결부시켜 사회경제적 약자의 취약성이 주거불안과 결합해 심화됨을 보여준다.

는 사회경제적 불평등을 경험하게 된다(박윤환·임현철 2016, 211; Young 2020, 329-337). 2010년과 2015년 읍면동 단위 기초생활수급자 비율과 빈곤층 거주지 분리 수준을 경험적으로 분석한 결과에 따르면, 수도권을 중심으로 빈곤층 거주지 분리가 심화되고 있는 경향이 뚜렷하게 나타났다(박윤환·임현철 2016, 231). 이는 거주지 분리로 인한 공간적 불평등 문제가 여전히 지속되고 있음을 보여준다.[57]

III. 중산층을 위한 신도시 개발과 도시 공간의 양극화

1989년 8월 30일부터 1996년 12월 31일까지 7년여에 걸쳐 분당에 대규모 주거지형 신도시가 건설되면서 성남시는 신도심과 산성대로를 중심으로 한 원도심으로 양분화된 공간 구조를 갖게 됐다.[58] 단순히 공간적으로만 나뉜 것이 아니라 소득 및 교육수준, 공공시설과 서비스에 대한 접근성, 삶에 대한 만족도 등의 측면에서 양극화된 모습을 보여준다.

『2019년 제10회 성남시 사회조사 보고서』에 따르면, 신도심인 분당구의 월평균 가구소득은 원도심인 수정구, 중원구와 현격한 차이를 보인다. 400만 원 이상이 분당구는 59.3%지만, 수정구는 27.7%, 중원구는 23.3%이다. 교육수준에서도 분당구는 대졸 이상이 68.4%지만, 수정구는 33.2%, 중원구는 31.9%이다. 삶에 대한 만족도에 대한 질문에서 만족한다는 답변이 분당구는 39.2%였지만, 수정구는 28.6%, 중원구는 26.7%에 그쳤다.

---

57. 또한, 저소득 빈곤층뿐만 아니라 1인 가구, 청년층, 이주노동자 등과 같이 주거불안계급이 확대됐음을 고려한다면, 그 심각성은 더 커진다.
58. 2003년부터 2011년까지 판교 신도시가 건설되면서 신도심과 원도심 간의 공간적 양극화는 더 심화된다.

<표 7-1> 월평균 가구소득

(단위 : %)

구분	월평균 가구소득							
	100만 원 미만	100만 원 ~ 200만 원 미만	200만 원 ~ 300만 원 미만	300만 원 ~ 400만 원 미만	400만 원 ~ 500만 원 미만	500만 원 ~ 600만 원 미만	600만 원 ~ 700만 원 미만	700만 원 이상
수정구	20.8	20.2	17.9	15.5	10.0	6.9	4.8	3.9
중원구	18.7	17.3	28.5	12.2	11.9	4.2	3.3	3.9
분당구	6.2	9.9	12.9	11.7	13.8	11.1	6.8	27.6

출처 : 성남시(2019, 79).

<표 7-2> 교육 정도

(단위 : %)

구분	교육 정도				
	초졸 이하	중졸	고졸	대학교 졸업	대학원 졸업
수정구	12.6	11.3	42.8	30.0	3.2
중원구	11.6	14.3	42.2	29.8	2.1
분당구	3.1	6.7	21.8	53.4	15.0

출처 : 성남시(2019, 48).

<표 7-3> 자신의 삶에 대한 만족도

(단위 : %)

구분	매우 만족	약간 만족	보통	약간 불만족	매우 불만족
수정구	3.4	25.2	48.3	19.5	3.6
중원구	2.8	23.9	54.8	15.4	3.1
분당구	7.2	32.0	43.6	14.1	3.1

출처 : 성남시(2019, 86).

　　주거형태 측면에서 보면 분당구는 아파트가 68.4%로 절대다수를 차지했으며, 수정구와 중원구는 단독주택이 59.1%와 39.0%로 다수를 차지했다. 주택 및 거주지에 대한 만족도 면에서도 분당구는 60% 이상이 만족한다고 답변했지만, 수정구와 중원구는 절반에 미치지 못했다.

<표 7-4> 주택 형태 및 주택 점유형태

(단위 : %)

구분	주택 유형				점유형태				
	단독주택	아파트	연립/다세대	기타	자기 집	전세	보증금 있는 월세	보증금 없는 월세	무상
수정구	59.1	23.6	12.2	5.2	40.5	35.2	20.6	2.3	1.4
중원구	39.0	30.6	24.0	6.4	40.9	28.2	25.4	4.6	0.8
분당구	12.6	68.4	18.4	0.6	55.5	27.1	16.5	0.2	0.8

출처 : 성남시(2019, 46).

<표 7-5> 주택 만족도 및 거주지 만족도

(단위 : %)

구분	주택 만족도					거주지 만족도				
	매우 만족	약간 만족	보통	약간 불만족	매우 불만족	매우 만족	약간 만족	보통	약간 불만족	매우 불만족
수정구	8.3	31.7	37.1	19.1	3.9	6.6	32.4	48.7	10.3	2.0
중원구	9.0	27.9	46.3	13.8	2.9	8.4	29.1	51.0	9.8	1.7
분당구	24.0	35.6	27.9	9.2	3.3	28.0	40.9	25.0	5.0	1.1

출처 : 성남시(2019, 56).

이와 같은 성남시 내의 공간적 양극화 현상은 '중산층 도시' 건설을 목표로 한 분당 신도시 개발의 역사적 산물이다. 신도시가 개발되기 전인 1980년대 말까지 성남은 도시 정체성 면에서나 실제 사회계급 구성 면에서 '서민층의 도시'였다. 1987년 전국 도시 거주자의 월평균 소득이 56만 3,000원이었는데, 성남시 취업인구의 월평균 소득은 31만 4,000원에 불과했다. 또한, 1985년 성남시 경제활동인구의 직업 분포를 보면, 생산 및 관련 종사자, 운수 장비 운전자, 단순노동자의 비율이 56.6%지만, 행정관리직과 사무직을 합친 비율은 16.2%에 그쳤다. 이는 광주대단지가 남긴 장소에 대한 기억과 경험이 초래한 결과라고 할 수 있다(박지환 2005, 94).

분당 개발은 1980년대 말의 3저 호황으로 인한 부동산 가격 상승과 주

제2부. 패자에 대한 포용적 해법의 모색

거 문제를 배경으로 한다. 중산층이 성장하면서 중·대형 아파트에 대한 수요가 급증함에 따라 강남 지역을 중심으로 아파트 가격이 폭등한다. 이는 다시 서울과 수도권을 넘어 전국적인 부동산 가격 상승을 초래했다. 1987년 12월 말 기준 전국의 주택보급률은 69.2%였는데, 서울은 50.6%에 불과했다. 가구 수는 연간 3.3%씩 증가하고 있는데, 택지 부족과 주택건설사업의 채산성 악화로 신규주택의 공급은 매우 부진해 주택 부족 문제가 심화됐다. 강남의 대형, 고급 아파트를 중심으로 투기가 성행했는데, 1988년 9월 말 이후 상승하기 시작한 강남 지역 대형 아파트 가격은 1989년 초까지 6~7개월 사이에 30~50%나 상승할 정도였다(한국토지공사 1997, 53-54).

주거안정을 위해 '주택 200만 호 건설'을 공약으로 내걸었던 노태우 정부는 1988년 9월 13일 '주택 200만 호 건설계획'과 함께 산본, 중동, 평촌 등에 대규모 택지 개발을 발표한다. 1992년까지 매년 40만 호의 주택을 공급해 주택보급률 73%를 달성하겠다는 야심 찬 내용을 담은 계획이었다(김명수 2020, 114). 발표 이후에도 부동산 가격은 안정되지 않았는데, 집값 상승의 진원지인 강남 지역의 주택 수요를 충족시키기 어려웠기 때문이다(장세훈 2017, 365). 그래서 정부는 1989년 4월 27일 2차로 분당·일산에 신도시 건설 계획을 발표한다. 청와대 '서민주택건설 실무계획단'은 서울지역과 출퇴근을 할 수 있는 거리인 서울 중심 20km 정도에 위치하며, 주택 10만 호 이상의 건설이 가능한 300만 평 이상의 넓은 지역으로서 강남 지역과 접근성이 좋고 지가가 저렴한 지역을 신도지 대상지로 물색했다. 교통, 지리적 여건, 도심과의 거리 등을 감안할 때 강남 지역의 주택 수요를 대체할 수 있는 최적지로 분당이 선정됐다. 이곳은 1976년부터 건축법 제44조 제2항에 따라 개발제한구역에 준하는 건축 제한을 받고 있던 지역(일명 남단녹지)이었다 (한국토지공사 1997, 55-56).[59]

---

59. 일산은 강남·강북의 균형개발과 대북관계를 이유로 개발 필요가 제기되면서 추가로 선정됐다(김명수 2020, 289).

이는 경기정책의 보조 수단으로 주택정책을 이용하는 기존의 소극적 개입에서 적극적 개입으로 주택정책 변화를 알리는 사건이었다. 주거문제의 근원이 공급 부족에 있다고 보고, 주택공급 확대를 통해 해결하려는 공급관리형 정책이 등장한 것이다. 이를 위해서는 도심 내 택지 고갈 문제, 특히 중산층의 주택 수요에 맞는 중·대형 아파트 건설용 토지 부족 문제를 해결해야 했다. 그 방법으로 제시된 것이 서울 인근 교외 지역의 신도시 건설과 도시 권역 안의 불량주택 지구를 아파트 건축에 적합한 택지로 전환하는 합동재개발사업이었다(김명수 2020, 113-114).

분당 신도시는 강남 지역의 주택 수요를 흡수하기 위해 중산층이 수요 대상인 중형 이상의 주택을 대량으로 공급하되, 규모별 주택을 균형 있게 배치해 소득계층별 조화를 이루도록 계획됐다(한국토지공사 1997, 61). 수도권 5대 신도시 아파트 규모별 건설계획을 보면 분당의 경우 국민주택 이상 아파트 비중은 34.4%로 다른 곳에 비해 월등히 높았다.

<표 7-6> 수도권 5대 신도시 아파트 규모별 건설계획

(단위 : 천 호, %)

구분	분당	일산	평촌	산본	중동	합계
임대주택	15.5(17.6)	8.2(14.1)	14.1(34.1)	11.1(26.7)	11.5(27.7)	60.4(22.4)
국민주택 이하 (18평 이하)	14.2(16.2)	11.5(19.8)	7.8(18.8)	17.7(42.7)	8.5(20.5)	59.7(22.1)
국민주택 규모 (18~25.7평)	28.0(31.9)	22.7(39.1)	11.6(28.0)	1.5(3.6)	13.9(33.5)	77.7(28.7)
국민주택 이상 (25.7평 초과)	30.2(34.4)	15.6(26.9)	7.9(19.1)	11.2(27.0)	7.6(18.3)	72.5(26.8)
합계	87.9(100)	58.0(100)	41.4(100)	41.5(100)	41.5(100)	270.3(100)

출처 : 장세훈(2017, 373).

신도시 건설은 일체 정부의 재정 지원 없이 전철, 도로망 등 도시기반시설의 확충까지 개발이익을 통해 사업 주체가 부담하는 합동개발방식을 통해 이뤄졌다(한국토지공사 1997, 60-61). 정부는 민간건설회사에 택지를 판매한 이익금으로 개발사업을 진행했고, 민간 건설회사는 토지 선분양에 의한 선수금으로 자금을 마련했다. 분당 개발을 서둘렀던 정부는 분양가격 연동제[60]를 도입해 아파트 분양가를 현실화하고, 용적률을 올려 주었으며, 주택상환사채[61]까지 발행해 건설회사가 이윤을 얻을 수 있도록 보장했다. 또한, 당초 아파트 분양계획을 변경해 분양면적 38평 이상의 중대형 아파트 비중을 12.7%에서 26.6%로 늘려, 건설회사가 더 많은 자금을 확보할 수 있도록 도왔다. 그 결과 최종적으로는 32평 이상의 아파트가 55.7%를 차지하는 '중산층 도시'가 탄생했다. 개발이익을 둘러싼 국가와 민간 건설회사의 공모와 중대형 아파트를 살 수 있는 경제력이 뒷받침되는 중산층의 수요가 결합해 배타적인 중산층 거주지역이 형성된 것이다(박지환 2005, 95-96).

분당은 신도시 건설 초기 단계부터 원도심과 사회적·심리적 구분을 분명히 함으로써 성남시의 일부분이지만, 성남과는 별개의 도시 공간이라는 사회적 인식을 낳았다. 성남시 행정구역 내의 개발지구였음에도 불구하고 '분당 지구'나 '분당 신시가지'가 아니라 '분당 신도시'로 명명한 것은 이러한 의도를 반영하고 있다(장세훈 2017, 368-369). 실제로 정부는 당초 분당을 성남과는 별도의 시로 건설할 계획을 하고 있었는데, 1990년에 수립된 「분당 신도시 개발사업 기본계획」에는 분당 개발지구 내에 시청, 시의회, 2개의 구청을 위한 부지가 마련되어 있었다는 사실을 보면 이를 알 수 있다. 그러나 성남시 내부의 반대가 심했기 때문에 주민 입주를 13일 앞둔 1991년 9월 17일에 분당구청 개청이 결정되면서 성남시로의 편입이 사실상 확정됐다. 그러나 분당 주민들은 이러한 사실을 알고 입주 초기부터 분당을 독립된 행정구역으로 분리해 달라는 운동을 전개했다. 분당 주민들은 자신들의 세금이 낙

---

60. 기존의 분양가상한제를 폐지한 것은 아니고 포괄적 상한규제에서 생산비에 연동한 규제로 방식을 전환한 것이다(김명수 2020, 127).

61. 민간 건설회사가 입주 예정자에게 주택 가격의 60% 내에서 회사채 형식으로 발행한 후 만기일에 주택으로 상환하도록 한 제도. 이를 통해 건설회사들은 선투자 비용을 입주자로부터 조달할 수 있었다(장세훈 2017, 375).

후된 성남을 재개발하는 데 사용되는 것에 반감을 가지고 있었으며, 무엇보다 기존의 성남에 대한 부정적인 이미지 때문에 강남에 버금가는 차별화된 '중산층 도시'에서 살아가는 계급이라는 자신들의 사회적 위신이 손상되는 것을 우려했다(박지환 2005, 97-98). 분당은 '제2의 강남'이라는 언표를 통해 강남과의 관념적 거리의 가까움을 드러내고, '쾌적하고 고급스러운 주거 도시'라는 집단적 표상을 통해 '중산층 도시'로서의 정체성을 형성했다. 그 과정은 우월한 사회적 가치를 독점하기 위해 지속해서 타 지역에 대한 차별적이고 배타적인 경계를 만들어냄으로써 가능했다(서대승 2017, 353). 1990년대 이후에는 '내 집' 마련을 통한 재산 형성이라는 자가소유 욕망에 계급상 차별화된 쾌적하고 배타적인 주거 공간을 형성하려는 사회경제적·문화적 구획화라는 측면이 더해져 주거의 의미가 변화되고 있음을 보여준다(서대승 2017, 353).

더욱 거시적인 측면에서 보면, 분당 개발은 1987년 민주화로 인한 정치·사회 체제의 위기 상황에서 중산층의 요구를 적극적으로 수용해 이들을 안정시킴으로써 사회적 안정을 추구하려는 기조에서 출발했다(장세훈 2017, 365-368). 1980년대 중반 이후 제조업의 순 이윤율이 급속하게 저하된 한국은 도시화가 산업화에 종속되는 고도 성장기와 달리, 도시화가 산업화를 추월하는 변화를 보인다. 부동산 투자를 통한 이윤 추구가 본격화되어 투기적 도시화의 양상이 나타난 것이다(신현방 2017, 227). 이러한 상황에서 정부는 성장산업으로서 주택산업을 육성하면서, 주택의 대량 공급에 나섰다(김명수 2020, 112). '주택 200만 호 건설계획'에는 최초로 공공임대주택계획이 포함되어 있었지만, 극빈층을 대상으로 한 잔여 대책에 그쳤고 비중도 적었다. 저소득층을 대상으로 한 장기임대주택도 당국의 정책이 바뀌어 곧 중단됐다(김명수 2020, 290). 정부의 주택공급 정책에서 주거불안계급을 위한 공간은 여전히 존재하지 않았다.

강남과의 관념적 가까움에 기초한 분당의 장소성은 물리적으로 가까운 성남과 사회적 경계를 둠으로써 형성됐기 때문에 성남시는 이원적 공간 구조를 가질 수밖에 없었다. 서로 다른 역사적 과정을 지닌 인구의 집단 이주가 인구, 주거, 교통, 산업 등의 차원에서 분절화된 도시경관을 만든 것이다(이훈호 2000). 양분화된 성남시의 공간 구조에서 원도심의 하나인 태평동은 상대적 박탈감 속에서 선망과 질시의 감정을 만들어내는 장소가 됐다. 태평2동에 있었던 시청사 이전과 상권의 쇠퇴, 건축물의 노후화와 기반시설 부족으로 인한 인구 유출과 노령화, 자족 기반 부족 때문에 원도심과 신도심의 격차는 지속해서 증가했다. 중심지역에서 주변 지역으로 재조정되는 이러한 과정에서 주민들은 과거에 누렸고, 누릴 수 있다고 기대하는 가치가 자신에게 결여되어 있음을 인식하면서 피해의식과 좌절감을 느끼는 한편, 경쟁자가 지닌 재화를 갈망하고 경쟁자를 적대시하는 집단적 감정[62]을 경험하게 된다(부산대학교 한국민족문화연구소 2013, 8). 이는 서울로 대변되는 중앙의 문제해결을 위해 지방/주변에 신도시를 찍어내듯 만들어 온 국가 권력과 자본의 힘이 만들어낸 지방 내부의 분화와 갈등의 산물이라고 할 수 있다(조명래 2011b, 59-60).

IV. 도시재생, 주민참여, 장소성

태평동은 구릉지 경사 지형에 작은 필지 형태로 노후 주택이 많고, 도로·주차장·공원 등과 같은 기반시설이 열악한 상황이어서 2009년부터 도시정비구역으로 지정되어 있었다. 그러나 사업성 저하로 태평 2·4동은 2014년에 1월 지정 해제됐다. 이후 태평 2·4동 일원은 2015년 국토교통부의 도시재생사업(일반근린형)에 공모해 2016년부터 사업(사업명 : 어질고 뜻있는 주

---

62. 선망은 기본적으로 비교에 기반하고 있으며, 내가 남보다 우월해지길 바라는 욕구를 수반한다. 상대의 우월함으로 인해 내가 열등하게 느껴지기 때문에 상대에 대한 미움, 적대감, 분노로 이어질 가능성이 크며, 집단적 연대나 사회적 정의의 추구로 이어지기 어렵다(김미현 2018, 207-8).

민들이 함께 만드는 언덕 위 태평성대)이 진행되고 있다(성남시 2021, 7-8). 도시정비구역 지정 당시 태평 2·4동은 전면 철거 후 재개발을 거쳐 지상 15층 이하(인근에 있는 서울공항 때문에 고도제한이 있음) 아파트 4,688가구를 건립할 계획이었다. 그러나 부동산 경기 침체와 재무구조 악화로 한국토지주택공사가 사업 불참을 선언했고, 성남시도 3조 4,000억 원에 이르는 사업비를 조달하기 어려워 사업 중단이 결정됐다(김기성 2014). 『2030 성남시 도시·주거환경정비기본계획』(2019. 6)을 보면 태평3구역은 재개발사업을 통한 정비예정구역이며, 태평1구역은 정비예정구역에서 해제됐다. 현재는 태평동 내에서도 도시재생구역, 재개발구역, 정비예정구역 해제구역으로 나뉘어 있는 상황이다. 정비예정구역 해제구역은 장기적으로는 도시재생사업 추진을 검토하고, 단기적으로는 「빈집 및 소규모주택 정비에 관한 특례법」에 따라 가로주택정비사업, 소규모재건축사업, 자율주택정비사업을 통해 관리할 계획이다(성남시 2019, 134).

　　도시재생사업이 진행되고 있는 태평 2·4동은 전 지역이 제2종 일반주거지역에 속하며, 전체 토지 중 94.15%가 필지 면적 90㎡(27.2평) 이하이고, 폭 4m 이하의 협소한 도로가 61%를 차지하고 있다. 대부분 건물이 벽돌과 블록으로 이루어진 조적조 구조로 노후화되어 있는 상황이며, 녹지와 필지 내 주차장도 거의 없다. 이러한 모습은 결여의 장소성이라는 역사적 층위를 직접 드러낸다. 또한, 이곳은 정비구역으로 지정되어 있던 2009~2014년 사이에 많은 토지가 부재지주에게 매각되어 부재지주 비율이 45%에 달하는데, 태평동 전체 토지의 약 20%가 이 시기에 부재지주에게 매각됐다(성남시 2021, 23-35). 재개발 이익을 추구하면서 욕망의 장소성이 재현된 것이다. 도시재생에 반대하고 재개발사업을 요구하는 '태평 2·4동 재개발추진위'는 소유주를 중심으로 한 목소리를 대변한다. 이들의 목소리는 도시재생사업을 둘러싼 공청회에서 빠지지 않는다.[63] 도로를 조금 확장하거나 공영 주차장을 설치하는 수준의 정비사업으로는 열악한 주거환경을 개선하기 어렵다는 주장은 상당한 설득력을 가지고 있다. 또한, 태평 2·4동은 외곽순환도

로, 분당수서간도시고속화도로 및 분당선과 8호선 지하철역이 가까이에 있
으며, 태평로를 사이에 두고 근처에 503세대 아파트단지가 있고, 태평3동
이 재개발사업 지역이 되면서 개발에 대한 선망이 강해질 수밖에 없는 조건
을 가지고 있다. 이와 같은 누적된 역사적 층위와 입지에서 발생하는 개발
압력이 이곳의 장소성을 강하게 규정하는 것이다.

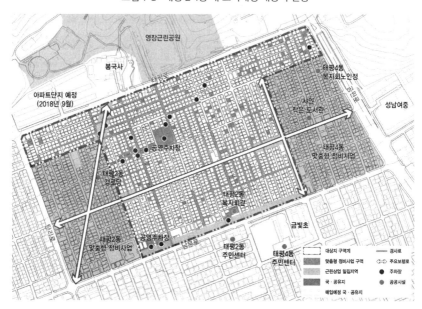

<그림 7-1> 태평 2·4동 내 도시재생 대상지 현황

출처 : 성남시(2021, 35).

2013년에 제정된 「도시재생 활성화 및 지원에 관한 특별법」(약칭 : 도시재
생법)에 따르면, 도시재생이란 "인구의 감소, 산업구조의 변화, 도시의 무분
별한 확장, 주거환경의 노후화 등으로 쇠퇴하는 도시를 지역 역량의 강화,

---

63. 이에 대한 성남시의 공식인 답변은 "재개발사업 추진은 도시·주거환경정비기본계획에 부합되어야
하고, 도시 및 주거환경정비법에 의한 정비예정구역 지정이 선행되어야" 한다는 것이다. https://www.
seongnam.go.kr/city/1001170/30310/bbsView.do?currentPage=1&searchSelect=&searchW
ord=&searchOrganDeptCd=&searchCategory=&subTabIdx=&idx=203964(검색일: 2021. 2. 15).

새로운 기능의 도입·창출 및 지역자원의 활용을 통해 경제적·사회적·물리적·환경적으로 활성화시키는 것"을 말한다. 도시재생사업은 전면 철거 후 재개발이라는 성장 일변도 중심의 도시개발사업의 한계와 부작용에 대한 문제의식에서 출발했으며, 노후하거나 쇠퇴한 지역의 공간에 대한 물리적 환경 개선을 넘어 지역을 사회·경제·문화적으로 재활성화하고 도시의 장소성을 확보해 종합적인 발전을 추구한다(오영삼 외 2019, 111-2). 이처럼 도시재생이 추구하는 것이 다양한 삶의 관계망을 담고 있는 지금의 장소성을 보존하면서 공간을 미래지향적으로 재구성하는 것이라면, 누적된 역사적 층위가 만들어내는 개발 압력을 이겨낼 수 있는 장소에 대한 애착이 도시재생사업을 통해 형성되어 이곳에서 살아가는 정주의 가치를 높일 수 있어야 한다(이영범 2019, 127-128). 사업 전반에 걸쳐 주민들의 참여를 강조하고 있는 현재의 도시재생사업은 이를 실현할 수 있을까?

　　도시재생에 관한 본격적인 논의는 국토교통부가 도시재생을 국가 R&D 미래신성장동력산업으로 채택한 2006년에 시작됐으며, 7년간의 연구 성과를 종합해 2013년 「도시재생법」이 제정됐다. 법 시행과 함께 국토교통부는 「국가도시재생기본방침」을 수립해 2013년 12월에 발표했고, '한국형 도시재생 선도모델' 발굴을 목적으로 시범사업 성격의 국비지원사업을 추진해 2014년 13곳을 지정했다. 그리고 2016년 일반지역 공모사업을 진행해 33곳을 선정했다(이영은·서수정 2019, 11-38). 태평 2·4동은 이때 활성화 계획 유형 중 일반근린재생형[64]으로 선정됐다. 활성화 계획수립 없이는 국비가 지원되어도 예산을 사용할 수 없으므로, 「도시재생법」에 따른 법정 절차를 거쳐야 한다. 기초지자체 수준에서 활성화 계획(안)을 마련하고 공청회와 지방도시재생위원회 심의 등을 통과해야 하며, 국가 지원이 있는 경우는 지방 심의에 앞서 관계 중앙행정기관 협의, 도시재생특별위원회 심의, 국무위

---

64. 「도시재생법」에 따르면 "생활권 단위의 생활환경 개선, 기초생활 인프라 확충, 공동체 활성화, 골목 경제 살리기 등을 위한 도시재생활성화계획"이다.

원회 심의를 거쳐야 한다. 또한, 법정 절차와 별도로 국토교통부의 실현 가능성 및 타당성 평가를 받아야 하므로, 지자체가 활성화 계획을 수립하려면 3중의 평가 또는 심의를 거쳐야 한다(박소영 2019, 75). 성남시의 경우 2018년 12월 12일에 도시재생활성화계획을 수립·고시했는데, 2020년까지 사업 기간 5년인 사업의 예산을 집행하기 위해 활성화 계획을 수립하는 데에만 3년이 걸린 셈이다.[65]

　　도시재생사업은 계획수립과 시행, 이후 운영과 유지에 이르기까지 사업 전반에 걸쳐 주민의 참여를 중요한 요소로 강조하고 있다.[66] 태평 2·4동의 경우도 주민 간담회/공청회/설명회, 주민협의체 회의, 상인 인터뷰 및 관내 대학생 간담회 등을 통해 지역 내 다양한 이해관계자의 의견을 수렴하는 절차를 거쳤으며, 주민역량 강화를 목적으로 도시재생대학을 운영하고 주민공모사업을 진행했다. 주민의 참여와 합의를 통해 사업을 추진할 때 갈등을 최소화하고 사업의 지속성을 담보할 수 있다는 이유에서다. 또한, 국비 지원을 통한 마중물 사업이 종료된 이후에도 지역 활성화로 이어지려면 지역에서 참여 가능한 활동 조직을 발굴해 점진적인 거버넌스 체계를 구축하는 것이 중요하다. 그렇지 않으면 행정조직, 일부 활동가, 전문가, 용역업체 등이 주도해 국비를 지원받기 위한 프로젝트 사업에 그칠 수 있기 때문이다(이영은·서수정 2019, 34-35). 도시재생은 도시쇠퇴로 인해 발생하므로 복

---

65. 문재인 정부가 출범한 2017년 도시재생사업은 '도시재생 뉴딜사업'으로 발전하는데, 발표 당시에는 매년 10조 원씩 5년간 50조 원을 지원하기로 했다. 2016년 넓은 의미의 도시재생사업 관련 총예산이 2,173억 원이었음을 고려하면, 엄청난 규모였다. 실질적인 재정 지원 규모는 발표와 큰 격차가 있지만, 2017년 68곳, 2018년 99곳, 2019년 116곳으로 예산과 선정 대상지가 크게 확대됐다(이영은·서수정 2019, 39). 2019년부터는 활성화 계획을 수립하지 않으면 '도시재생 뉴딜사업' 공모에 신청하지 못하도록 정부 방침이 바뀌었다(이영은·서수정 2019, 31).

66. 국토교통부의 「국가도시재생기본방침」에 따르면, "주민은 도시재생계획 수립과정에서 지역자원을 새롭게 발굴하고, 독창적이고 특색 있는 아이디어를 제안하며, 사업 시행과 이후 운영·유지관리 단계에서 적극적으로 참여한다. 또한, 주민협의체를 구성하고, 지방자치단체·정부·민간투자자 및 기업 등과 협력 체계를 구축한다."

합적인 대응이 필요하다. 그중 하나로 지역사회의 역량을 회복하기 위한 사회적 경제를 강조하는 것도 이러한 이유에서다(장원봉 2019, 93). 2021년 2월 기준, 태평 2·4동도 마을관리협동조합 설립을 추진하는 중이다. 마을관리협동조합이 설립되면 도시재생사업을 통해 조성한 시설들의 관리·위탁을 통해 자조적인 조직이 될 수 있는 여건을 마련해 줄 수 있을 것으로 예상한다. 일반적으로 국토건설부도 이러한 방식을 권장한다.[67]

이와 같은 노력에도 불구하고 주민들의 관심과 참여는 여전히 제한적이다. 2018년 8월 3일부터 9월 7일까지 태평 2·4동 주민 1,077명을 대상으로 한 방문면접조사 결과를 보면, 활성화 사업의 필요도 질문에 대해 '노후 상하수도 정비'(96.6%), '범죄예방 환경설계'(92.9%), '주차장 조성'(91.7%), '전선 지중화'(86.6%), '쉼이 있는 골목길'(83.4%) 등 물리·환경적 개선과 관련해서는 필요하다는 응답이 높았다. 그러나 주민역량강화사업(41.9%)이나 '청년임대주택 및 창업 인큐베이터 조성'(61.2%), '지역과 함께하는 사회적 기업 육성'(49.2%)과 관련해서는 필요하다는 응답이 상대적으로 낮았다(성남시 2021, 55-6). 노후화된 기초생활 인프라를 정비하는 데에는 관심이 높지만, 주민참여를 통해 지속 가능한 공동체를 형성하는 문제에는 관심이 적다는 사실을 알 수 있다.

그 이유는 도시재생사업이 주민의 참여에 기초해야 한다는 당위에서 출발하고 있음에도 불구하고, 사업화·제도화·관료화된 틀 속에서 경직화된 '참여'만 존재할 뿐, 실제로 주민참여를 어떻게 끌어낼 수 있는지에 대한 고민이 없었기 때문이다. 주민참여 역량을 증진하기 위한 프로그램은 도시재생대학, 선진도시 답사, 주민 워크숍, 주민제안사업 등 거의 모든 도시재생사업 지역에서 기계적으로 동일하게 반복되고 있다. 또한, 주민을 대표하는 조직인 주민협의체는 해당 지역에 실제로 거주하는 토지 등 소유자로 구성되는데, 사업이 실행되는 과정에서 어떤 역할을 하는지가 분명하지 않다.

---

67. 성남시청 도시재생사업 담당자 인터뷰(2021. 02. 04).

이러한 상황에서 주민협의체는 부동산 가치 상승을 기대하는 지역의 부동산 소유주들이 민원성 발언을 주도하거나, 참여한 소수의 주민이 사업 종료 이후 공공시설물의 관리 및 사용 권한을 독점하기 위한 수단이 되고 있다(이영범 2019, 128-129).

도시재생의 방향설정, 지역 내 현안 해결, 단계별 의사결정과 실행, 모니터링 및 평가 등 각각의 단계에서 참여의 방식과 내용이 상당히 다른데, 초기의 도시재생대학을 통한 교육만으로는 이를 충분히 다루기 어렵다. 더구나 도시재생사업은 대규모 용역사업이 주가 되고, 단기간의 준비시간을 거쳐 지원하기 때문에 사업계획서 수립 단계에서부터 전문 용역업체가 사실상 주도하게 된다.[68] 그리고 사업이 선정되면 작성된 사업계획서와 활성화 계획에 따라 사업이 추진되기 때문에 정작 사업이 진행되는 과정에서는 주민이 개입할 여지가 별로 없다.[69] 이러한 상황에서 주민의 참여만 강조하면, 주민들은 형식적인 참여로 인한 피로감을 느낄 수밖에 없는 것이다(이영범 2019, 130). 태평동도 도시재생사업을 지원하기 전에 주민설명회 2회, 성남시 도시재생대학 2회, 주민 간담회와 공청회를 각 1회 개최했으며, 공모 선정 이후 5차례의 주민협의체 간담회를 개최한 후 활성화 계획 대부분은 용역사업으로 진행됐다(성남시 2021, 45). 이 경우 여러 차례의 심의를 통과하기 위한 지자체 공무원의 판단이 용역업체인 민간 전문가들에게 전달되어 사업이 수립·진행되고, 주민참여는 절차적으로 거쳐야 하는 수준에서 형식적

---

68. 시간적·경제적 여유, 전문지식의 한계 등의 이유로 계획수립 단계에서부터 주민들은 제약을 느끼게 된다. 그래서 주민들은 오히려 전문가가 주도하는 것을 원하기도 한다. 해방촌 도시재생사업 설명회에서 주민참여의 필요성에 대한 설명을 들은 한 주민은 이렇게 답했다. "시에서 돈 받고 일하는 전문가라면서요. 그런데 왜 자꾸 우리한테 묻고 우리한테 봉사하라고 하는 건가요? 그냥 좀 알아서 해주시면 안 돼요?"(신현주·강명구 2019, 2)

69. "주민들이 주도적으로 계획을 수립해야 한다고 하지만 활성화 계획 단계에서는 주민들이 주도적 역할을 하기 어려워요. 도시재생이 뭔지 처음 듣는 상태에서 1년 또는 1년 반 동안 100억 원짜리 계획을 수립한다는 것은 불가능하다는 점을 인정해야 합니다. 실제 주민은 실행단계에 접어들면서 비로소 관심을 갖고 무엇이 어떻게 변화될 것인지 알게 되고, 좀 더 나은 방안을 제시하게 돼요. 그러나 이때에는 주민들의 의견을 받아 내기 어렵죠. 제도적으로 계획 후 실행단계에서 맞지 않으면 변화가 가능해야 하는데, 불가능하거든요. 주민들에게는 유연한 과정이 필요해요."(김은희 2019, 174)

으로 진행될 가능성이 크다. 공청회와 같은 공적 협의회는 공간적 구성 자체가 소통을 가로막는 역할을 하는데, 계획서에 담긴 내용이 생활세계 속에서 구체적으로 어떻게 실현될 것인지에 대해 주민이 관여하기 어렵기 때문이다(Sennet 2020, 364). 이를 보완하기 위해 지자체에 따라 도시재생 활동가를 교육해 이들이 주민참여를 돕도록 하고 있지만, 이 또한 정책사업 추진을 위한 수단이 되는 측면이 크다(박세훈·김주은 2018). 주민참여를 실질화하려면 유연한 과정에서 주민이 참여할 수 있는 공간을 확대해야 하는데, 현재와 같이 조급하고 경직화된 행정적 과정을 통해서는 이뤄지기 어렵다(김은희 2019, 172-3).

기존의 철거형 재개발은 중산층에게는 양질의 주택을 제공했지만, 주거불안계급을 도시의 외곽이나 주변부로 밀어냄으로써 거주지 분리라는 공간적 배제를 초래했다. 이로 인해 도시 공간 내의 거주지가 양극화되는 현상도 나타났다. 이런 상황에서 주민이 자발적으로 참여해 자신들의 거주 환경을 개선해나가는 도시재생 모델은 이러한 공간 불평등 문제를 완화해줄 수 있는 대안으로 여겨져 왔다. 그러나 현재의 도시재생사업은 지자체, 전문가, 주민 모두 중앙정부가 주도하는 사업에 익숙한 과거의 관행대로 하면서 단기간의 성과를 만들어내야 하는 보조금 사업에 그치고 있다(최창규 2021, 5-6). 이 경우 도시재생사업이 불러일으키는 것은 다른 형태의 소규모 재개발에 대한 기대[70]일 수 있으며, 이는 욕망과 선망의 장소성을 강화할 뿐 정주의 가치나 장소 애착을 높일 수 없다. 도시재생사업은 국가가 주도하는 축소 시대의 '성장 기계'(Growth Machine)에 그칠 수 있는 것이다(이영아 2018). 그렇다면 도시개발이 공간 불평등을 수반했던 역사적 과정을 답습하게 될 가능성이 크다.

---

70. 실제로 경기도 곳곳에서 도시재생사업을 진행하면서 땅값이 상승한 사실에서 이러한 기대를 읽어낼 수 있다(김중래 2019). 태평 2·4동의 경우, 노후·불량건축물이 밀집한 가로구역에서 도로와 기반시설을 유지하면서 소규모로 정비하는 가로주택정비사업이 신속하게 개발이익을 극대화할 방안으로 제시되고 있다. 태평 2·4동 공영가로주택추진위원회(가칭)는 1만㎡씩 24개 구역을 3~4개로 묶는 사업을 추진하고 있는데, 성남시는 본래 사업 취지에 위배된다는 입장이다(이정민 2020).

V. 결론

이 글에서는 성남시 태평동을 사례로 압축적 도시화 과정에서 발생한 주거불안계급의 거주지 분리, 중산층 편향적 신도시 개발로 인한 도시 공간의 양극화라는 공간 불평등 문제를 역사적으로 살펴보았다. 그리고 이러한 문제의 대안으로 추진되고 있는 현재의 도시재생사업이 사업화·제도화·관료화된 틀 속에서 경직화된 주민참여만 낳을 뿐 누적된 역사적 층위가 만들어내는 개발 압력을 이겨낼 수 있는 장소에 대한 애착을 만들어내기 어렵다는 점을 주장했다.

그렇다면 공간 불평등을 줄이기 위한 보다 포용적인 도시개발의 방향은 무엇일까? 박인권·이민주(2016, 128-133)는 도시 포용성의 4가지 차원으로 역량 형성, 상호의존, 참여, 공간적 개방을 제시한다. 첫째, 역량 형성은 건강, 소득, 교육, 문화 등의 측면에서 사회가 기본적으로 보장해야 하는 최소한의 역량을 갖추는 것이다. 둘째, 상호의존은 도시 구성원들이 공정한 분업과 사회적 호혜를 통해 도움을 주고받는 공적·사적 관계를 형성하는 것이다. 셋째, 참여는 정치·경제·사회·문화 등의 의사결정 과정에서 실질적인 권력의 분배가 이뤄지는 것이다. 마지막으로, 공간적 개방은 저렴한 주거, 외부 세계와의 상호작용, 공간통합을 통해 열려 있는 것을 뜻한다.

이러한 방향성 속에서 도시재생이 실질적으로 이를 강화할 수 있도록 진행되어야 한다. 이를 위해서는 먼저 도시재생사업의 속도를 늦추고, 사업비를 줄여야 한다. 도시계획에 관한 고전적 저작인 『미국 대도시의 죽음과 삶』에서 제인 제이콥스는 도시재생 과정에서 재원은 내재적인 성공에 필요한 조건을 구축하는 데 기여할 수 있도록 점진적으로 사용되어야 한다고 말한다(Jacobs 2010, 389-390). 성공의 중요한 조건은 기존의 사회적 관계망을 강화하고, 주민들의 실질적인 참여를 끌어내는 것이다. 갑작스럽게 투입되는 많은 돈은 개발 압력을 강화하고 주민들 간의 이익 갈등을 일으켜 그나마 존재하는 사회적 관계망을 파괴할 수 있다. 물리적 환경을 개선하는 것도 필요하지만, 사회문화적·경제적 환경이 개선될 때 장소 애착심이 강화되고 주민의 참여가 증가했다(김영교·남궁미 2019, 60-61). 그러나 쇠퇴해가는 지역의 주민이 지닌 역량만으로는 사회문화적·경제적 환경을 개선해가기 어렵다. 지역사회 내적인 역량이 빈약할 경우 교육을 통해 주체의 역량을 강화한다고 하더라도 한계가 있을 수밖에 없다. 그러므로 사회적 관계망의 범위를 확장해서 해당 지역 주민뿐만 아니라 보다 다양한 주체들이 교류하고 협력할 수 있도록 참여의 범위를 확장할 필요가 있다(이영범 2019, 132). 또한, 도시재생을 통해 단번에 낙후된 주거지를 안전하고 살 만한 동네로 탈바꿈시키겠다는 환상을 버려야 한다(최창규 2021, 6). 건강, 소득, 교육, 문화 등의 역량 형성은 지역 수준의 노력만으로 이뤄지기 어려우며, 국가적 수준에서 보장이 요구되기 때문이다. 마지막으로 사회적 혼합(social mix)과 같은 공간적 측면에서 통합 노력은 지역사회 내의 연대성을 약화할 수 있고, 또 다른 사회적 배제를 불러올 가능성이 존재하므로 보다 세심하게 설계될 필요가 있다(Young 2020, 345-352). 행복주택과 같은 현재의 통합 정책은 그 효과도 미미하다.

태평동은 박탈된 사람들을 위한 공간이었다는 점에서 더 다양한 구성원들을 포용할 수 있는 열린 공간으로서 도시 정체성을 형성할 가능성을 지닌다. 도시재생은 기존의 장소에 대한 기억을 재구성함으로써 결여와 욕망의 장소성, 선망과 질시의 장소성을 변화시킬 수 있다(한지은 2014, 20-21). 전문가의 도움 없이 주민의 참여만으로 도시재생 계획을 수립한다는 것은 사실상 불가능하다. 이런 점에서 전문가와 주민의 공동 제작을 통한 도시계획은 양쪽 모두의 참여를 끌어낼 수 있다는 장점이 있다(Sennet 2020, 365). 이를 통해 더 유연하고 개방적으로 도시재생을 실천해 나가도록 돕는 것이 행정이 담당해야 할 역할이라고 여겨진다.

Market and Democracy
in the Era of Inequality

제3부

불평등 시대 민주주의의 이상과 현실

8장

민주주의의 역사[71]

유항근(중앙대학교)

I. 서론

래리 다이아몬드(Larry Diamond 2008)는 자유민주주의를 민주주의와 입헌적 자유주의의 결합으로 본다. 이 제도의 특징은 다원주의하에서 자유로운 선거의 실시, 명확하게 규정된 법으로 국가 권력을 제한하고 자의적인 지배를 금지하는 법의 지배, 행정 권력을 사법부와 의회가 견제하는 권력분립, 언론, 집회, 종교의 자유를 보장하는 열린 사회, 시장 경제하에서 사유재산의 보호, 사회적 소수자를 배려하는 인권의 평등을 포함한다.

후쿠야마(Francis Fukuyama 1989, 1992)는 자유민주주의가 "역사의 종말"이 된다는 주장을 했다. "자유민주주의 '이념'은 더는 개선할 여지가 없을 정도로 완벽한 것"이라고 보았다. 그러나 이런 주장은 맞지 않을 것이다. 찰스

---

71. 이 원고는 예일대 정치학과의 스티븐 스미스(Steven Smith 2006) 교수의 정치철학 강좌와 이안 샤피로(Ian Shaprio 2020) 교수의 정치학의 도덕적 기초 강좌 내용을 다수 인용했다. 그분들의 강좌를 요약하는 과정에서 발생한 모든 잘못은 저자의 책임이다.

다윈의 적자생존이나, 스탈린(Stalin 1938)의 변증법적 유물사관(그는 물리주의를 경제학, 정치학 문제에 그대로 적용하는 우를 범했지만, 변증법이나 물리주의가 사라진 것은 아니다), 물리학의 엔트로피 극대화 법칙을 보면, 종말이라는 것은 없다. 우리는 진행 과정의 중간에서 시간상으로 가까운 근처의 변화만 느낄 뿐이다. "칸트는 우리 눈앞에 나타나는 현상계가 사물 그 자체의 모습이 그대로 드러나는 것이 아니라, 사물과 그 사물을 인식하는 우리의 마음이 합쳐져 나타나는 것임을 처음으로 주장했다."(김상환 2019). 그렇다면 무엇이 종말인가? 자카리아(Zakaria 1997)는 서구 자유민주주의가 정치체제의 최종 종착점이 아니고, 가능한 여러 가지의 출구 중 하나라고 주장한다. 이 논문에서는 민주주의가 어떻게 발생해 발전했고, 지금 어떤 도전을 받고 있는지 검토해본다.

아리스토텔레스의 『정치학』(Aristotle 1981; 천병희 2012)은 정치체제는 무엇을 의미하고, 우리는 어떤 정치체제를 선택해야 하는지를 설명한다. 아리스토텔레스가 생각하는 정치학의 목적은 집단 간의 갈등을 중재해 혁명이나 전쟁이 일어나는 것을 방지하는 것이다. 그는 법치주의를 확립하고, 소수의 사람에 의해서 법이 남용되는 것을 막고 공정해짐으로써 갈등을 제거할 수 있다고 보았다.

마키아벨리(Machiavelli 2009; 박상훈 2018)는 근대 국가의 창시자이면서 발견자다. 그는 『군주론』이란 위장된 책으로 자유에 대한 사랑, 평민의 자유 존중을 강조했다. 마키아벨리는 귀족들의 욕망보다 평민들의 욕망이 더 정당하다고 보고, 군주는 평민에게 의존해야 한다고 주장한다.

홉스(Hobbes 1996; 최공웅×최진원 2013)는 인간은 우리에게 주어진 본성을 실현하기 위해 사는 것이 아니고, 타인들이 자신에게 자행할 지상의 악, 죽음과 공포를 피하고자 노력하면서 사는 것으로 생각했다. 그러므로 절대적인 힘을 가진 주권을 탄생시킴으로써 자연상태의 영원한 불확실성, 걱정, 불안을 종식할 수 있다는 것이다.

로크(Locke 2013; 강정인×문지영 1996)는 홉스의 주권 개념에서 출발한다. 국민은 평화, 정의, 질서를 위해 신약을 맺고, 국민을 대표하는 통치기관을 만드는 것이다. 로크의 자연상태는 도덕 존중 상태이며, 평화와 인류 보존을 존중하는 상태일 것이다. 로크는 국가는 사유재산의 보호를 위해 존재한다고 주장했다. 그러나 시장 경제를 도입하고 재산의 불평등이 발생했다면 이를 어떻게 합리화할 수 있는가?

홉스나 로크에 따르면 정부의 역할은 평화 유지를 위한 것이었는데, 루소(Rousseau 1997; 최석기 2016)가 보기에 정부는 불평등을 인가하는 기구가 됐다. 인간은 원래 자유로웠고, 평등했는데, 이제 불평등을 인정하고, 강한 자의 지배를 받는 상태가 됐다. 그리고 각 개인은 공동체 전체의 의견 일반의지에 순응하는 것인데, 일반의지에 따른 시민의 자유는 자연상태의 자유와 다르며, 루소는 이런 자유를 도덕적 자유라고 부르고, 법이 시키는 것을 행할 자유라고 불렀다. 아리스토텔레스는 인간은 언어와 논리를 가졌기에 이성적 존재라고 했는데, 이는 잘못된 주장이다. 언어는 사회적 생활의 산물이기 때문이다. 홉스나 로크의 자연은 행동의 선택적 자유를 말하지만, 루소의 자연에서는 인간이 무한한 변화를 시도할 수 있는 능력을 갖추고 있다.

토크빌(Tocqueville 2003; 임효선×박지동 1997)은 19세기에 유럽과 미국에 초기 민주주의가 탄생하면서 자유와 평등은 동시에 달성이 어렵다는 것을 알게 됐다. 그리고 민주주의에서 독재의 가능성에 대해 걱정했다. 다수의 횡포, 다수의 역설 등 부르주아지 민주주의 사회에서의 문제는 반대로 신흥계급의 정치적 힘을 완화하는 방법의 모색이었다. 토크빌은 앞으로의 세계는 미국 중심 세계가 될 것이며 특권계급, 상류층, 존경, 불평등을 중심으로 한 프랑스의 귀족 중심 사회가 평등에 바탕을 둔 민주주의 사회로 변환될 것으로 예측하고, 프랑스 혁명은 공포와 독재를 수반했지만, 미국 민주주의는 상대적으로 평온했다며 그 차이점을 살펴보고자 했다. 그러나 토크빌은 미국의 민주주의에 대해 회의적인 시각을 가지고 있었다.

밀의 위해원칙은 남에게 피해를 주지 않는 한, 나의 자유는 침해받을 수 없다는 것이다. 예를 들어, 공무원을 자격에 따라 선별하면 낙오자는 피해를 보는데 그렇다고 이런 선발제도를 없애야 하는가? 일반적 대중의 의견은 능력에 따른 선별을 희망하므로, 밀의 위해원칙과 모순이 생길 수 있다. 이런 경우 밀은 총효용을 비교하라고 한다. 남에게 피해를 줄 때 행위의 동기가 위해 여부 판단에 중요한 역할을 하는 것이다. 살인의 경우 검사는 범인의 동기를 밝혀야 하며, 형사처벌은 반드시 배심원에게 범인의 동기를 증명해야 한다. 나아가 밀의 언론의 자유는 진리를 추구하는 방식인데, 과학이 틀렸다는 것을 자유롭게 토론할 수 있으면 우리는 토론을 통해 진리에 더 접근할 수 있다.

에드몬드 버크(Edmund Burke 1999)는 반계몽주의자다. 계몽주의는 개인의 사고를 존중하고, 과학적 사고, 확실성에 관심을 가지는데, 버크는 과학의 발달과 개인이 우주의 중심이라는 생각에 반대했다. 버크는 우리가 무엇을 물려받았는가를 보지 말고, 미래에 무엇을 기대하는가에 초점을 두어야 한다고 말한다. 케네디의 1960년 연설 '네가 국가를 위해서 무엇을 할 수 있는가?'는 이러한 버크의 주장과 맥을 같이 한다. 플라톤과 아리스토텔레스는 인간은 무지하고 우리는 아무것도 모른다는 입장인데, 계몽주의는 과학이 우리에게 힘을 주고, 무지를 떨어 버릴 수 있게 해준다. 그러므로 반계몽주의는 계몽주의를 배척하고 아리스토텔레스로 돌아가서 그들의 정치 과학에 초점을 맞추는 것이다.

매킨타이어(MacIntyre 2007; 이진우 1997)는 '덕의 상실(After Virtue)'에서 계몽주의자들은 아리스토텔레스의 사고를 폐기하는 실수를 했다고 한다. 초기 계몽주의자인 홉스는 아리스토텔레스가 큰 혼란을 일으켰다고 주장하고 계몽주의는 과학에 기반을 두고 있다며 도덕성을 정당화하려 했지만, 결과적으로 니체의 허무주의에 도착하게 된다. 따라서 우리는 논쟁을 할 때 전통 안에서 논쟁해야 한다. 항해하는 배 일부를 수리할 수 있지만, 배 전체를 분해할 수 없다. 물론 아리스토텔레스의 철학이 현재 시대에 맞게 수정되어야 하지만, 현재 인간들은 어떤 전통적인 문화 속에서 살고 있다.

피시킨(James Fishkin 2006)은 숙의민주주의를 주장했다. 루소의 일반의지를 보면, 사람들의 차이점들이 합산하면서 서로 상쇄되는 것을 보았다.

피시킨은 사람들의 일반의지가 무엇인지 발견하려는 노력 대신 만들어 가는 논의 과정에 방점을 두는데, 이는 타인을 설득하고, 확인시키고, 타인의 의견을 바꾸도록 하는 것이다. 즉 결과물보다 논의 과정이 더 중요한 것이다. 물론 피시킨은 여기서 숙의가 올바른 결론으로 도착한다는 전제를 두고 있다. 그러나 숙의가 조작된 결론으로 도달하게 될 수 있는가?

　미국 민주주의는 위기를 맞고 있는데, 먼저 포퓰리즘의 문제점을 보자. 야샤 뭉크(Yascha Mounk 2018a, 2018b)는 민주주의는 인민의 의지라는 이름으로 소수의 희생자를 만들 수 있다고 주장한다. 오늘날 우리는 미국에 도널드 트럼프라는 전제적 포퓰리스트를 대통령으로 가지고 있다. 포퓰리즘이 왜 나쁜 것인가? 무릇 정치가들은 대중을 생각하기 마련인데 무엇이 나쁜 것인가? 포퓰리즘에 관련된 정치인들은 흔히 부정부패를 저지르거나 이기적인 경우가 많고, 그들만이 인민을 대표한다고 주장한다. 결과적으로 그들과 반대 의견을 가진 사람들은 비합법적이라고 주장한다. 나는 인민을 대표하므로, 나와 의견이 다른 사람들은 인민의 뜻에 반대하는 사람이라는 것이다.

　다음으로는 양극화의 문제를 살펴보자. 에즈라 클라인(Ezra Klein. 2020a, 2020b)에 따르면 미국 사회는 이미 1960년부터 분열됐다. 민주당과 공화당은 이념적, 인종적, 종교적, 지역적, 문화적, 정신적으로 서로 다르게 생각하는 사람들로 분리되어 발전하기 시작했다. 클라인은 미국 사회는 1960년대부터 극도로 양극화됐고 그 예로 대통령의 암살, 길거리 시위 학생의 살해, 시민권 운동, 여성운동, 자연권 운동, 마틴 루터 킹 목사 살해, 월남전 반대 시위 등을 들었다. 그러나 서로의 의견 충돌이 거리 시위로 이어졌지만, 이 당시 아직 정치적으로 정당의 양극화가 심화한 것은 아니었다. 오히려 민주당과 공화당의 가장 크게 대립한 것은 미국의 남북전쟁 당시였다. 그러므로 1960년의 분열은 남북전쟁보다는 훨씬 약한 수준이었으나 1960년대를 기점으로 당파적 분열로 확대됐다고 볼 수 있다.

II. 아리스토텔레스

아리스토텔레스의 학문적 권위는 17세기까지 절대적이었다. 그러나 홉스의 등장으로 역사의 뒤편으로 물러나게 됐다. 홉스는 아리스토텔레스의 정치학과 윤리학을 쓰레기 취급했다. 아리스토텔레스는 인간을 정치적 동물이라고 했으며, 인간을 다른 동물들과 달리 언어를 가지고 기쁨과 슬픔을 구별할 줄 안다고 했다. 무엇보다 인간은 로고스(logos, logic)를 가지고 있다. 로고스는 우리에게 유리한 것이나 불리한 것, 정의로운 것, 정의롭지 못한 것을 알려준다. 이런 도덕적 판단을 가능하게 만들어 주는 것은 인간의 언어와 이성 때문이다. 로고스는 인간에게 2가지를 제공하는데, 첫째는 알고자 하는 욕망이다. 이런 능력으로 인간은 도시국가의 일원임을 인식하게 된다. 둘째, 인간의 언어소통 능력은 서로를 묶어주는 끈으로써 인간은 소통을 통해 공통의 도덕 언어를 갖게 된다. 이런 능력을 갖췄기에 로고스는 인간을 정치적 동물로 만들어 준다. 인간은 이성의 힘 또는 로고스에 의해서 주변 사람들을 사랑하지만, 사회적, 정치적 관계는 반드시 계산적 결과는 아니다. 이런 면에서 홉스, 로크 등의 사회계약론과 차이가 있다. 도시국가는 규모가 작기에 이런 신뢰 속에서 정치적 활동이 가능하지만, 왕국이나 제국처럼 국가의 규모가 커지면, 국가를 전제적으로 다스릴 수밖에 없다. 다시 말해 도시국가는 소수의 사람을 수용할 수 있지만, 인류의 보편적 가치나 모든 인류를 포함할 수 없다. 아리스토텔레스에 의하면, 이 세상에는 많은 도시국가들이 서로 다른 바탕에서 존재할 수 있고, 그들은 서로 반목할 것이다. 한 국가의 선량한 시민도 다른 국가에서는 나쁜 시민으로 간주될 수 있다. 우리가 모든 사람과 친할 수 없듯이, 모든 도시국가들이 화목하게 지낼 수는 없다. 도시국가는 규모가 작아야, 같은 경험을 공유하고, 정의에 대해 같은 도덕적 기준을 가질 것이다. 따라서 오늘날같이 커다란 국가에 아리스토텔레스의 기준을 적용할 수는 없다. 자유는 정치적 의무를 바탕으로 성립되는데, 오늘날의 커다란 나라의 국민은 공통의 선을 가질 수 없고, 타인에 대한 관계도 일률적일 수 없다.

아리스토텔레스는 노예제도가 자연적인 제도라고 했다. 그래서 지배하는 계층과 지배를 받는 계층의 형성은 당연할 뿐 아니라 거기서 발생하는 불평등은 인간들 사이의 기본원칙이다. 이런 면에서 아리스토텔레스는 민주주의를 반대하는 사람으로 비친다. 전쟁이나 정복으로 노예가 만들어지는데, 이런 사유는 정당한 것인가? 우선 노예는 그리스인이 아니어야 한다. 그리고 노예의 주인과 노예 사이에 인종적 구분이나 민족적 구분은 없다. 아리스토텔레스가 노예제도를 자연적이라고 본 이유는 다음과 같다. 우리가 자유를 누리기 위해 우리 자신의 감정을 절제할 수 있어야 한다. 이런 심리적 위계질서를 사회적 위계질서로 확장해 사람들에게 적용할 수 있을까? 우리가 지적 대상이나 이성에도 위계질서를 부여할 수 있을까? 만일 어떤 사람들이 합리적 판단으로 자유를 얻기 위해 자신을 조절할 줄 아는데, 이런 조절을 못 하는 사람은 어떻게 되나? 이런 구분은 자연이 제공한 것이며, 교육으로 변화될 수 있다. 즉 지적 위계질서나 이성의 위계질서가 교육으로 형성된다면, 노예제도에 이런 논리를 어떻게 적용할 수 있나? 교육으로 귀족계급이 자제와 규율을 배우고, 그들은 남을 지배하게 된다. 자치정부를 운영하기 위해 소수의 엘리트 계급은 높은 수준의 덕망을 배우도록 교육받아야 한다. 현재 미국의 일류대학이 소수의 선택된 엘리트를 양성하는 것과 무엇이 다른가? 남을 지배하도록 엘리트 교육을 하는 이런 제도는 불공평하고 비합리적인 제도인가? 만일 이런 제도를 수용한다면, 아리스토텔레스가 엘리트만을 고려한 비민주주의자라고 주장하는 것이 맞는가?

아리스토텔레스의 정치학은 정치체제에 대한 비교정치학이다. 정치체제란 공동체 내에서 우리의 권리와 의무를 나열한 것을 지칭한다. 어떤 도시가 있으면 그 도시의 정체성이나 개성은 무엇으로 표현되는가? 아리스토텔레스는 그 도시의 정치체제라고 본다. 정치체제가 그 도시 시민과 도시 자체의 정체성을 보여주며, 어떤 도시의 정체성을 형성하는 물질적 기초는 시민이다.

1. 정치체제란 무엇인가?

정치체제란 도시의 중요 관직을 어떻게 선출하는가에 대한 원칙이다. 그런 점에서 통치기관이 바로 정치제도다. 그리고 정치체제란 권력이 어떻게 분산되는지에 관한 원칙이다. 어떤 공동체 구성원 간의 정치적 우애, 충성심, 친분 등이 정치체제를 구성한다. 구성원들이 서로 우애를 가지면, 갈등의 요소가 줄어든다. 정치적 우정이란 시민 공동체를 형성하면서, 정치적 활동에서 서로 경쟁적이면서도 존중하는 그런 관계로 이것은 사적인 감정이 아니고, 시민 공동체에서 같은 집단 내에서의 신뢰, 충성심, 동료애 같은 것이다. 어떤 학자는 이런 관계를 사회적 자본이라고 부른다. 그러나 아리스토텔레스는 시민 우애라고 불렀다. 도시국가, 국가의 정치체제는 시민들에게 좋은 삶, 우애 있는 삶, 명예를 위한 경쟁적 관계를 유도하기 위해 존재하는 것이다. 시민은 도시국가의 결정과 관직을 받는 것 이상으로, 논의에 참여하고, 법의 보호를 받으며, 수동적으로 법적, 사회적 보호를 받는 것보다 법률과 정치적 원칙을 만드는 데 스스로 참여하는 것이다. 아리스토텔레스는 이런 시민을 민주시민이라고 보았다. 좋은 시민은 인간적으로도 좋은 사람이 될 수 있는가? 좋은 시민은 정치체제에서 상대적인 개념이다. 왕국이나 독재국가에서 좋은 시민은 민주주의 체제에서 좋은 시민과는 다른 형태를 가질 것이다. 그러나 어떤 정치체제에서 좋은 시민이 인간적으로도 좋은 사람이 될 수 있다면, 그런 체제가 좋은 정치체제다.

2. 우리는 어떤 정치체제를 선택해야 하는가?

이는 오래전 그리스 시대에 제시된 질문으로 지금까지 평행선을 달리는 정치학의 기본적 문제이다. 플라톤의 국가론에서 제기된 문제이며, 어떤 정부 형태가 좋은 정치체제인가에 대한 질문이다. 우선 간단한 분류로는 지배자가 한 명인지, 몇 사람인지, 아니면 다수인지의 외형상 구분하는 것이 있다. 두 번째 구분은 사람들이 어떤 지배를 받으며, 지도자는 어떻게 선출되는가의 문제다. 지도자는 출생으로 왕위를 계승할 수도 있고, 선거로 당선될 수도 있으며, 능력과 공헌도에 의해서 선출될 수도 있다. 지배를 받는 사람도 어떤 권리와 의무를 지게 되는지 결정해야 한다.

정치체제는 필연적으로 당파성을 가지게 된다. 어떤 정치체제라도 그 안에 반대 세력이 있으므로 갈등과 긴장의 속성을 가진다. 사람들은 자신이 속한 집단에 충성심과 열정을 가지므로 다른 당파끼리는 서로를 증오하는데, 이런 갈등을 어떻게 공동의 선으로 인도하는가? 혹은 조화를 이룰 수 있는가? 증오를 국제질서에 맞게 정의로운 세계로 변화시키는 것이 정치체제에서 해결할 중요한 문제다. 정치체제는 단순히 정부조직이나 법률을 넘어서, 그 나라의 도덕적 정체성, 종교적 정체성, 관습과 국민성 등 모든 것이 어울려야 한다. 토크빌은 『미국의 민주주의』란 책에서 미국의 헌법, 삼권분립, 연방정부 주 정부의 분리 등 구조적 측면 외에도, 민주주의 수호를 위한 미국인들의 도덕적, 종교적 생활의 역할을 강조했다.

가장 좋은 정치체제는 어떤 것인가? 고대인들은 몇몇 유능한 귀족이나 군인, 종교지도자들이 지배하는 체제를 생각했고, 민주주의에서는 보통의 사람들이 지배하는 체제를 좋은 정치체제라고 생각했다. 이런 체제에서 중심 세력은 일반의 선한 인간들인가, 아니면 좋은 시민들인가? 이에 앞서 아리스토텔레스는 사적 영역과 공적 영역을 구분했다. 공적 영역에서 필요한 것은 애국심, 법질서 수호다. 그러나 사적인 영역에서 훌륭한 인간은 특정 정치체제에 대한 상대적인 개념이 아니고, 어디에서나 훌륭한 것이며, 자기의 소유가 아니더라도, 그것이 훌륭한 것이면 사랑하는 사람이다. 훌륭한 인간에 대한 덕목은 시대와 나라에 따라서 달라질 수 있다.

그러나 가장 훌륭한 정치체제도 현실성이 없는 수가 많다. 어떤 환경에서 훌륭한 정치체제일지라도, 다른 환경에서는 현실성이 떨어지는 체제가 될 수 있다. 이런 갈등과 괴리가 없다면 정치철학은 불필요한 학문이 된다. 정치철학은 현실(is)과 마땅히 그래야 하는 이상(ought) 사이에 존재한다. 그러므로 우리는 최고의 정치체제를 추구하지만, 현실의 벽에 부딪히면서, 우리는 발전과 변화된 사고를 하게 될 것이다. 이러한 진화를 설명하는 것이 헤겔의 변증법인데, 우리의 환경이 계속 변화하는 한 우리의 사고는 영원히 진화 과정을 겪는다는 것이다.

아리스토텔레스(Aristotle 1981)는 소수의 사람보다 다수의 사람이 지혜를 모으면 나은 결정을 할 수 있다는 점에서 민주주의를 옹호한다. 그는 책 3권 15장에서 숙의민주주의는 최상의 결론을 가져온다고 했다. 그는 민주주의를 포트럭(potluck, 손님들이 각자 한 가지 음식을 가져와서 나누어 먹는 것) 저녁 식사에 비유하면서, 시민 각자는 훌륭한 시민에 비해 모자라는 점들이 있더라도 여러 명이 모인 저녁 또는 회의는 훌륭한 결론을 가져올 수 있다고 했다. 각자 만든 음식은 최고의 요리사보다 못하지만, 여러 명이 만든 다양한 음식 맛은 최고 요리사가 만든 한 가지 맛보다 더 좋을 수 있다는 것이다. 그리고 이런 사회는 관련된 사람이 많다는 점에서 부패하기가 어렵다고 보았다.

아리스토텔레스는 최상의 정치체제 구조보다는 다소 부족한 불완전한 요소들을 포함하고 있는 정치체제에 관해서도 설명한다. 즉 아리스토텔레스는 부유한 귀족들이 다스리는 정치체제와 가난한 대중이 다스리는 정치체제에 관심이 많았다. 이는 아리스토텔레스가 경제적, 사회적 측면도 고려하고자 했음을 뜻한다. 귀족정치에서는 소수의 부자 귀족계급과 그렇지 못한 평민계급이 있으며, 모든 사람이 불평등하지만, 민주주의 체제에서 모든 사람은 평등하다.

아리스토텔레스는 계급투쟁에 대해 언급하는데, 계급투쟁을 칼 마르크스가 처음으로 언급한 것은 아니다. 마르크스는 생산수단의 쟁취를 위한 경제적 계급투쟁이지만, 아리스토텔레스는 명예나 사회적 지위, 정치적 지위에 관한 정치적 투쟁이었다. 아리스토텔레스에 따르면 서로 다른 정치체제 간의 당파적 투쟁 외에도 같은 정치체제 안에서도 투쟁이 벌어지는데, 시민들은 집단의 이익이나 계급의 이익을 위해 정의와 선의 달성이라는 목표를 놓고 상대방 집단과 경쟁을 한다. 통치권 장악을 위한 투쟁을 하는 것이다.

아리스토텔레스는 정치학의 목적이 집단 간의 갈등을 중재해 혁명이나 전쟁을 방지하는 것으로 본다. 긴장이 고조된 갈등 구조에 어떻게 평화를 가져올 수 있을까? 계급 간 갈등도 있고 계급 내 갈등도 있는데 추구하는 정의와 개념이 다르다. 아리스토텔레스의 갈등 제거 방식은 다음과 같다. 법치주의를 확립하고 소수의 사람에 의해서 법이 남용되는 것을 막아야 하며 동시에 공정해야 한다. 그래서 법의 집행이 신이나 지성에 의해서 이루어져야지, 인간에 의해서는 안 된다는 것이다. 그런 이유로 인간은 법의 지배를 받는 것이 가장 훌륭한 인간의 지배를 받는 것과 같은 것인지 의문이 생긴다.

　법은 일반적인 문제에 답을 주지만 구체적인 문제에는 그러지 못한다. 예기치 못한 상황이 발생할 시 법 집행을 어떻게 해야 하나? 그러나 인간은 개인의 이익과 욕망을 버리지 못하므로 제삼자적 입장으로 법에 의존하는 것이 좋다. 그렇다면 법을 바꾸는 것은 정당한 것인가? 아리스토텔레스는 의학이 발달하면 치료법이 바뀌는 것처럼 법도 변화해야 한다고 했다. 어떤 법이나 전통이 오래됐다고 해서 정당성을 가지는 것은 아니지만, 법을 자주 바꾸는 것은 나쁘다. 아리스토텔레스는 정의는 법이나 관습, 전통에 의해서 결정된다고 본다. 그래서 서로 다른 정치체제는 서로 다른 정의를 가지는 것이다. 인간은 정치적 동물이므로 정의는 정치에서 나와야 하고, 만일 사회를 외면한 그런 권리는 인간에게 자연적 권리가 아니다. 법치국가의 경우 우리에게 적합한 정의와 권리가 이미 정해져 있다는 것을 가정한다. 『니코마코스 윤리학』에서 아리스토텔레스는 자연적 권리는 변하기 쉬운 것이고, 자연적 정의의 기준도 변할 수 있다고 하는데, 이런 주장은 칸트의 보편적 준칙이나 정언명령과 상충된다. 자연적 권리는 서로 다른 상황에서는 다르게 정의되므로 정치체제가 다르면 다르게 정의된다. 그러면 아리스토텔레스에게는 불변의 정의 기준이나 자연 권리의 기준은 없는 것인가? 평화 시와 전시에 적용 기준은 달라야 한다. 그러나 아리스토텔레스의 경우 가급적 빨리 합법적인 정부와 법질서의 회복을 꾀하는 것이다.

3. 아리스토텔레스의 사유재산 논의

플라톤(천병희 2015)은 시민의 일체성을 주장했고, 소크라테스는 사유재산의 제한을 주장했다. 그러나 아리스토텔레스는 도시국가에서 모든 재산이 공유화되면 아무도 공동재산을 돌보지 않아서 나쁘다고 주장했다. 하나의 도시국가는 그 안에 여러 단계의 기능이 필요하므로 일체감을 바탕으로 한 가정과는 다르기 때문이다. 그는 도시국가의 목적은 부의 생산이나 사유재산의 축적이 아니라고 했는데 근대의 애덤 스미스의 국부론과는 약간 다르다. 미국 쿨리지(Calvin Coolidge) 대통령은 개인 영역과 개인 사업에 정부의 간섭을 최소화해야 한다고 주장했는데, 이런 면에서 아리스토텔레스의 입장은 최근 미국의 입장과 차이가 있다고도 볼 수 있다. 차이점이란 아리스토텔레스에게 부와 사유재산은 덕을 위해 존재하는 것이지, 덕이 부를 위해 존재하는 것이 아니기 때문이다. 마찬가지로 지식도 정치체제를 위해 존재하는 것이지, 정치체제가 지식을 위해 존재하는 것은 아니라는 것이다.

이어서 아리스토텔레스는 정치학자가 가져야 할 4가지 질문을 제시한다. 첫째는 정치학자는 주어진 가장 이상적인 환경에서 어떤 정치체제가 가장 좋은 것인가를 생각하고, 둘째는 덜 이상적인 환경이 주어진다면 어떤 정치체제를 선택해야 하는지 검토하고, 셋째는 어떤 주어진 정치체제가 매우 불안정하더라도 어떻게 이 체제를 안정화하고, 일관성을 유지할 수 있는가를 생각하고, 넷째는 정치학자는 상대방을 설득하고 개혁을 가능케 하는 방법의 모색이다.

4. 아리스토텔레스와 미국 헌법

서로 다른 집단 간의 갈등은 인간 사회에서 해결이 가장 힘든 문제다. 아리스토텔레스의『정치학』제4권과 5권의 내용이다. 그는 한 사람이 지배하는 왕정이나 소수의 사람이 지배하는 귀족정체, 다수가 지배하는, 즉 중간계층이 지배하는 혼합정체를 생각했는데, 이들이 타락하면 각각 참주정체, 과두정체, 민주정체가 된다고 생각했다. 그는 극단적인 1인 체제나 다수 체제보다는 중간 형태를 선호했다. 그는 귀족정치가 계파 간 갈등을 최소화한다고 생각했다. 이는 메디슨 미국 독립 관련 연방주의자 논집(Madison 1961) 제10호에 나오는 계파 간 갈등의 치유에 관한 사상의 시초라고 볼 수 있다. 메디슨은 여러 계파가 있을 때 견제와 균형, 계파 간 경쟁의 필요성을 설명하면서, 한 계파의 독주는 대중의 횡포를 가져온다고 했다. 아리스토텔레스가 주장하는 과두제와 민주주의의 혼합은 이미 2000년 전에 미국의 독립 정신인 삼권분립의 기초를 마련해주었다. 하나의 욕망은 다른 욕망으로 견제되어야 한다는 것이다. 메디슨은 폭정과 내전의 극단적 대결을 피하려면 권력의 분립이 필요하다고 했는데, 아리스토텔레스는 이미 2000년 전에 미국의 헌법을 발견했다고 볼 수 있는 대목이다. 아리스토텔레스가 현재의 삼권분립 주장을 하지는 않았지만, 견제라는 방법으로 여러 계층(한 사람의 왕, 다수의 귀족, 수많은 대중)의 힘의 균형을 이룰 수 있는 정치체제를 옹호한 것이었다. 만일 권력이 한 사람 또는 소수에게 집중되면 개인의 자유를 침해하게 된다. 아리스토텔레스는 국가의 안정을 먼저 생각했지만, 개인의 자유 보장은 이런 제도하에서 부차적으로 따라온다고 생각했다.

III. 니콜로 마키아벨리

『군주론』은 기만적이고, 교활하며 배신적인 책이다. 마키아벨리는 자신을 아메리카 대륙을 발견한 콜럼버스에 비교하면서 정치학에 새로운 방식과 질서를 제시했다고 주장한다. 마키아벨리는 신성로마제국의 기독교 정신, 그 안에서 하나가 된다는 정신을 배격하고 로마 공화국의 모델을 선택했다. 마키아벨리가 보기에 플라톤이나 아리스토텔레스의 정치체제는 정치의 현실성이 떨어진다. 현실에서는 살인, 음모, 쿠데타가 일어나므로 마키아벨리는 인간의 선한 면보다 악한 면에 초점을 두었다. 그는 기독교 공화국이나 로마 공화국 대신에 새로운 형태의 정치구조를 생각했다. 바로 오늘날 근대 국가라고 불리는 형태다. 마키아벨리는 근대 국가의 창시자이면서 발견자로, 이런 주권 국가는 홉스와 로크, 루소로 이어지고, 그 후에 막스 베버, 칼 슈미트, 그람시로 이어지게 된다. 마키아벨리의 근대 국가는 종교적 신념과 덕의 개념에서 벗어났다는 특징이 있다.

또한, 마키아벨리는 근대정치학의 창시자다. 그는 국가형태를 공화국과 군주국으로 구분했다. 그는 무장한 예언자는 승리했지만 무장하지 않은 예언자는 패배했다면서, 모든 정치는 총구에서 나온다고 했다. 그는 군주를 예언자에 비유했는데, 예언자는 비록 종교적 신념은 없더라도 최소한 신과 소통한다는 의미가 있으며, 탁월한 능력을 갖추었고, 법질서와 통치 기반을 완성한다는 의미다. 여기서 마키아벨리의 무장한 예언자와 플라톤의 철인왕의 차이는 무엇인가? 완벽한 덕으로 무장하는 것이 아니라 무기로 무장하는 것이다. 유일한 예외는 예수 그리스도인데 말로서 사람들을 정복했다. 그는 종교를 만들었고, 신성로마제국을 가능케 했다. 마키아벨리는 선을 부정하지는 않지만 승리하기 위해 선을 멀리하고 종교적 신념을 멀리할 방법을 알아야 한다는 것이다.

마키아벨리의 충고는 간단하다. 만일 당신이 정치적 책임을 질 수 없거나 혹은 손에 피를 묻히기 싫거나, 잔인함이나 살인을 요구하는 어려운 일을 맡기 싫으면 정치를 떠나야 한다. 일례로 미국의 지미 카터(Jimmy Carter) 대통령은 기독교적 인도주의와 국가가 필요로 하는 힘든 일을 구별하지 못했다. 그래서, 누구든지 더러운 일을 할 준비가 되지 않았거나 고상한 도덕을 추구하려면 정치를 하면 안 된다.

마키아벨리는 국가에 귀족층과 평민층이 있는데, 귀족들은 명예와 영광을 위해 평민들을 억압하고 명령하려는 마음의 상태를 가졌지만, 평민들은 억압받지 않으려는 마음의 상태를 가지고 있다고 보았다. 마키아벨리는 귀족들의 욕망보다 평민들의 욕망이 더 정당하다고 보고, 군주는 평민에게 의존해야 한다고 주장한다. 그러므로 군주는 민주주의자는 아니지만, 평민을 기반으로 해야 하며, 평민들에게 자유를 유지하는 방법을 알려주고 그들의 신임을 얻어야 한다. 그러나 평민들은 게으르고 방종하다는 단점이 있으므로 시민들에게 억압받지 않는 방법을 가르치고, 자유를 방어하는 방법을 가르쳐 주어야 한다. 1500년 동안의 기독교 문화는 사람들을 나약하게 만들었다. 정치적 책임도 모르고 남의 공격에 방어할 줄도 모르게 됐다. 따라서 군주는 귀족들을 다루는 법을 알아야 하고 평민들의 욕망을 강하게 만드는 법을 알려주어야 한다. 스피노자는 마키아벨리를 위장된 민주주의자라고 한다. 불량 군주를 막기 위해 평민들은 한 명의 군주를 모시기 전에 신중해야 한다. 루소는 사회계약론에서 마키아벨리는 『군주론』이라는 위장된 책으로 자유에 대한 사랑과 평민의 자유 존중을 강조했다고 본다. 비록 이런 표현이 과장됐더라도, 마키아벨리는 귀족 대신에 평민의 편을 들은 것은 사실이다.

플라톤이나 아리스토텔레스가 생각한 고전적 공화국은 모두 귀족정치로, 부와 권력을 가진 사람들이 합리적인 정치적 판단을 하는 것을 기본으로 하는 데 반해, 마키아벨리의 국가에서는 국민이 사회 정치 권력의 중심이 되는 것이다. 마키아벨리가 평민을 귀족들보다 더 믿는 이유는 평민들이 귀족들보다 믿음이 가기 때문이다. 평민들이 자유의 소중함을 깨닫고 억압에 항거하는 법을 배우면 그들은 더는 비굴한 하급인이 아니며, 강렬하게 자유를 수호하는 집단이 될 것이다. 이들이야말로 국가 권력의 핵심을 이루는 기초가 되는 것이다. 군주는 평민을 등에 업음으로써 평민 생활의 안정과 그 자신의 영원한 명성을 얻을 것이다. 또한, 군주는 시대 상황을 잘 이해해야 한다. 과거 공화국에서는 평민들에게 욕망을 자제하는 방법을 강요했지만 이제 시대가 달라져서 자유에 대한 가치를 최우선으로 하는 방법을 알려주어야 한다.

마키아벨리의 업적은 무엇인가? 그가 주장한 대로 정치 생활에 있어서 새로운 도덕 법칙을 쓰고, 정치학의 신대륙을 발견해 콜럼버스에 비유되는 새로운 양식과 질서를 발견했는가? 그의 최대 업적은 정치를 고전적 귀족정치와 종교적 지배에서 해방되도록 주장한 것이다. 군주는 종교를 이용하는 방법을 깨우쳐야 하지만 종교에 이용되어서는 안 된다. 정치는 도덕적 기준이나 종교적 가르침에 의해서 제한을 받으면 안 된다. 정치는 단순히 사람들의 일이다. 플라톤과 아리스토텔레스는 특권계급의 교육과 덕목에 권력을 투자하라고 하겠지만, 마키아벨리는 시민의 힘을 특권계급의 교육과 덕목에 반대하는 쪽에 사용하라고 가르친다. 마키아벨리는 현대 세계에 맞는 새로운 공화국, 민중에 기반을 둔 국가를 생각하는 것이다. 마키아벨리의 공화국은 평화로운 도시국가가 아니다. 오히려 무장한 확장정책을 사용하는 굶주린 제국주의 국가라고 할 수 있다. 로버트 캐건(Robert Kagan 2016)에 의하면 미국은 확장적이며 공격적이고, 제국주의적이며, 영토의 지배, 미국 원주민의 수용, 루이지애나의 매입, 멕시코와 스페인과의 해방전쟁 등에서 알 수 있듯 확장적 공격적 제국주의 국가다. 이것이 마키아벨리가 찬양하는 늑대 같은 정치인 것이다. 마키아벨리는 매우 현실적인 사람으로 어떤 수단이 필요하더라도 목적을 달성하라는 입장이다. 그동안 정치과학은 일부 귀족층들만 배웠지만, 이제는 공개적으로 모든 사람이 배워야 하는 학문이 됐다.

IV. 토마스 홉스

그는 마키아벨리의 신봉자이며 동시에 마키아벨리를 완전하게 물리친 사람이다. 그는 마키아벨리가 정치의 신대륙을 발견하고, 새로운 방식과 질서를 창안했다고 주장했다. 홉스는 마키아벨리의 이론을 인간 생활에 실제로 적용할 수 있는 발판을 만들었고, 오늘날 근대 국가를 논할 때 필요한 용어를 만든 사람이다. 또한, 정치이론이라는 표현을 처음으로 사용했으며, 이 분야에서 가장 훌륭한 업적을 남긴 사람이다.

홉스의 주장은 역설적이다. 한편으로 정치적 절대주의를 주장한다. 주권자는 주어진 영토 안에서 완전한 독점적 권력을 가진다. 이때 주권은 종교에 대한 완전한 지배, 대학교육의 과정에 대해서도 행사된다. 다른 한편에서 홉스는 인간의 기본적 평등을 주장한다. 인간은 분리될 수 없는 자연권을 부여받으며 주권은 개인의 동의하에서 시민의 평화와 안전을 보호하는 것에만 주어진다. 이런 면에서 홉스는 절대주의를 반대하는 자유주의적 성격을 가졌다. 이런 이중적 성격은 그 시대의 산물이다.『리바이어던』이 출간되기 3년 전에 베스트팔렌 조약이 맺어졌는데, 여기서 신성로마제국의 종교적 지배를 끝내고 각국은 독립적 주권을 가지게 됐다.

홉스는 매우 반항적인 사람이었다. 종교인에게 홉스는 무신론자로 보였고, 공화국 옹호자에게 그는 절대 왕국의 지지자로 보였다. 절대 왕조 신봉자에게는 홉스는 위험한 자유 사상가로 보였다. 마키아벨리와 마찬가지로 홉스는 근대 국가의 위대한 설계자다. 마키아벨리는 군주를, 홉스는 주권을 말한다. 계약으로 창출된 인공의 권력인 것이다. 마키아벨리가 역사적 해설과 개인 경험을 반영해 주장하던 것과 달리 홉스는 과학적이고 정식적 방법으로 주장했다. 마키아벨리는 숭고한 잔인성에 대해 말하지만, 홉스는 정치 권력에 대해 영광과 명예를 위한 것이 아니고, 자신을 보호하기 위한 것이라고 한다. 마키아벨리는 힘의 지배를, 홉스는 법의 지배를 말했다. 마키아벨리는 근대 국가를 위해 더 정확한 법적인 제도를 마련하는 것을 논하지만, 홉스는 일반인들이 더 쉽게 받아들이도록 기분 좋은 용어를 사용했다.

아리스토텔레스는 모든 행위는 목적을 가졌다고 한다. 보존을 위하거나 변화를 위한 목적이고 무엇을 더 좋게 만들거나 나쁘게 되는 것을 막기 위함이다. 그러나 홉스는 그런 동기를 무시하고, 인간은 악을 피하려고 노력할 뿐이다. 홉스는 아리스토텔레스가 망원경을 잘못된 방향에서 보고 있다고 했다. 아리스토텔레스는 인간은 다른 사람들과 같이 번영하고 좋은 삶을 영위하고자 한다고 했지만, 홉스는 인간은 우리에게 주어진 본성을 실현하기 위해 사는 것이 아니라 타인들이 자행할 지상의 악과 죽음, 공포를 피하고자 노력한다고 주장했다. 홉스에게 정치는 선과 악의 고상한 선택이 아니라 생과 사를 결정하는 생존의 문제인 것이다. 이런 입장은 아리스토텔레스와 정반대다. 아리스토텔레스는 "인간은 본래 정치적 동물"이라고 하지만 이것은 사람들이 스스로 지배하고, 정치에 참여하며 결정하게 만들기 때문에 내전의 원인이 된다. 그 대신에 홉스는 대의 정치, 간접 정부를 주장한다. 일반 대중이 정치에 직접 참여하는 것이 아니라 국민의 의지가 인위적으로 주권으로 재구성하기 때문에, 그리고 국민이 주권자에게 복종하기로 약속했기 때문에, 이 인위적 권력을 우리는 주권이라고 부르게 된다. 이런 인위적 인물을 현대적 개념으로는 정부(government)라고 부를 수 있다.

아리스토텔레스는 자연이 이 세상의 기준을 제공한다고 믿었다. 이를테면 자연이 만든 도시나 자연이 만든 인간들이다. 그래서 자연은 인간의 창조물에 우선한다고 생각했다. 그러나 홉스는 반대로 인간의 창조물은 새로운 자연을 만든다고 생각했다. 인위적 자연, 인위적 사람들이 이에 해당한다.

무엇이 권위를 가능하게 만들 수 있나? 전쟁이나 혼동으로 권위가 흔들리고 질서가 지켜지지 않는다면 무엇이 권위를 가능케 할 것인가? 홉스가 말하는 자연상태는 갈등과 전쟁의 상태다. 아리스토텔레스가 말하는 정치 활동이 가능한 상태가 자연상태가 아니다. 홉스가 말하는 자연상태는 전쟁상태는 아니지만, 전쟁이 가능한 상태로 매우 불안정하다. 그래서 인간의 삶은 고독하고, 가난하며, 지저분하고, 잔인하며 짧다고 했다. 홉스가 말하는 자연상태는 평화를 보장하는 상태가 아니라 단지 인간의 창조적 사고나 과학, 인간의 발명품만이 평화를 가져올 수 있는 상태를 의미한다. 갈등과 전쟁이 기본 전제인데, 평화는 파생적으로 얻어질 수 있는 것이다. 따라서 권위란 인간 사회에서 자연적으로 생기는 것이 아니고, 인간의 발명품을 통해 탄생할 수 있는 것이다.

자연상태에서 인간은 타인들과 자주 접촉한다. 그러나 그들의 관계는 어떤 권위에 의해서 구속되는 것이 없다. 그들 사이에 서로 지킬 법률도 없고, 만인의 만인에 대한 투쟁으로, 매우 불안전한 상태다. 어떤 사람도 다른 사람에 대해 어떤 권위도 가질 수 없으며, 오직 어떤 권위를 인정하겠다는 동의로서만 가능하다. 홉스의 자연상태는 영원한 전쟁을 의미하는 것이 아니고, 영원한 공포와 불신을 의미하는 것이다. 우리가 밤에 집의 대문을 잠그거나 금고를 사용하고, 여행 시에 무기를 가지고 다니는 것과 같다. 홉스의 견해는 만일 어떤 권력이 우리를 지켜주지 않으면 자연상태를 맞이하게 된다는 것이다. 이때 자연상태는 앞서 설명한 바와 같이 불안정과 갈등의 상태를 의미한다. 그래서 나는 나 자신을 지킬 권리를 포기하고 대신 안전을 보장받는 것이다. 이는 경제학에서 죄수의 딜레마와 같다. 모든 사람이 서로 적대시하지 않는 것이 최상의 선택이지만, 차선책으로 나의 권리를 포기하고 대신 안전을 보장받는 것이다.

　홉스에서 나오는 2가지 개념은 자연상태와 주권이다. 먼저 주권의 형성에 대해 말해 보자. 홉스는 자연상태에서 인간의 삶을 고독하고, 가난하고, 잔인하고, 불쾌하고, 짧은 운명이라고 본다. 그러나 절대적인 힘을 가진 주권을 탄생시킴으로써 자연상태의 영원한 불확실성이나 걱정, 불안을 종식할 수 있다. 따라서 홉스에게 주권이란 하나의 사람을 말하는 것이 아니라 통치기관으로, 그런 정부는 신의계약을 통해 가능하다. 앞에서 언급했듯 이런 정부는 자연에 존재하는 것이 아니라 인간의 창조력과 과학의 산물로 탄생하는 것이다. 이는 제퍼슨이 말하는 지배를 받는다는 동의에 해당한다. 주권은 국민의 대표, 즉 주권을 대표하는 사람을 의미하고 국민이 그들을 위해 그들을 대표할 권한을 위임한 것이다. 이것은 현대 국가에서 행정력, 국가 권위에 해당한다. 이와 반대로 프랑스의 루이 14세는 국가를 개인의 소유로 보고 "짐이 곧 국가다. 국가는 곧 짐이다"라고 주장했다. 그러나 홉스에 있어서 주권은 소유하는 것이 아니며 주권이 국가를 소유하지도 않는다. 주권은 그저 국민에게서 위임된 평화와 안정을 위해 한정된 목적을 수행할 뿐이다. 따라서 주권은 현대적 의미로 개인과 무관하고 정체불명의 대기업 총수와 비슷한 것이다.

홉스의 주권 이론은 절대권력을 인정하는 동시에 현대적 자유주의를 옹호하므로, 그 안에 상호 모순되는 면이 있다. 절대권력은 한 사람이 가지든, 몇 사람이 가지든 온전히 절대권력이면 된다. 주권이 가진 힘에는 사유재산과 전쟁 선포, 외교정책, 형사법(생과 사를 결정하는 정의의 법칙), 책과 사상에 대한 검열, 법률 제정에 관한 모든 권한을 포함한다. 플라톤의 국가에서 나오는 "정의는 강자의 논리다"와 비슷하게 법은 주권이 명령한다는 뜻이다. 다시 말해 주권의 명령을 능가하는 권위는 없다. 홉스에 있어서 주권이란 운동 경기의 규칙을 만드는 사람이며, 그 규칙이 지켜지는지 감독하는 사람이다. 결국, 홉스는 "주권은 절대 정의롭지 않을 수 없다"라는 악명 높은 결론을 주장한다. 주권이 항상 정의로운 이유는 주권이 법을 제정하고, 정의의 법칙을 규정하기에 정의롭지 않을 수 없다는 논리다.

홉스의 이율배반을 설명하기 위해 홉스의 자유론을 생각해보자. 홉스의 주권은 개인의 자유에 대해 많은 것을 허용한다. 주권의 합리적 사용에 대해도 제한을 두어야 하고, 정의와 법질서 확립에도 엄격한 기준을 강요해야 한다. 미국의 수정헌법 5조와 비슷한 내용인데, 사면에 대한 보장이 없다면 사람들은 자기 자신이나 가족을 고발할 수 없다. 또 처벌은 복수의 수단으로 사용되어서는 안 되고, 범법자를 교화시키는 목적으로만 사용해야 한다.

홉스는 법률은 사회적 평등을 달성하는 도구로만 사용되어야 한다고 주장한다. 정의는 부유계층과 가난한 계층 모두에게 공평하게 적용되어야 한다. 하층민에게 은혜를 베풀고, 평등한 정의를 위해 평등한 조세를 주장했다. 각 개인은 자연상태에서 자유롭게 선택할 수 있음에도 절대 주권을 선택한다는 것이다. 홉스는 사람들에게 공동체를 위한 의무보다 개인적 권리가 우선한다고 생각하는 점에도 그는 현대 자유주의의 시초라고 불리게 된다. 과거에는 개인의 자유가 공동체의 구성원으로 그 체제 안에서 허용됐기 때문에 자유는 개인적인 것이 아니라 자유로운 공동체의 것이었다. 즉 자유는 공동체의 공동재이며 공동의 자유이었다. 그러나 홉스의 자유는 법이 허용하는 범위 내에서 제약 없는 자유를 말한다. 현대적 자유민주주의에서 말하는 자유와 같은 것이다. 이런 의미에서 존 로크의 자유론이 탄생할 기초를 마련했다.

홉스의 시민은 조지 워싱턴이나 앤드류 카네기 같은 모험가가 아니고 평범한 회계사로 비유될 수 있다. 그래서 후에 나오는 루소나 니체는 홉스의 시민을 모욕적으로 표현해 부르주아지라고 부른 것이다. 그런데도 홉스의 시민은 이기적이며 위험을 회피하는 점에서 현대 경제학에서 가정하는 전형적인 인간과 같다. 그러나 홉스는 평화와 안정, 안전을 지키기 위해 누군가가 희생해야 한다는 사실은 언급하지 않는다. 군인이나 소방관, 경찰관 같은 사람들이 자신의 희생을 무릅쓰고 공동체의 안전을 지키는 것이다.

V. 존 로크

근대 국가에서 사용하는 많은 개념을 정립했다. 인간은 평등하기에 인간의 생명과 자유, 사유재산 등에 있어 자연적인 권리를 가진다. 합법적인 정부는 국민의 동의로 설립되어야 하고 정부의 역할은 권력 분립으로 제한되어야 하며, 만일 정부가 국민의 자연적 권리를 침해할 때는 국민은 혁명을 일으킬 권리를 가진다고 본다. 그의 이념은 오늘날의 자유민주주의 및 입헌 국가의 개념이 됐다.

로크는 홉스의 주권 개념에서 출발한다. 국민은 평화와 정의, 질서를 위해 신약을 맺고 국민을 대표하는 통치기관을 만드는 것이다. 이런 통치기관은 법의 질서, 정의, 정치적 안정을 실현하기 위해 막강한 힘을 가져야 한다. 그러나 이러한 큰 변화는 사람들의 호응을 받기가 어려우므로 로크는 쉬운 용어를 사용해 재정립했다. 로크는 종교적으로 정치적으로 혼란의 시대에 살았으므로 표현에 있어서 매우 신중했던 것이다.

로크의 자연상태는 아주 자유로운 상태다. 아리스토텔레스는 인간은 사회적 혹은 가족적 관계로 맺어진 어떤 도덕 공동체에서 살고 있으며, 지배하는 사람과 지배를 받는 사람들의 조화 상태가 자연상태라고 했지만, 로크에게 자연상태란 사회적 권위와 제약이 없는 어떤 사고 실험으로 만들어진 결과물이다. 만일 통치기관의 권위가 없어지더라도 인간 사회가 비도덕적으로 변하는 것은 아니다. 그 대신에 인간은 평화와 안정을 추구하는 자연법 또는 도덕 법칙에 기반해 남의 생명과 자유, 사유재산에 대한 존중 속에서 살게 될 것이다. 따라서 로크의 자연상태는 도덕 존중 상태이며, 평화와 인류 보존을 존중하는 상태일 것이다. 자연상태는 신의 창조물이므로 타인에게 해를 주는 사회가 아니다.

1. 자본주의 선언

로크의 자연상태에서 모든 인간은 평등하다. 자연상태에서 인간은 재물을 소유하려고 한다. 아리스토텔레스는 인간은 정치적 동물이라고 했지만, 로크는 재물을 소유하려는 동물이라고 한다. 노동의 대가로 재물이 만들어지고 그 결과물은 개인의 소유가 된다. 노동을 투입한 사람의 개인소유가 되는 것, 이것이 로크의 자연법이다. 신은 인간에게 공동의 소유로 이 세상을 주었다. 그리고 주어진 세상이 공동재산이므로, 아무도 개간하지 않고 남아 있어야 할 이유는 없다. 신은 합리적이고 생산적인 사람이 이 세상을 개간하도록 공동의 소유로 준 것이다. 로크가 보기에 국가는 상업 국가도 가능하다. 과거 그리스에서 경제는 항상 정치의 하위에 있던 터라 시민 생활에서 상업의 가치는 낮았다. 아리스토텔레스가 사유재산을 인정했지만, 이는 어디까지나 정치 활동에 참여를 가능하게 하는 수단으로 필요한 것이었다. 반대로 로크에게 이 세상은 합리적이고 생산적인 사람에게 소유되는 것이었다. 그들의 노동은 모두에게 풍요를 가져다준다. 이런 사상은 애덤 스미스의 국부론의 밑거름이 된다. 결국, 화폐의 등장과 더불어 무한한 부의 축적이 가능하고, 우리가 의도하지 않았을지언정 남을 위해 살게 되는 것이다. 다시 말해 노동은 모든 가치의 근원이 되고 무한한 물질적 재산을 축적할 수 있게 했다. 이런 사상은 "각 개인이 사유재산을 형성하는 능력이 서로 다른데, 국가의 첫째 목표는 이런 능력의 차이를 보호하는 것"이라는 메디슨의 연방정부 수정헌법 10조에 영향을 주기도 했다. 이처럼 로크는 처음으로 상업과 재산 형성에 도덕적 가치를 부여한 사람이다. 로크는 영광이나 명예, 덕 등이 중요한 정치적 사안이 아니며, 숭고함과 환희 대신에 평범하고 쾌락적이며, 차분한 것이 국가 정치의 중요한 특징이라고 했다. 따라서 상업은 우리를 전쟁과 위험으로 유도하지 않고 평화롭게 개화된 사회로 이끌 것이다. 로크는 국가는 사유재산의 보호뿐만 아니라 형성 과정에도 이바지해야 한다고 주장했다. 이를 로크의 자본주의 정신이라고 일컬어, 마르크스와 엥겔스의 공산당 선언에 대비해 자본주의 선언이라고 말하는 사람도 있다.

2. 동의에 의한 정부의 탄생

시장 경제를 도입해 재산의 불평등이 발생했을 때 로크는 이런 현상을 어떻게 합리화하는가? 인간은 자연상태에서도 재화를 습득하려는 성질을 가지고 있다. 그리고 생산된 재화의 소유권에 대해 갈등이 발생할 수 있다. 그래서 생산된 재화의 소유와 평화로운 소비를 위해 전쟁과 분규 대신에 안정을 보장할 통치기관이 필요했다. 즉 국가는 사유재산의 보호를 위해 존재한다는 것이다. 이것이 자유주의의 기본 사상이고 미국의 건국 이념이다. 로크는 사람들이 자신의 사유재산 보호를 위해 공동체를 형성한다고 주장했으며, 보호해야 할 것은 물질적 재산 외에 생명, 자유 등도 포함된다고 했다. 즉 자연상태의 공포가 우리에게 공동체를 형성해 개화된 사회로 인도한 것이다. 홉스의 경우 자연상태는 공포와 생존의 문제였지만, 로크는 인간의 욕망과 불편함 때문에 자연상태가 침해를 받기에 중산층과 부르주아 계층의 생산적이고 합리적인 활동을 정부는 보호해야 한다고 했다. 이런 점에서 로크가 없었다면, 현대 경제학은 존재하지 않았을지도 모른다는 것도 과언이 아니다. 누구든 시민 공동체에 합류하는 방법은 본인의 자연적 자유를 버리고, 공동체 안에서 다른 사람들과 함께 안전하고 편안하게 살겠다고 동의하는 방법밖에는 없다. 다수의 사람이 동의하고 나머지 사람들에게 결론을 전달하면 된다. 민주주의 다수결의 원칙의 기반을 만든 사람이 바로 로크다. 다수의 의견으로 하나의 공동체가 형성되면 그 공동체는 다수의 의지로 운영되어야 한다는 영국의 이런 사상은 프랑스의 루이 14세가 말하는 "짐은 곧 국가다"와 대조를 이룬다. 이처럼 로크는 그동안 존재했던 많은 정치형태의 정당성을 부인하고, 오직 다수의 동의에 의한 공동체 운영을 해야 한다는 획기적인 주장을 했다. 통치기구의 정당성은 오로지 지배를 받는 사람들의 동의로서만 가능하지만, 사람들이 동의한다면, 왕국도 가능한 것이다. 그 밖에 공화국이나 귀족정치도 동의를 받으면 가능하다. 말인즉슨 동의를 얻은 통치기구가 반드시 민주주의 체제가 아니어도 된다는 것이다.

로크는 작은 정부, 개인의 자유를 보호할 제한된 힘을 가진 통치기구를 희망했다. 홉스의 경우에 모든 사람이 본인의 자유를 포기하고 『리바이어던』에게 모든 권한을 위임하는데, 만일 『리바이어던』이 잘못할 때는 어떻게 하겠는가? 여우가 무서워서 사자에게 도움을 청하는 결과가 된다. 따라서 정부의 역할을 제한해야 한다.

로크의 입헌 국가에서 행정부의 기능과 입법부의 기능에 초점을 맞추어 보자. 로크는 특정 정부 형태가 아니라 상호 간의 견제를 위해 권력의 분산을 주장했다. 우선 사회계약론의 결과로 입법부의 정당한 권위를 고려한 바, 로크의 입헌 국가에서는 행정부보다도 입법부의 역할을 강조했다. 그리고 행정부의 역할은 입법부의 명령 집행기관으로 생각했다. 그러나 법이 정하지 않은 급박한 상황에서 국내문제에만 집행부는 결정을 내려야 한다. 예를 들어 화재 발생 시에 개인 재산에 침해가 오더라도 어떤 식으로 화재 진압을 하는가 등을 신속히 결정해야 한다. 국가적 사업을 위해 개인의 사유재산을 국가가 강제로 사는 경우, 많은 논쟁이 있을 수 있다.

3. 존 로크와 존 롤스의 비교

로크의 이론과 미국의 독립 헌법은 밀접한 관계가 있다. 그러나 로크의 제한된 정부와 입헌 정부, 자유주의는 최근에 롤스의 정의론에 의해 새롭게 정립됐다. 롤스는 개인의 권리 조건을 이용해 자연상태에 대한 개념과 최초의 조건을 설명한다. 로크는 모든 사람은 자신의 재산을 가지면서, 오직 자신만이 그 재산에 대해 모든 권리를 갖는다고 했다. 그러나 롤스는 사회 전체를 위한 것이라고 할지라도 개인 재산을 침범할 수 없다고 말한다. 공동선을 위해 개인의 희생을 강요하는 것은 옳지 않기 때문이다. 로크의 경우 권리는 그의 소유에 관한 이론에서 도출됐다. 각자의 재산은 각자의 창의력과 노력으로 생산됐지, 자연이 생산한 것이 아니기에 개인이 가치 창출의 원인을 제공한다. 그러나 롤스는 차등의 법칙을 도입한다. 사람들은 선천적 능력은 물론이고, 가정환경이나 사회적 계급이 다르다. 그러나 이런 장점들은 우연의 결과로 좋은 집안에서 태어나서 받게 되는 능력이므로 그런 혜택을 그 사람의 전유물로 보면 안 된다. 정리하자면 로크는 이런 선천적 혜택을 그 사람의 전유물로 인정하는 반면에 롤스는 이런 선천적 혜택이 그 사람의 전유물이 아니라고 주장한다. 롤스에게 이런 능력은 공동체의 공동재산이므로 혜택을 입은 이들이 생산한 과실 또한 그들에게 소유될 수 없다. 차등의 원리란 이런 선천적 능력의 분배를 사전에 동의하는 것이다. 그래서 롤스의 사회정의는 그 사회에서 가장 불리한 사람에게 이로운 방향으로 과실을 분배할 것을 요구한다. 롤스의 원초적 입장은 우리가 태어나기 전에 어떤 선천적 기질을 받고 태어날지 모른다는 것이고, 선천적 능력은 우연에 의해서 선택된 사람에게 주어진다. 그래서 모든 사람은 사전에 합의할 수 있는데, 공동의 재산은 선천적 능력이 가장 불리한 사람을 위해 사용한다는 것이 개인의 신성한 사유재산권을 침해하는 것이 아니다. 우리는 공동체의 일원이며 공동재산을 모두를 위해 분배해야 하기 때문이다. 로크의 주장이나 롤스의 주장 모두 자유주의 전통에서 출발했지만, 결과는 다르다. 로크는 정치적 공동체가 개인의 자유를 보호하는 데 방해가 되지만, 롤스는 정치적 공동체가 공동을 이익을 위해 개인 노력의 결과물을 재분배하는 데 도움을 준다고 본다. 롤스는 불평등의 도덕적 단점을 보완하려는 입장으로, 정부가 최소 수혜자를 위해 노력하기를 바라지만 기준 선정에 많은 혼란과 법적인 문제를 일으킬 수 있다.

VI. 장 자크 루소

루소는 "인간은 자유롭게 태어났으나, 사회 속에서 쇠사슬에 묶여 있다"라고 했다. 근대 국가는 시민사회에서 시민의 자유를 억압하고 있다. 개인은 특수 의지로 본인의 이익을 생각하지만, 모든 시민의 통합체 권력은 주권으로 표시되며 주권의 일반의지는 공동의 선을 추구한다. 루소가 로크의 자유주의를 비난한다고 하는 주장은 잘못된 견해다. 그는 프랑스에서 절대주의가 약화되는 시기에 살았다. 루소의 이론이 프랑스혁명에 급진적 영향을 주었는가?

1. 루소의 자연상태

루소는 계몽주의의 옹호자이면서 비판자다. 그는 문명사회의 사람보다 원시인의 생활을 옹호했다. 엘리트 계급보다 가난한 계층의 편을 들었으며, 자연으로 돌아가라고 주장했다. 자연상태란 어떤 것인가? 자연상태란 원래의 상태를 어떤 가정하에서 추측해보는 것으로 앞서 홉스와 로크가 연구한 바 있다. 루소는 자연상태를 더 확장해 인간의 본성까지 고려한다. 인간은 시간이 지나면서 관습과 전통에 의해서 본성이 변화됐으니 원래의 모습을 찾아보자는 것이다. 루소는 홉스가 말하는 만인의 만인에 대한 전쟁상태는 옳지 않다고 본다. 이런 전쟁은 인간이 자연상태가 아니라 사회생활에서 비롯됐는데 자연상태에서는 인간관계가 없으므로, 갈등이 없다는 입장이다. 로크는 자연상태를 인간의 이성, 근면, 배우려는 노력과 연계해 설명하는데, 루소에 따르면 이런 속성 역시 인간의 공동생활 하에서만 가능하다. 사유재산, 정의 등은 인간 사회에서 형성되는 것이며, 자연상태에서 인간은 사회적 동물이 아니기 때문이다. 따라서 루소가 보는 인간 본성은 홉스나 로크가 생각한 것보다 훨씬 심오한 것으로, 루소 열광자들은 인간 본성이 동물에 가깝다고 생각한다.

　아리스토텔레스는 인간은 언어와 논리를 가졌기에 이성적 존재라고 했는데 루소의 입장에서 이는 잘못된 주장이다. 언어는 사회적 생활의 산물이다. 언어는 수천 세대를 지나면서 형성된 것이기에 자연인과는 거리가 멀다. 오히려 인간 본성은 동물의 본성과 유사할 것이다. 다윈이 나오기 100년 전에 루소는 자신의 저서를 "언어의 기원"이라고 불렀을 수도 있다. 인간의 생물학적 진화는 동물의 진화와 2가지 면에서 차이가 있다. 동물은 생물학적 반응만 보이지만 인간은 자유가 있기에 자신의 행동을 결정한다. 홉스나 로크도 인간의 자유의지를 강조했으므로, 사회생활을 하기 이전의 자연인에게 자유로움이 있는 것이다. 홉스나 로크의 자연은 행동의 선택적 자유를 말하지만, 루소의 인간은 자연에서 무한한 변화를 시도할 수 있는 능력이 있어, 인간은 주어진 것을 선택할 뿐 아니라 본인이 추구하는 바를 이룰 수 있다. 우리에게 주어진 자연은 이미 만들어진 상태로 우리에게 나타나는 것이 아니다. 자연은 상황에 따라 변화할 수 있는 것인데, 인간은 이런 예측 불허의 상황에서 스스로 적응하고 변화할 수 있는 능력을 갖추고 있다. 홉스나 로크의 경우 인간 본성은 고정된 것으로 가정하지만, 루소의 경우에 인간 본성은 시간이 지나면서 혁명적 진화를 계속한다. 그러나 인간은 자유와 능력을 불행해지는 방향으로 사용했으므로 루소는 인간의 무한한 능력과 자유가 모든 불행의 근원이라고 보았다.

　루소는 인간은 시민사회로 발전하기 이전의 자연상태로 돌아가야 한다고 주장한다. 그러나 볼테르는 이런 주장에 대해 혹평을 하면서 그는 "어린 시절 네발로 걷던 것을 잊어서 이제는 두 발로 걸을 수밖에 없다"라며 과거의 잔인한 세계로 돌아갈 수 없다고 했다. 루소도 우리가 과거의 자연상태로 그대로 돌아갈 수는 없다고 보았다. 집에서 기르는 가축을 자연에 방사하면 죽듯이 인간도 지금 자연상태를 그대로 적응할 수 없는 것이다. 그렇다면, 인간은 문명 세계에 남아 있을 수밖에 없다.

2. 루소의 사유재산

루소는 사유재산에 대해 다음과 같이 말한다. 최초에 어떤 강한 자가 땅에 말뚝 4개를 박고, "이 땅은 나의 것"이라고 주장했을 때 주변 사람들이 이를 인정한 뒤로 범죄나 살인, 전쟁, 불행이 시작됐다. 만일 다른 사람이 용감하게 그 말뚝들을 걷어 버리고, "이 땅의 모든 과실은 우리 공동의 것"이라고 주장했더라면 좋았을 것이다. 루소는 공산주의자는 아니지만, 정부가 사유재산의 보호와 계급 갈등 해소에 소극적인 점을 지적하는 것이다. 루소는 동시대 사람들이 상업과 돈에만 관심을 두는 것은 잘못됐다며, 그리스 시대 사람들이 도덕과 덕에 관해 담론했듯이 시민의 덕에 대해 논의할 것을 주장한다. 만일 야만인을 파리에 데려와서 좋은 물건을 고르라고 해도 그는 관심을 보이지 않을 것이다. 무기는 너무 무겁고, 옷은 불편하며, 신발은 맞지 않는다고 할 것이다. 결국, 담요 한 장을 받아서 덮는 것으로 행복해할 것이다. 비록 정부의 시장 경제 보호와 사유재산 보호가 모든 사람의 삶에 도움을 주지만 시장 경제는 경제적 불평등을 수반했다. 루소는 문명의 발전에서 얻은 것보다 잃은 것이 더 크다고 생각했다. 불평등은 인간의 탐욕을 자극해 인간 본연의 자연적 선을 잊게 했고, 현대의 조건들은 자연인을 모두 부르주아지로 변경시켰다. 로크는 인간을 이성적이고 생산적인 존재로 보았지만, 루소는 인간을 자연인이 아닌 계산적인 부르주아지로 보았다. 현대인은 가치 없고 남성성이 없는 사람들이 됐으며 사유재산 때문에 불평등과 불행이 수반됐다.

3. 루소의 불평등

　루소는 불평등으로 일어난 물질적 현상보다 도덕적×심리적 상처가 더 크다고 했다. 인간 사회는 매우 비참하다. 예외가 있다면 선사시대다. 자연 상태와 문화 시대의 중간쯤 되는 시기로, 인간이 가진 힘과 인간이 필요로 하는 것을 생산할 수 있는 균형점이었다. 그러나 불행은 농경 사회와 금속 문화의 시작에서 생겨났다. 농경 사회는 재산의 분배와 토지의 분배를 초래해 불평등을 발생시켰고 금속 문화의 발전은 전쟁과 정복을 가져왔다. 그 결과 갈등을 해결하고 권리 보호를 위해 법률과 정치적 체제가 필요해졌다. 홉스나 로크의 경우 정부의 역할은 평화 유지를 위한 것인 데 반해, 루소의 경우 정부는 불평등을 인가하는 기구가 됐다. 인간은 원래 자유롭고 평등했는데 이제 불평등을 인정하고 강한 자의 지배를 받는 상태가 됐다. 그런 의미에서 루소의 사회계약론은 강하고 부유한 자들이 약하고 가난한 사람들을 갈취하는 것을 논하고 있다. 정부란 정의를 세우는 대신에 이런 강탈을 합법화해 부유한 자들이 가난한 사람을 갈취하는 위선적인 기구로, 정부는 합의에 따라서 형성된다고 하나 사실상 그 동의라는 것도 거짓과 허위에 기초하고 있다. 만일 이러한 주장이 잘못됐다면 부자들은 가난한 사람들보다 훨씬 자유롭고 편한 삶을 영위하는 것을 어떻게 설명할 것인가? 루소가 "부르주아지"라는 단어를 처음으로 만들었다. "부르주아지"는 남의 좋은 의견에 예민한 사람이다. 여러 사람이 있을 때 본인만 생각하고, 본인 혼자 있을 때, 남을 생각하는 이중적, 위선적 인간이다. 루소는 부르주아지에 대한 딜레마를 다음과 같이 표현했다. 현실 세계에서 외형상 보이는 것과 실제는 다르다.

　인간의 본성은 내부에 감춰져 있지만, 인간은 외부 환경에 적응하면서 살았다. 다른 사람들의 의견과 판단에 의존하며 본인 존재의 의미를 찾는다. 이것이 우리가 물려받은 고통스러운 유산이다. 발전된 사회는 우리에게 고통을 가져다줄 뿐이다. 루소의 사회계약론은 우리가 사회생활을 하면서 약해지고, 의존적이며 노예가 된다고 주장한다. 앞서 말했듯 루소의 사회계약론에서 정부란 교묘한 속임수를 부리는 존재인 만큼 이런 인간의 사회적 제약을 제거해야 한다고 주장하는데 이 사회적 제약에 도덕적 정당성을 부여할 수 있을까? 루소의 저서『인간 불평등 기원론』은 자연상태에서 인간이 시민사회로 발전하면서 불평등이 증가했다는 내용이고, 루소의 사회계약론은 매우 법률가적 입장에서 일반의지, 정치적 권리에 관한 기술이다. 인간은 자유롭게 태어났으나 자연상태가 아니라 사회계약으로 새로운 인간관계가 형성된다. 상호 동의에 의한 계약은 사회 속에 도덕을 제공한다. 인간은 이기적이므로 자연상태든, 사회계약에 의해서든 자신의 자유가 보장받기를 원한다. 다만 자연상태에서는 나의 자유를 보존할 때 타인의 자유 보존 노력과 충돌한다. 우리는 어떻게 무정부 상태나 전쟁을 피하고 우리의 자유를 보존할 수 있을까? 사회계약론에서 이것의 답으로 일반의지를 도입한다. 자유의지를 통해 모두의 자유를 추구하는 것이다.

4. 루소의 일반의지

시민사회의 문제와 불평등의 해결책에 대한 답변으로 제시된 일반의지를 살펴보자. 루소는 사회계약론에서 인간의 자연적 자유를 보존하는 방법을 제시했다. 그러나 루소는 누가 지도자가 되어야 하는지 기준을 제시하지는 않았다. 루소의 일반의지는 모든 적법한 통치의 기본을 제공한다. 인간은 고유한 의지에 바탕을 두고 자신의 정의와 권리에 대한 기준을 결정한다. 인간의 초월적(경험에 의하지 않고 아는) 영역에서 자유롭게 의지를 형성해야 한다. 이런 의지는 자연에서 또는 관습에서 또는 게시로 형성되면 안 된다. 이런 형태로 의지를 해방시키는 것이 루소 철학의 바탕이다. 루소의 인간 자연성 해방이라고 부르자. 사회계약이란, 어떤 연합체에서 공동의 힘으로 공동체와 개인의 이익을 보호하고, 서로 단결하면서도 모든 사람은 자신에게만 복종하고, 계약 전과 마찬가지로 자유로워야 한다. 즉 사회계약은 공동의 힘으로 모든 사람의 재산과 사람을 보호해야 한다는 것이다. 이런 주장은 로크와 동일하다. 로크와 루소는 시민사회의 형성 목적은 안전이나 각 개인의 생명, 자유, 사유재산의 보호에 있다고 본다. 그러나 루소는 모든 사람은 자신에게만 복종하면서, 단결을 유지하고, 사회계약 전과 마찬가지로 자유로워야 한다는 점에서 로크와 차이가 있다. 일반적으로 생각하면 사회계약은 상호 간의 평화와 안정을 위해 우리의 자유 일부를 포기하는 것 아닌가? 모든 사람은 자신의 의견을 전체 공동체에 맡긴다. 즉 사회계약의 조건은 모든 사람에게 동일하다. 그리고 우리의 개인 의견을 남에게, 또는 다른 사적인 단체에 양보하는 것이 아니고, 공동체 전체의 의견 일반의지에 순응하는 것이다.

사회계약은 일반의지의 기초가 되며 유일하게 적법한 주권이다. 국왕도, 의회도, 대통령도 적법한 주권이 아니고 단지 공동체 전체의 일반의지만이 사람의, 대중의 주권이 된다. 우리는 우리의 의견이 결집한 일반의지에 복종하므로, 우리는 우리 자신에게 복종하는 것이다. 따라서 주권이란 제3의 어떤 집단이 아니고, 주권이란 바로 사람들의 집단적 능력의 표현인 것이다. 사회계약을 맺기 전에는 사람들이 자신의 생명과 재산의 보호에만 관심을 두는 자연상태이지만, 루소의 사회계약은 개인의 모든 것을 집단의 의지에 의존한다.

어떤 의미에서 우리는 자유를 유지하면서 자신에게만 복종하는가? 만일 대중의 횡포가 있다면 이것도 개인의 자유에 대한 해결책이 될 수 있는가? 루소는 역설적으로 자신의 모든 것을 내려놓아야 자유로워진다고 했다. 일반의지는 만장일치에 의해서 얻어지는 것이 아니고, 합리적 의지 또는 일반의 이익을 구하기 위해 개인의 의지를 합산한 것이다. 이것은 칸트가 도덕 법칙에서 말하는 이성의 의지다. 옳은 행동은 도덕의 보편성 원칙으로서만 결정되며, 이성의 의지는 공정함과 보편성 아래 행동으로 이루어져야 한다. 일반의지에 따른 시민의 자유는 자연상태의 자유와 다르며 루소는 이런 자유를 도덕적 자유라고 부르고, 법이 시키는 것을 행할 자유라고 불렀다. 결과적으로 자연상태에서 시민 상태로의 변환은 인간에 커다란 변화를 가져왔다. 인간은 사회계약을 통해 자연의 자유를 상실하지만, 시민의 자유와 자신의 재산을 소유할 수 있는 소유권을 가지게 된다. 자기 자신에게 처방한 법을 지키는 것은 자유로운 행동이며 이것은 도덕적 자유다. 이 부분에서 홉스나 로크와 차이가 있다. 홉스나 로크의 경우에 자유란 법으로 정하지 않은 부분에서 사적인 인간의 행동을 말한다. 법에 규정이 없으면 자유롭게 행동할 수 있다. 그래서 자유주의자들은 사적인 영역에서의 자유를 중시한다. 그러나 루소의 경우에는 법이 자유의 출발점이다. 자기 스스로 정한 법을 지키는 것이 자유다. 루소는 사적인 영역과 공적인 영역에서 자유의 충돌이 없다.

입법 과정에서 루소는 홉스나 로크, 미국 독립운동 관련자들과 다르다. 루소는 만장일치일 필요는 없지만, 입법 과정에 각 개인이 직접 참여해야 각자의 목소리가 전달된다고 주장했다. 그러나 홉스 등은 입법 과정에 모든 사람의 참여는 비효율적이므로 전문지식을 갖춘 소수의 대표자가 법을 만드는 것이 좋다고 생각했다. 미국의 연방정부자들의 이런 주장이 대의민주주의로 발전했고, 그들은 법은 일반의지를 나타내는 것보다 공정한 판단으로 만들어져야 한다고 보았다. 루소의 주장대로라면 많은 사람이 자주 만나서 사소한 일들까지 장시간 논의해야 하는 불편함이 있다.

루소가 반대한 것은 법률이 소수 강자의 개인적 의지가 반영되는 것을 억지하기 위함이다. 루소가 바라는 것은 특정 이해집단의 사적인 의지에서 대중이 해방되는 것이다. 루소의 주장은 이타주의에 바탕을 둔 것이 아니고, 나 자신의 개인적 이해 때문이다. 루소의 일반의지는 고대 공화국처럼 작은 국가에서 시행이 가능하다. 그 당시 코르시카섬 정도에서 시행할 수 있었다. 그러나 근대 국가들은 규모가 너무 커서 일반의지를 결정할 수 없으므로 결과적으로 경제적 불평등과 사회적 지위에 차등이 발생한다.

현재까지 논의된 것을 보면 루소는 시민들이 입법 과정, 행정, 사법과정에도 참여해야 한다는 입장이므로, 루소의 일반의지는 직접민주주의에서만 적용되는 것처럼 보인다. 그러나 루소에 따르면 그런 민주주의는 실현 가능성이 작으므로 독재나 왕국 같은 것이 혼재된 정치체제가 더 나을 수 있다.

루소는 권력의 분리에 관해 주장한다. 그는 입법에 참여하는 사람은 행정이나 사법에 관련된 일을 해서는 안 된다고 했는데, 이는 몽테스키외의 『법의 정신』을 인용하는 것으로 보인다. 이런 면에서 루소가 그동안 주장했던 독설적인 직접민주주의와 상충된다. 그러나 중요한 것은 입법, 사법, 행정의 모든 권한이 시민에게 있어야 한다는 것이다. 대의 정치, 즉 대표자에 의한 입법 과정을 반대한다는 뜻이다. 루소에 의하면 주권은 대리로 행사될 수 없다. 이런 입법 권한을 남에게 맡기는 순간 폭정으로 이르는 첫발을 시작한 것이고, 나에게 불리한 법 제정으로 돌아온다. 나아가 루소는 종교도 일반의지에 맞도록 변형되어야 한다고 주장했다.

루소의 일반의지는 토크빌에게 큰 영향을 주었고, 토크빌은 미국 뉴잉글랜드의 작은 마을에서 직접민주주의가 잘 시행되고 있음을 확인했다. 이스라엘의 키부츠 운동도 루소의 영향이다. 프랑스혁명의 로베스피에르는 루소를 도덕 세계의 뉴턴이라고 불렀다.

VII. 알렉시 드 토크빌

17세기와 18세기에는 자유주의 이념과 평등사상이 서로 상충하지 않고 같이 발전할 수 있는 것으로 여겨졌다. 홉스와 로크가 보기에 인간은 자유롭게 태어났다. 과거의 귀족계급이 제도적 특권을 이용해 평민들의 자유를 억압했고, 그 결과 정치적 평등이 침해됐으나 민주주의의 도입으로 이런 자유와 평등이 보장되리라 생각했다. 그러나 19세기에 유럽과 미국에 초기 민주주의가 탄생하면서 자유와 평등은 동시에 달성이 어렵다는 것을 알게 됐다. 부르주아지 민주주의 사회에서 신흥 계층과 중산층이 등장했는데, 문제는 신흥계급의 정치적 힘을 완화할 방법의 모색이었다. 미국에서 제시한 권력 분산과 견제, 균형으로 부르주아지 계급을 효과적으로 통제할 수 있는가에 대한 의문이다. 토크빌은 미국의 민주주의라는 책에서 루소의 일반의지에 의한 대중의 지배가 유토피아식의 제안이라고 생각했다. 대중에 의해서 형성된 정부에서 다수의 횡포를 견제할 방법이 있는가? 이런 민주주의 제도가 과거의 귀족정치보다 더 정의롭다고 생각할 수 있는가? 루소에게는 일반의지(다수결의 원칙)가 문제 되지 않았다. 그러나 토크빌의 문제는 다수의 지배가 항상 옳은 것인가에 대한 의문이다. 과거에 왕국에서는 아무리 왕의 권한이 강하더라도 견제 세력으로 귀족들이 있었기에 왕은 그들을 설득해야 했다. 그러면 일반의지에 대항하는 견제 세력은 무엇인가?

토크빌은 앞으로 세계가 미국 중심으로 전개되리라 예측했다. 그는 프랑스 사람 중에 왕정 복귀를 희망하는 사람들에게 현재 미국에서 일어나고 있는 민주주의 혁명이 프랑스에도 전달되리라는 것을 말해주고자 《미국의 민주주의》를 집필했다. 토크빌은 2가지 문제에 집중하고 있다. 첫째는 특권계급과 상류층, 존경, 불평등을 기본으로 성립된 프랑스의 귀족 중심 사회가 사회적×정치적 변화를 통해 평등에 바탕을 둔 민주주의 사회로 정치체제가 변환한다는 것이다. 둘째는 프랑스의 경우 봉건체제에서 탈피하는 데 매우 과격했으며 프랑스혁명이 공포와 독재를 수반했지만, 미국은 순조로이 변화하고 자유민주주의를 수호하게 된 차이를 살핀다.

토크빌은 특히 평등에 집중하는데 평등의 기반에서 민주주의가 탄생하기 때문이다. 따라서 토크빌에게 민주주의 정부에 관한 것보다도 평등의 조건이 더 중요했다. 일례로 미국의 사회 조건은 모든 사람에게 평등하게 이루어져 있다. 홉스나 루소는 인간은 자유롭고 평등하게 태어났지만, 시간이 지나면서 사회계층과 불평등이 도입됐다고 생각한다. 그러나 토크빌은 반대로 생각했다. 역사가 진행되면서 불평등은 개선되고 더 평등한 사회 조건이 이루어진다고 보았으며 이런 진행은 우주의 섭리라고 했다. 평등화는 계몽에 의한 것이 아니라 그 스스로의 힘으로 달성하는 것이고 숙명적인 것은 민주주의와 평등화, 사회 조건의 균등화로 진행한다. 그 당시 유일하게 미국에서 이런 사회적 혁명이 일어났다. 그러나 토크빌은 민주주의가 미국만의 현상이 아니기에 책 제목을 '미국민주주의' 대신 '미국의 민주주의'로 했다. 토크빌에게 앞으로 많은 국가가 자유주의를 사랑하는 민주주의, 즉 자유민주주의 체제로 전환될 것인지는 중요한 질문이었고, 토크빌은 미국의 민주주의는 곧 유럽으로 전파되어 평등사회가 만들어질 것이라 예상했다.

1. 미국 민주주의 특징

1) 지방 정부

미국 민주주의의 특징은 중앙집권이 아니고, 지방 정부에 있다. 민주주의는 공동체의 의견을 중시하는 공동체 민주주의가 되어야 하며, 지방 정부는 학교나 과학의 발전에 관여한다. 이는 루소의 일반의지에서 나오는 내용으로 그 지방의 조직, 법률, 그리고 공동의 이익을 추구하는 것이 자유의 핵심이라는 것이다. 다만 토크빌이 미국의 민주주의를 루소와 연계하는 것은 토크빌이 루소를 좋아하기 때문에 매우 우연히 일어난 일이다. 그러나 하위 행정 구역의 역할을 강조한 것은 토크빌의 공로다. 지방에 있는 마을들은 인간이 인위적으로 만들었다기보다는 자연적으로 형성된 것이다. 유럽의 경우에는 정치의 중앙집권화가 이미 진행되어 지방 자치의 조건은 오래전에 없어졌다.

2) 시민단체

공동체 관련 일에 사람들이 합심해 노력하는 과정에서 자유에 대한 열망이 생겨난다. 토크빌은 공동체 민주주의를 위해 그들의 일반의지를 반영하는 것이 중요하다고 생각하지만, 정작 루소는 이런 생각에 반대했다. 공동체 내의 특정 이익집단들이 방해해 일반의지의 형성이 어렵다고 했다. 그러나 토크빌은 공동체 내에서 자발적인 단체들이 서로 협력하고 책임을 질수 있는 계기를 만들면 좋은 일이라고 했다. 우리의 이익, 단체의 이익을 생각하다 보면 타인들의 이익도 고려하게 된다. 우리의 감정과 생각이 개선되면서 사람들의 마음이 넓어지고, 인류가 발전해 가는 것이다. 그래서 토크빌은 시민 공동체의 역할이 크다고 생각했다. 이런 공동체들이 프랑스에는 없는데, 이런 공동체들의 자발적인 활동이 개인과 중앙정부를 연결하는 것이다. 이러한 시민 공동체는 매우 창의적인 산물이지, 우연히 자연적으로 발생하는 것이 아니다.

3) 종교적 이념의 역할

토크빌은 어떻게 종교와 정치가 병행해 나갈 수 있는가에 대해 의아하게 생각했다. 유럽에서는 종교와 민주주의 또는 종교와 평등은 항상 충돌했다. 미국의 민주주의는 역사적 이유로 청교도 민주주의다. 왜 미국인들은 청교도 민주주의를 택했을까?

2. 토크빌의 종교에 대한 두 주장

첫째, 사람들은 계몽주의가 발전하게 되면, 과학적 사고와 종교는 서로 반대 반향이므로 종교는 쇠퇴하리라 생각했다. 그러나 토크빌의 이런 주장은 미국의 경우에 맞지 않다. 민주주의가 발달하는데도 종교가 번창했다.

둘째, 우리의 생활에서 종교를 없애거나 멀리하는 것은 잘못이다. 개인은 이성에서 도덕적 지침을 받을 수 있겠지만 공동 사회는 그런 것이 불가하다. 그래서 공적 생활에서 종교를 없애면, 사람들은 독재에 의존할 것이다. 토크빌은 "독재는 믿음이 없어도 가능하지만, 자유는 믿음이 없으면 불가하다"라고 했다. 따라서 공화국이나 민주주의 국가에서 종교는 꼭 필요하다. 왜 공화국이나 민주주의 국가에서 종교가 필요한 것인가? 첫 번째 이유로 종교는 물질주의에 도취되는 것을 막고, 이타적 행위를 유발하는데, 이런 것들이 민주사회의 기본 요소이기 때문이다. 종교는 자신을 정화하고, 물질적 유혹을 뿌리치며 개인의 행복을 열렬히 추구하는 것을 억제하기에 이런 요소들이 평등의 시대에 필요한 것들이다. 두 번째 이유로 사람이 종교를 잃으면, 지적 능력을 손상하고, 의문이 많아지며 다른 정신적 기능들을 손상하게 된다. 다시 말해 우리의 이성이 마비되어 행동에 지장을 가져온다. 이런 종류를 허무주의라고 불렀다. 우리가 우리도 모르는 힘에 의존하거나 불확실성에 휘말리지 않으려면 믿음이 필요하다. 자유에 대한 우리의 믿음과 개인의 존엄성은 서로 분리될 수 있는 것이 아니다. 종교 없이 개인의 존엄성은 불가하다. 그러나 토크빌은 종교의 사회적 역할에만 관심이 있고, 종교의 내면적 정신세계에 대한 언급은 없었다. 토크빌은 인간의 존재에 대한 공허감, 인간의 불완전성을 단지 이성만으로 설명할 수는 없다고 했다. 토크빌은 이성의 역할을 줄이고, 믿음이 인간의 짧은 60세 인생에 영원과 물리적 존재의 한계에 희망을 줄 수 있다고 생각했다.

3. 다수의 횡포

토크빌은 민주주의의 독재의 가능성을 염려하고 있었다. 민주주의는 새로운 독재를 탄생시키는데, 우선 다수의 횡포에 대해 고찰하자. 아리스토텔레스는 다수의 지배를 가난한 계층이 본인들의 이해를 위한 지배로 보았다. 가난한 계층이 소수 귀족을 지배하는 것이다. 그래서 민주주의를 부자와 가난한 계층의 갈등으로 보았다. 메디슨은 이런 갈등을 막기 위해 집단의 수를 늘려서 각 부분의 힘이 적게 만들 것을 제안했다. 수가 많으면 특정집단이 독재적인 행동을 하기 어렵게 된다. 미국 연방주의자 논집에서는 권력을 분산하고, 의회제도를 도입하며 견제와 균형으로 독재를 막을 수 있다고 생각했지만, 토크빌은 회의적이었다. 과연 체제적 도구로서 다수의 횡포를 막을 수 있을까? 토크빌은 민주주의 사회에서 다수의 힘은 무한정이고, 견제할 수 없다고 생각했다. 왜 토크빌은 미국의 민주주의에 회의적인 시각을 지니게 됐는가? 그는 독재의 횡포는 혁명적 폭력을 수반하는데, 프랑스의 나폴레옹에 해당하는 이가 미국에도 있다며 앤드류 잭슨을 예로 들었다. 나폴레옹은 사람들이 애국심을 발휘해 전쟁에 참여하도록 했는데, 잭슨은 대중의 인기를 가진 나폴레옹주의자였다. 또한, 토크빌은 물질주의와 무한의 애국심이 결합하는 것을 걱정했다. 다수의 횡포는 입법 과정에서도 발생한다. 미국의 하원 선거는 2년마다 거행되는데, 대중의 의견을 너무 반영해 입법하게 되는 것은 문제가 있다. 이런 다수의 횡포 문제는 국가 기구를 적절히 만들어서 막을 수 있는 것이 아니다.

4. 민주주의의 3가지 특징

첫째, 민주주의는 사람들이 서로 다정해지도록 만들어 준다. 우리의 행동과 도덕적 기준을 온화하게 만들어 준다. 모든 조건이 평등해지면 사람들이 온화해진다. 아리스토텔레스 시절에는 귀족계급이 따로 있고, 그들은 하위 계급의 고통이나 불편에 무관심했지만, 민주주의하에서는 법률들이 온화해지고, 사람들이 상호 간에 온정이 많아졌다. 과거에는 고문, 잔인함, 고통과 모욕을 극적으로 보여주는 것이 일상생활의 일부였으나 이제 다른 세상에서 사는 것이다. 우리는 다른 나라의 고통에 온정으로 대하고 사람들은 다른 사람의 입장을 이해하고 고통을 나누게 됐다.

둘째, 민주주의는 중산층 또는 부르주아지 그룹이 중심이 되는데, 그들은 본인들의 욕망을 위해 불분명한 목적을 추구하려고 방황한다. 이런 내용은 플라톤의 『국가론』 8권(천병희 2015)에 나오는데, 민주주의자들은 풍요로운 가운데 끊임없이 움직이며, 본인들의 행복에서 자신들을 분리한다. 격동과 풍요 속에서 행복을 추구하다 보니 좌절과 걱정만 생긴다.

셋째, 공리주의를 보면 모든 사람은 자신의 행복 추구를 최우선으로 한다. 아리스토텔레스의 입장에서 영광과 명예는 전쟁과 같은 위험한 일과 연계되어 있으며, 그 성격상 특수한 몇 명에게만 가능한 것이다. 그러나 토크빌은 개인의 이익 추구는 상대적으로 평온한 가운데 공동의 목표 달성을 위한 협력이다. 이런 개인의 이익 추구는 민주적이며 누구나 추구할 수 있는 것이다. 과거의 세상은 몇몇 부자면서 강력한 힘을 가진 사람들의 세상이었다. 그러나 자신의 이익 추구는 자만심이나 이기주의와 다르다. 과거의 영광과 명예를 추구하려는 그런 가치 체계를 무시하는 역할을 한다. 자신의 이익을 추구하는 것이 미덕은 아닐지 모르지만, 그래도 사람들을 평온하고, 자신을 지배하는 계획성 있는 사람으로 만들어 준다. 이런 점들이 민주주의의 장점이다. 어떤 특출한 능력을 갖춘 사람의 영웅적 행위는 아닐지언정 각자의 자신의 한계 내에서 우왕좌왕하면서 자신의 이익을 추구할 수 있는 것이다. 이런 도덕 정신은 우리 모두에게 유익하다.

토크빌은 유럽 사람들에게 민주주의를 가르치기 위해『미국의 민주주의』를 집필했다. 토크빌이 보기에 아리스토텔레스의 귀족정치에서 민주주의로의 변경은 숙명적이며 돌이킬 수 없는 것이다. 다시 말해 이런 변환이 신의 뜻이고 평등의 시대는 피할 수 없는 방향이라고 믿었다. 그러나 자유를 존중하는 체제, 공동의 이익을 존중하는 체제 등 여러 가지 방식이 가능하므로 어떤 종류의 민주주의가 올 것인지는 예측이 어렵다. 그렇다고 신은 인간을 완전히 자유롭게도 혹은 아무것도 할 수 없는 존재로 만들지 않았다. 인간은 넘을 수 없는 어떤 운명의 한계를 가지고 있지만, 그 안에서 인간은 무한한 가능성과 자유를 가지고 있다.

VIII. 존 스튜어트 밀

밀의 위해원칙은 남에게 피해를 주지 않는 한, 나의 자유는 침해받을 수 없다는 것이다. 그래서 다수의 횡포를 금지해, 다수의 의견이라도 개인에게 강요하면 안 된다고 했다. 밀의 위해원칙은 만장일치를 주장하는 파레토 이론과 유사하며 남에게 피해를 주면 안 되기 때문에 결과적으로 위해원칙은 현 상태를 유지하며 변화를 불가하게 하는 보수적 견해다. 밀은 공리주의를 발전시켜서 효용은 계산할 수 있고 사람 간 비교가 가능하다고 생각했지만, 현대 경제학은 이런 주장을 부정한다.

1. 고전학파 공리주의와 신고전학파 공리주의 비교

고전학파 공리주의는 벤덤에 의해 창시됐으며, '최대다수의 최대행복'

으로 설명되는 결과주의적 주장이다. 이에 반해 신고전학파 공리주의는 밀과 에지워스(Edgeworth), 파레토 등이 대표적이며, 철학적 배경은 에이어(Ayer 2001)의 논리실증주의로 표현된다. 그리고 신고전학파 경제학의 중심 사상이기도 하다.

벤덤의 고전 공리주의는 극단적 분배이론으로, 모든 사람의 소득이 균등해질 때까지 분배해야 하는데, 그 이유는 부자들의 한계효용이 계속 감소하기 때문이다. 부자의 1불을 뺏어서 가난한 사람에게 주면 부자들의 한계효용 손실보다 가난한 사람들의 효용 증가가 더 커지기 때문이다. 이런 주장은 모든 부자에게 공포를 조성했다. 그러나 벤덤은 이런 염려를 인식해 총생산량이 줄어들지 않는다는 전제하에서 재분배를 주장했는데, 이 방법은 부자들에게서 많은 것을 빼앗아 부자들이 일을 덜해 산출량이 줄어드는 결과를 낳았다. 부자들은 곡물을 가난한 사람들에게 주는 대신에 태워버릴 수도 있다. 부자들에게 증세하면 일할 의욕이 떨어지고, 산출량이 줄어들어서 사회 전체가 소비할 물건이 줄어든다. 따라서 무리한 재분배는 오히려 가난한 사람에게 손실을 준다. 이것이 벤덤의 논리다. 이런 논리의 문제는 무엇인가? 적정 재분배의 기준은 무엇인가?

남아프리카에서 흑인 차별 정부에서 민주 정부로 이양할 당시에 백인들이 본인들의 재산을 포기할 것인가에 대한 논의가 있었다. 그러나 포기할 가능성은 없다고 보았다. 벤담이 말하는 적정 재분배란 얼마만큼 재분배하면 그 지점을 산출량 극대점으로 보고, 그 지점에서부터 총산출량이 줄어드는가를 결정하는 것이다. 부자들은 세금을 1불 더 걷으면 산출량이 줄어들기 시작할 것이라고 주장했지만, 가난한 사람들은 부자들이 세금을 더 내도 부자들의 고통이 증가하지 않는다고 주장했다. 거시경제학적으로 논쟁이 많았으나 답은 없다. 산출량에 영향을 주는 것은 단순히 재분배 이유 이외의 다른 요인들의 영향도 크기 때문이다. 그래서 신고전학파의 대안은 다음과 같다. 거시경제학은 접어두고 다른 시각에서 보자.

경제학 측면보다 철학적 측면을 먼저 보자. 흄(Hume 2011)은 『인간 본성에 관한 논고』에서 '인간에 관한 과학적 탐구로부터 어떻게 도덕적 판단을 유도할 수 있나?'라는 질문을 던진다. 흄의 지적은 현상(is)에서 당위성(ought)을 유도할 수 없다는 것이다. 관측된 사실로부터 도덕적 가치를 유도할 수는 없다. 이런 변천에 대해 뚜렷한 설명이 있어야 하는데, 설명 없이 현상에서 당위성으로 변환되는 것은 잘못됐다. 벤덤도 같은 실수를 했다. 효용이론은 사람들이 어떻게 행동하는지, 또는 어떻게 행동해야 하는지를 설명한다고 주장하는데 이는 현상과 당위성의 혼동이다. 흄은 이런 변환은 잘못됐다고 지적한다. 흄은 모든 사람이 동일하다면 어떤 사람에게 적용되는 것을 다른 사람에게 적용해도 무방하다고 보았다. 이런 경우에 관측치로부터 도덕적 가치를 부여하는 주장으로 변환이 큰 문제는 안 된다고 보았다. 흄은 공리주의자였고 고전 공리주의를 믿었다. 흄에 대한 반론은 다음과 같다.

찰스 스티븐슨(Charles Stevenson 1944)의 정의주의(Emotivism)를 보자. 스티븐슨은 사람들이 동일하다는 것을 어떻게 아는가? 한 사람이 어떤 것을 좋아하더라도 다른 사람은 그것을 싫어할 수도 있다. 이 당시에 논리실증주의(Logical Positivism)가 등장했다. 에이어는(Freddie Ayer 2001), 이 세상에는 3가지 주장만 가능하다고 보았다. ① 분석적 진리, ② 관측된 진리, ③ 그 밖의 모든 것은 의미 없다는 주장이다. 이런 주장은 초기 계몽주의와 크게 다르다.

홉스 등은 인간 의지에서 도출된 제안과 그 밖의 과학 사유로 도출된 제안은 같은 것이라고 보았다. 그래서 과학적 제안(삼각형의 3각의 합은 180도라는 주장)과 인간들이 만든 공동체 관련 제안들이 같다고 여겼다. 삼각형과 공동체는 모두 인간이 만들었으므로 그들의 제안이 같다는 것이다. 그러나 논리실증주의는 다른 견해를 주장했다. 그들이 보는 진리는 분석적 진리(전제에서 결론이 도출되는 경우. 총각은 결혼 안 한 남자, 삼각형의 3각의 합은 180도라는 주장)와 실증적 진리(관측으로 얻은 결론)만이 있기 때문이다. 그 밖의 모든 것은 형이상학으로 분류되어야 한다. 분석적 진리와 관측된 진리 외에는 아무것도 없으므로 도덕적 제안은 모두 사라진다.

논리실증주의는 윤리적 표현은 정의주의적 태도이지 제안이 아니라고 한다. 분석적 진리나 관측적 진리를 제외한 다른 것들은 도덕적 논변을 설득하기 위해 주장하는 것이다. 내가 살인은 나쁘다고 말하는 것은 내 감정에 상대도 동의하기를 바라는 것이다. 따라서 소득 재분배는 가난한 사람들에게 좋은 일이라고 주장하는 것은 남이 나의 감정에 동의하기를 바라고 말하는 것이다. 이런 주장은 모두 감정적인 호소일 뿐 합리적×이성적 주장은 아니다. 다시 말해 과학적 증명 없이 주장하는 것이다. 이것을 도덕의 '만세–우우' 이론(Hurrah!/Boo! 야유로 우우)이라고 한다. 좋아하는 것에는 '만세', 싫어하는 것에는 '우우'라고 말하는 것이다. 여기에 윤리적 측면은 제외하고 단지 남들이 나와 같이 '만세' 혹은 '우우' 하고 소리 지르기를 바랄 뿐이다. 스티븐슨의 주장에서 서로 다른 사람들 간의 효용을 비교하는 것은 불가하다. 벤덤은 사람들 간의 효용 비교가 가능하다고 했지만, 스티븐슨은 반대 의견을 가진 것이다. 아이히만의 문제를 보자. 우리가 어떻게 아이히만을 평가할 수 있는가? 우리는 '우우'라고 말하지만, 독일이 승전했다면 '아이히만 만세'라고 했을 것이다. 결과적으로 우리가 도덕적 판단을 하는 데 큰 문제점을 제시하는 것이다. 이런 문제로 '고전학파 공리주의'가 '신고전학파 공리주의'로 발전하는 계기가 됐다.

신고전학파 이론은 파레토가 만든 한계 이론에 의존한다. 그는 현대 가격이론을 만든 선구자다. 신고전학파 경제학자들은 수요공급에 의한 시장에 관심이 많다. 시장을 움직이는 힘은 무엇인가? 사람들에게 왜 그렇게 행동하느냐고 물으면, 수많은 이유를 댈 것이다. 그래서 최소한의 정보에 의해서 시장의 움직임을 연구하는 것이다. 우리는 효용의 단위를 요구하는 기수적 효용이론보다 순서만을 연구하는 서수적 효용이론에 의존할 것이다.

신고전학파 경제학이 정치학에 미친 영향 분석을 분석하자. 파레토와 에지워스는 한계 이론을 만들었고, 스티븐슨은 서로 다른 사람 간의 효용 비교는 불가하다고 했다. 이런 경제학과 철학의 변화들이 정치학에 미친 영향을 보자. 밀은 권리와 효용을 종합적으로 분석했다. 그는 계몽주의에 나오는 개인의 자유를 존중하지만, 정치이론의 과학적 접근법의 결과로 나오는 효용이론과 충돌하는 것을 어떻게 해소하는가? 사회 구조를 효용 측면에서 보는 것과 정치 문제를 과학적 이해로 보는 견해 사이에는 충돌이 일어난다. 밀은 권리에 대한 논리를 위해원칙(harm principle)으로 설명한다. 위해란 무엇인가? 물리적으로 남을 위해할 수 있고 남의 재물을 훔치는 것, 마약을 사용해 자신에게 위해를 할 수 있으며, 말로서 남의 감정을 상하게 할 수 있다. 어떤 사회가 개인의 자유를 제한할 수 있는 유일한 근거는 남에게 위해를 가하는 것을 방지하기 위한 목적으로 사용하는 경우다. 그러나 본인에게 도움이 되는 어떤 것이 있더라도 사회가 본인에게 강요하면 안 된다.

사람들은 이기심에 기초한 행동을 할 수 있다. 음주는 본인의 즐거움을 위한 행동이므로 허용하지만, 음주운전은 남에게 위해를 주는 것이 가능하므로 금지하고, 마리화나를 사용할 수 있지만, 남에게 피해를 주지 않으면 된다. 하지만 헤로인을 사용하면 사회단체에서 자녀를 데려간다. 매춘은 두 사람 간에 파레토 극대이며 자발적 행동이라 흔히 피해자 없는 범죄라고들 하지만 범죄단체가 연루되면 안 된다. 결과적으로 자발적 행동이 아니면 문제가 된다. 반면 밀은 정상적 결혼의 관계에 피해를 주기 때문에 매춘이 나쁘다고 한다. 그러나 사회 안에서 어떤 사람이 가진 도덕적 가치 기준은 다른 사람의 도덕적 가치 기준과 다르므로 여기에 다수의 횡포(다수의 의견)를 개인에게 강요할 수 없다.

2. 밀의 공리주의와 벤덤 공리주의의 차이점 비교

1) 벤덤은 장기적 관점에서 효용에 호소한다. 그러나 밀은 위해 법칙으로 효용이 간접적으로 관측될 뿐이다.

2) 밀의 경우 즐거움에 대한 간단한 규정은 불가하고, 육체적 즐거움보다 지적인 즐거움과 도덕적 즐거움이 상위 가치를 가진다. 행복한 돼지보다 불행한 인간이 낫고, 행복한 바보보다 불행한 소크라테스가 낫다. 그 이유는 바보나 돼지는 본인 입장만 생각하기 때문이다. 여기서 밀은 사람 간의

효용의 비교를 시도한다는 점에서 스티븐슨과 다르다.

3) 밀은 자유에 대해 폭넓은 견해를 밝힌다. 20세기에 아이제이아 벌린은(Isaiah Berlin 1995) 소극적 자유와 적극적 자유를 구분했다. 소극적 자유는 남의 간섭을 안 받을 때의 자유이고, 적극적 자유는 그런 자유를 행할 능력과 재원을 포함한 자유를 말한다. 밀은 소극적 자유와 적극적 자유 모두 설명하는데 그에게는 적극적 자유도 중요했다.

4) 사람들 간의 효용에 대해 밀은 벤덤보다 더 섬세한 견해를 가졌다. 밀은 자유와 효용을 종합적으로 분석하고자 했다. 맨더빌(Mandeville)의 벌꿀의 우화에서 나오는 내용을 이용해 애덤 스미스는 '모든 사람이 시장에서 본인의 이해를 위해서 움직이면 결과적으로 보이지 않는 손에 의해서 모든 사람에게 도움이 된다'라고 주장했다. 밀도 보이지 않는 손에 의해서 자유가 효용에 영향을 주는데, 그 가교 구실을 하는 것이 진리(과학)다. 언론의 자유, 사상의 자유를 위해 시장에서 이기심에 의한 행동과 시장균형가격 등 모든 정보가 서로 공유되어야 한다. 타인에게 영향을 주는 행위는 정부가 위해원칙을 적용해 제한을 가할 수 있다. 밀의 언론의 자유에 대한 전제는 다음과 같다. 정부가 어떤 의견이 제시되는 것을 막는다면, 정부는 사전에 우리는 절대 실수하지 않는다고 가정하는 것이다. 비록 제시된 의견이 전부 진리는 아니더라도 약간의 진리는 포함하고 있을 수 있으며, 반대로 지배적인 의견도 전부 진리만을 포함하고 있는 것은 아니다. 그러므로 서로 다른 의견들이 충돌하면서 우리는 진리에 도착할 수 있을 것이다. 결론적으로 우리는 언론의 자유를 허용해야 좀 더 진리(진실)에 가까워질 수 있다.

홉스나 로크의 계몽주의는 정확하고 확실한 주장에 근거를 두고 있다. 과학적 진리는 확실성을 전제한다. 그러나 초기 계몽주의자들은 과학이 부정확한 진리를 주장할 수 있다고 보았다. 밀도 과학적 이론이 우리의 틀린 생각을 기초로 전개될 수 있다고 보았다. 칼 포퍼(Karl Popper)의 반증 과정을 보자. 우리는 진리를 결코 알 수가 없다. 우리가 만든 전제나 가정을 실험해 검증하고 그 전제를 깨는 것이 과학이다. 만일에 틀렸다는 것을 증명하지 못할 수 있지만, 장래에도 전제가 틀리지 않으리라고 말할 수 없다. 과학이란 전제를 부정하는 과정이다.

밀의 언론의 자유는 진리를 추구하는 방식에서 과학이 틀렸다는 것을 자유롭게 토론할 수 있다는 것을 전제한다. 우리는 진리가 절대적으로 맞는다는 주장보다 모든 과학의 결과는 장래에 틀릴 수 있다는 견해를 가지는 것이다.

3. 밀의 위해원칙

누가 공무원 시험에 합격한다면 그는 행복하지만 낙오한 사람에게 피해를 주는 것이다. 밀은 공무원 시험을 능력 위주로 하지 말고 추첨이나 순서대로 선발하는 것이 좋다고 했지만, 물건의 교환은 시장에서 수요공급에 의존해야 한다고 생각했다. 즉 자유무역이 최대 행복을 가져온다고 주장했다. 시장 경제가 아니면 정부가 농부에게 보조금을 줄 수 있지만 그래도 여전히 자유시장이 더 좋은 것이다.

여기에 상호 모순점이 있다. 일반적 대중의 의견은 공무원을 자격에 따라 선별하는 것이 좋고, 또 국가 간 물건의 교환은 자유무역이 좋다고 인정하고 있다. 그러나 반대론자들은 대중의 의견이라고 타인에게 도덕적 판단을 강요하는 것은 나쁘다고 주장한다. 밀의 해결책은 2단계다.

1) 어떤 행동에 대해 제안했을 때 누구에게 해가 되는가를 생각하자. 만일 아무도 피해를 보지 않았다면 위해법칙을 통과한 것이다. 술을 마시거나 언론의 자유가 이에 속한다.

2) 만일 피해를 준다면, 그런 행동을 금지하는 대신에 효용이론에 호소해보자. 우선 경쟁적 시험에서 낙오자가 피해를 본다면 이것이 피해인가? 경제학의 외부경제에 해당한다. 만일 외과 의사가 실수로 몸속에 가위를 남기고 봉합했다면 의도는 아니었더라도 환자에게 피해를 준다. 우리는 피해를 의도적 범죄에 국한해야 하나? 밀은 공무원 시험제도와 국제적 자유무역의 시행으로 손해를 보는 사람이 있겠지만 일단 공리주의 원칙에 따라 총

효용을 비교하라고 한다. 물론 사람들 간의 효용 비교는 불가하다고 밀 이후에 스티븐슨이 주장했다. 그러면 위해법칙에 모호한 부분이 있나? 그리고 위해법칙은 근본적으로 보수적 생각인가? 남에게 위해를 한다는 것을 무시하고 권리와 효용을 종합적으로 분석해보자.

위해법칙이 모호한 부분이 있으면 어떤 부분이 그런 것인가? 다른 사람들이 어떤 사람에게 그에게 좋으니 어떤 행동을 하라고 하거나 하지 말라고 강요할 수는 없다. 다른 사람들이 그에게 항의하거나, 애원하거나, 설득하려고 시도할 수 있다. 그러나 그에게 어떤 일을 강요하거나 그에게 상해를 입히면 안 된다. 그의 행동이 남에게 위해를 가할 때만 그에게 중지를 요구할 수 있다. 무엇이 애매한가? 동기가 문제인가? 제삼자에 의해서 그런 행동이 문제라고 제기될 수 있나? 음주는 피해자가 없는 범죄이지만 자유무역은 특정인에게 피해를 준다. 같은 내용을 다르게 표현해보자. 어떤 사람이 남에게 위해를 가했지만, 그 사람들에게 책임을 물을 수 없는 때도 있다. 전쟁에 참여한 군인이나 사형을 집행하는 사람은 남에게 위해를 가했지만, 죄가 없다. 남을 해친 동기는 남에게 위해 여부 판단에 중요한 부분이다. 형사처벌은 반드시 배심원에게 범인의 동기를 증명해야 한다. 살인의 경우 검사는 범인의 동기를 밝혀야 한다. 음주운전은 동기가 있나? 특정인을 해치려는 마음이 없었다면 확대된 동기 개념을 도입하자. 음주운전의 경우, 남을 해칠 의사는 없었지만, 그의 동기는 무모한 것이다. 이것을 확대 해석된 동기라고 말한다.

살인의 경우에도 사전에 계획된 살인(동기가 있음)은 책임이 크고, 부주의에 의한 살인은 책임이 적은데 이를 확대 해석된 동기라고 한다. 의사의 실수로 환자의 배 속에 가위를 남긴 경우 의도하지 않은 것이며, 의사는 보험으로 일부 책임 회피가 가능하다. 그러나 이런 염려 때문에 수술을 금지할 필요는 없다. 하지만 은행 강도는 보험을 들 수 없다. 동기가 나쁘기 때문이다.

남에게 위해를 주는 것을 사전에 방지하지 못하면 죄가 될 수 있다. 만일 밤에 물에 빠진 사람을 구하지 않는다면 범죄가 아니더라도 기소될 수 있다. 남에게 해가 되는 것을 내가 방지하지 못한 탓이다. 만일 대학교에서 각자 수업을 듣기 위해 시간을 사용하고 그 결과 이 세상의 가난한 사람에게 도움을 주지 못한 것도 죄가 되는가? 이런 경우 이 세상 모든 일이 잠재적 위해에 해당한다. 여기서 대학생들이 남에게 도움을 줄 수 있는 것이지, 반드시 도움을 주어야 한다는 것은 아니다.

위해원칙은 보수적 생각인가? 밀은 '옥수수 매매상들은 극빈자를 굶게 만드는 사람들이고 사유재산은 도적질이다'라는 의견이 신문에 회자되면 그대로 이해가 가지만, 만일 옥수수 가격 때문에 성난 폭도들에게 이런 의견을 전달하면 처벌될 수 있다. 옳지 않은 주장이 남에게 피해를 주어서는 안 되기 때문이다. 즉 자유의 한계는 남에게 피해를 주지 않는 것이다. 당신이 어떤 견해를 가지는 것은 자유이고, 발표하는 것 또한 자유이지만 같은 문장이더라도 폭도를 선동하는 경우에 사용되면 위법이다. 왜냐하면, 옥수수 매매상에게 피해를 주기 때문이다. 그러나 이런 논리로 매매상을 설득하는 것은 불가하다.

파레토법칙과 마찬가지로 위해원칙도 절차적인 문제다. 파레토법칙은 어떤 절차를 진행하지 못하고 출발점에 묶어둔다. 아무도 손해를 보면 안 되므로 변화가 불가해 현 상태로 묶어두는 역할을 한다. 파레토 도표를 그리면, 에지워스 그림의 계약선에서 움직일 수가 없다. 농부들이 굶어도 다른 행위를 할 수가 없다. 위해원칙도 어디서 시작해야 하는지 알려주지 못하고, 파레토법칙도 어디서 출발해야 하는지 알려주지 못한다. 만일 출발점이 계약선에 있지 않으면 계약선 쪽으로 움직일 수는 있다. 그러나 출발점이 계약선이면 움직일 수가 없다. 그런 면에서 위해원칙이나 파레토법칙은 보수적 생각이다. 출발점을 떠날 수가 없기 때문이다. 매매상이 농부를 굶기므로 나쁘다고 비난할 수는 있지만, 결과적으로 매매상에게 본인의 손해를 감수하는 어떤 행위를 강요할 수는 없다. 밀은 과학이 발전하면 동의하지 못하는 부분들이 점점 적어질 것으로 생각했다. 비동의는 올바른 견해로

가는 출발점이기 때문이다.

IX. 숙의민주주의

　루소의 일반의지를 보면, 사람들의 차이점들이 합산하면서 서로 상쇄되는 것을 보았다. 사람들의 일반의지가 무엇인지 발견하려는 노력 대신에 만들어 가는 과정을 말하는 것이다. 즉 타인을 설득하고, 확인시키고, 타인의 의견을 바꾸도록 하는 것이다. 다시 말해 결과물보다 과정이 중요한 것이다.

　흔히 논쟁은 나의 견해를 관철하기 위해 진행하지만, 숙의는 합의를 도출하기 위한 과정이다. 이런 절차에 대해 독일 철학자 하버마스(Jurgen Habermas 1998)는 사람들이 자발적인 동의로 합의를 이룰 수 있는 이상적인 조건을 제시했다. ① 모든 사람이 동등한 자격으로 참여하고, ② 자유롭게 본인의 생각을 주장하거나, 변호할 수 있어야 하며 남에게 질문할 수 있어야 한다. ③ 그리고 위 두 조건을 생략하도록 강요를 받으면 안 된다. ④ 모든 사람은 합의되는 내용이 사실이고, 어떤 기준에 타당한 것인지에 관심을 가지며, 그들은 각자의 주장이 합의에 이를 수 있도록 노력한다는 전제가 있다.

　그런데 하버마스도 이런 이상적인 경우는 없을 것이라고 본다. 롤스의 경우와 마찬가지로 하버마스도 이상적일 때 사람들이 어떤 정치적인 기본 조건에 동의할 것인가 상정해보는 것이다. 사람들 간에 계급이 존재해, 지배하는 사람과 지배를 받는 사람이 있다면 곤란하다. 그리고 독재국가에서는 언론의 자유가 없다면, 공평한 기회를 가질 수 없다. 그러나 하버마스는 너무 많은 것을 요구하고 있다. 사람들의 철학적인 판단과 도덕적인 판단에서 합의에 이를 수가 있을까? 하버마스는 계몽주의자이기에 이런 주장을 하는 것이다.

숙의는 합의를 붕괴시킬 수 있다. 마르크스(Karl Marx 2000)는 숙의는 인간이 자신의 가능성을 인식하는 데에 도움이 된다고 했다. 사람들이 갖는 계급의식은 그들이 속한 사회계급이나 경제적 지위, 본인들 계급의 구조에 의해서 만들어지며, 그들은 본인이 속한 계급의 이해관계에 관심을 가진다. 그런데 숙의 결과, 노동자들은 지배자들과 공동의 이해를 달성하지 못함을 깨닫는다. 그래서 마르크스는 노동자들이 계급에 대한 불만으로 사회질서의 붕괴를 가져오는 것을 바랐다. 바로 혁명이다.

그 밖에 스테펜 홈스(Stephen Holmes 1995)는 17세기의 종교전쟁을 보고 어떤 신념은 사람들에게 매우 깊게 뿌리내리고 있어서, 이들을 숙의로 변화시키려는 시도는 잘못된 것이라고 했다. 그래서 미국 헌법 수정 조항 1조에 보면 종교 활동을 장려하거나 방해하지 못하도록 했다. 결과적으로 숙의는 그동안의 합의를 붕괴시킬 수 있기 때문이다.

1. 피쉬킨의 대안(Fishkin's alternative)

우리는 논의에 의한 합의나 동의의 도출이 어렵다는 것을 알았다. 그러나 피쉬킨(Fishkin 2006)은 비록 우리가 논의가 합의에 이르지 못해도 진리를 찾기 위한 노력을 하는 것은 좋다고 주장한다. 진리는 중요한 것이며 계몽의 목표는 진리 추구였다. 그런데 과학은 논의를 통해 진리에 접근한다. 과학과 마찬가지로 정치에서도 논의로 진리에 도달할 수 있다고 본다. 예를 들어서 배심원제도를 보자. 운전면허 번호를 무작위 추첨해 배심원을 결정한다. 선택된 샘플이 통계적으로 모집단과 같은 비율을 갖는다고 가정하자. 그러나 배심원이 전문지식이 부족하면 어떻게 하나? 양쪽의 견해에 대해 전문가의 설명도 주어진다. 피쉬킨은 숙의 전과 후의 의견 차이를 통해 숙의가 어떤 영향을 주었는지 검토한다. 숙의가 올바른 결론으로 도착한다는 전제를 두고 있다.

그러나 숙의가 조작된 결론으로 도달하면 어떻게 되나? 배심원과 전문가를 누가 어떻게 뽑는가? 애로우(Kenneth Arrow)의 불가능성 정리에서 보면 논의의 순서에 따라서 서로 다른 결과가 나온다. 숙의 결과, 진리에 도착하지 못하면 어떻게 하나? 만일 티파티(Tea Party) 회원들이 숙의하면 극단적인 결론에 도착할 것이다. "월가를 점령하라"를 외치는 집단도 극단적 결론에 도달할 것이다.

그러나 모집단이 다양한 분포를 가진다면 장점도 있다. 대중의 지혜(The Wisdom of crowds)를 이용해보자. 풀밭에 암소 한 마리를 놓고 20명에게 무게를 물어보자. 집단 중에 농촌에서 자란 사람이 있다면 1,000kg이라는 것을 알 수도 있다. 그러나 문제해결을 위해 기본적으로 토의를 하는 것과 하지 않는 것, 이상의 2가지 방식이 있다. 토의하면, 주도적인 사람(농촌에서 자란 사람)의 의견이 중시된다. 그러나 토의 없이 그대로 소의 무게를 적어서 합산 후 평균을 구하면 남의 영향을 받지 않는다. 시장 경제의 장점은 많은 참여자가 있어서 참가자들이 남의 영향을 거의 받지 않는 것이다. 피쉬킨에 의하면 숙의 결과로 사람들의 의견이 변하는데, 이것이 진리를 향한 것인지는 확실하지 않다. 따라서 일반의지를 알아내는 데 문제가 있다. 우리는 민주적인 방식으로 일반의지를 찾는 것이 불가능함을 설명했다.

민주주의는 경쟁이 필요하다. 그런데 정치학의 기본 문제는 권력이 독점적이라는 것이다. 그러면 독점과 경쟁의 문제를 어떻게 풀 수 있는가? 미국의 공화주의는 삼권 분립으로 해결하려 했다. 민주주의 이론을 설명하기 위해 영국 국회의 예를 들어서 설명해보자. 영국에는 2개의 큰 정당(보수당과 노동당)이 교대로 모든 권한을 가지고 국정 운영하므로, 단기적으로는 권력의 독점이 된다. 행정부도, 사법부도 독립적이지 못하다. 집권당은 모든 것을 결정하는 한편 야당은 집권 기회를 노린다. 결과적으로 권력에 대한 경쟁은 시간을 두고 벌어지는 것이다.

2. 다수의 횡포에 대한 걱정

다수결의 원칙에 합리적(이성적) 원리가 포함되어 있나? 뷰캐넌과 털럭(James Buchanan and Gordon Tullock 1962)은 우리가 무지의 베일(veil of ignorance)

뒤에서 사회가 어떤 선택을 할지 모르고, 그 결정이 나의 자유를 침해하고 손해를 가져올 수 있을 때, 만일 결정에 참여하는 사람의 수가 늘어난다면 그런 침해의 정도가 약해질 것이다. 그러나 만장일치제를 선택할 시, 아무도 손해 입지 않겠지만 결정에 많은 시간과 노력이 들어간다. 결과적으로 내가 결정에 따라 다소 손해를 보더라도 결정 과정에 투입되는 시간과 노력을 절약할 수 있으면 좋다. 좀 더 중요한 안건(헌법 등)은 과반수 대신에 2/3 동의를 요구할 수 있다. 그리고 하찮은 일들은 행정부에서 알아서 결정하라고 위임할 수 있다. 안건의 중요도에 따라서 동의율이 달라진다. 만장일치제는 경제학의 파레토 최적과 같은 개념인데, 현상 유지만 하게 되므로 만장일치제로는 복지국가를 만들 수 없다. 그러나 무지의 베일에 싸여 있다면, 즉 자신의 처지를 미리 알지 못한다면, 사람들은 다수결의 원칙에 동의할 것이다. 결과적으로 다수결의 원칙은 일반의지라기보다, 당신이 무지의 베일에서 현 상태를 모를 때, 다수결의 원칙을 택하지 않아서, 만장일치제로 복지국가가 무산됐을 때, 몹시 궁색한 처지에 놓이는 것을 방지하기 위한 선택이다.

Ⅹ. 반계몽주의

계몽주의란 무엇인가? 계몽주의는 개인의 자유와 과학을 존중하는데 개인의 자유를 존중하다 보니 민주주의가 발달했다. 그리고 과학의 발달로 산업혁명이 일어나고 빈부 격차의 문제가 등장했다. 계몽주의의 3가지 전통은 ① 공리주의, ② 마르크스주의, ③ 사회계약론이다. 우리는 정치적 계몽주의에 초점을 두자. 이런 사상은 17세기에 출발해 19세기, 20세기, 21세기에 큰 영향을 주었다.

계몽주의의 2개 축은 과학적 사고와 개인의 자유다. 과학적 사고의 경우 베이컨은 과학을 정치의 기초로 사용했다. 인간의 모든 활동을 과학에 기초해 설명하려고 했다. 종교나 미신이 정치에 관여하면 안 된다. 따라서 계몽의 하나의 축은 과학적 사고다. 그러나 마르크스는 이를 다른 형태로 표현, 과학의 원리에 의해서 정치 세계를 재편해야 한다고 했다. 변증법적 유물사관이다.

계몽주의 두 번째 축은 개인의 자유를 존중하는 것인데 미국의 헌법에 표시되어 있다. 마르크스도 개인의 권리(individual rights)를 매우 중요시했다. 개인의 자유를 존중하는 것과 과학을 존중하는 것 사이에는 충돌이 일어난다. 과학은 결정론이 지배하는 영역이다. 법률로 과학적 현상의 각각의 경우를 설명할 수 없다. 이런 결정론하에서 개인의 자유는 어떤 의미가 있는가? 이런 결정론은 종교적 영향으로 무한한 능력을 갖춘 신이 창조한 결과물인가? 그러나 로크는 어떤 것이 법칙이 되려면 우리의 의지가 포함되어야 한다고 주장한 바 있다. 우리의 선택이 필요한 것이다. 그래서 결과적으로 계몽주의의 과학 존중과 개인의 자유 존중은 서로 충돌한다. 다시 말해 신의 능력이 무한한가, 또는 자연법칙이 변할 수 있는가는 같은 문제에 대한 양면 설명인 것이다.

초기 계몽주의와 성숙한 계몽주의를 비교하자. 우리는 이미 성숙한 계몽주의의 사고를 하고 있으므로 초기 계몽주의자들의 사고와 다르다. 초기 계몽주의자들은 과학 원리에 충실했다. 그들은 확실성에 집착했다. 분명한 것이 아니면 과학이 아니라고 생각했다. 데카르트의 코기토(cogito)가 해당한다. 데카르트는 본인이 의심할 수 있는 모든 것을 버리고 남는 것에 관심을 가졌다. 계몽주의는 과학적 사고와 개인의 권리에 대한 것이었다. 과학은 우리가 만든 것을 알게 해주고(Cartesian certainty), 권리는 우리가 만든 것을 소유할 수 있도록 한다.

1. 에드먼드 버크의 반계몽주의

계몽주의는 공리주의와 마르크스주의, 사회계약론 전통으로 대표된다.

계몽주의에 대한 대표적인 반론자는 에드몬드 버크다. 그는 보수주의자로 전통과 승계된 권력, 시간의 흐름을 견딘 생활 습관들을 존중했고, 그 당시 정치이론을 불신했으며, 과학의 발전도 미미해 우리가 아는 것이 별로 없다는 입장이었다. 프랑스혁명이 1789년 발생했기 때문에 우리는 버크의 1790년 책에 집중한다. 버크는 과학의 발달과 개인이 우주의 중심이라는 생각에 반대했다. 이것과 대조적으로 공리주의는 개인의 효용과 사람들의 심리적 수준의 관계를, 마르크스는 생산수단과 개인의 관계를 말한다. 사회계약도 개인의 권리와 자연법칙 간의 문제다. 칸트의 이론은 개인이 일반화할 수 있는 것에 대한 논의다. 버크는 우리가 무엇을 물려받았는가를 보지 말고, 미래에 무엇을 기대하는가에 초점을 맞추라고 주장했다. 플라톤과 아리스토텔레스는 인간은 무지하다는 입장인데, 계몽주의는 과학이 우리에게 힘을 주고 무지를 떨어버릴 수 있게 한다고 말한다. 그렇다면 반계몽주의는 계몽주의를 배척하고 아리스토텔레스로 돌아가 그들의 정치 과학에 초점을 두는 것이다. 여러 가지 비유가 가능한데, 이를테면 인간은 바다에 떠 있는 코르크 조각 같다. 우리는 우리에게 영향을 주는 힘에 대해 전혀 아는 바가 없다. 과학이 우리 공동체에 주는 영향은 불확실하며, 과학이 실제 생활에 영향을 주기는 어렵다. 처음에 우리에게 해가 된다고 생각되는 것도 나중에 좋은 것이 될 수 있고 반대의 경우도 있다. 그는 과학에 대해 매우 조심스러운 입장이다. 현재 존재하는 자원에 대해 보존하려는 경향이 있고, 또 개선하려는 노력이 버크의 성향이다. 그 외의 것은 천한 것이다. 그래서 프랑스 혁명가들은 모든 것을 뒤집어엎고 새로운 사회를 만들겠다는데 이런 능력을 갖췄다고 주장하는 사람이 가장 위험한 사람들이다.

자유주의의 특징은 모든 개인이 각자 중심이라는 것이다. 그러나 버크는 평등주의가 자연의 증거나 역사의 증거에 위배된다고 보고 평등주의를 반대했다. 버크는 중심을 개인에서 물려받은 전통으로 바꾸려 하고 계승된 권리와 자유가 보장받아야 한다고 보았다. 그는 급격한 변화를 반대하는바 프랑스혁명에도 반대했다. 그래서 그는 반계몽주의자이며 극단주의자로 여겨진다. 확고한 사회계약론에서 사회는 사회적인 것이며, 계약이다. 이것은 살아있는 사람이 죽은 자와 앞으로 태어날 사람들과 협력관계를 맺는 것이다.

2. 앨러스터 매킨타이어(Alasdair MacIntyre)의 반계몽주의

그는 초년에 『Marxism and Christianity』라는 책을 썼고, 둘 간의 경쟁에서 마르크스주의가 승리한다고 했다. 그러나 후에 마르크스주의에 실망했다. 1950년대에 스탈린의 독재와 노동가치설에도 실망했다. 그는 단순히 마르크스주의에 머물지 않고 마르크스주의는 계몽주의의 일부라는 것에 착안해 계몽주의의 과학적 야심에 실망했다. 그는 자유의지에 대한 인간의 능력(한계)이 인간 생활의 과학적 가능성을 저해한다고 생각했다. 더불어 전통을 무시하는 것을 나쁘게 보았다.

매킨타이어는 『덕의 상실(After Virtue)』에서 계몽주의자들이 아리스토텔레스의 사고를 폐기하는 실수를 했다고 말한다. 초기 계몽주의자 홉스는 아리스토텔레스가 큰 혼란을 초래했다고 주장했는데, 매킨타이어는 홉스가 크게 잘못 생각했다고 주장했다. 물론 아리스토텔레스의 철학이 현재 시대에 맞게 수정되어야 하지만, 현재 인간들은 어떤 감정적인 문화 속에서 살고 있기 때문이다.

3. 매킨타이어의 정의주의(Emotivism)

정의주의는 도덕적 판단은 선호, 비선호의 감정 표현에 불과하다고 본다. 만약 토론에서 합의에 이를 수 없다면 왜 합리적인 논쟁을 하는가? 마약이나 낙태, 동성애자 등은 인지적 불협화음을 발생시킨다. '도덕적으로 가치 있는 것이 있다'라는 아리스토텔레스 또는 '도덕적으로 가치 있는 것이 없다'라는 니체 중에서 누구를 선택할 것인가? 니체의 허무주의는 이 세상에 의미 있는 것은 없다고 주장한다. 계몽주의가 17세기 18세기에 과학에 기반을 두고 도덕성을 정당화하려 했지만, 결과적으로 니체의 허무주의에 도착한다. 계몽주의자들은 아리스토텔레스의 윤리를 버렸다. 그런데 우리는 허무주의를 포함하는 정의주의 문화 속에서 살고 있으므로 아리스토텔레스와의 조화가 문제가 된다. 아리스토텔레스의 경우에 이미 목적이 주어졌으므로 (불변의) 그 목적(virtue : timeless universal)을 달성하는 수단(means)에 집중한다. 그러나 지금의 아리스토텔레스주의는 목적과 수단 모두를 검토할 것이다. 우리는 목적에 대해 논쟁할 수 있지만, 항상 우리의 전통 안에서 논쟁한다. 전통은 서로 합의를 이루지 못할 수 있고, 또한 변하므로 전통에 기반을 둔 덕은 변화한다. 항해하고 있는 배 일부를 수리할 수 있지만 배 전체를 분해할 수 없는 것과 같다. 반계몽주의자 매킨타이어는 과학의 역할을 부정하면서 우리는 정치(공동체 문제)를 정치 이외의 것(공동체 이외의 것)으로 설명하는 것이 불가하다고 주장했다.

XI. 트럼프와 위기의 미국민주주의

최근에 민주주의의 후퇴를 이야기하는 사람들이 있다. 래리 다이아몬드와 마크 플래트너(Larry Diamond and Marc Plattner 2015)는 민주주의를 시행하는 국가 수가 최근에 감소했다고 밝혔고, 이 밖에도 미국 내에서 혼란을 말하는 사람들이 있다. 다이아몬드와 플래트너(Diamond and Plattner 2015, p.7)는 민주주의가 위기를 맞게 되는 3가지 경우로 ① 경제적, 정치적 성과가 나쁜 경우, ② 전제주의 국가에 대한 새로운 자신감과 활력, ③ 민주주의와 그 경쟁자들 간에 균형이 깨질 때를 들어 설명하고 있다. 그러나 여기서는 현재 미국에서 일어나는 포퓰리즘과 정치적 양극화에 초점을 맞추어보고자 한다.

민주주의가 실패하는 경우는 민주주의 방식으로 선거를 치렀지만, 결과적으로 다수의 횡포 현상이 나타나거나, 소수의 지배가 형성됐을 때라고 할 수 있다. 이런 정치의 실패를 막을 수 있는 추가적인 요건은 무엇인가?

1. 포퓰리즘의 문제점

야샤 뭉크(Yascah Mounk 2018a, 2018b)는 인민의 의지라는 이름으로 비민주적 인사를 민주적인 절차에 의해 선출할 수 있고, 또 소수의 희생자를 만들 수 있다고 말한다. 그는 미국도 2016년에 트럼프 정부가 자유민주주의의 이념을 따를지 알 수가 없다고 생각했다. 언론을 공격하고 선거제도의 진행 절차에 불신을 표현하는 등 오늘날 우리는 미국에 도널드 트럼프라는 전제적 포퓰리스트를 대통령으로 두고 있다. 그러면 포퓰리즘이 왜 나쁜 것인가? 흔히 정치가들은 대중을 생각하는 것 아닌가? 그런데 포퓰리즘에 관련된 정치인들은 부정부패를 저지르거나 이기적인 경우가 많고, 그들은 그들만이 인민을 대표한다고 주장한다. 결과적으로 그들과 반대 의견을 가진 사람들은 비합법적이라고 주장한다. 나는 인민을 대표하므로, 나와 의견이 다른 사람들은 인민의 뜻에 반대하는 사람이다. 포퓰리스트들은 지키기 어려운 약속을 하기 부지기수라, 그들이 선거에서 승리해도 그동안 약속한 것을 이행할 수 없는 경우가 많다. "의료보험제도가 왜 이렇게 복잡한 것인지 어떻게 미리 알 수가 있나?"라고 했던 트럼프의 말처럼 포퓰리스트들은 그들이 거짓말을, 혹은 한마디로 과대 포장한 약속을 했다는 사실을 인정하지 않으려고 한다. 그들은 반대파 역적들이 반대하고 자신들을 음해하기 때문에 자신들이 약속을 지키지 못한다고 변명하는 한편, 자유 언론은 거짓 뉴스를 퍼트리므로 자유 언론들이 규제되어야 한다고 말한다. 그뿐만 아니라 독자적 기능을 발휘하는 사법부나 FBI 등은 포퓰리스트들에게 불리한 의견을 내는데, 포퓰리스트들은 이를 막기 위해 사법부나 FBI의 독립성을 제거해야 한다고 주장한다. 이런 이유로 포퓰리즘이 걱정스러운 것이다.

트럼프는 2016년 선거 결과를 받아들이지 않을 수 있다는 여운을 남겼다. 민주당 후보가 잘못된 이념을 따르고 있으며, 자신처럼 도덕적으로 올바른 생각을 하고 있지 않다는 것이 이유였다. 그래서 "그녀를 매장하려고 한다"라고 발언했다. 그리고 2020년 선거 후, 트럼프는 선거 결과를 받아들이지 않고 있다. 미국인들은 2016년 선거와 2020년 선거에서 올바른 사람을 선출하기 위해 민주주의 원칙이 필요하지만, 포퓰리스트들은 이런 선거제도를 받아들이지 않으려고 한다. 이번에 당선된 사람이 선거제도를 존중해야 4년 뒤에 다른 사람을 선출할 수 있으나 많은 국가에서 원칙이 잘 지켜지지 않는다. 따라서 선거에서 패배하면 깨끗하게 물러날 수 있는지는 민주주의에 대한 좋은 시험대다.

헌법을 바꾼다고 이런 문제가 해결되지는 않는다. 미국의 경우 헌법 개정은 매우 어렵다. 만일 대통령이 본인에게 주어진 권력의 한계를 넘어서면, 그리고 때마침 여당이 상하원에서 다수를 차지했다면, 그리고 대법원에 헌법의 가치보다 특정 이념을 추구하는 판사들이 많이 포진했다면, 대통령은 그에게 허용되지 않은 많은 행위를 할 수 있게 된다. 이런 경우에 헌법이 무시되고, 특정 정치 집단이 정치체제를 흔들게 된다. 만일 행정부에 있는 사람들이 헌법의 가치보다 특정 정당이나 사람에게 충성하면 그런 위법을 저지를 수 있다. 그러나 중요한 것은 이런 경우에 인민들이 독재자에게 맞서서 싸워야 한다는 것이다.

2. 미국 양극화의 문제점

에즈라 클라인(Ezra Klein 2020a, 2020b)은 미국 사회는 이미 1960년부터 분열됐다고 생각한다. 민주당과 공화당은 이념적으로나 인종적, 종교적, 지역적, 문화적, 정신적으로 서로 다르게 생각하는 사람들로 분리되어 발전하기 시작했다. 미국에서 1960년대부터 극도로 양극화됐는데, 그 계기로는 대통령의 암살과 길거리 시위 학생의 살해, 시민권 운동, 여성운동, 자연권 운동, 마틴 루터 킹 목사 살해, 월남전 반대 시위 등을 들 수 있다. 서로의 의견 충돌이 거리 시위로 이어졌지만, 그 당시 아직 정치적으로 정당의 양극화가 심화되지는 않았다. 사실 민주당과 공화당이 가장 크게 대립한 것은 미국의 남북전쟁 당시다. 그러므로 1960년의 분열은 남북전쟁보다는 훨씬 약한 분열이었다. 그러나 1960년대의 의견 충돌은 당파적 분열로 확대되기 시작했다. 예를 들어 어떤 정당은 마리화나의 합법적 사용을 주장하고, 다른 정당은 사용금지를 주장한다고 하자. 이런 경우에 집권당이 바뀔 때마다 마리화나 사용에 관한 법이 바뀐다면 국민은 매우 혼란스러울 것이다.

미국을 사례로 일반적인 정치 문제와 정체성 관련 문제를 구분하고자 한다. 먼저 정체성 관련해 정책이 양극화되어 있는 것을 살펴보자. 일례로 경찰이 흑인들을 진압할 때 유난히 잔인하게 진압하는 것을 항의하는 경우, 반유태인 정서를 가진 사람들이 유태인에 대해 편견을 갖는 것에 항의하는 것은 유색인종과 유태인이라는 정체성 관련 정치 문제다. 그러나 총기 소지에 관한 수정헌법 제2조 해석의 문제는 일반적 정치 문제다. 기업의 법인세 인하 요구도 일반적 정치 문제다. 현재 미국에서 정체성 관련 정치 문제들이 미국의 양극화를 확대하고 있다. 이런 대립이 1950년대에는 전혀 문제가 되지 않았다. 그 당시에는 자유주의 공화당원과 보수적 민주당원들이 있었을 뿐 미국 사회가 지역적으로×이념적으로 크게 분화하지 않았다. 스트롬 서먼드(Strom Thurmond) 상원의원은 가장 보수적인 민주당원이었다. 그러나 현재 공화당원의 상당수는 기독교인이며 민주당은 자유 기독교인, 불교인, 무신론자 등 여러 종교 집단의 연합이다. 2016년 선거를 보면 민주당원의 44%는 유색인종인 데 반해 공화당원의 90%는 백인이다. 이렇게 지난 50년간 민주당과 공화당은 스스로 정체성을 확립해 나갔다. 그래서 노동조합은 민주당을 지지하고, 미국 남부인들은 공화당을 지지한다. 결과적으로 정체성과 의견 충돌의 골은 깊어진다. 그리고 상대방에 대한 분노나 공포, 자신의 정당에 대한 충성심, 정체성 확립 등이 정치적 양극화를 심화시킨다. 이런 상황에서 트위터는 자신을 옹호하는 집단의 결집을 강화하는 데 성공적으로 사용됐다.

미국에서는 이념적 차이보다 지역적 차이가 더 심각하다. 과거에는 미국인들이 정치적 안정을 위해 대통령은 민주당 후보에게, 하원은 공화당에 투표하는 일이 흔했다. 그러나 이제는 같은 당 후보에게 투표하는 상관관계가 과거의 0.5에서 2018년에는 0.98로 증가했다. 그리고 대부분의 여론조사에서 정당 선호를 물으면 선호가 없다고 대답하는 사람들도 사실은 거짓말인 경우가 많다. 현재 미국의 트럼프를 싫어하는 공화당원들도 민주당을 혐오하고, 민주당을 싫어하는 민주당원들도 트럼프의 재선을 극도로 꺼린다.

3. 다른 나라들의 정치 양극화 문제

캐로더스와 오도노휴(Thomas Carothers and Andrew O'Donohue 2019)는 포퓰리즘 지도자와 비자유주의 지도자들이 민주주의에 미치는 위험에 관해 연구했다. 정치 양극화 문제는 전 세계 민주주의에 큰 위험이 되고 있다. 많은 야당 지도자(인도의 모디, 폴란드의 카친스키, 터키의 에르도안)들은 양극화를 부추기고, 또 다음 선거에서 승리하기도 한다. 그들은 반대파들을 악마로 변신시켜서 위기를 고조시켰고 또 급진 변화를 시도했다. 폴란드에서 낙태를 금지하자는 주장이 대표적이다. 이런 현상은 대중 매체의 분열을 가져왔다. 야당 지도자들은 비민주적이고 적대적 전략을 구사했다. 예를 들면 터키 야당 지도자들은 터키의 에르도안이 대통령에 출마하지 못하도록 군부에 요구하기도 했다.

경제가 발전하면 양극화가 감소하리라 생각할 수 있지만, 인도의 경우에는 더 심각해졌다. 양극화가 심화되면 민주주의 체제에 어떤 영향을 미치게 되는가? 국가체제에 심각한 영향을 주는데도 정치인들이 사법부를 편파적이라고 비난하거나, 사법제도의 독립성 훼손을 가져올 수 있다. 사법부에 대한 공격은 사법부의 중재 기능을 떨어뜨리고 갈등하는 두 편의 불신을 조장할 뿐이다. 또한, 심한 양극화는 입법부 활동을 마비시키거나 입법부를 행정부의 시녀로 만들 것이다. 특히 대통령제에서 심한 양극화는 집권 권력이 전체 국민을 대변하는 것이 아니라 소수의 지지자를 대변하는 상황으로 전락하기 쉽다.

기본적으로 양극화 현상은 중용과 절제의 규범을 파괴할 수 있는데, 예를 들면 선거에서 낙선을 받아들이지 않는 것이다. 이런 경우 양극화의 악순환을 가져온다. 양극화는 일상생활과 대인관계에 나쁜 영향을 준다. 터키의 경우 반대 당을 지원하는 사람과 딸의 결혼을 반대한다. 그리고 75%의 사람들은 반대당 지지자와 사업 거래를 하지 않는다. 당파적 갈등은 이런 식으로 시민 사회에 큰 해를 가져오며, 나아가 증오 범죄나 정치적 소요를 초래할 수 있다. 최근에 인도와 폴란드, 미국에서 이런 현상이 벌어진다.

4. 미국의 양극화 현상은 다른 나라의 양극화 현상과 차이가 있나?

미국의 경우에는 다른 나라보다도 나쁜 현상들이 많이 일어난다. 다른 나라는 극단적인 정치인들이 분열을 조장한 경우다. 그러나 미국에서는 극심한 사회적 갈등의 표출이며, 추구하는 바가 서로 다른 진보와 보수의 대결이다. 결과적으로 정치인들이 쉽게 양극화를 허물 수가 없다. 미국에서는 당파적 대결이 오랫동안 지속되어 사회적×정치적 생활에 큰 차이를 형성했다. 앞에서 말했듯 미국은 1960년 이후에 양극화가 점차 심화됐다. 양극화는 흔히 종교적 차이나 이념적 차이, 민족적 차이 중 한두 가지 국면에서 전선이 이루어지는데, 미국은 위 3가지 전선이 모두 강하게 형성되어 대립이 심하다. 다행히 아직 미국에서 당파적 다툼이 민주주의의 쇠락으로 연결되지는 않았다.

양극화를 극복하는 방법은 존재하는가? 양극화는 증폭될 수 있는데, 일단 형성되면 국가를 분노와 분열로 인도한다. 정치인들은 흔히 자신의 이익을 위해 양극화를 부추긴다.

XII. 결론

민주주의는 우리에게 축복인가? 위기인가? 리카르도 블로그와 존 슈워츠맨텔(Ricardo Blaug and John Schwarzmantel 2016, p.1)이 자세히 설명하고 있다. 민주주의는 표면적으로 크게 유행하는 것으로 보이지만, 내부적으로 많은 문제점을 지니고 있으며, 민주주의의 보편적 가치에 대한 비판도 제기됐다. 자유민주주의의 가치는 지리적으로 서구에 한정된 것은 아닌가? 이런 가치가 전 세계의 모든 지역에서 존중되어야 하는가? 자유민주주의가 확산한 이유가 서구국가들의 국력이 크기 때문이라면, 국력이 약한 다른 문화의 나라들에서도 자유민주주의의 가치를 존중해야 하는가?

민주주의는 페리클레스가 장례식에서 행한 연설에서 시작됐다.

"우리의 제도는 권력이 소수에게 집중되지 않고, 시민 전체에게 있기에 민주주의라고 불립니다. 어떤 분규가 있을 때 만인은 법 앞에 평등합니다. 그리고 어떤 사람이 공적인 자리를 맡는다면, 그는 그가 속한 계급 때문이 아니고 그의 능력 때문입니다."

아리스토텔레스가 주장하는 민주주의 체제의 기본 원리는 자유다. 자세한 내용은 데이비드 헬드(David Held 2006)와 아리스토텔레스(Aristotle 1981)를 참조하라. 이런 자유 체제하에서 지배를 받는 것과 지배 하는 것은 동일하다. 민주주의하에서 정의는 수치적 평등이지, 능력에 따른 평등이 아니다. 다수가 주권을 가지고, 다수가 결정하면 그것이 정의다. 가난한 사람들의 숫자가 부자들보다 많으므로 가난한 사람들이 주권을 가지게 된다. 그리고 사람들은 다른 사람의 지배를 받으면 안 되는데, 단지 교대로 지배하거나 지배를 받을 수는 있다. 그리스 민주주의 기본 원리를 크게 다음과 같이 정의한다.

① 모든 사람이 참여해 통치자를 선출한다.
② 교대로 모든 사람을 지배한다.
③ 모든 지도자 또는 전문성이 불필요한 지도자는 추첨으로 결정한다.
④ 지도자가 되려면 사유재산이 많아야 하는 것은 아니다.
⑤ 원칙적으로 지도자는 중임할 수 없다.
⑥ 공직의 기간은 가급적 짧게 해 많은 사람이 참여하도록 한다.
⑦ 모든 사람이 배심원이 된다.

그리스 시대 이후에 민주주의는 규모의 경제에서 등장하는 어려움에 대한 해법을 찾지 못하고, 오랜 세월 동안 사람들에게 잊혔다. 즉 그리스 시대의 소규모 도시에서 직접 민주주의가 발달했지만, 그 후에 인구가 증가하고 경제 규모가 커지면서 많은 사람이 모이기가, 그리고 많은 사람이 같은 안건에 동의하기 어려워졌다. 그 결과 강력한 중앙집권체제와 로마 교황청이 정치의 중심이 됐다.

민주주의는 마키아벨리와 홉스의 노력으로 근대에 다시 태동했으며, 로크의 다수결의 원칙과 루소의 일반의지를 거쳐서 기초를 다지게 됐다. 이 당시 계몽주의가 발달하면서 개인의 자유와 과학적 사고에 대한 존중이 싹트기 시작했으나 이들은 서로 충돌했다. 과학은 결정론이 지배하는 영역인데, 이런 결정론하에서 개인의 자유는 어떤 의미가 있는가?

계몽주의는 3가지 전통을 갖는다. 첫째 공리주의는 최대다수의 최대행복을 주장했고, 둘째 마르크스주의는 변증법적 유물사관에 기초한 공산주의를 탄생시키는데, 스탈린(Stalin 1938)의 유물사관은 자연과학의 원리를 무리하게 인간의 정치학과 경제학에 응용한 결과 자체의 한계로 무너졌으며, 셋째 사회계약론은 민주주의 혁명을 유발했다.

루소의 사회계약이란 어떤 연합체에서 공동의 힘으로 공동과 개인의 이익을 보호하고, 서로 단결하면서도 모든 사람은 자신에게만 복종하고, 사회계약 전과 마찬가지로 사회계약 후에도 자유로워야 한다는 것이다. 루소의 경우에는 자기 스스로 정한 법을 지키는 것이 자유이므로 법이 곧 자유의 출발점이다. 따라서 루소는 사적인 영역과 공적인 영역에서 자유의 충돌이 없다고 했다.

매킨타이어는 계몽주의에 반대하면서 다음과 같이 질문한다. 우리의 선택은 '도덕적으로 가치 있는 것이 있다'라는 아리스토텔레스를 택할 것인가, 아니면 '도덕적으로 가치 있는 것이 없다'라는 니체를 택할 것인가? 계몽주의가 17세기와 18세기에 과학에 기반을 두고 도덕성을 정당화하려 했지만, 결과적으로 니체의 허무주의에 도착할 것이다. 그는 아리스토텔레스의 덕을 중시하면서 우리는 목적에 대해 논쟁할 수 있지만, 항상 우리의 전통 안에서 논쟁해야 한다고 말했다. 반계몽주의자 매킨타이어는 과학의 역할을 부정하면서, 우리는 정치(공동체 문제)를 정치 이외의 것(공동체 이외의 것)으로 설명하는 것이 불가하다고 주장했다.

지난 10년간 민주주의는 다소 후퇴했다. 헌팅턴(Huntington 1991)의 제3의 물결을 보면, 마치 조만간 전 세계 모든 국가가 민주주의를 택할 것처럼 표현됐다. 그러나 최근 래리 다이아몬드(Diamond 2015)는 민주주의가 후퇴하고 있다고 보았다. 민주주의는 아직 해결할 숙제가 많다. 종교적×민족적 성향의 차이도 극복해야 하지만, 미국의 대통령제와 영국의 의회민주주의가 다르듯이 하나의 민주주의 체제가 있는 것도 아니다. 우리는 민주주의 제도하에서 자유와 평등이 동시에 존중될 수 있는가를 문의하게 된다. 시장 경제의 채택으로 경제적 자유를 허용하면, 능력의 차이로 경제적 불평등이 발생한다. 민주주의를 채택해 정치적 자유를 허용하고, 의견 수렴을 위해 다수결 제도를 채택한다면, 다수의 횡포가 등장할 수 있다. 소수의 권익은 어떻게 보호해야 하는가?

최근 과학의 발달은 민주주의 제도를 더욱 어렵게 만든다. 소셜미디어는 정당의 지지자와 반대자들을 서로 규합하는 데 큰 역할을 했다. 정치인들은 과대 포장된 선전을 일삼고, 지지자와 반대자들은 크게 반목한다. 이것이 오늘날 미국의 양극화 현주소다.

현재 미국 민주주의의 최대 걸림돌은 극우파 세력의 성장이다. 바디우(Badiou 2016)는 미국 트럼프 정부를 민주적 파시스트 정부라고 불렀다. 제이슨 스탠리(Stanley 2020)의 경우 파시즘이 공산주의자나 소수 민족, 이민계층들이 국가의 재건에 위협이 된다고 규정하고, 그들을 탄압하는 사이비 집단이라고 규정한다. 미국 대통령 트럼프는 임기 후에도 권력에서 물러나지 않으려고 하고, 미국 입법부(상×하원 중 상원)와 사법부가 트럼프에게 절대 충성을 하고 있다. 파시스트들은 모든 사람을 친구와 적으로 양분하고, 그들을 반대하는 사람들은 미국의 문화적 발전에 적이 되는 사람으로 규정한다. 트럼프는 미국 시민의 적은 바로 미국 정부라고 보는 사람이다. 트럼프는 음모론을 들고나와, 미국의 정보기관들은 미국의 시민을 위해 일하는 것이 아니라 자신들의 목적을 위해 일한다고 주장했다. 그동안 미국은 역사적으로 정당한 투표 행위를 조직적으로 방해했고, 또 많은 사람을 투옥했다. 이스라엘을 제외하고 가장 높은 투옥률을 가진 나라다. 이런 나라의 미래는 어떻게 되겠으며, 이런 나라를 민주주의 국가라고 볼 수 있는가? 민주주의에 대한 새로운 정의가 필요한 시기가 됐다고 본다.

제3부. 불평등 시대 민주주의의 이상과 현실

9장

지역투표, 지역주의 투표 및 이념투표[72]

문우진(아주대학교)

I. 서론

21대 총선 결과, 언론에서는 지역주의가 심화됐다는 주장과 오히려 약화됐다는 상반된 주장이 대두됐다. 전자의 입장은 민주당과 미래통합당이 각각 호남과 영남 지역구의 대부분에서 승리했다는 사실에 근거했지만,[73] 후자의 입장은 민주당의 득표율이 대구를 제외한 부산, 울산, 경북, 경남에서 오히려 약간 증가했다는 사실에 근거한다.[74] 두 입장의 이러한 차이에도 불구하고, 이들은 지역주의 투표를 영호남에서의 선거 결과로 해석한다는 점에서 공통점을 지닌다.

그러나 두 지역 간 배타적 감정이 존재하지 않거나, 지역 정체성 또는

72. 이 장에서 사용된 설문 조사는 2017년 정부(교육부)의 재원(NRF-2017S1A3A2066657)으로 한국연구재단의 지원을 받아 수행됐다.

73. https://www.hankyung.com/politics/article/2020041636647

74. https://www.hankookilbo.com/News/Read/202005141735021851

지역 경제에 대한 회고적 평가와 같은 지역주의적 태도가 투표 결정에 영향을 미치지 않을 경우, 두 지역에서 나타나는 선거 결과의 차이를 지역주의 투표 결과라 부르지 않는다. 예컨대, 강남과 강북에서의 선거 결과의 차이는 두 지역 거주민의 사회경제적 지위, 이념 또는 정책적 태도의 차이 때문에 비롯된 것으로 해석한다. 마찬가지로, 영호남에서의 선거 결과의 차이는 두 지역의 사회경제적 지위나 이념적·정책적 차이 때문에 비롯된 것일 수도 있다. 강남과 강북 간 정당 지지 차이를 지역주의라 부르지 않으면서 영호남 간 정당 지지 차이를 지역주의로 부르는 이유는 영호남 간 정치적 태도의 차이가 지역과 관련된 변수들과 연관되어 있기 때문일 것이다. 지역주의 연구는 이러한 지역주의적 변수들이 무엇인가 그리고 이들 변수가 두 지역민의 투표 결정에 어떠한 영향을 미치는가에 대한 분석이 필요하다.

이 장에서는 유권자 이념과 지역주의적 태도가 영호남에서의 정당 지지에 어느 정도의 독립적인 영향을 미치는가를 분석한다. 기존 연구는 이러한 연구를 수행한 바 있으나(문우진 2005, 2009, 2018), 이 장은 이보다 더 미시적인 분석을 수행한다. 이 장은 지역주의적 태도를 지역 정체성, 거주지 경제 및 정치적 영향력에 대한 회고적 평가, 그리고 거주지 경제에 대한 전망적 기대로 분류하고 이들 변수가 지역주의 투표 결정에 독립적으로 미치는 영향력을 추정한다. 이와 동시에 지역 정당이 거주지에 제공하는 혜택을 정치적 혜택과 경제적 혜택으로 구분하고, 이들에 대한 회고적 평가가 투표 결정에 어떠한 영향을 미치는가를 분석한다.

이 장은 다음과 같이 구성됐다. II절에서는 지역주의 투표에 관한 기존 연구들을 검토한다. III절에서는 21대 총선에서 나타난 영호남민들의 지역주의적 태도의 차이를 기술한다. IV절에서는 영호남민의 이념 차이와 지역주의적 태도들이 유권자 투표 결정 및 지역 정당 지지에 미치는 영향을 분석한다. V절에서는 이 장을 요약하고 이 장의 분석 결과의 함의를 논의한다.

II. 선행연구

김성모·이현우(2015)는 지역주의 연구를 크게 '지역발전 격차론', '정치적 동원론', '합리적 선택이론', 그리고 '지역 간 편견론'으로 구분했다. 지역발전 격차론은 정치 경제적 자원의 영호남 간 차별적 배분이 지역주의 등장을 초래했다고 주장한다(김만흠 1994; 최장집 1991). 정치적 동원론은 3김씨의 동원 전략이 지역주의를 촉발했다는 입장을 취한다(문용직 1992; 손호철 1996). 합리적 선택이론은 지역주의를 거주지에 대한 정치 경제적 자원분배 또는 사회적 지위 향상을 추구하는 유권자들의 투표 결과로 해석한다(조기숙 2000). 지역 간 편견론은 지역 간 편견과 지역감정을 지역주의의 중요한 원인으로 제시한다(김용철·조영호 2015; 나간채 1991; 윤광일 2012; 이남영 1998; 지병근 2015). 이에 반해, 다른 학자들은 지역주의와 지역감정은 서로 직접 연관되어 있지 않다고 주장한다(이갑윤 2002; 최준영 2008). 정치 심리학적 입장을 취하는 학자들은 지역주의를 지역 정체성의 발로로 해석한다(김성모·이현우 2015; 이갑윤 1998, 2002; 최영진 1999).

지역주의 연구들은 상반된 입장을 취하기도 한다. 학자들은 지역투표를 지역적인 문제로 볼 것인가, 아니면 이념적인 문제로 볼 것인가에 따라 서로 다른 입장을 취한다. 지역주의를 이념적인 문제로 보는 시각에서는 권위주의 정권의 차별정책에 대한 호남민의 저항 의식이 진보적 이념으로 내재화된 반면, 기득권을 지키려는 영남 패권주의가 보수적 이념으로 표출됐다고 본다(김만흠 1994; 김용철·조영호 2015; 최장집 1991). 반면, 지역주의를 비이념적인 것으로 해석하는 입장은 영호남 간 이념성향 차이가 거의 없다고 주장한다(강원택 2003; 이갑윤 2002). 이들 두 입장과 달리 지역주의는 이념적 요소와 지역적 요소가 중첩된 것이라는 입장을 제시하는 연구들이 있다(문우진 2005; 2009, 2018; 백준기 외 2004).

기존 연구들은 지역주의가 속인주의적인가, 또는 속지주의적인가라는 쟁점에서도 서로 다른 입장을 취한다. 지역주의를 지역 정체성의 발로로 보는 시각은 고향을 떠난 이주민은 자신의 거주민이 지지하는 정당보다 고향민이 지지하는 정당을 지지한다고 주장한다(김성모·이현우 2015; 이갑윤 1998). 이에 반해, 박상훈(2001)은 16대 총선에서 부산·경남에서의 투표행태에 "속인주의적 기준보다 거주지라는 속지주의적 기준이 크게 작용"했다고 주장한다. 지역주의를 지역적 혜택에 대한 기대감의 표출로 보는 합리적 선택이론 시각 역시 유권자의 투표 결정에 출신지보다 거주지가 더 큰 영향을 미친다고 본다.

또한 기존 연구들은 지역주의 투표에 대한 유익한 해석들을 제시했다. 그러나 이들 해석이 제시하는 원인이 유권자의 투표 결정에 어떠한 영향을 미치는가에 대한 미시적 분석이 수행될 필요가 있다. 예컨대, 지역발전 격차론이 주장하는 바와 같이 차별적 지역 정책이 상대적 박탈감 또는 지역적 혜택에 대한 기대를 초래했다면, 이러한 박탈감 또는 기대감이 지역민의 지역 정당 지지에 어느 정도의 독립적인 영향을 미치는가를 분석할 필요가 있다. 또는 지역 간 편견 또는 지역감정이 지역주의의 원인이라면, 이러한 감정이 실제로 존재하는지, 그리고 이러한 감정이 투표 결정에 어느 정도의 영향을 미치는가를 분석할 필요가 있다. 이와 동시에 지역주의적 태도들이 지역민들의 이념과 어느 정도 중첩됐으며, 이들이 각각 지역민의 투표 결정에 어느 정도의 독립적인 영향력을 미치는가를 분석할 필요가 있다.

III. 21대 총선에서 나타난 지역주의적 태도

다양한 지역주의적 태도들은 영호남민의 투표 결정에 영향을 미친다. 영호남민은 자신의 지역 출신이 고위 공무원에 발탁되면 자신 지역이 우대를 받았다고 느끼거나 거주지의 경제가 호전되거나 사회적 지위가 향상됐다고 느끼면 여당에 투표를 통해 보답하기도 한다. 반면 지역 경제가 침체되거나 정치 충원에 홀대를 받았을 경우 상대적 박탈감을 느끼고 더 결속적으로 야당을 지지한다. 영호남민은 또한 자신과 같은 지역 출신 또는 거주민에게 동질감 또는 호감을 느끼고, 이러한 정서는 일종의 정치적 공동체 의식을 형성시킨다. 즉, 출신지 또는 거주지를 중심으로 형성된 지역 정체성은 지역주의 투표로 이어질 수 있다.

이 장은 다양한 지역주의적 태도들이 영호남민의 투표 결정에 어떠한 영향을 미치는가를 분석하기 위해 21대 총선 유권자 의식조사를 한국 리서치에 의뢰해서 수행했다. 이 설문 조사에는 기존의 지역주의 연구들이 제시한 입장들을 측정하기 위한 문항들을 포함했다. 첫째, 지역주의는 지역 정체성의 발로라는 입장을 검증하기 위해 영남민과 호남민에 대한 호오도(好惡度)를 측정했다. 둘째, 지역주의가 거주지의 정치적·경제적 이해관계와 관련이 있다는 합리적 선택의 시각을 검증하기 위해 거주지 경제 상황 및 정치적 영향력 변화에 대한 회고적 평가 문항들을 포함했다. 이 문항에서는 문재인 정부 동안 유권자의 거주지 경제상황과 정치적 영향력에 어떠한 변화가 초래됐는가를 물었다. 셋째, 지역주의 투표가 지역 경제발전에 대한 전망적 기대의 발로라면, 지역민들은 지역 경제발전을 위해 자신의 지역 정당 후보들을 지지할 것이다. 이러한 전망적 기대를 측정하기 위해서, 누가 대통령이 되는가에 따라 지역 경제가 달라진다고 생각하는 정도를 묻는 문항을 포함했다.

설문 조사는 영호남민 호오도, 유권자의 거주지 경제 및 정치적 영향력에 대한 회고적 평가 및 대통령의 지역 경제 변화 가능성을 10점 척도로 측정했다. 〈표 9-1〉은 다섯 문항에 대한 유권자 응답의 전국 평균 및 거주지 평균을 보여준다. 영호남민 호오도 전국평균을 보면, 전국 유권자들은 영호남민을 10점 만점에서 5점 정도의 중립적 평가를 하고 있다는 사실을 알 수 있다. 영호남민의 호오도에 대한 거주지 평균을 보면, 영남과 호남 거주민은 자신 같은 지역민에 더 큰 호감을 느낀다는 사실을 보여준다. 대구/경북 및 부산/울산/경남 거주민이 영남민에 대해 느끼는 호오도(6.53)는 전국 평균(5.34)보다 1점 이상 더 높았다. 광주/전라 거주민이 호남민에 느끼는 호오도(7.63)는 전국평균(5.57)보다 2점 이상 더 높았다.

〈표 9-1〉은 또한 영호남 거주민의 상대 지역민에 대한 호오도를 보여준다. 호남 거주민의 영남민에 대한 호오도(4.90)는 전국 평균(5.34)보다 0.44점 낮게 측정됐다. 그러나 호남 거주민의 영남민에 대한 호오도는 영남 거주민을 제외한 타 지역 거주민의 영남민에 대한 호오도(4.96)와 큰 차이가 없는 것으로 나타났다. 영남민에 대한 호오도는 호남 거주민이 아닌 서울 거주민에게서 가장 낮게 나타났다. 영남 거주민의 호남민에 대한 호오도(5.35)는 전국 평균(5.47)과 크게 다르지 않았다. 호남민에 대한 호감은 거주지 별로 큰 편차가 없었으나, 호남민에 호감을 가장 적게 느끼는 지역은 영남이 아니라 강원/제주 지역으로 나타났다. 영호남민 호오도에 대한 〈표 9-1〉의 결과를 종합하면, 영남과 호남 간 배타적 편견이나 지역감정은 거의 존재하지 않는 것으로 나타났다.

<표 9-1> 지역주의적 태도의 거주지별 평균

지역주의 요소 / 거주지	영남민 호오도	호남민 호오도	대통령 거주지 경제 영향	거주지 경제상황 긍정 회고	거주지 정치력 변화
서울	4.70	5.15	5.86	4.62	5.64
인천/경기	4.95	5.16	5.57	4.74	5.53
대전/세종/충청	5.29	5.26	6.07	4.63	5.70
광주/전라	4.90	7.63	5.49	5.07	6.08
대구/경북	6.61	5.13	5.65	3.20	3.87
부산/울산/경남	6.45	5.58	5.59	4.02	5.15
강원/제주	4.94	5.11	5.52	4.36	5.17
전국	5.34	5.47	5.68	4.45	5.37

〈표 9-1〉의 네 번째 열은 대통령이 누가 되는가에 따라 거주지 경제상황이 달라진다고 생각하는 정도를 보여준다. 영호남민은 다른 지역민에 비해 대통령이 거주지 경제에 미치는 영향을 더 강하게 생각하지 않았다. 지

역 정당이 없는 충청 거주민과 서울 거주민이 오히려 대통령에 따라 거주지 경제가 달라진다고 생각하는 성향이 강하게 나타났다. 호남민은 대통령에 따른 거주지 경제 변화 가능성을 가장 낮게 생각했다. 영남민은 대통령 영향에 대해 평균적인 생각을 하는 것으로 나타났다.

〈표 9-1〉에서 흥미로운 사실은 대통령이 거주지 경제에 영향을 미치지 않는다고 생각하면서도, 문재인 정부 동안 거주지 경제상황이 어떻게 변했다고 생각하느냐는 질문에는 영호남민이 분명한 인식 차이를 보여주었다. 〈표 9-1〉의 다섯 번째 열은 영호남민의 거주지 경제상황에 대한 회고적 평가가 서로 다르다는 사실을 보여준다. 호남민은 거주지 경제상황을 다른 지역민보다 더 긍정적으로 평가하는 반면, 영남민은 더 부정적으로 평가했다. 영남민 중에서 대구/경북민은 부산/울산/경남민에 비해 훨씬 더 부정적인 평가를 했다.

거주지의 정치적 영향력 변화에 대한 회고적 평가 역시 영호남민 사이에 비슷한 인식 차이를 나타냈다. 영남민은 자신 거주지의 정치적 영향력에 대해 전국평균보다 낮은 평가를 했지만, 호남민은 더 높은 평가를 했다. 정치적 영향력에 대한 부정적 평가는 대구/경북에서 가장 강하게 나타났다. 부산/울산/경남 거주민은 거주지 경제에 대해서는 대구/경북 거주민과 같은 부정적인 평가를 했으나 정치적 영향력에 대해서는 대구/경북 거주민 수준의 낮은 평가를 하지는 않았다. 거주지의 정치적 영향력 변화에 대한 호남민의 긍정적 평가와 대구/경북민의 부정적인 평가는 문재인 대통령의 임기 전반의 정치 충원에 대한 인식을 반영한 것으로 보인다. 문재인 대통령은 노무현 대통령 다음으로 지역 안배를 중시하는 정치 충원을 했으나(문우진 2018), 임기 초에 호남 출신을 차관급 이상 공무원, 5대 권력 기관장, 청와대 정무직에 호남 인구보다 10%p 정도 더 많이 등용했다. 부산/경남 출신은 차관급 이상 공무원과 청와대 정무직에 인구 비율보다 10%p 정도 더 충원됐다.

지역주의가 속인주의적이라는 시각(김성모·이현우. 2015; 이갑윤 1998)에서는 거주지보다 출신지를 중심으로 지역주의가 형성된다는 입장을 취한다. 〈표 9-2〉는 지역주의적 태도를 출신지별로 비교한 결과다. 306페이지의 〈표9-2〉 결과는 〈표 9-1〉의 결과와 크게 다르지 않았으나, 타 지역 출신이 영호남민에 대해 느끼는 호감은 타 지역 거주민이 느끼는 호감보다 낮게 나타났다. 예컨대, 인천/경기 출신의 영남민에 대한 호오도가 인천/경기 거주민보다 0.19점 더 낮았고, 호남민에 대한 호오도는 0.43점 더 낮았다. 이러한 차이는 인천/경기 거주민 중에 영호남 이주민들이 섞여 있기 때문으로 해석된다.

거주지 경제 및 정치적 영향력에 대한 회고적 평가는 출신지별 평가가 거주지별 평가보다 약간 더 높게 나타났다. 예컨대 광주/전라 출신은 광주/전라 거주민보다 자신의 거주지 경제를 더 긍정적으로 평가했다. 영남 출신 역시 거주민보다 거주지 경제를 더 긍정적으로 평가했다. 마찬가지로, 영남 출신은 거주민에 비해 자신 지역의 정치적 영향력을 더 긍정적으로 평가했다. 영남 출신보다 영남 거주민이 자신 거주지의 경제상황과 정치적 영향력을 더 낮게 평가하는 결과는 영남 출신보다 영남 거주민의 상대적 박탈감이 더 강하기 때문으로 해석된다.

영남 출신과 영남 거주민(또는 호남 출신과 호남 거주민)을 비교할 경우, 이 두 집단은 거의 중첩되어 있으므로 전자와 후자의 정치적 태도를 각각 속인주의적이고, 속지주의적인 것으로 해석하기 어렵다. 예컨대, 영남 거주민의 90%가 영남 출신이라면, 영남 거주민의 태도를 속지주의적인 것만으로 보거나 영남 출신의 태도를 속인주의적인 것만으로 보기 어렵다. 따라서 거주지를 통제하고 출신지에 따른 비교를 하거나, 출신지를 통제하고 거주지에 따른 비교가 필요하다(문우진 2017). 유권자의 출신지/거주지를 영남/영남, 영남/비영호남, 영남/호남으로 분류하고 이들을 비교할 경우, 영남 출신이 타 지역에 이주할 경우 지역주의적 태도가 어떻게 변하는가를 비교할 수 있다. 마찬가지로, 호남/호남, 호남/비영호남, 호남/영남 사례의 비교는 호남 출신이 타 지역에 이주할 경우 지역주의적 태도가 어떻게 변하는가를 추적할 수 있게 한다. 동시에 비영호남/비영호남, 비영호남/영남, 비영호남/호남 사례를 비교할 경우, 비영호남민 출신의 거주지에 따른 지역주의적 태도의 차이를 파악할 수 있다.

<표 9-2> 지역주의적 태도의 출신지별 평균

지역주의 요소 출신지	영남민 호오도	호남민 호오도	대통령 거주지 경제 영향	거주지 경제상황 긍정 회고	거주지 정치력 변화
서울	4.72	4.93	5.39	4.43	5.35
인천/경기	4.76	4.73	5.64	4.73	5.43
대전/세종/충청	5.27	4.99	5.72	4.34	5.69
광주/전라	4.52	7.60	6.05	5.50	6.09
대구/경북	6.69	5.32	5.54	3.47	4.42
부산/울산/경남	6.48	5.43	5.72	4.13	5.38
강원/제주	5.12	4.71	5.87	4.20	4.97
전국	5.34	5.47	5.68	4.45	5.37

〈표 9-3〉은 유권자들의 지역주의적 태도를 출신지/거주지별로 분류한 것이다. 영남 출신이 호남으로 이주해서 거주하는 경우는 흔치 않기 때문에 영남/호남 사례는 설문 조사 표본에 포함되지 않았다. 비영호남민이 영호남으로 이주했을 경우, 영호남민과 비슷한 지역주의적 태도를 보이게 될 경우, 거주지 효과가 있다고 해석할 수 있다. 먼저 호오도의 변화를 살펴보면, 〈표 9-3〉은 영남으로 이주한 호남인의 영남민에 대한 호감이 호남 원주민보다 더 높다는 것을 보여준다(4.29대 4.74). 이러한 차이는 비영호남민이 영남으로 이주했을 때도 비슷하게 나타났다(4.78 대 5.79). 영남민이 호남으로 이주한 사례가 없으므로, 영남 이주민의 호남민에 대한 호오도 변화를 〈표 9-3〉에서 관찰할 수 없다. 비영호남민이 호남으로 이주했을 경우, 비영호남민의 호남민에 대한 호감은 4.84에서 5.86으로 증가했다. 이러한 변화는 타 지역민이 영호남에 이주할 경우 영호남민에 대한 호감이 증가하면서 자신의 거주지 정당을 지지할 확률이 증가할 수 있다는 사실을 의미한다.

<표 9-3> 지역주의적 태도의 출신지/거주지별 평균

지역주의 요소 출신지/거주지	영남민 호오도	호남민 호오도	대통령 거주지 경제 영향	거주지 경제상황 긍정 회고	거주지 정치력 변화
영남/영남 (86)	6.28	5.52	6.16	4.49	5.73
영남/비영호남 (207)	6.68	5.31	5.45	3.59	4.69
호남/호남 (70)	4.29	7.25	6.15	5.77	6.10
호남/비영호남 (15)	4.73	6.93	7.00	5.64	5.69
호남/영남 (78)	4.73	7.96	5.77	5.32	6.19
비영호남/비영호남 (508)	4.78	4.84	5.64	4.53	5.51
비영호남/영남 (21)	6.10	5.20	5.95	3.81	4.05
비영호남/호남 (15)	5.79	5.86	4.13	4.00	5.00

Note : 괄호 안의 숫자는 사례 수를 의미함.

대통령의 거주지 경제 영향력에 대한 인식의 경우, 영호남으로 이주한 타 지역민의 태도가 영호남민의 태도와 유사해지는 현상은 발견되지 않았다. 반면, 거주지 경제에 대한 회고적 평가는 유형적인 변화가 관찰됐다. 호남민과 비영호남민이 영남으로 이주하거나 비영호남민이 호남으로 이주할 경우, 거주지 경제에 대한 부정적인 평가가 증가했다. 거주지의 정치적 영향력에 대한 평가는 영남에 이주한 비영호남민에게서 가장 낮게 나타났다 (4.05). 거주지 경제상황 또는 정치적 영향력에 대한 부정적인 평가가 지역주의 투표로 이어진다면, 〈표 9-3〉의 결과는 지역주의 투표에서 거주지 효과가 유의하게 작동한다는 문우진(2017)의 발견과 조응한다.

타 지역으로 이주한 영호남민의 출신지에서의 태도가 유지되거나 강화되면 출신지 효과가 존재한다고 할 수 있다. 반면 출신지에서의 태도가 약화되면 출신지 효과가 존재하지 않는다고 할 수 있을 것이다. 먼저 호오도를 살펴보면, 영남민이 비영호남 지역으로 이주하거나 호남민이 영남으로 이주할 경우 자신과 같은 지역민에 대한 호오도는 영호남 원주민보다 더 상승했다. 그러나 호남민이 비영호남으로 이주할 경우, 호남민에 대한 호오도는 감소했다. 대통령의 지역 경제 영향력에 대한 영호남민의 인식은 타 지

제3부. 불평등 시대 민주주의의 이상과 현실

역으로 이주할 경우 증가하거나 감소했다. 타 지역으로 이주한 영호남민은 새로운 거주지의 경제상황과 정치적 영향력을 원주민이 영호남에 느끼는 태도에 비해 더 부정적으로 평가했다. 영남으로 이주한 호남민은 호남 거주민보다 거주지의 경제상황을 더 부정적으로 평가했지만, 거주지의 정치적 영향력은 더 긍정적으로 평가했다. 이러한 관찰 결과는 타 지역으로 이주한 영호남민의 출신지에서의 태도가 유지되거나 강화되는 것은 아니라는 사실을 보여준다. 따라서 영호남민의 출신지 태도가 지역주의 투표에서 일관되게 반영될 것이라는 예측을 뒷받침하는 경험적 증거는 발견하지 못했다.

IV. 지역주의적 태도와 지역주의 투표

1. 지역주의적 태도와 지역주의 투표와의 관계

이 장에서는 지역주의적 태도들이 지역주의 투표와 어떻게 상관되어 있는가를 그림을 통해서 먼저 살펴보고, 다음은 회귀분석을 통해 이 두 변수 간 관계에 대한 가설들을 검증한다. 〈그림 9-1〉은 영호남민 호오도와 지역주의 투표와의 관계를 보여준다. 그림은 각 호오도 값에서 민주당과 미통당을 지지한 유권자들을 두 종류의 막대로 보여준다. 예컨대, 영남민의 호오도가 5일 경우, 민주당 지지자를 나타내는 검은색 막대가 미통당 지지자를 나타내는 회색 막대보다 더 길다. 이는 영남민에게 중간 정도의 호감을 느끼는 유권자 중 민주당 지지자들이 더 많다는 것을 의미한다. 〈그림 9-1〉의 좌측 그림은 영남인 호오도가 낮을수록 민주당 지지자들의 비율이 증가하고, 호오도가 높을수록 미통당 지지자의 비율이 증가한다는 것을 보여준다. 반면, 우측 그림은 호남인 호오도가 낮을수록 미통당 지지자들의 비율이 증가하고, 호오도가 높을수록 민주당 지지자의 비율이 증가한다는 것을 보여준다.

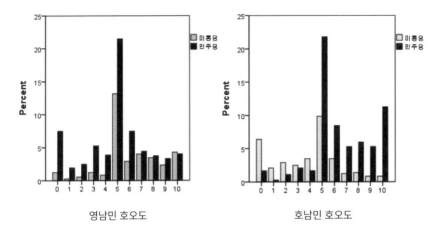

<그림 9-1> 영호남민 호오도와 지역주의 투표

영남민 호오도　　　　　　　　호남민 호오도

　　좌측 그림과 우측 그림을 비교하면, 영남민에 중간 정도의 호감을 느끼고 있는 경우, 민주당 지지자의 비율이 미통당 지지자 비율보다 10%p 정도 더 높았다. 반면, 호남민에 중간 정도의 호감을 느끼고 있는 경우, 민주당 지지자의 비율이 미통당 지지자 비율보다 15%p 정도 더 높았다. 영남민의 호오도가 10점인 경우, 미통당 지지자가 민주당 지지자보다 약간 더 많지만, 호남민의 호오도가 10점인 경우 민주당 지지자가 미통당 지지자보다 압도적으로 더 많았다. 이러한 결과는 전국 유권자들의 투표 결정에서 영남민 호오도보다 호남민 호오도가 더 큰 영향을 미친다는 사실을 의미한다.

　　〈그림 9-2〉는 대통령이 거주지 경제에 영향을 미친다는 인식과 지역주의 투표와의 관계를 보여준다. 두 변수가 서로 강하게 상관되어 있다면, 대통령이 거주지 경제에 영향을 미친다고 생각하는 유권자일수록, 거주지 정당을 지지하는 유권자가 그렇지 않은 유권자보다 더 많아야 한다. 〈그림 9-2〉의 좌측 그림에서 독립변수 점수가 6점 이상인 유권자들의 거주지 정당 지지자의 비율은 비거주지 정당 지지자의 비율보다 더 높게 나타났다. 그런데도 독립변수의 점수가 높아질수록, 두 종류 지지자 비율의 격차가 더 벌어지지는 않았다.

〈그림 9-2〉의 우측 그림은 대통령이 거주지 경제에 영향을 미친다는 인식과 두 주요 정당 지지와의 관계를 보여준다. 만약 민주당 지지자들이 미통당 지지자들보다 대통령의 지역 경제 영향력을 더 강하게 생각한다면, 독립변수의 값이 증가할수록 민주당 지지자와 미통당 지지자 비율의 격차는 더 벌어질 것이다. 독립변수 점수가 6점 이상인 유권자들의 경우, 민주당 지지자의 비율이 미통당 지지자 비율보다 더 높기는 했으나, 독립변수가 증가할수록 민주당과 미통당 지지자의 비율 격차가 더 벌어지지는 않았다.

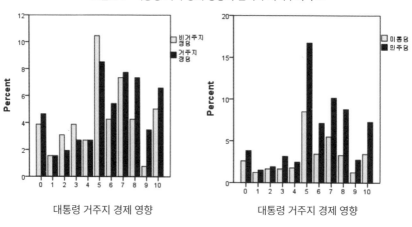

<그림 9-2> 대통령 지역 경제 영향력 인식과 지역주의 투표

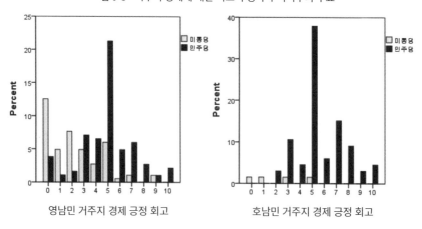

<그림 9-3> 거주지 경제에 대한 회고적 평가와 지역주의 투표

〈그림 9-3〉은 영호남 거주자의 지역 경제에 대한 회고적 평가와 지역주의 투표와의 관계를 보여준다. 좌측 그림은 거주지 경제를 부정적으로 평가할수록 영남민은 미통당을 더 지지한다는 사실을 보여준다. 우측 그림은 거주지 경제를 긍정적으로 평가하는 호남민은 모두 민주당을 지지했으나, 거주지 경제를 긍정적으로 평가할수록 민주당을 지지하는 호남 거주자의 비율이 증가하지는 않았다. 호남 경제를 매우 부정적으로 평가하는 호남 유권자는 미통당을 지지했으나, 이들은 극소수에 불과했다. 영남민은 거주지 경제를 부정적으로 평가할수록 미통당을 더 지지하는 반면, 호남민은 거주지 경제를 긍정적으로 평가할수록 민주당을 더 지지하는 것은 아닌 것으로 나타났다. 이러한 관찰 결과는 영남민은 21대 총선에서 지역 경제에 대한 회고적 투표성향이 강했던 반면 호남민은 그렇지 않았다는 사실을 의미한다.

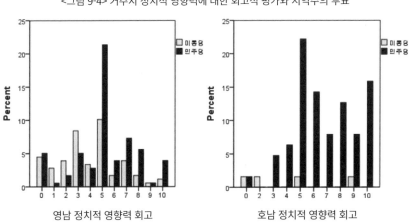

<그림 9-4> 거주지 정치적 영향력에 대한 회고적 평가와 지역주의 투표

영남 정치적 영향력 회고   호남 정치적 영향력 회고

〈그림 9-4〉는 거주지의 정치적 영향력에 대한 회고적 평가와 지역주의 투표와의 관계를 보여준다. 〈그림 9-4〉에서 영남민은 거주지의 정치적 영향력 변화를 부정적으로 평가할수록, 미통당 지지 유권자 비율이 불규칙적으로 증가했다. 호남민은 거주지의 정치적 영향력 변화를 긍정적으로 평

가하는 경우, 민주당 지지 유권자 비율이 증가했다. 그러나 〈그림 9-3〉과 〈그림 9-4〉는 다음과 같은 흥미로운 차이를 보여주었다. 영남민의 경우, 거주지 경제를 부정적으로 생각할수록 미통당을 지지하는 유권자의 비율이 급하게 증가했으나, 거주지 정치적 영향력에 대한 부정적인 평가는 경제에 대한 부정적인 평가만큼의 미통당 지지자 증가를 초래하지는 않았다. 이러한 결과는 영남민은 거주지의 정치적 영향력보다 경제상황에 더 민감하게 반응했다는 것을 의미한다. 반면, 호남민은 거주지 경제를 긍정적으로 생각할수록 민주당을 지지하는 유권자의 비율이 더 많이 증가하지 않았으나, 거주지 정치적 영향력에 대한 긍정적인 평가는 민주당 지지자의 증가를 초래했다. 이러한 결과는 호남민은 거주지의 경제상황보다 정치적 영향력을 더 중시했다는 것을 의미한다.

앞서 제시한 지역주의적 태도와 지역주의 투표와의 관계는 두 변수 사이에 다른 변수들이 개입됐을 가능성을 감안하지 않은 단순한 비교 결과다. 그러나 여당과 이념적으로 가깝다고 느끼는 지역민들이 거주지 경제를 긍정적으로 평가하는 반면, 야당과 이념적으로 가깝다고 느끼는 지역민들은 거주지 경제를 부정적으로 평가했을 수도 있다. 이럴 경우, 여야 간 이념적 거리를 통제하지 않으면 거주지 경제에 대한 평가의 영향력은 과대추정되게 된다. 따라서 이론적으로 통제가 필요한 변수들을 포함한 모형을 통해, 지역주의적 태도들의 독립적인 영향력을 추정할 필요가 있다.

2. 가설 도출 및 회귀분석

다음에서는 먼저 21대 총선 당시 지역주의적 태도들이 전체 유권자의 투표 결정에 미치는 영향을 분석하고, 그다음은 이들이 영호남민의 지역주의 투표에 미치는 영향을 분석한다. 유권자 투표 결정 모형에서는 아래의 가설들을 검증한다.

가설 1

영남민에 비해 호남민에게 더 큰 호감을 느끼는 유권자는, 민주당 후보를 지지할 가능성이 높다.

가설 2

현 정부에서 거주지 경제상황이 나아졌다고 믿을수록, 여당 후보를 지지할 가능성이 높다.

가설 3

현 정부에서 거주지의 정치적 영향력이 증가했다고 믿을수록, 여당 후보를 지지할 가능성이 높다.

세 가설의 종속변수는 민주당 후보 지지 여부이므로, 민주당 후보를 지지한 유권자에게 1을 부여했고, 미통당 후보를 지지한 유권자에게 0을 부여했다. 첫 번째 독립변수인 영남민에 비해 호남민에 더 큰 호감을 느끼는 정도는 호남민 호오도에서 영남민 호오도를 뺀 값으로 측정했다. 영남민과 호남민에 대한 호오도 차이는 영호남 간 편견이나 배타적 감정을 나타내는 변수로 해석될 수도 있다. 그러나 Ⅲ절에서 논의한 바와 같이, 영호남민의 상대 지역민에 대한 호오도는 비영호남민이 영호남민에게 느끼는 호오도와 큰 차이가 없었다. 따라서 영남민과 호남민에 대한 호오도 차이는 영호남 간 배타적 감정으로 보기 어렵다.

〈표 9-1〉에서 살펴보았듯이, 영남 거주민은 다른 거주민보다 영남민에 더 큰 호감을 느끼고, 호남 거주민은 호남민에 더 큰 호감을 느낀다. 그뿐만 아니라, 타 지역민이 영호남으로 이주할 경우, 영호남민에 대한 호오도는 상승했다. 이와 동시에, 영호남민 호오도는 출신지를 중심으로 형성되기도 한다. 〈표 9-2〉는 영남 출신은 영남민에 호감을 더 느끼고, 호남 출신은 호남민에 호감을 더 느낀다는 사실을 보여주었다. 따라서 영호남민에 대

한 호오도는 주로 거주지와 출신지를 중심으로 형성된 지역 정체성의 발로로 해석될 수 있을 것이다.

두 번째 독립변수는 거주지 경제상황에 대한 회고적 평가 점수를 사용했다. 세 번째 독립변수는 거주지 정치적 영향력에 대한 회고적 평가 점수를 사용했다. 거주지의 정치 경제적 상황에 대한 회고적 평가는 정당일체감 또는 정당호오도에 따라 달라질 수 있다.[75] 여당에 호감을 느끼는 지역민들은 거주지 경제를 긍정적으로 평가하는 반면, 야당에 호감을 느끼는 지역민들은 거주지 경제를 부정적으로 평가하는 성향이 있다. 정당호오도를 통제하지 않을 경우, 회고적 평가가 정당 지지에 미치는 영향력은 정당호오도의 영향력이 섞여서 과대추정될 수 있다. 따라서 유권자가 미통당에 비해 민주당에 호감을 더 느끼는 정도를 통제했다. 민주당 호오도에서 미통당 호오도를 뺀 값을 민주당 상대 호감도로 측정했다.

다수의 연구는 영호남에서의 지역 집중적인 정당 지지 행태는 영호남민의 지역주의뿐만 아니라 두 지역민의 이념적 차이가 중첩되어 나타난 결과라는 사실을 보여주었다(문우진 2005, 2009, 2018; 백준기 외 2004). 이 연구들에 의하면, 영호남민이 지역 정당을 지지하는 이유는 지역주의적 동기뿐만 아니라 자신의 지역 정당이 이념적으로 더 가깝기 때문이다. 따라서 지역주의적 태도들의 독립적인 영향력을 추정하기 위해서는 어떤 정당의 이념이 유권자 이념과 상대적으로 더 가까운가를 통제할 필요가 있다. 이를 위해, 유권자가 민주당이 미통당보다 자신의 이념과 상대적으로 더 가깝다고 생각하는 정도를 다음 공식을 통해 측정했다. 예컨대, 유권자의 이념이 0이고 미통당과 민주당 이념이 각각 10과 0일 경우, 아래 공식은 10점을 산출한다. 이 유권자는 민주당 이념이 미통당 이념보다 자신의 입장과 10만큼 더 가깝다고 인식한다.

---

75. 설문 조사에서 정당일체감을 물을 경우, 정치적 성향을 노출하기 꺼리는 응답자들이 응답을 회피하는 경향이 있으므로, 정당일체감을 정당호오도로 측정한다.

그다음은 유권자의 인구통계학적 변수들을 통제했다. 유권자 나이를 포함했고, 남성과 여성을 각각 1과 2로 측정한 성별 변수를 포함했다. 유권자 교육수준은 중졸 이하부터 대학원 졸업까지의 학력을 나타내는 6점 척도로 측정했다. 가구 소득수준은 100만 원 미만부터 2,000만 원 이상에 이르는 가구 소득을 11점 척도로 측정했다. 거주지 규모는 대도시, 중소도시, 읍면에 각각 1, 2, 3을 부여해 측정했다. 〈표 9-4〉가 보여주듯이, 유권자의 투표 결정 분석은 두 모형을 통해 수행했다. 거주지 경제에 대한 회고적 평가 변수와 정치적 영향력에 대한 회고적 평가 변수는 서로 강하게 상관되어 있으므로 이들을 한 모형에 포함할 경우, 다중공선성 문제가 초래된다. 따라서 한 모형에는 거주지 경제에 대한 회고적 평가 변수만 포함했고, 다른 모형에는 정치적 영향력에 대한 회고적 평가 변수만 포함했다.

<표 9-4> 지역주의적 태도들이 유권자 투표 결정에 미치는 영향 로짓 분석

모형	모형 A			모형 B		
종속변수	민주당 후보 지지					
독립변수	b (s.e.)	Exp(b) (Wald)	유의 수준	b (s.e.)	Exp(b) (Wald)	유의 수준
호남민 상대 호감도 (지역 정체성)	.168 (.071)	1.183 (5.644)	.018 *	.222 (.067)	1.249 (10.964)	.001 **
거주지 경제 긍정 회고 (경제적 이해)	.351 (.079)	1.420 (19.684)	.000 ***			
거주지 정치 긍정 회고 (정치적 이해)				.024 (.073)	1.024 (.106)	.745
민주당 이념 상대 근접도 (이념)	.274 (.082)	1.316 (11.314)	.001 **	.261 (.078)	1.298 (11.137)	.001 **
민주당 상대 호감도 (정당 일체감)	.429 (.055)	1.535 (61.310)	.000 ***	.435 (.054)	1.546 (64.175)	.000 ***
나이	−.016 (.011)	.984 (2.227)	.136	−.022 (.010)	.978 (4.724)	.030 *
성별	.181 (.304)	1.198 (.352)	.553	.211 (.292)	1.235 (.520)	.471
교육수준	−.118 (.127)	.889 (.860)	.354	−.142 (.122)	.868 (1.349)	.246
가구 소득	−.065 (.066)	.937 (.975)	.323	−.057 (.064)	.944 (.799)	.371
거주지 규모	−.194 (.228)	.824 (.721)	.396	−.174 (.224)	.840 (.607)	.436
N	643			.900		
pseudo R^2	.782			.754		

〈표 9-4〉는 영호남민에 대한 상대적 호오도는 두 모형 모두에서 유의미한 영향을 미친다는 사실을 보여준다. 영남민에 비해 호남민을 1만큼 더 선호하는 유권자는 영남민과 호남민에 대한 호감 차이가 없는 유권자에 비해 민주당을 지지할 승산이 18.3%p 증가하는 것으로 나타났다. 거주지 경제에 대한 회고적 평가 역시 유의미한 영향을 미치는 것으로 나타났다. 지역 경제가 나아졌다고 생각할수록, 여당인 민주당을 지지하는 것으로 나타났다. 거주지 경제에 대한 긍정적 평가가 1점 증가하면 민주당을 지지할 승산이 42.0%p 증가하는 것으로 나타났다. 호남민 상대적 호감도 변수와 거주지 경제 회고적 평가 변수의 통계적 유의성을 비교하면, 전자의 유의수준은 0.01보다 크지만, 후자의 유의수준은 0.001보다 작은 것으로 나타났다.

거주지의 정치적 영향력에 대한 평가는 유권자 투표 결정에 영향을 미치지 않는 것으로 나타났다. 민주당 이념 상대 근접도는 유권자 투표 결정에 실질적·통계적으로 유의미한 영향을 미치는 것으로 나타났다. 민주당 이념이 미통당 이념보다 자신의 이념과 1만큼 더 가깝다고 느끼는 유권자는 두 정당 간 이념 차이를 못 느끼는 유권자보다 민주당을 지지할 승산이 30%p 정도 증가하는 것으로 나타났다. 이념 변수 효과의 유의수준은 0.01보다 작은 것으로 나타났다. 이러한 결과는 한국 유권자의 투표 결정은 지역적 요소와 이념적 요소가 중첩된 결과라는 것을 의미한다.

다음은 영호남민을 대상으로 지역주의 투표 모형을 분석한다. 이 모형은 아래의 가설들을 추가로 검증한다.

가설 4

누가 대통령이 되는가에 따라 지역 경제가 달라진다고 생각하는 유권자일수록, 자신의 지역 정당을 지지한다.

가설 5

여당 지지 지역민은 거주지 경제상황과 정치적 영향력을 긍정적으로 평가할수록, 야당 지지 지역민은 이를 부정적으로 평가할수록, 자신의 지역 정당을 지지한다.

가설 4와 5의 종속변수는 지역 정당 지지 여부다. 따라서 민주당을 지지한 호남민과 미통당을 지지한 영남민은 1을 부여하고, 상대 지역 정당을 지지한 영호남민은 0을 부여했다. 가설 4의 독립변수를 측정하기 위해, 누가 대통령이 되는가에 따라 지역 경제가 달라진다고 느끼는 정도를 10점 척도로 측정한 설문 조사결과를 사용했다. 가설 5의 거주지 경제상황 및 정치적 영향력에 대한 회고적 평가는 유권자 투표 결정 모형과 같이 측정했다. 다음은 거주지 정당이 상대 정당보다 이념적으로 더 가까운 정도를 측정했다. 다음은 상대 지역 정당에 비해 자신 지역 정당에 호감을 더 느끼는 정도를 측정하기 위해, 후자에 대한 호오도에서 전자에 대한 호오도를 뺀 값을 계산했다. 인구통계학적 변수들은 투표 결정 모형에서와 마찬가지 방법으로 측정해 모형에 포함했다. 정당 간 이념 차이가 지역주의 투표를 억제하는가를 검증하기 위해서, 정당 간 이념 차이를 분석모형에 포함했다. 〈표 9-5〉의 모형 C 분석 결과는 다음과 같은 결과를 보여준다. 첫째, 상대 지역민보다 자신 거주민에 더 큰 호감을 느낄수록, 영호남민은 자신의 거주지 정당을 지지할 확률이 높다. 둘째, 대통령이 지역 경제에 영향을 미친다는 인식은 거주지 정당 지지 확률에 영향을 미치지 않았다. 셋째, 거주지 정당이 상대 지역 정당보다 이념적으로 더 가깝다고 생각할수록, 거주지 정당을 지지했다. 넷째, 상대 지역 정당보다 거주지 정당에 더 큰 호감을 느낄수록, 거주지 정당을 지지했다. 다섯째, 정당 간 이념 차이를 크게 느끼는 유권자일수록, 지역 정당을 지지할 확률은 감소했다.

모형 C 분석 결과는 거주지 경제를 부정적으로 회고할수록, 거주지 정당을 더 지지하는 결과를 산출했다. 그러나 모형 C에서는 지역 경제 회고 평가와 지역 정당 지지 여부에 대한 가설 2의 이론적 관계가 성립하지 않는다. 왜냐하면, 호남민은 지역 경제가 좋아질수록 지역 정당을 더 지지하는 반면(양의 관계), 영남민은 지역 경제가 나빠질수록 지역 정당을 더 지지하기 때문이다(음의 관계). 따라서 영남민과 호남민의 지역 경제 회고 평가 영향력은 서로 상쇄한다. 그런데도 모형 C에서 음의 관계가 산출된 이유는 영남민의 사례가 호남민 사례보다 더 많기 때문이다. 그뿐만 아니라, 〈그림 9-3〉이 보여주었듯이, 영남민이 호남민에 비해서 지역 경제 회고 투표를 더 강하게 했기 때문이다.

<표 9-5> 지역주의적 태도들이 지역주의 투표에 미치는 영향 로짓 분석

모형	모형 C (영호남)			모형 D (영남)			모형 E (호남)		
종속변수	거주지 정당 지지								
독립변수	b (s.e.)	Exp(b) (Wald)	유의수준	b (s.e.)	Exp(b) (Wald)	유의수준	b (s.e.)	Exp(b) (Wald)	유의수준
지역민 상대 호오도	.201 (.082)	1.223 (6.062)	.014 *	.539 (.191)	1.714 (7.924)	.005 **	.071 (.115)	1.074 (.382)	.537
지역 경제 대통령 영향	.027 (.077)	1.028 (.124)	.725	−.031 (.116)	.969 (.073)	.787	.059 (.149)	1.061 (.158)	.691
지역 경제 긍정 회고	−.301 (.094)	.740 (10.257)	.001 **	−.315 (.150)	.730 (4.440)	.035 *	−.018 (.198)	.982 (.008)	.928
지역 정당 이념 상대 근접도	.287 (.089)	1.333 (10.342)	.001 **	.344 (.141)	1.411 (5.924)	.015 *	.346 (.151)	1.414 (5.291)	.021 *
지역 정당 상대 호오도	.195 (.056)	1.216 (12.090)	.001 **	.380 (.097)	1.462 (15.442)	.000 ***	.044 (.145)	1.045 (.092)	.762
나이	.013 (.016)	1.013 (.597)	.440	.000 (.025)	1.000 (.000)	.998	.012 (.027)	1.012 (.192)	.662
성별	.300 (.418)	1.350 (.515)	.473	.248 (.636)	1.281 (.152)	.697	.920 (.764)	2.510 (1.449)	.229
교육수준	−.159 (.168)	.853 (.902)	.342	−.013 (.263)	.987 (.002)	.962	−.353 (.293)	.702 (1.458)	.227
가구 소득	.081 (088)	1.084 (.840)	.359	−.016 (.134)	.984 (.014)	.906	.152 (.140)	1.164 (1.166)	.280
거주지 규모	−.193 (.303)	.825 (.406)	.524	.299 (.458)	1.348 (.426)	.514	−.595 (.582)	.552 (1.044)	.307
정당 간 이념 차이	−.184 (.076)	.832 (5.827)	.016 *	−.108 (.121)	.897 (.801)	.371	−.141 (.143)	.868 (.974)	.324
N	225			159			66		
pseudo R^2	.663			.804			.387		

모형 D와 E는 이러한 해석을 뒷받침하는 결과를 보여준다. 모형 D 분석 결과가 보여주듯이, 영남민은 거주지 경제를 부정적으로 평가할수록 지역 정당을 더 지지했다. 영남 거주민의 미통당 지지는 지역적인 요소와 이념적인 요소가 중첩된 결과로 나타났다. 영남 거주민의 투표 결정에는 이념뿐만 아니라, 영남민에 대한 호오도 및 거주지 경제에 대한 회고적 평가가 영향을 미쳤다. 반면 모형 E 분석 결과가 보여주듯이, 호남민의 거주지 경제에 대한 회고적 평가는 지역 정당 지지에 영향을 미치지 않았다. 그뿐만 아니라, 다른 지역주의적 태도들 역시 호남민의 지역 정당 지지에 영향을 미치지 않는 것으로 나타났다. 호남민의 지역 정당 지지에 영향을 미치는 유일한 변수는 지역 정당과의 이념적 근접성인 것으로 나타났다.

지역주의 투표가 영남민에게서만 발견되는 결과는 지역주의 투표는 전망적 기대라기보다 상대적 박탈감의 산물일 가능성이 크다는 점을 시사한다. 이러한 분석 결과는 지역주의 투표성향은 유권자의 지역 정당이 집권했을 때 약하게 나타나지만, 상대 지역 정당이 집권했을 때 더 강하게 표출됐다는 문우진(2018, 193)의 발견과 상응하는 것이다. 21대 총선 당시 호남민의 지역 정당은 집권당이었고 영남민의 지역 정당은 야당이었다. 이러한 정치적 상황은 영남민에게 상대적 박탈감을 초래했고 영남민을 결집하게 만든 원인으로 작동했을 것이라고 해석할 수 있다.

V. 결론

언론, 정치권, 일부 학자들은 영호남 간 정당 지지의 차이를 지역주의 투표로 해석하고, 지역 정당의 영호남에서의 의석율이나 득표율을 근거로 지역주의 변화를 설명한다. 그러나 현상 저변에 작동하는 원리에 대한 설명이 없는 피상적인 관찰은 그릇된 정보를 제공한다. 영호남민이 자신의 지역 정당에 보내는 지지는 지역주의적 요인들 때문에 비롯된 것일 뿐만 아니라 두 지역민의 이념 차이의 결과물이므로, 이를 지역주의 투표라 부르는 것은 적합하지 않다. 이 장의 경험 분석은 21대 총선에서 나타난 영남민의 미통당에 대한 지지는 지역 정체성, 거주지 경제에 대한 부정적 회고 및 이념적 선호가 중첩되어 나타난 결과지만, 이념적 선호만 호남민의 투표 결정에 영향을 미쳤다는 사실을 보여주었다.

이 장은 영호남민에 대한 호오도는 주로 유권자의 출신지 또는 거주지에 따라 형성된다는 사실을 발견했다. 영남과 호남 출신은 각각 자신과 같은 지역 출신에 더 큰 호감을 느꼈으며, 비영호남 출신이 영호남 지역으로 이주하면 영호남민들에 대한 호감이 증가했다. 그러나 영호남민은 상대 지역에 대한 배타적인 호감 또는 지역감정을 가지고 있지 않았다. 이러한 관찰 결과는 영호남민의 지역주의적 정서는 자신의 출신지와 거주지를 중심으로 형성된 호감 또는 동질감, 즉 지역 정체성에 근거한 것이라는 해석을 가능하게 한다.

또한 지역주의적 태도 중 어떠한 변수가 지역주의 투표 결정에 영향을 미치는가를 분석했다. 이 장의 분석 결과에 의하면, 거주지 경제에 대한 회고적 평가와 지역민에 대한 호오도가 지역주의 투표에 실질적·통계적으로 유의한 영향을 미쳤다. 거주지 경제에 대한 회고적 평가와는 달리 거주지의 정치적 영향력에 대한 회고적 평가는 유권자 투표 결정에 영향을 미치지 않았다. 마찬가지로, 대통령의 거주지 경제 영향력에 대한 인식 역시 투표 결정에 영향을 미치지 않았다. 거주지 경제에 대한 회고적 평가가 투표 결정에 인과적인 효과를 가지는 이유는 거주지의 경제발전으로부터 얻는 경제적 혜택에 대한 보상심리 또는 거주지 경제 악화가 가져다주는 경제적 손실감 때문일 것이다.

한편 지역민에 대한 호오도를 지역 정체성으로 해석하고, 지역 정체성이 지역주의 투표에 영향을 미친다는 결론을 도출했다. 그러나 지역 정체성이 지역주의 투표에 미치는 인과적 효과는 정치 심리학적 연구로 더 심층적으로 규명될 필요가 있다. 정치에서 집단정체성의 중요성을 역설하는 에이큰과 바르텔즈(2016, 231)에 의하면, 다양하고 복잡한 사회 정체성과 집단 귀속감이 개인의 정치적 충성심을 형성하고 이러한 정치적 충성심은 차례로 유권자의 정치적 선호와 쟁점 입장을 형성한다. 지역 정체성에 관한 기존 연구는 "호남인과 영남인의 정치적 태도의 차이는 다른 이유가 아니라 바로 그들이 호남인과 영남인이기 때문에 발생한다"라는 입장을 제시한다(이갑윤 2002, 168). 지역 정체성에 관한 후속 연구들은 이러한 동의 반복적인 주장을 뛰어넘어 지역 정체성이 어떤 메커니즘을 통해 유권자의 정치적 태도에 영향을 미치는가에 대한 미시적인 분석을 제시할 필요가 있다.

이 장의 분석 결과가 제시하는 함의는 영호남에서의 '지역 집중적인 정당지지'와 '지역주의적 태도들 때문에 지역 정당을 지지하는 투표행태'를 서로 구분해야 한다는 것이다. 이러한 맥락에서 문우진(2018)은 전자와 후자를 각각 '지역투표'와 '지역주의 투표'로 구분했다. 지역투표와 지역주의 투표의 차이에 대한 인식이 없으면, 지역 집중적 정당 지지 또는 의석 배분을 근거로 지역주의의 변화를 평가하게 된다. 그뿐만 아니라, 지역 집중적인 정당 지지를 억제하기 위한 비례대표제 도입을 지역주의 해소 방안으로 제시하기도 한다. 그러나 비례대표제가 유권자들의 지역주의적 투표성향을 억제할 수 있는가는 불분명하다. 비례대표제가 지역주의적 투표성향을 억제하지 않고 단순히 지역 집중적인 의석 배분을 완화한다면 지역주의 투표는 해소되지 않는다. 따라서 지역주의 투표를 해소하는 방안은 유권자들이 지역 정체성이나 거주지의 경제적 이익 대신 정책적 혜택을 위해 투표하는 제도를 설계하는 것이다.

10장

세계 각국의 의회(국회)의원 소환제에 대한 정치 경제학적 분석[76]

이양호(고려대학교)

I. 서론

의회(국회)의원을 소환하는 여러 가지 방법이 있다. 대표적으로 국민소환, 정당 소환, 의회 소환이 있고, 국민소환을 헌법상 명백히 금지하는 국가가 있다. 국민소환제를 시행하는 국가는 세계적으로 많지 않고, 선진국에서는 거의 없는 데 반해 후진국에서는 시행하는 국가들이 있다. 물론 주 정부나 지방 정부의 주민소환은 미국이나 유럽 국가들에서도 시행하고 있으나 유럽 선진국에서 의회(국회)의원의 소환제는 아주 드문 경우다. 선진 유럽에서 의회(국회)의원을 소환하는 국가는 영국이 유일하고 그것도 아주 최근의 현상이다. 영국의 경우 2009년 의회 비용 스캔들이 터지자 법으로 만들어진 것으로, 의회의원 소환법(Recall of MPS Act 2015)이 2014년 9월 11일 제출되고 2016년 3월 4일부터 발효됐다. 따라서 국민소환제는 '유럽적 전통에

---

76. 이 논문은 2020년 12월 12일 한국정치학회에서 발표된 논문을 수정 보완했다.

서는 알려지지 않은' 것이라고 할 수 있다(Venice Commission 2017, 20). 이에 반해 국민소환은 북미와 남미의 아메리카에서 오랜 전통을 가지고 있다고 평가되기도 한다(Venice Commission 2019, 7). 북미에서는 주의회 차원에서 실시되는 데 반해 남미에서는 국가에 따라 지방 차원에서뿐만 아니라 국가 차원에서 국민소환제가 시행됐다. 월프(Welp 2016, 1166)에 따르면 남미에서는 특히 안데스산맥 국가(Andean countries)들이 1990년대에 정치 분권화 차원에서 의원소환제를 도입했고, 1980년대 민주화 과정에서 하위계층의 직접민주주의 욕구를 수용하지 못해 대의민주주의에 대해 환상이 깨지면서 이 제도를 채택하게 된 것이다. 당시 베네수엘라, 에콰도르, 볼리비아 등 좌파 정부나 신자유주의 정부(페루, 콜롬비아)도 모두 소환제 도입에 적극적이었다. 결국, 좌파 정부는 모든 선출직에 대해 소환을 채택했지만, 신자유주의 정부는 지방 등 하위 수준에서 소환제를 채택했다.[77]

최근 한국이나 인도 등에서 국회의원 소환제 도입에 대한 논란이 계속되고 있다. 한국의 경우 국회에 그동안 국회의원 소환 법률안이 제출됐지만, 문턱을 넘지 못했다.[78] 최근에는 대통령의 헌법 개정안이 제출되는

---

77. 1991년 콜롬비아, 1998년과 2008년 에콰도르, 1993년 페루, 1999년 베네수엘라에서 국회 차원의 소환제가 도입됐다. 물론 아르헨티나와 멕시코에서는 지방 주 차원에서 소환제가 도입됐다(Welp and Milanese 2018, 1381).

78. 위헌이 아니라는 이유로 지금까지 국회에 제17대 국회 이후 제20대 국회에 이르기까지 총 9회(1회 철회)에 걸쳐 관련 법률안이 발의된 바 있다. 제17대 국회에서는 의안번호(174006) 『국민소환에 관한 법률안』(김재윤 의원 등 21인)이 발의(2006-03-03)됐지만 2008-05-29 임기 만료로 폐기됐다. 제18대 국회에서는 의안번호(1803099) 『국민소환에 관한 법률안』(김재윤 의원 등 13인)이 발의(2008-12-17)됐지만 2012-05-29 임기 만료로 폐기됐다. 제19대 국회에서는 의안번호(1900278) 『국회의원의 국민소환에 관한 법률안』(황주홍 의원 등 14인)이 발의(2012-06-22)됐지만 2016-05-29 임기 만료로 폐기됐다. 제20대 국회에서는 의안번호(2004230) 『국회의원의 국민소환에 관한 법률안』(김병욱 의원 등 10인)이 발의(2016-12-08)됐지만 2016-12-12 철회했고, 의안번호(2004324) 『국회의원의 국민소환에 관한 법률안』(김병욱 의원 등 11인) 발의(2016-12-12)됐고, 의안번호(2005431) 『국회의원의 국민소환에 관한 법률안』(황영철 의원 등 33인) 발의(2017-02-03), 의안번호(2005606) 『국민소환에 관한 법률안』(박주민 의원 등 18인) 발의(2017-02-13), 의안번호(2021071) 『국회의원의 국민소환에 관한 법률안』(황주홍 의원 등 10인) 발의(2019-06-20), 의안번호(2021152) 『국회의원의 국민소환에 관한 법률안』(정동영 의원 등 15인) 발의(2019-06-26)가 있었다.

등 이 문제에 관한 관심이 높아졌다. 학계나 시민단체에서 소환제도 도입을 논의하고 청와대 국민청원이 있었는가 하면 2004년부터 정당의 선거 공약으로 됐고, '국회의원도 국민이 직접 소환할 수 있어야 합니다'라는 국민청원에 2019년 4월 24일에서 5월 24일 동안 210,344명이 청원했다. 인도에서도 국민소환제 채택을 주장하고 있다. 인도 하원의장이었던 차테르지 (Somnath Chatterjee)는 하원이 소환권을 도입해야 한다고 주장했다. 인도 주 차원에서는 이미 마디아프라데시 주나 마하라슈트라 주에서 소환제를 도입했고, 차티스가르 주에서는 2008년에 성공적으로 소환제를 실시한 바 있다(Kumar 2011, 158). 인도에서도 유권자가 선출된 대표를 소환하는 헌법 개정안을 1974년 찬드라판(C. K. Chandrappan)이 제안하고, 바지파이(Atal Bihari Vajpayee)가 지지했으나 통과하지 못했으며 2016년 간디(Varun Gandhi)가 개인 법안으로 제출한 바 있지만, 여전히 채택되지는 못했다.

한국에서의 해외 사례에 관한 비교연구는 많지 않고, 그나마 법학자들을 중심으로 도입 가능 여부에 관심을 가진 연구들이 주를 이룬다. 기본적으로 국내 연구들을 보면 국민소환제를 다루면서 소환제 도입에만 신경 쓰다 보니 소환제를 금지한 국가들에 대해서는 거의 언급이 없다. 그뿐만 아니라 소환제는 국민소환제뿐만 아니라 정당 소환제, 국회 소환제가 있다고 볼 수 있는데, 이런 문제들에 대해서는 거의 언급이 없다. 또한, 해외 연구에서도 소환제를 실시하는 국가와 금지한 국가들에 대해 오류가 많이 보인다.[79] 이 글은 이러한 오류들을 수정하고 전 세계적으로 의회(국회)의원 국민

---

79. 대표적으로 소환제 문제에 대해 논문을 많이 쓴 웰프(Welp 2018, 452)의 경우 볼리비아, 쿠바, 에콰도르, 베네수엘라, 타이완 5개 국가는 소환대상이 모든 선출직인 데 반해 리히텐슈타인 1개 국가는 의회 전체라고 분류하고 있고, 의회의원에 대해서는 러시아, 에티오피아, 키리바시, 키르기스스탄, 나이지리아, 라이베리아, 우간다, 파나마, 팔라우 9개 국가가 소환제도가 있는 것으로 분류하고 있어 전체적으로 15개 국가다. 그러나 러시아는 국가 차원이 아닌 각 공화국 차원에서 국민소환제를 실시하고 있고, 키르기스스탄의 경우에는 헌법 제73조에서 '의회(Jogorku Kenesh)의 의원은 명령적 위임(imperative mandate)에 구속되지 않는다. 의원은 소환될 수 없다'라고 규정해 아예 국민소환제를 금지하고 있다. 라이베리아도 소환제를 실시하지 않고 있다. 2017년의 베니스 위원회 보고서(Venice Commission 2019, 8)에도 키르기스스탄과 라이베리아가 의원 차원에서 소환제가 실시되는 것으로 오류를 범하고 있다.

소환제를 도입한 국가와 금지한 국가들, 그리고 정당 소환, 의회 소환 국가들에 대해 정치 경제학적인 차원에서 분석하고자 한다.

첫째, 소환제를 인정하는 뻬렉또라(Pélectorat) 논리와 소환에 반대하는 페렉또라(Félectorat) 논리를 비교한다. 둘째, 현재 소환제를 헌법상 원천적으로 금지한 국가와 소환제를 채택한 국가를 비교 분석한다. 소환제의 경우 국민소환제뿐만 아니라 정당 소환, 의회 소환도 있으므로 이러한 측면과도 비교한다. 셋째, 정치 경제학적 관점에서 소환제의 문제를 분석한다. 연구 방법은 문헌 자료 분석을 위주로 하고 헌법, 법률 등에 대한 자료를 분석한다. 넷째, 소환의 요건이나 방법 등에 관해 분석한다. 이 연구에서는 IDEA(International Institute for Democracy and Electoral Assistance)가 제공하는 직접민주주의 데이터베이스, ACE network knowledge에서 제공하는 데이터베이스, 이코노미스트지의 민주주의 지표, 세계 각 지역의 바로미터 서베이(Africa barometer, Arab barometer, Asia barometer, Eurobarometer, Latino barometer, World Value survey) 등을 이용해 국가 간에 소환제의 차이를 비교한다. 여기서 해외 사례들은 국회의원, 의회의원, 연방의회 의원 등이나 통칭해 국회의원으로 하고자 한다. 공화국 의회나 주 의회, 지방 의회의 의원 소환은 분석 대상에서 제외하고 필요한 경우에만 비교 차원에서 언급하고자 한다.

II. 뻬렉또라 vs. 페렉또라

뻬렉또라는 인민주권을 말하는 것으로 루소(Jean-Jacques Rousseau)의 전통에 따라 의원은 선거구민의 의사에 따라야 하는 논리를 말한다. 이에 반해 페렉또라는 국민주권을 말하는 것으로 시예스(Emmanuel Joseph Sieyès), 콩도르세(Nicolas de Condorcet)의 전통에 따라 의원은 선거구민의 의사에 따르지 않아도 된다는 논리다. 뻬렉또라는 시민은 개인적으로 주권 일부를 가지고 있어 정부를 선출할 권리(droit)를 가진다는 논리인 데 반해 페렉또라는 권리가 아니라 기능(fonction)으로 보는 논리다(der Hulst 2000, 6-7). 삐렉또라는 명령적 위임이라고 할 수 있고 소환제를 가능하게 하는 논리인 데 반해 페렉또라는 명령적 위임을 금지하는 논리라고 할 수 있다.

루소는 『사회계약론(Contrat Social)』 제15장 '의원이냐 대표냐(Des Députés ou Des Représentants)'에서 "주권(souveraineté)은 대표될 수도 없다. 주권이 소외될 수도 없는 이유와 같다. 주권은 본질적으로 일반의지로 이루어져 있고 의지는 대표되지 못한다. 주권은 동일한 것이거나 아니거나 한다. 중간이 없다. 따라서 인민의 의원(députés)은 인민의 대표(représentants)가 아니며, 인민의 대표가 될 수도 없고 위원(commissaires)일 뿐이다. 그들은 최종적으로 (définitivement) 아무것도 결정할 수 없다. 인민이 개인적으로 비준하지 않은 모든 법은 무효이며 법이 아니다"라고 천명했다(Rousseau 1964, 429-430). 아울러 "대표의 사상은 근대적(moderne)이다. 그것은 봉건 정부, 인류는 타락하고 인간의 이름이 불명예스러운 정부에서 나온다. 고대 공화국 그리고 군주제에서조차도 인민은 대표를 가지지 않았으며 이 단어 자체를 알지 못한다"라고 대의제를 인정하지 않았다. 그러면서 루소는 "영국민은 자유롭다고 생각한다. 아주 많이 잘못된 것이다. 의회의원들을 선출할 때만 자유롭다. 의원들이 선출되자마자 영국민은 노예이고, 아무것도 아니다"라고 강조한다. 루소는 가분적인 대표성(représentation fractionne)을 이야기한다. 1만 명의 인구가 있으면 1명은 1만 분의 1의 주권을 가진 것으로 이해되는 것이다. 선거권과 위임은 명령적인 것이라고 보는 것이다. 그러면서 의원 지침서(Cahiers de doléance)가 나타나고 의원이 이를 준수하지 않으면 임기 중에도 퇴출하는 소환(révocation)제도가 나타났다.

이러한 루소적인 전통에 반하는 논리는 시예스나 콩도르세의 논리라고 할 수 있다. 시예스는 "대표들(représentants)은 국회를 형성한다. 그들은 모든 권력을 가지고 있다. 그들은 일반의지(volonté générale)의 위탁인(dépositaire)이기 때문에 존재하지 않는 의견 대립에 대해 그들의 위임자

(commettants)에게 문의할 필요가 없다"라고 보았다(Sieyès 1822, 103). 아울러 "국민(Nation)의 의지는 무엇인가? 그것은 개인 의지들(volontés individuelles)의 결과다. 마치 국민은 개인들의 집합인 것과 같다"라고 주장했다(Sieyès 1822, 104). 콩도르세도 "인민의 위임자(mandataire)로서 인민의 이익에 가장 부합한다고 내가 믿는 것을 할 것이다. 인민은 내 생각을 보여주도록 나를 보낸 것이지 자신들의 생각을 보여주도록 나를 보낸 것은 아니다. 나의 견해의 완전한 독립은 인민에 대한 나의 의무에서 첫 번째 의무이다"라고 규정했다(der Hulst 2000, 7).

국민주권론은 사실상 보통 선거 즉 1인 1표제를 시행함에 따라 지배 계급은 수적으로 적은 데 반해 귀족이 아닌 인민들은 수적으로 엄청나므로 기존 기득권 세력이 자신들의 기득권을 빼앗기지 않고 유지하기 위해 탈출구로 제시된 논리다. 정당의 발전으로 주권가분론은 사라지고 주권은 개인이 가진 것이 아니라 국민(nation) 전체가 가진 것으로 변화되고 위임의 성격도 명령적(impératif) 위임이 아니라 대의적(représentatif) 위임으로 변한 것이다. 아울러 의원들은 선거인으로부터 위임을 받은 것이 아니고 국민(nation)으로부터 받았다고 해 국민이라는 개념은 추상적이기 때문에 사실상 의회가 주권을 가진 것으로 되는 것이다. 이에 따라 유럽적 전통에서는 국회의원의 국민소환금지를 헌법에 금지한 국가들이 많다.

문제는 의원들이 국가적 이익보다는 사적 이익을 추구하게 됨에 따라 선출직 공직자들이 마음대로 해도 선거구민은 아무런 조처를 할 수 없는 상황이 된 것이다. 이러면서 직접민주주의 형태의 레퍼렌덤과 국민발안뿐만 아니라 국민소환제도가 나타난 것이다. 결국 라이트(Wright 2015, 290)가 지적한 것처럼 대의제 민주주의에는 '책임의 갭(accountability gap)'이 나타나고 직접민주주의가 대의제 민주주의를 "구원하러 온 것"이다. 아니면 코웬(Cowen 2008, 10)이 지적하는 것처럼 직접민주주의 조처들은 '문 뒤에 숨겨둔 총(the gun behind the door)', 즉 일반 대중의 권익이 침해받았을 때 대의제 입법자들에 도전하기 위한 '예비전력(reserve power)'으로 보는 것이다.

사실 국회의원소환제는 직접민주주의의 한 유형으로 세계적으로 보면 레퍼렌덤이나 국민발안보다 상대적으로 덜 사용되는 제도다. 레퍼렌덤, 이 니셔티브가 이슈에 관해 결정하는 것인 데 반해 소환은 사람에 관해 결정하는 것이다(Kaufmann et al. 2010, 196). 국회의원 국민소환제는 선출된 국회의원을 임기 만료 전에 국민에 의해 퇴출하는 것을 말한다. 정치 제도적으로 국민소환제도는 다수결제도를 채택하는 체제에서 지역 선거구민의 의사에 반하는 입법부 의원을 임기 종료 전에 그만두게 하는 것이 가능하다. 소환은 영어에서는 리콜(recall), 불어에서는 레보카시옹 뒤 망다(révocation du mandat), 스페인어에서는 레보카토리아 델 만다토(revocatoria del mandato)라고 하고, 중국에서는 파면(罷免)이라는 말을 사용한다. 사실 미국에서는 소환(recall)이라는 용어는 모호한데 그 이유는 소환이라고 이름 붙여진 기구가 존재하지 않기 때문이며, 따라서 투표에 의한 파면(revocation by popular vote)이라는 의미로 사용된다(Campodonico 2016, 351).

　　소환제는 직접민주주의를 시행하는 스위스에서조차 그동안 '잠자고 있던(dormant)' 제도라고 할 만큼 오랫동안 많이 사용되지 않았다(Serdült 2015, 161). 스위스에서 19세기 중반에 민주주의 운동 차원에서 도입됐지만, 대부분의 칸통(canton)에서 사용되지 않았고 거의 폐기 상태에 있었지만, 티치노(Ticino) 칸통에서 소환제가 도입됐다. 스위스에서는 중세 시대 민회(Landesgemeinde)라는 시회의(town meeting)가 있었고, 여러 분야에서 대중이 결정했다. 스위스에서 칸통이 제시하는 직접민주주의의 제도들이 있었고, 소환의 권리를 의미하는 소환권(Abberufungsrecht)이 있었다(Campodonico 2016, 357-358). 미국에서도 1777년의 연합규약(Articles of Confederation)에는 주가 대표들을 소환하도록 규정했다. 그러나 1789년 헌법에는 제외됐다. 연합규약 기간에 사용된 적이 없다는 이유를 들었다. 버지니아 플랜을 제시했던 렌돌프(Edmund Randolph)는 소환을 도입할 것을 제안하기도 했지만 거부됐다. 해밀턴, 매디슨, 제이 등이 반대했기 때문이다(Campodonico 2016, 353-354). 이후 미국에서는 소환제는 거의 잊혀가다가 1903년에 로스앤젤레스에서 처음 도입됐다. 이어서 오리건 1908년, 캘리포니아 1911년, 애리조나, 콜로라도, 네바다, 워싱턴 주가 1912년에 소환제를 채택했다(Cowen 2008, 17). 18개 주가 주 차원에서 소환을 허용했고, 11개 주는 주의 선출직은 제외하고 지역 관리들을 소환할 수 있다. 7개 주에서는 소환 사용을 제한해 관리를 소환하는 이유를 제기하도록 하고 있다(Cowen 2008, 36-37). 그러나 스위스나 미국에서는 지방 차원의 직접민주주의 조처에 불과하다.

사실 소환제는 진보주의 시대에 채택되기 시작했다(Matsusaka 2020, 255). 진보주의 개혁가들은 입법부를 뛰어넘어 시민의 직접민주주의 형태를 가지게 되고 소환을 통해 선출직 관리들과 판사들을 제거했다. 로비나 사적 기부 등을 입법에 영향을 미치는 부정부패로 본 것이다(Bailey 2015, 5-6). 많은 미국인은 19세기 말과 20세기 초의 비즈니스 세력인 철도, 은행, 석유회사들이 너무 과도하게 정치에 개입하고 있다고 생각했고, 진보세력들은 미국 민주주의에 정치부패가 위험을 초래하고 있다고 생각했다(Bolton 2013, 4). 미국의 경우 철도 관련 기업들이 정당의 정치를 통제해서 대표들에게 인민의 지를 실현하게 할 수 없으므로 레퍼렌덤, 국민발안, 국민소환이 필요하다고 본 것이다(Matsusaka 2020, 70).

소환제는 부정부패, 무능, 직무 태만 등 여러 가지 사유로 소환하는 것이다. 이 소환은 탄핵(impeachment)과 달리 법적인 문제없이도 소환할 수 있는 것이다. 따라서 정치적 이유라고 할 수 있다. 사실 의회는 자체 추방 제도(expulsion)가 있어서 의원을 퇴출하는 데 군이 소환제도가 필요하냐는 문제가 제기될 수도 있다. 과거 미국에서 총 15명의 상원의원이 쫓겨났는데 남북전쟁 당시에 14명, 1797년에 1명이었다. 하원의원은 총 5명이 쫓겨났는데 내전 기간에 3명, 1980년에 2명이었다(CRS 2012, 2-3). 한국에서도 헌법 제46조 및 제64조 등에 따라 형사처벌되어 피선거권이 상실되거나 국회에서 제명되는 경우에 의원 직무가 정지되고 퇴출당한다. 그런데도 법적 절차가 오래 걸리고 범죄를 저질러도 임기를 마칠 가능성이 크기 때문에 이 소환제가 필요하고 국민의 신뢰를 상실한 국회의원을 바로 퇴출하는 효과를 볼 수 있다. 게다가 소환제는 범죄를 구성하지 않더라도 정치적 윤리적 책임을 물을 수 있다는 점에서 의의가 있다.

III. 국회의원 소환제 : 국민소환, 정당 소환, 의회 소환 및 국민소환금지

세계 194개 국가 중 헌법상 명확하게 국회의원의 국민소환제를 채택한 국가가 24개로 12.4%를 차지한다. 이에 반해 국회의원의 국민소환을 헌법상 금지한 국가는 54개 국가로 27.8%를 차지한다. 헌법에 국민소환에 관한 규정이 없는 국가는 116개국 약 59.8%에 달한다. 정당 소환을 규정한 국가는 194개 국가 중 51개 국가로 26.3%를 차지한다. 의회 소환을 규정한 국가는 30개국으로 15.5%를 차지한다.

<표 10-1> 헌법상 소환규정금지 국가, 소환 규정 국가 및 아무런 규정이 없는 국가

구분	내용	빈도	퍼센트	누적 퍼센트
국민소환금지/ 국민소환	국민소환 금지	54	27.84	27.84
	국민소환	24	12.37	40.21
	아무 규정도 없는 국가	116	59.79	100.00
	합계	194	100.00	
정당 소환	정당 소환	51	26.29	26.29
	의회 소환	143	73.71	100
	합계	194	100	
의회 소환	의회 소환	30	15.46	15.46
	아무 규정도 없는 국가	164	84.54	100
	합계	194	100	

출처 : 194개국 헌법을 Comparative Constitutions Project (https://www.constituteproject.org) 참조해 저자가 작성.

<그림 10-1> 국민소환금지, 국민소환, 정당 소환, 의회 소환의 국가 분류

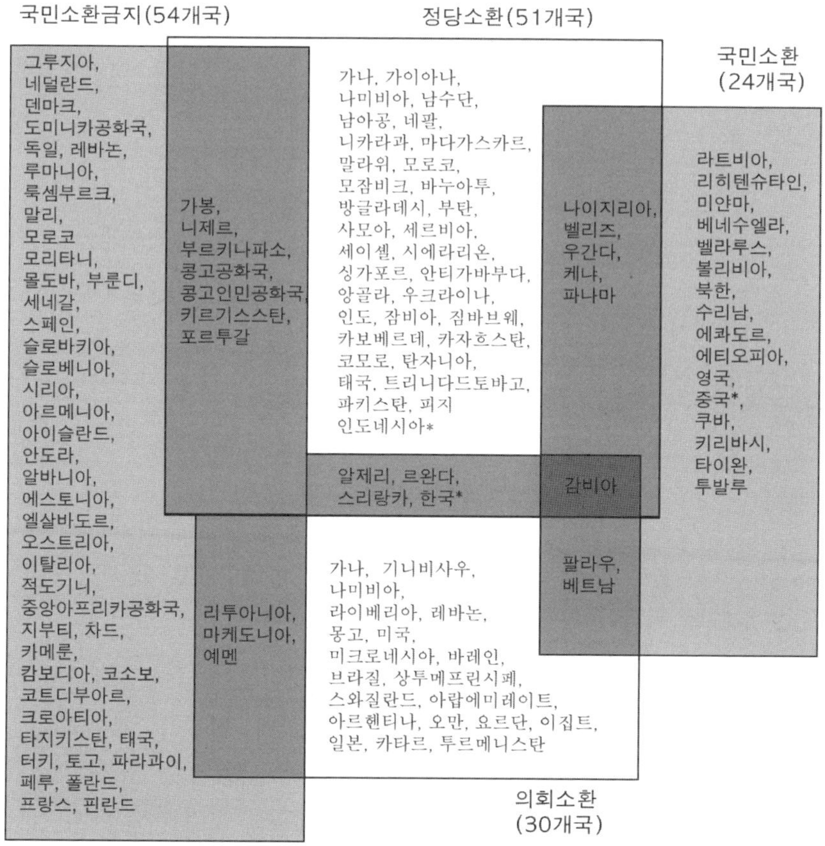

국민소환금지(54개국)   정당소환(51개국)

국민소환
(24개국)

그루지아, 네덜란드, 덴마크, 도미니카공화국, 독일, 레바논, 루마니아, 룩셈부르크, 말리, 모로코 모리타니, 몰도바, 부룬디, 세네갈, 스페인, 슬로바키아, 슬로베니아, 시리아, 아르메니아, 아이슬란드, 안도라, 알바니아, 에스토니아, 엘살바도르, 오스트리아, 이탈리아, 적도기니, 중앙아프리카공화국, 지부티, 차드, 카메룬, 캄보디아, 코소보, 코트디부아르, 크로아티아, 타지키스탄, 태국, 터키, 토고, 파라과이, 페루, 폴란드, 프랑스, 핀란드	가봉, 니제르, 부르키나파소, 콩고공화국, 콩고인민공화국, 키르기스스탄, 포르투갈	가나, 가이아나, 나미비아, 남수단, 남아공, 네팔, 니카라과, 마다가스카르, 말라위, 모로코, 모잠비크, 바누아투, 방글라데시, 부탄, 사모아, 세르비아, 세이셸, 시에라리온, 싱가포르, 안티구아부다, 앙골라, 우크라이나, 인도, 잠비아, 짐바브웨, 카보베르데, 카자흐스탄, 코모로, 탄자니아, 태국, 트리니다드토바고, 파키스탄, 피지 인도네시아*	나이지리아, 벨리즈, 우간다, 케냐, 파나마	라트비아, 리히텐슈타인, 미얀마, 베네수엘라, 벨라루스, 볼리비아, 북한, 수리남, 에콰도르, 에티오피아, 영국, 중국*, 쿠바, 키리바시, 타이완, 투발루
		알제리, 르완다, 스리랑카, 한국*	감비아	
	리투아니아, 마케도니아, 예멘	가나, 기니비사우, 나미비아, 라이베리아, 레바논, 몽고, 미국, 미크로네시아, 바레인, 브라질, 상투메프린시페, 스와질란드, 아랍에미레이트, 아르헨티나, 오만, 요르단, 이집트, 일본, 카타르, 투르메니스탄	팔라우, 베트남	

의회소환
(30개국)

출처 : 194개국의 헌법을 Comparative Constitutions Project (https://www.constituteproject.org) 참조해 저자가 작성.

*인도네시아의 경우 헌법 제22B조에서는 법에 따라 파면된다고 규정하고 정당법 제16조에서 정당소환을 규정; 한국의 경우 공직선거법 192조 비례대표 국회의원의 당선인이 소속정당의 합당 해산 또는 제명 외의 사유로 당적을 이탈 변경하는 경우; 중국의 경우 간접선거이기 때문에 전인대의 국민소환규정도 사실상은 성급 인대에서 결정.

국민소환 금지나 국민소환을 규정하면서도 정당 소환이나 의회 소환을 동시에 헌법에 규정한 국가들이 있다. 국민소환을 규정하면서도 정당에 대한 소환을 동시에 규정한 국가는 감비아, 나이지리아, 벨리즈, 우간다, 케냐, 파나마 6개국이다. 국민소환을 규정하면서도 동시에 의회 소환을 규정한 국가는 감비아, 팔라우, 베트남 3개국이다. 국민소환을 금지하지만, 정당에 의한 소환을 헌법에 규정한 국가는 가봉, 니제르, 부르키나파소, 콩고공화국, 콩고인민공화국, 키르기스스탄, 포르투갈 7개국이다. 국민소환을 금지하지만, 의회 소환을 규정한 국가는 리투아니아, 마케도니아, 예멘 3개국이다. 정당 소환과 의회 소환을 동시에 규정한 국가는 감비아, 알제리, 르완다, 스리랑카, 한국 5개국이다. 국민소환–정당 소환–국회 소환을 한꺼번에 규정한 국가는 감비아 1개국이다. 국민소환금지–정당 소환–국회 소환을 한꺼번에 규정한 국가는 없다. 여기서 언급해야 할 국가는 르완다이다. 2015년 헌법 개정 전에는 명령적 위임은 무효라고 해 국민소환을 금지했으나 2015년 헌법 개정으로 이 조항을 삭제함으로써 국민소환을 금지하고 있는 것으로 보기는 어렵다고 볼 수 있다.

국민소환을 금지한 국가들은 대체로 헌법에서 명령적 위임(imperative mandate)은 무효(null; null and void)라고 선언하고 있다. 가봉, 니제르, 루마니아, 모리타니, 몰도바, 부르키나파소, 세네갈, 중앙아프리카공화국, 지부티, 차드, 캄보디아, 코트디부아르 등이다. 명령적 위임에 구속받지 않는다고 규정한 국가는 도미니카공화국, 아르메니아, 안도라, 엘살바도르, 이탈리아, 적도기니, 크로아티아, 키르기스스탄, 파라과이, 프랑스 등이다. 프랑스는 사실 1789년 프랑스혁명 이후 "명령적 위임은 무효"라는 차원이다(Jovanovska 2019, 6-7). 양심을 언급한 국가는 독일,[80] 슬로바키아, 칠레 등이다. 중앙아프리카공화국, 콩고인민공화국은 헌법에 명령적 위임은 무효라는 문구를 헌법에서 두 차례나 언급하고 있다. 베냉은 제80조에서 '국회(National Assembly) 각 의원은 전체 국민의 대표이며 어떤 강제적 투표

---

80. 독일의 경우 명령적 위임과 비슷한 것이 현존하는 것이 독일연방하원(Bundestag)이다. 독일 헌법은 연방하원에서 명령적 위임을 금지하고 있다(제38조 제1항). 독일에서는 브란덴부르크 작센 주, 슐레스비히홀슈타인 주가 완전히 직접민주주의 변형 형태를 채택했다. 다른 주는 소환 절차를 시작하는 권한을 지방의회에 부여하고 선거구는 소환투표를 하도록 했다(Jovanovska 2019, 7).

(compulsory vote)도 무효(void)다'라고 규정하고 있다. 키르기스스탄(제73조)도 '의회(Jogorku Kenesh) 의원은 명령적 위임(imperative mandate)으로 구속되지 않는다. 대표는 소환되지 않는다'라고 규정하고 있다. 이들 명령적 위임 금지 국가들은 대체로 의회 의원은 전 국민 또는 전체 인민의 대표라는 점을 강조하고 있고 의원의 투표는 '개인적(personal)'이라는 점을 강조하고 있다.

국민소환을 채택한 국가들은 감비아, 나이지리아, 미얀마, 베네수엘라, 벨리즈, 볼리비아, 에티오피아, 영국, 우간다, 키리바시, 타이완, 투발루, 파나마, 팔라우 등이 있고, 사회주의 국가로 중국, 북한, 베트남이 있다. 라트비아는 헌법 제14조에서 약간 특이한 조처로서 선거구민은 의회(Saeima) 전체를 소환할 수 있지만, '선거민은 의회의 개인 의원을 소환할 수 없다'라고 규정하고 있다. 리히텐슈타인도 헌법 제48조에서 '1,500명의 유권자 시민 또는 코뮌(commune) 의회에서 결의를 채택한 4개 코뮌(communes)은 의회(Landtag)의 해산과 관련한 레퍼렌덤을 요구할 수 있다'라고 규정해 라트비아와 마찬가지로 의회 전체에 대해 소환을 할 수 있다. 국민소환이 이루어지는 대상과 관련해 파나마에서는 정당 지명으로 당선된 의원은 정당이 소환하지만, 무소속에 대해서는 국민이 소환한다. 베를린 장벽이 무너진 이후 소환제를 규정하던 사회주의 국가이던 동유럽 국가에서 인민주권론적인 명령적 위임이 많이 사라졌다(der Hulst 2000, 8). 사회주의 국가인 중국은 헌법 제77조에서 '전국인민대표대회(全國人民代表大會) 대표(代表)는 소속선거구의 감독을 받는다. 소속선거구는 법률이 정하는 절차에 따라 해당 선거구가 선출한 대표를 파면할 권한을 가진다'라고 규정하고 있다. 중국의 경우 전인대가 간접선거로 진행되기 때문에 선거법 제2조에 따라 하위 인민대표대회에서 간선으로 선출한다. 소환과 관련해 선거법 제40조에서 대표가 직접 선출된 경우 선거구 유권자 다수의 투표로 소환이 결정되지만, 하위 인민대표대회에서 선출된 대표는 해당 하위 대표들의 다수결 투표로 결정되며 회기가 아닐 때는 상임위원회에서 결정한다. 따라서 전인대는 하위 인민대표대회에 의해 간선으로 선출되기 때문에 사실상 성급 인민대표대회가 소환하는 것이다. 북한은 헌법 제7조에 '선거자들은 자기가 선거한 대의원이 신임을 잃으면 언제든지 소환할 수 있다'라고 규정하고 있다. 베트남은 헌법 제7조에서 국회의원은 인민의 신임을 잃으면 유권자에 의해 소환될 수 있다고 규정하고 있다. 쿠바의 경우 헌법 제80조에서 쿠바 시민은 선출직의 임기를 소환할 수 있다고 규정하고 헌법 제116조는 국회의원은 언제든지 소환될 수 있다고 규정하고 있다. 수리남의 경우 헌법 제52조에서 선출된 대표에 대한 소환의 권리는 진정한 민주주의의 보장이라고 규정하고, 제68조에서 국회(National Assembly)의 의원은 법에 정한 방법으로 의원을 소환(revocation)되면 의원직이 종료되는 것으로 규정하고 있다. 파나마는 헌법 제151조에서 지역구 유권자는 선거재판소(Electoral Tribunal)에 자신들이 뽑은 국회의 무소속 대표의 임기를 종료시키도록 요청할 수 있고, 정당이 지명해서 당선된 의원은 정당이 소환할 수 있다.

정당에 의한 소환은 사실상 국민소환과 다르다. 그러나 많은 헌법에서 정당 소환을 규정하고 있다. 여기에서 반대편에 찬성하거나 반대당으로 옮기는(crossing the floor) 문제를 주로 문제시하고 있다. 선출 당시의 당을 탈당하거나 추방되거나 한 경우 또는 다른 정당에 가입한 경우에 정당으로 소환을 해 의원직을 박탈하고 있다. 무소속으로 당선된 경우에도 의회에 진출한 후 정당에 가입하는 경우 의원직을 잃게 하는 것이다. 단, 보통의 경우 분당이나 합당 등의 경우에는 의원직을 유지한다. 알제리의 경우는 예외로서 헌법 제117조에서 정당으로부터 사임하거나 축출된 의원은 무소속으로 남을 수 있도록 하고 있다. 우간다의 경우 헌법 제83조에서 의회 임기 12개월 미만이면 탈당, 정당 가입으로 의석을 상실하지 않도록 규정하고 있다. 인도네시아의 경우 헌법 제22B조에서 '하원(DPR: Dewan Perwakilan Rakyat)의원들은 법에 따라 규정된 조건과 절차에 따라 파면(removed)된다'라고 규정하고 있지만, 정당법에서 정당에 의한 소환을 규정하고 있다. 한국의 경우 헌법에는 정당 소환의 규정이 없고 공직선거법 제192조에 비례대표 국회의원이 합당, 해산, 또는 제명 외의 사유로 당적을 이탈 변경하면 퇴직하게 되어 있어서 이 글에서는 정당 소환으로 인정했다.

문제는 국회의원이 정당에 반해 투표하는 경우다. 이에 관한 규정은 대체로 두지 않고 있지만 몇몇 국가는 이에 대한 명백한 규정을 두고 있다. 방글라데시는 헌법 제70조에서 정당에 반해 국회에서 투표하는 경우 의석이 공석이 된다고 규정하고 있다. 인도는 제102조에서 '정당의 사전 허가(prior permission) 없이 투표하거나 기권한 경우 의석을 상실한다'라고 규정하고 있다. 피지도 헌법 제63조에서 의회에서 소속 정당에 반해 투표나 기권하는 경우 의석을 박탈한다. 아예 의원의 임기를 정당에 맡기는 국가도 있다. 세르비아의 경우 제102조에서 의원은 '의원은 자유로이 임기를 돌이킬 수 없게(irrevocably) 정당의 처분에(at the disposal to the political party) 맡긴다'라고 규정하고 있다. 이에 반해 말라위는 헌법 제65조에서 소속 정당에 반해 투표했다고 해서 의원직을 상실하지 않는다고 규정하고 있다.

의회 소환을 규정한 국가들은 몽고, 기니비사우, 라이베리아, 리투아니아 등이다. 범죄나 질병 또는 장기 불출석 등으로 인해 당연히 의원직이 상실되는 경우는 의회 소환으로 포함하지 않고, 의회에서 다수결이나 다른 방법으로 결의를 통해 의석을 상실하게 하는 것에 한정했다. 몽고의 경우 헌법 제 29조에서 '의회(State Great Hural)의원이 범죄에 개입된 문제는 회기 중에 권한을 정지시킬지 논의되고 결정된다. 법원이 해당 의원이 범죄 유죄로 결정하면 의회는 해당 의원을 소환 및 면직(recall and remove)한다'라고 규정하고 있다. 알제리의 경우 헌법 제123조에서 '인민국회 의원은 동료들에게 책임을 지며 동료들은 해당 의원이 자기 역할을 못 한 행위를 저지르면 해당 의원의 위임을 소환(revoke)할 수 있다. 인민국회(People's National Assembly)가 다수결로 파면(dismissal)을 결정한다'라고 규정하고 있다.

IV. 정치 경제학적 관점에서 본 소환제

국회의원의 국민소환제를 금지하느냐, 아니면 채택하느냐 하는 것은 정치체제와 밀접한 관계가 있다. 국민소환제가 민주주의에서 많이 시행되는지 권위주의 정치체제에서 많이 시행되고 있는지, 양원제 국가와 단원제 국가에서 국민소환제 채택이나 금지와 어떤 관계가 있는지, 선거제도와 어떤 관계가 있는지 등을 분석하고자 한다. 또한 정치 경제학적으로 정치와 소환제와 복지 등의 상관관계를 분석하고자 한다. 아울러 정당 소환과 의회 소환이 정치체제와 정치 경제학적으로 어떤 의미가 있는지 분석하고자 한다.

첫째, 삐렉또라와 페렉또라는 정치체제와 어떤 관계가 있는가? 페렉토라는 상대적으로 민주주의 국가에서 사용되고 있지만, 삐렉또라는 권위주의 체제에서 많이 사용되고 있다. 국민소환 금지 국가는 민주주의 체제나 권위주의 체제에서 상대적으로 엇비슷하게 나타나고 있지만, 국민소환 채택 국가는 완전민주주의 체제에서는 적은 편이고 권위주의 체제에서 많은 편이다. 정당 소환, 의회 소환도 비민주주의체제에서 많이 나타난다.

<표 10-2> 소환과 민주주의 체제

(단위 : 국가 숫자, %)

구분	완전민주주의	결손민주주의	혼합 체제	권위주의 체제	합계
국민소환 금지 국가	10	13	13	16	52
%	19.23	25.00	25.00	30.77	100
국민소환 채택 국가	1	5	5	8	19
%	5.26	26.32	26.32	42.11	100
정당 소환	1	14	19	11	45
%	2.22	31.11	42.22	24.44	100
의회 소환	0	10	5	11	26
%	0	38.46	19.23	42.31	100

출처 : 민주주의 체제 분류는 The Economist지의 EIU(2019)에 따랐으며 몇몇 국가 자료는 결측 있음.

국민소환 금지나 국민소환 채택 국가는 주로 단원제 국가다. 국민소환 금지 국가 중에서 61.1%가 단원제 국가인 데 반해 국민소환 규정 국가 중 66.7%가 단원제 국가다. 정당 소환은 상대적으로 단원제 국가에서 62.8%로 훨씬 많은 데 반해 의회 소환은 단원제 국가와 양원제 국가에서 50%의 같은 비율로 나타난다.

<표 10-3> 단원제와 양원제에 따른 소환 금지 국가와 소환 규정 국가

(단위 : 국가 숫자, %)

구분	단원제	양원제	합계
국민소환 금지 국가	33	21	54
%	61.11	38.89	100
국민소환 채택 국가	16	8	24
%	66.67	33.33	100
정당 소환	32	19	51
%	62.75	37.25	100
의회 소환	15	15	30
%	50.00	50.00	100

출처 : 단원제, 양원제에 대해서는 International IDEA데이터 및 Ace network knowledge 데이터 참조

사실 국민소환제는 비례대표제(proportional representation)보다 단일다수투표제(single-member majority)에 부합한다. 자신을 선출해준 선거구에 관해 책임을 지기 때문이다(IDEA 2008, 110). 국민소환 금지 국가 중에서 59.3%가 비례대표제(PR)를 실시하고 있고, 이에 반해 국민소환 채택 국가 중에서 62.5%가 다수투표제(Majority/plurality)를 실시하고 있다. 따라서 국민소환은 다수투표제와 연관이 있다. 정당 소환은 다수제나 비례대표제에서 엇비슷하게 나타나고 있다. 문제는 비례대표제 국가에서 어떻게 국민소환이 가능하냐의 문제가 제기될 수 있다. 국민소환 채택 국가 중 라트비아, 리히텐슈타인 3개국이 비례대표제 국가다. 라트비아나 리히텐슈타인은 개별 의원을 소환할 수 없고 의회 전체를 소환할 수 있다. 라트비아는 10%, 리히텐슈타

인은 1,500명의 유권자가 의회 전체 소환을 청원할 수 있다. 헌법상 국민소환을 규정하고 있는 수리남의 경우에는 비례대표제를 채택하고 있지만, 국민소환 절차에 대한 상세 규정이 법으로 규정되어 있지 않고 있어 유명무실한 국민소환제라고 할 수 있다. 만약 소환제가 시행된다면 각 선거구가 정당의 리스트에 따라 2~17명을 대표로 선출하기 때문에 수리남의 선거법 제137조에 따라 선거구의 유권자들이 소환하게 되면 각 선거구에서 정당 리스트 중에서 다음 순번이 승계하게 된다.

<표 10-4> 선거제와 국민소환, 정당 소환 및 의회 소환

구분	다수투표제	비례대표제	혼합제	기타	합계
국민소환 금지 국가	10	32	12	0	54
%	18.52	59.26	22.22	0	100
국민소환 채택 국가	15	3	5	1	24
%	62.50	12.50	20.83	4.17	100.00
정당 소환 국가	20	19	10	2	51
%	39.22	37.25	19.61	3.92	100
의회 소환 국가	13	11	3	2	29
%	44.83	37.93	10.34	6.90	100

출처 : 투표제에 대해서는 International IDEA데이터 및 ACE Knowledge 참조.

둘째, 직접민주주의와 대의 정부 간의 관계가 어떻게 나타나는가이다. 페렉또라와[*]뻬렉도라는 정당이나 국회(의회)의 불신에 기초하고 있다고 본다면, 이러한 불신이 국민소환 채택 국가와 금지 국가 간에 어떻게 차이가 나는지를 살펴볼 필요가 있다. 아울러 각 국가의 부패인식지수의 문제도 고려해볼 필요가 있다.

소환 금지 국가나 소환 채택 국가 모두 직접민주주의가 증가하면 대의 정부 지표도 증가하는 것으로 나타나고 있다. 이 지표는 IDEA의 직접민주주의 지표와 대의 정부 지표를 나타내는 것으로 모두 양의 관계에 있었다. 정당 소환은 직접민주주의가 증가하면 대의 정부 지표는 감소하는 것으로 나타났고 의회 소환에는 상관관계가 없었다.

<그림 10-2> 소환제에 따른 직접민주주의와 대의 정부의 관계

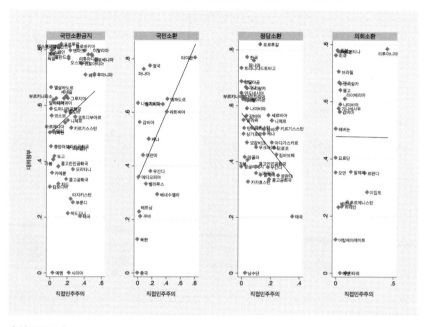

출처 : IDEA data.

전반적으로 정당 불신과 의회 불신은 양의 비례 관계에 있었다. 정당 불신이 높으면 의회 불신도 높아진다. 여기서 의회 불신, 정당 불신은 여러 데이터 자료(Africa barometer, Arab barometer, Asia barometer, Eurobarometer, Latino barometro, World Value survey)를 조사해 산출한 것으로 의회 불신 105개 국가, 정당 불신 104개 국가의 최근 연도의 정당과 의회에 대한 불신(no trust) 비율 (%)이다.

<그림 10-3> 소환제에 따른 정당 불신과 의회 불신의 관계

(단위 : %)

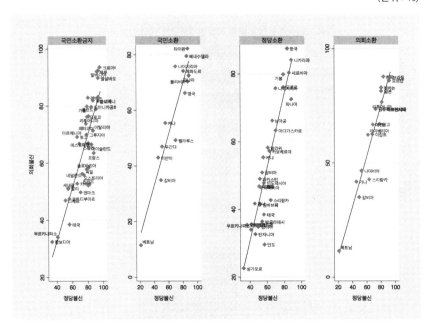

출처 : Africa barometer, Arab barometer, Asia barometer, Eurobarometer, Latino barometer, World Value survey

　　세부적으로 소환제에서 의회 불신, 정당 불신, 국민소환을 채택한 국가들의 의회 불신 평균, 정당 불신 평균은 소환 금지 국가보다 낮았다. 정당 소환을 규정한 국가들이 가장 불신이 낮았다. 이에 반해 의회 소환을 규정한 국가들의 불신 평균이 가장 높았다. 부패인식지수는 상대적으로 큰 차이가 나지 않았다. 국가의 부패인식지수(CPI : Corruption Perception Index)를 보면 국민소환금지 국가나 의회 소환 국가의 부패인식지수가 국민소환 국가와 정당 소환 국가보다도 조금 높았다. CPI는 13개 데이터 소스로부터 만들어지며 공공부문의 부패인식을 정량화하는 것으로 0-100으로 해 0은 아주 부패하고, 100은 아주 깨끗한 것을 말한다. 국민소환금지 국가와 국민소환 국가를 비교하면 국민소환금지 국가에서는 부패는 국민소환 국가보다 부패는 적은데 정당 불신과 의회 불신은 국민소환 국가보다 훨씬 더 높다. 부패가 많으면 불신이 높은 것이 정상인데 여기서 보이는 것은 역설적 현상으로 정당과 의회에 대한 불신이 높아 부패가 낮아진 것으로 해석할 수도 있다.

<그림 10-4> 소환제에 따른 의회 불신, 정당 불신, 부패인식지수

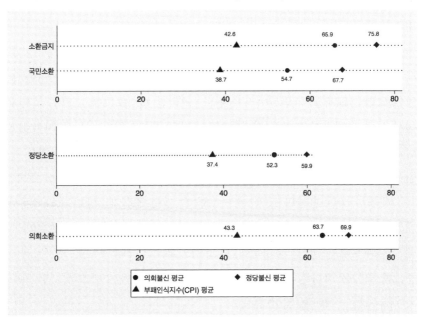

출처 : 부패인식지수는 2019년의 지수로 Transparency International의 자료.

소환제는 정치적으로 대의민주주의를 보완함으로써 국민이 정치에 대해 가지는 신뢰(trust)를 늘릴 수 있고, 갈등적 정치문화가 협치적 정치문화로 발전할 수도 있다. 반면에 요건들이 적절하지 않으면 이를 이용하려는 정치세력이나 이익집단이 나타날 수 있고 정치 불안을 일으킬 수도 있다. 웰프와 밀라네즈(Welp and Milanese 2018, 1392)의 평가에 따르면 콜롬비아의 경우 소환은 대부분 정파적 행위자들의 무기로 변해 소환이 민주적 거버넌스를 강화하기보다는 오히려 클라이언트 관계를 더욱 고착시켰다는 것이다. 에콰도르에서 레퍼렌덤이 2010~2011년 700건이 기록됐는데, 웰프와 카스테야노스(Welp and Castellanos 2019, 8)가 이 중 606건을 조사한 결과 78건이 레퍼렌덤으로 이어졌고, 이 중 35%가 APAIS(Alianza PAIS) 출신, 12%가 전통적인 정당 출신, 51%가 지역운동가나 새로운 조직 출신에 대한 소환 청구였다. 이 중 26%는 지난 선거에서 후보였던 사람으로 이 소환을 정치적 도구로 이용한 것이었다. 아울러 소환이 진입장벽의 높고 낮음에 따라 국민이 주도할 수 있지만, 당이나 이익집단이 참여하게 될 것이다. 정치세력이 남미에서 보는 것처럼 파트롱-클라이언트(Patron-Client) 관계를 고착시키는 현상도 나타날 수 있다. 게다가 주로 소환이 하나의 직업처럼 되어 이러한 일을 담당하는 조직들이 만들어지게 된다. 이러한 캘리포니아의 경우 부자이면서 사적 이해관계를 가진 사람들이 20억 달러라는 엄청난 돈을 써서 136만 명의 서명을 얻어냈다. 특히 전문적 조직이나 회사가 개입해 서명을 수집했고 1개 서명 당 1.5달러를 받은 것으로 알려졌다(Campodonico 2016, 362).

셋째, 국민소환제의 금지, 국민소환제, 정당 소환제, 의회 소환제에서 대의 정부와 지니계수와의 관계, 저소득 사회계층 대표성과 지니계수의 관계를 살펴보고자 한다. 불평등이나 복지의 문제는 기본적으로 복지정책이 중요한 역할을 한다는 것을 전제하고, 여기서는 소환제에 관련해 어떤 차이가 나는지를 분석하는 것이다.

대의 정부와 지니계수 간의 관계를 보면 국민소환 금지 국가에서는 대의 정부 지표가 증가함에 따라 불평등이 감소하는 것을 보여준다. 이에 반해 국민소환 국가나 의회 소환 국가에서는 대의 정부 지표가 증가해도 오히려 불평등은 증가한다. 이것은 소환제 국가가 주로 비민주주의 국가에서 많이 시행되고 있기 때문이라고 평가할 수 있다.

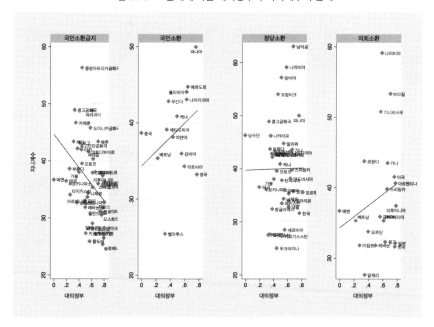

출처 : IDEA data.

　　저소득층의 대표성과 불평등과의 관계를 보면 국민소환 금지 국가나 의회 소환 국가에서는 저소득 사회계층의 대표성이 증가하면 불평등 계수인 지니계수도 감소하는 데 반해 국민소환 국가에서는 불평등이 오히려 증가한다.

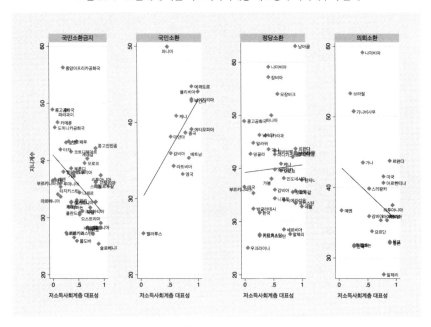

출처 : IDEA data; 지니계수는 UNDP(2019).

저소득층의 대표성과 기본복지와의 관계를 보면 국민소환 금지 국가에서는 저소득 사회계층의 대표성이 증가하면 기본복지가 증가하는 데 반해 국민소환 국가에서는 기본복지가 오히려 감소한다.

<그림 10-7> 소환제에 따른 저소득사회계층과 기본복지의 관계

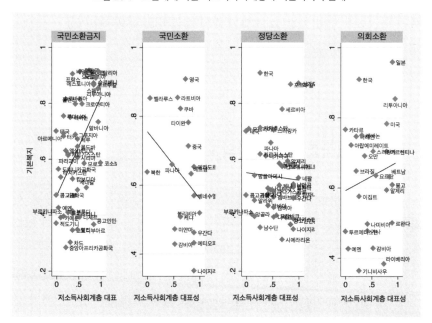

출처 : IDEA data.

　국민의 참여가 증가하면 저소득층의 참여가 증가할 수 있고 불평등이
나 기본복지에 영향을 미칠 수 있다. 현행 국민소환 시행국가들의 경우 저
소득층의 대표성 증가는 불평등이 증가하고 복지는 감소하는 관계가 있다
는 데 문제가 있다. 반면에 국민소환금지 국가들은 저소득층의 대표성 증가
는 불평들이 줄어들고 기본복지는 증가한다. 직접민주주의를 통해 특히 국
민소환제 시행을 통해 국회의원들의 불법행위 등을 억제함으로써 부정부패
로 인한 경제적 손실을 줄일 수 있을 것이다. 직접민주주의가 가져오는 경
제성장에 미치는 효과에 대해 비록 스위스의 지방 차원의 이야기이지만, 재
정문제에 대해 참여권이 강한 캉통은 1인당 GDP 기준 경제성과가 15% 높
았다. 주민이 예산에 투표하는 캉통에서는 탈세가 30% 적었고 부채도 적었
다(Kaufmann et al. 2010, 79). 반면에 진입장벽이 낮아 소환이 많아지면 직접민
주제도가 활성화되는 것처럼 보이지만, 남미에서처럼 소환이 자주 발생하

면 사회비용뿐만 아니라 소환에 따른 선거비용이 많이 들어가고 이 선거를 국가가 지원할 수밖에 없다. 국민의 참여를 높이면 높일수록 비용도 증가할 수 있다.

Ⅴ. 의회(국회)의원 소환의 요건

국민소환제에서 중요한 것은 누가 방아쇠를 당길 것인지, 누구를 향해서 할 것인지 등등이 중요한 것이다. 흔히들 '악마는 디테일에 숨어 있다(The devil is in the details)'(Altman 2011, 18)라는 말이 있듯이 세세한 규정에 따라 소환의 빈도도 높아지거나 적어진다. 참여정족수(participation quorums), 승인정족수(approval quorums), 시간제한(time limits) 등을 고려해야 한다. '서명 문지방(signature thresholds)'의 문제가 있다. 소환을 시작하려면 우선 일정한 서명을 받아야 가능하며 이것을 '진입장벽(entry hurdle)'(Altman 2011, 18)이라고 부를 수 있다. 소환제에 서명 수집을 선거구민의 몇 퍼센트까지 하느냐와 관련해 국가마다 각각 다르다.

국민소환 청원 요건을 10% 이하로 한 국가는 미얀마, 라트비아, 에콰도르, 영국 등이다. 미얀마와 타이완이 선거구민의 1%로 소환 청구를 할 수 있게 해 진입장벽이 가장 낮다. 라트비아, 에콰도르, 영국[81]은 각각 10%이다. 사람 숫자로 정한 국가는 리히텐슈타인 1,500명, 에티오피아 100명으로 정하고 있다. 50% 미만으로 중간 정도 15~35%로 정한 국가는 볼리비아, 베네수엘라, 벨라루스, 팔라우, 벨리즈, 파나마, 케냐, 감비아이다. 50%

---

81. 영국의 경우 입법 과정에서 골드 스미스(Zac Goldsmith)의 안(Recall of Elected Representatives Bill)에는 최초 발의(trigger)는 선거구민의 5%, 소환청원문턱(recall petition threshold)은 선거구민의 20%였던 데 반해 정부안(Recall of MPs Bill)은 최초 발의는 1년 구금, 회기 21일(또는 28일) 중단, 소환청원문지방은 선거구민의 10%이었다(Kelly and White 2014, 28).

이상으로 정하고 있는 국가는 투발루, 나이지리아, 키리바시, 우간다이다. 우간다가 2/3 즉 66.6%로 가장 진입장벽이 높고 키리바시의 경우 의회(Maneaba ni Maungatabu) 의석은 선거구민의 51%에 의해 소환되고 파면된다.

<표 10-5> 소환 청원 개시 요건

구분	국민소환 청원 요건(헌법)	국민소환 청원 요건(법률)
10% 이하	미얀마 1% 라트비아 10% 에콰도르 10% 영국 10% 리히텐슈타인 1,500명	에티오피아 100명 타이완 1%
50% 미만	볼리비아 15% 베네수엘라 20% 벨라루스 20% 팔라우 25% 감비아 1/3(33.3%)	벨리즈 30% 파나마 30% 케냐 30%
50% 이상	투발루 50% 우간다 2/3(66.6%)	나이지리아 50% 키리바시 51%

출처 : 각 국가의 헌법 및 선거법 등을 참조해 저자 작성.

이외에도 국가 간에 여러 가지 차이가 있다. 국민소환 제안자와 관련해 벨라루스는 처음에 150명의 유권자 모임이 개최되고, 5명 이상의 주도집단(initiator group)이 있어야 하며, 주도자가 300명 이상의 유권자 모임을 해야 한다. 케냐의 경우 선거에서 패배한 자가 소환을 직간접으로 주도할수 없다. 소환청원서에서 사유와 관련해 보통 청원 사유를 기재하는 것이 보통이나 벨리즈는 소환청원 이유를 밝힐 필요가 없다. 타이완은 소환 사유서의 글자 수를 5,000자로 한정하고 있다. 국민청원 가능 기간과 관련해 볼리비아는 임기 반절이 지났을 때부터 할 수 있다. 에콰도르와 파나마는 선출 임기 첫해와 마지막 해에는 국민소환을 할 수 없다. 벨리즈는 임기 18개월 이전 및 임기 종료 1년 이내에는 국민소환 청원이 제출될 수 없다. 케냐는 의원 선거 이후 24개월이 지난 후에 그리고 적어도 다음 선거 2개월 전에는 소환이 시작될 수 없다. 국민소환 횟수 제한과 관련해 벨리즈, 케냐의 경우 의원 임기 중 1회만 소환 청구를 할 수 있다. 벨라루스, 타이완은 동일 인물에 대해 1년 이내에 다시 소환안을 제출할 수 없다. 서명 수집 기간은 영국 6주, 벨라루스 45일, 볼리비아 최대 90일, 타이완 60일이다. 서명 수집 장소와 관련해 볼리비아는 2,700개소로 한정하고 있다. 서명이 정확한 지의 서명확인 기간과 관련해 볼리비아가 60일, 베네수엘라 30일, 벨리즈 1개월, 타이완 40일, 케냐 30일이다. 서명 명부가 공개되면 거부된 유권자가 교정을 요청하거나 서명하지 않은 유권자가 서명 명부에서 제외해 달라고 요청할 수 있는 교정(reparo) 기간도 있어 베네수엘라는 5일이다. 소환선거가 실시되는 때는 베네수엘라, 케냐의 경우 소환선거를 하기로 확정한 후 90일 이내다. 소환된 의원이 보궐선거에 나올 수 있는지와 관련해 보통은 출마 못 하지만 영국과 케냐는 보궐선거에 나올 수 있도록 하고 있다.

헌법에 국회의원에 대한 소환제가 규정되어 있다 하더라도 입법으로 이를 규정하지 않으면 사실상 소환이 시행되기 어려운 경우가 많고, 소환에 대한 법률 자체가 없어 유명무실한 예도 있다. 벨라루스, 벨리즈, 에티오피아, 타이완, 케냐, 볼리비아, 에콰도르, 파나마, 베네수엘라 등은 선거법 등 법률에 따라 소환제가 실질적으로 실시될 수 있게 되어 있는 데 반해 미얀마, 수리남, 감비아, 나이지리아의 경우는 입법 미비로 문제가 있다. 미얀마의 경우 이 문제가 정치적으로 논란이 되기도 했다. 수리남의 경우 헌법에서는 소환의 권리를 규정하고 있으나 입법으로 명확하게 규정하지 않아 이름뿐인 소환제다(Martin 2001, 31). 나이지리아의 경우에는 법률이 없어서 선거위원회에서 소환에 대한 가이드라인을 설정하고 있다. 아울러 당국가 체제인 사회주의 국가에서는 헌법과 선거법에 규정되어 있지만 유명무실하다고 평가할 수 있다. 앞서 지적했듯이 중국에서는 헌법상 국민소환제를 규정하고 있지만, 사실상 간선제이기 때문에 인민대표대회 대표는 인민대표대회 대의원의 다수투표로 소환된다. 북한에서는 중국과 달리 최고인민회의는 직선으로 선출되기 때문에 선거구에서 소환하는 것이지만, 북한 선거법 제79조에 대의원이 신임을 잃어 소환된 경우 대의원 '보충선거'를 한다고 규정하고 있을 뿐 소환 요건, 절차 등에 관해서는 규정하고 있지 않다. 베트남은 직선으로 선출하기 때문에 선거구에서 소환할 수 있지만, 선거법에는 이에 대한 절차 등에 관한 규정을 두고 있지 않다. 쿠바에서는 헌법에 소환을 규정하고 있지만, 국회의원의 소환은 시의회(asamblea municipal)가 국회(Asamblea Nacional del Poder Popular)와 지방의회에 대표 후보를 지명할 권한이 있으므로 시의회가 국회의원 소환을 결정한다. 이들 사회주의 국가에서는 당국가체제이기 때문에 사실상 소환제는 명목뿐 의미가 없다고 볼 수 있다.

정당 소환의 경우 정당에서 탈당하거나 사임하는 경우 또는 해고나 제명의 경우 의석을 잃는 것이다. 감비아의 경우처럼 무소속으로 선출되어 정당에 가입하는 경우 의석이 박탈되어 무소속의 당적 변경만을 문제 삼는 국가도 있다. 한국, 스리랑카처럼 비례대표만 문제시하는 국가도 있다. 방글라데시, 인도, 파키스탄, 피지처럼 의원이 정당에 반해 투표하는 경우 의석을 상실할 수 있다고 규정하는 데 반해 말라위처럼 의원의 투표로 의석을 박탈당하지 않는다고 규정한 국가도 있다. 세르비아처럼 의원의 위임 자체를 정당의 처분에 맡기는 국가가 있는가 하면, 파나마처럼 정당이 정당 소속 의원의 위임을 종료시킬 수 있다고 규정한 국가가 있다. 알제리처럼 당으로부터 사임하거나 축출될 경우 무소속으로 남으면 의원직이 유지되는 국가도 있고, 우간다처럼 임기 만료 1년 이내이면 당적을 이탈해도 의석은 유지되는 국가도 있다.

의회 소환의 경우 범죄행위, 신체적 정신적 이유 또는 장기간의 의회 무단결석 등의 이유로 의석을 박탈하는 것은 의회 소환이라고 할 수 없고 당연히 의석이 박탈되는 것이다. 의회 소환은 의회의 결의로 의석이 박탈되는 것을 말한다. 한국, 라이베리아, 이집트, 일본 등 대부분의 의회 소환제 채택 국가들이 2/3의 결의로 의회의 의석을 박탈할 수 있다. 이에 반해 감비아는 3/4, 르완다는 3/5으로 의석을 박탈할 수 있다. 가나의 경우 의회의 위원회가 결정한다. 브라질은 절대다수, 아랍에미리트는 다수로 의석을 박탈한다고 헌법에 규정하고 있고 미국, 리투아니아, 베트남 등은 단지 추방, 소환, 면직 등을 한다고 규정하고 있다.

일반적으로 직접민주주의 절차가 너무 복잡하고 충족해야 할 기준이 높을 때 제도만 존재하고, 실제로 시행되지 못하는 사례가 많이 나올 수 있다. 이와 반대로 너무 낮을 때는 남용되는 문제가 있다. 일반적인 직접민주제의 요구 조건이 10% 이하일 때와 50% 이상으로 제한적일 때 투표가 가지는 무게도 달라질 수 있다. 소환에 대해서는 레퍼렌덤이나 발안 청원보다 더 높은 장벽을 요구하고 있다. 알트만(Altman 2019, 173-174)에 따르면 세계적으로 이니셔티브를 시작하는데 평균 선거구민의 9% 정도를 서명을 받아야 한다. 레퍼렌덤은 이니셔티브에 비해 1% 정도 낮다. 정규 입법과 레퍼렌덤의 국민발안은 6.5%와 3.3%를 요구한다. 이상적으로는 레퍼렌덤은 5~10%, 헌법 레퍼렌덤은 8~13%가 적당하다.[82] 소환의 시간제한에 대해서도 알트만(Altman 2019, 174)에 따르면 시간제한(circulation time)은 국가 차원에서는 평균 0.5년이고 미국에서는 1.5년이다. 이상적으로는 국민발안에 대해서는 서명 수집에 9~12개월, 레퍼렌덤에 대해서는 5~8개월이 적당하다.[83] 따라서 10% 미만이면 남발이 우려되고, 50% 이상이면 소환 가능성이 작아진다고 볼 수 있다. 에콰도르의 경우 물론 지방의회도 포함된 수치이지만 1998~2007년까지 레퍼렌덤이 없었으나 2008년에 서명 요건을 15%

---

82. 국민 주도로 선거를 가지기 위해서는 헝가리, 슬로베니아, 스위스 등에서의 2~3%에서 우루과이의 25%까지 다양하다(Altman 2011, 18-19). 스위스에서 이니셔티브가 유효하기 위해서는 서명 숫자가 아루가우(canton of Aargau)의 등록된 선거구민의 0.9%에서부터 뇌샤텔(canton of Neuchâtel)의 5.7%까지 다양하다. 거의 6배 정도 차이가 난다. 연방의 이니셔티브에서는 약 2%를 요한다(Kaufmann et al. 2010, 86). 독일연방의 바이에른(Bavaria) 주에서는 서명이 최소 선거구민의 10%, 자를란트(Saarland) 주에서는 20%이다(Kaufmann et al. 2010, 86). 볼리비아에서는 popular 레퍼렌덤은 선거민의 5%로 시작될 수 있다. 헌법 개정의 이니셔티브는 선거민의 20%로 아주 높다(Kaufmann et al. 2010, 229). 미국 18개 주 중에 10개 주는 선구민의 25%를 요구하고 있지만, 루이지애나 주는 33.3%, 캔자스 주는 40%를 요구하고 있다. 캘리포니아는 가장 낮은 12%를 요구하고 있다. 이것도 레퍼렌덤 5%에 비하면 높은 것이다(Cowen 2008, 37).

로 낮추자 1,000여 건으로 많이 증가했고 2010~2011년에만 784건이었다. 그러나 2011년에 다시 기준을 높이자 100건 미만으로 줄어들었다(Welp and Milanese 2018, 1381).[84] 반면에 진입장벽을 너무 높게 잡으면 사실상 참여는 어려워지고 권력 집단이나 이익집단이 영향력을 미치게 되는 것이다. 이처럼 오히려 직접민주제적인 수단이 권력이나 이익집단에 의해 악용될 수 있는 직접민주제의 역설(paradox)이 일어날 수 있다. 서명 수집 기간도 마찬가지다. 서명 수집 시간이 주어지지 않으면 절차는 기존 이익을 가진 소환 당사자가 유리하다. 서명 수집에 14일이 주어지면 많은 서명을 받을 수 있으나 이때에는 조직들이 준비가 안 되어 있어서 소환을 잘 이용할 수 없다. 서명이 반년에서 1년 사이이면 이들 조직이 역할을 할 수 있다(Kaufmann et al. 2010, 92).

---

83. 스위스에서는 이니셔티브는 레퍼렌덤보다 길다. 연방 차원에서는 10만 명의 서명을 받도록 18개월을 허용한다. 레퍼렌덤 위원회는 의회 법안이 공표된 후 100일 이내에 5만 명의 서명을 받도록 한다. 캉통에서는 차이가 크다. 티치노(canton of Ticino)에서는 이니셔티브는 12개월, 레퍼렌덤 90일이다. 샤프하우젠(canton of Schaffhausen)에서는 시간제한이 없다(Kaufmann et al. 2010, 87). 독일연방의 바이에른(Bavaria) 주에서는 선거구민의 10%에 해당하는 1백만 명의 서명을 14일 이내에 받아야 한다. 오스트리아에서는 10만 명의 서명을 7일간에 받아야 한다. 베네수엘라에서는 2004년 차베스 대통령 소환 당시 선거민의 20%의 서명을 4일 만에 받아야 했다(Kaufmann et al. 2010, 87). 미국에서는 서명 문지방이 와이오밍 주의 마지막 선거 투표를 기초로 유권자의 15%에서 North Dakota의 2%까지 다양하다 (Kaufmann et al. 2010, 87). 이탈리아에서는 50만 명의 서명을 받아야 하고 50% 이상의 찬성을 받아야 한다(Kaufmann et al. 2010, 87). 또한, 스위스에서는 인민 이니셔티브를 시작하는데 선거민의 국민발안 2%(또는 레퍼렌덤 1%)를 필요로 하고 우루과이에서는 국민발안 10%(또는 레퍼렌덤 25%)를 필요로 하는데 이것은 우루과이의 직접민주주의가 주로 권력을 가진 행위자를 위해 사용되는 데 반해 스위스에서는 약한 행위자도 사용할 수 있어서 결국 스위스에서 우루과이보다 더 많이 사용된다(Kaufmann et al. 2010, 225).

84. 물론 국회의원뿐만 아니라 주의회 의원 등도 포함된 자료를 보면 남미에서 많이 실시됐다. 에콰도르 2013년 이전 786건 시도 78건 소환 레퍼렌덤, 콜롬비아 2013년 이전 169건 시도에 54건 소환 레퍼렌덤, 베네수엘라 2013년 이전 167건 시도 10건 소환 레퍼렌덤, 스위스 2015년까지 12건 시도 4건 소환 레퍼렌덤, 아르헨티나 2014년까지 10건 시도 2건 소환레퍼렌덤, 캐나다 2015년까지 26건 시도 소환레퍼렌덤 없었다(Alarcón et al. 2018, 32).

VI. 결론

전 세계적으로 보면 국회의원 소환을 헌법상 금지하는 세계 194개 국가 중 국가가 54개국인 데 반해 국회의원 소환을 채택하는 국가 24개국보다 두 배 이상에 이르고 있다. 정당 소환은 51개 국가, 의회 소환은 30개 국가에서 시행되고 있다. 국민소환을 채택한 국가에서도 사회주의 국가를 제외하면 그 숫자는 더 줄어든다. 유럽에서는 대부분 국가가 국회의원의 국민소환을 금지하고 있으며 2015년 영국이 국회의원 국민소환을 채택했다.

물론 국민소환을 도입할 것이냐를 두고 찬반 논쟁이 있는 것은 사실이다. 국회의원 소환제에 도입하는 데 대해 찬성하는 입장은 대략 정치 불신을 해소하고 국회의원의 역할을 제고할 수 있다는 입장이다. 국민주권개념을 실효성을 높여 정치적 책임을 묻는다는 차원에서 실질적 국민주권을 실현할 수 있다는 맥락이다. 이에 반해 국회의원 소환제에 반대하는 입장은 정치보복이 될 수 있으며 여야 갈등으로 정치 불안이 일어나고 정치적으로는 포퓰리즘, 국민 분열을 일으키고 장기적 정책 입안을 불가능하게 해 정치 불안을 불러일으킬 수 있다는 입장이다. 사실 국민주권주의가 대의제 민주주의라는 이름으로 의회주권주의로 변질되어 의회가 주권을 가지게 되고 의원들도 무소불위의 권력을 향유하게 됨에 따라 직접민주주의 제도의 하나인 소환제를 두어 보완하자는 논의가 나오게 된 것이다.

문제는 국민소환제 국가들의 경우 정당 불신이나 의회 불신이 낮은 데 반해 국민소환금지 국가들의 경우에는 정당 불신과 의회 불신이 높은 것은 사실이다. 따라서 국민소환제는 정당과 의회에 대한 불신을 줄여줄 수 있을 것이다. 그러나 국민소환 국가들에서 국민소환제를 통해 저소득층의 대표성을 증가시킨다 해도 불평등이 감소하거나 복지가 늘어나는 것은 아니다. 오히려 국민소환제 금지 국가에서 저소득층의 대표성 증가가 불평등 감소나 복지 증가를 가져온다고 볼 수 있다. 물론 불평등이나 복지에 영향을 미치는 주요 요인이 소환이 아니지만, 국민소환 금지 국가와 국민소환 국가

간에 차이가 난다. 이 이유는 국민소환 금지 국가가 주로 선진국인 데 반해 국민소환 채택 국가가 최근의 영국을 제외하고 대부분 후진국이거나 사회주의 국가이기 때문으로 보인다.

11장

국가적 위기 상황에서의 비대면 국회 도입[85]

이정진(국회입법조사처)

I. 서론

제21대 국회에서 코로나19로 국회가 폐쇄되고 의사 일정이 연기되는 상황이 발생하면서 의사 일정과 입법 활동이 중단되는 상황을 미연에 방지하기 위해 비대면 국회의 도입 필요성이 제기됐다. 이미 미국 하원은 위원회에서 원격 의회와 원격 표결을 도입했으며, 영국 하원은 출석 참여와 원격 참여를 모두 인정하는 등 한시적으로 비대면 의회를 개최했다. 이러한 각국의 대응은 감염병의 확산으로 인한 국가적 위기 상황에서 의회의 역할은 더욱 중요하며, 사회적 거리 두기나 이동의 어려움, 격리 등의 이유로 의회 활동이 중단되어서는 안 된다는 판단에서 이루어졌다. 한국은 국가적 방역 시스템을 비교적 성공적으로 운영하면서 코로나19 상황에 잘 대처했으며, 감염병의 확산을 축소할 수 있었다. 국회도 사회적 거리 두기 등 방역 조치를 강화하면서 의사 일정을 수행하고 있다. 하지만 코로나19가 여전히

---

85. 이 장은 〈의정논총〉 제15권 2호에 수록된 논문을 수정, 보완한 것이다.

진행 중이며 또 다른 감염병의 발생이나 재난 상황 등 국가적 위기 상황이 발생할 수 있다는 점에서 선제적으로 비대면 국회를 준비해야 할 필요성은 더욱 높아지고 있다.

논의 과정에서 헌법이 국회의 회의 진행과 표결과 관련해 국회의원의 출석을 전제로 하고 있다는 점에서 비대면 국회 도입이 위헌이라는 주장도 제기됐다. 하지만 헌법은 사회적 변화를 반영해 그 의미를 확대할 수 있을 것이며, 국회의 운영과 관련된 사항은 국회의 자율적인 결정이 가능하다는 점에서 비대면 국회의 도입은 국회법 개정만으로 가능하다고 볼 수 있다. 제21대 국회에서는 감염병의 확산이나 천재지변 시에 원격 회의를 할 수 있도록 국회법 개정을 둘러싼 논의들이 진행됐으며, 2020년 12월 9일 국회 본회의에서 원격영상회의 도입을 내용으로 하는 국회법 개정안이 통과됐다. 이에 국회에서의 비대면 회의 도입을 둘러싼 논의 과정들을 살펴보고자 한다.

이 장은 다음과 같이 구성됐다. II절에서는 비대면 영상회의를 도입할 경우 필요한 조건이나 방식을 검토한다. III절에서는 미국과 영국 등 주요국의 비대면 의회 도입 사례를 살펴봄으로써 시사점을 모색한다. IV절에서는 비대면 국회 도입을 제한한 기존 법률규정과 개정안을 검토한다. V절에서는 이 장을 요약하고 분석 결과의 함의를 논의한다.

II. 비대면 국회 도입의 조건과 방식

비대면 국회를 도입할 경우 국회에서의 출석과 표결에서 비대면을 허용하는 조건이나 방식 등에 대한 협의가 필요하다. 비대면 국회에 대한 요구는 코로나19로 인한 국가적 위기 상황에서 국회의 입법 및 의정 활동이 중단되지 않아야 한다는 문제의식에서 비롯됐다. 하지만 비대면 회의를 허용하는 때도 그 시기나 요건, 비대면 회의의 적용 범위 등에 대해서는 서로 다른 입장들이 표명됐으며, 관련 쟁점은 다음과 같다.

첫째, 비대면 회의의 요건으로 어떤 상황에서 비대면 회의를 허용할 것인가이다. 위기 상황에서 제한적으로 사용할 것인지, 혹은 의회 회의의 효율성을 제고하기 위해 평상시에도 사용할 것인지의 문제다. 일부에서는 기술의 발전, 회의의 효율성 등을 이유로 평상시에도 비대면 회의를 도입하자는 주장도 있으나 국회의 회의나 표결 등 국회에서의 입법 활동에서 의원들의 대면 접촉과 협상을 통한 참여 과정은 의회운영의 효율성 못지않게 중요하다. 따라서 비대면 회의를 허용하더라도 코로나19와 같은 감염병의 확산 혹은 국가적 재난 상황 등 극히 제한된 상황에서만 비대면 회의를 허용할 필요가 있다.

둘째, 비대면 회의 방식이다. 비대면 회의는 전화나 화상회의 등 전자적 방식을 통해 가능하며, 국회 사무처는 위원회 회의장과 본회의장에 비대면 영상회의를 할 수 있는 시스템을 구축하고 있다.[86] 문제는 표결 방식으로, 원격 표결(remote voting)을 허용할 경우 표결의 안정성과 비밀성을 보장할 수 있을 것인지가 논란이 되고 있다. 미국 하원에서 원격 표결 방식으로 대리투표를 허용한 것은 해킹이나 외부 침입으로부터 안전한 표결 방식이라는 것이 중요한 이유였다.[87] 우리 국회의 경우 이미 전자표결 시스템을 도입해 실시한 지 오래됐고 온라인 연결망이 잘 발달해 있다는 점에서 전자표결 방식으로 원격 표결을 실시하는 방안이 적절할 것이다

셋째, 비대면 회의의 적용 범위다. 국회의 의정 활동은 대정부질문이나 청문회, 국정감사 및 국정조사, 상임위원회나 본회의에서의 법률안 심의나 표결 등 다양한 범위에 걸쳐 진행된다. 청문회나 공청회, 상임위원회 소

---

86. 여야는 3차 추가경정예산에 상임위 회의장 비대면 회의체계 구축 예산으로 4억 5,000만 원을 반영했다(뉴시스 "국회도 코로나 셧다운 피하려 안간힘 … 원격 의회 될까", 2020. 8. 4). https://mobile.newsis.com/view.html?ar_id=NISX20200821_0001138168

87. U.S. Congress, House of Representatives(2020, 116-420)

위원회 등은 상대적으로 비대면 회의를 적용하기 쉬울 것으로 판단된다. 반면 헌법이나 국회법 등을 통해 출석 및 표결 관련 규정을 명시하고 있는 본회의나 위원회 전체회의에 비대면 회의를 적용하기 위해서는 관련 법률의 개정이 필요하다. 영국 의회는 비대면 회의를 도입하면서 대정부질문에 대해 우선해서 도입할 것을 검토했으며,[88] 독일과 러시아의 경우 위원회에서는 화상회의를 개최하고 있지만, 본회의에서는 채택하지 않고 있다.[89]

넷째, 비대면 회의 기간을 결정할 필요가 있다. 비대면 회의를 개최할 경우 그 기간은 제한될 필요가 있는데, 비대면회의가 감염병이나 재난 상황 등 국가적 위기 시에 운용되는 제한적인 제도라고 볼 때 비대면 회의는 특정 기간을 설정해 제한적으로 운용되어야 할 것이다. 다만 위기 상황의 연장 가능성을 감안해 기간을 제한하되 의장의 결정 혹은 국회의원 3/5 이상의 동의로 연장하는 안 등을 고려할 수 있다. 영국 하원은 2020년 3월 24일 '위원회의 원격 화상회의 도입을 허용'하는 임시의사 규칙을 통과시키면서 6월 30일까지 한시적으로 적용하되 의장의 결정으로 연장할 수 있도록 했다.[90] 독일 하원 또한 2020년 3월 25일 연방하원 의사규칙의 개정을 통해 위원회에 원격 화상회의와 원격 투표를 도입하면서 2020년 9월 30일로 적용 기한을 설정했다.[91]

다섯째, 의사정족수 혹은 의결정족수의 문제다. 우리 헌법에서 국회의

---

88. 영국의 경우 순차적으로 화상회의 도입을 검토했지만, 결과적으로는 상원과 하원, 상임위원회와 본회의에서 모두 원격 화상회의와 원격 표결을 도입했다(국회사무처 국제국 2020. 21-22; 전진영·최정인 2020, 2).

89. 독일은 의사규칙 개정을 통해 하원 위원회에서 원격 화상회의와 원격 투표를 도입했다. 러시아의 경우 위원회에 대해서는 회의장 직접 출석 등의 명시적 규정이 없어 화상회의나 원격 투표를 도입했으나 본회의는 회의장에 직접 출석해 전자투표시스템을 통해 투표하도록 명시한 규정으로 인해 도입하지 않았다(국회사무처 국제국 2020, 14-24).

90. 전진영·최정인(2020, 2)

91. 독일 연방하원은 「연방하원 의사규칙」에 제126조a를 신설해 위원회에 전자적 수단을 이용한 회의 참석과 투표를 할 수 있도록 했으며, 공개위원회나 청문회 등 일반 국민이 참석할 수 있는 회의는 전자적 수단을 사용할 경우에만 개최할 수 있도록 제한했다.

표결 시 국회의원의 출석을 전제로 한 것은 국회의 심의와 표결 과정에서 국회의원이 참석해 집중할 것을 요구한 것이다. 따라서 비대면회의를 실시할 경우 로그온 되어 있는 경우를 출석으로 인정할 것인지, 혹은 일정시간 이상 온라인 화상회의에 얼굴을 비추지 않는다면 결석으로 처리할 것인지 등을 고민할 필요가 있다.[92]

여섯째, 표결 방식 및 표결 선포 장소 등이다. 국회법은 본회의 표결 시 안건을 선포하거나 표결 결과를 선포할 때 의장석에서 하도록 명시하고 있다.[93] 원격 표결을 도입할 경우 안건이나 표결 결과를 선포하는 장소에 대해서도 검토가 필요하다. 영국 하원은 원격 표결을 도입하면서 의장이 의장석에서 표결 결과를 공표하도록 했다.[94] 구체적인 표결 방식에 대해서도 검토가 필요하다. 온라인 시스템을 통한 원격 표결의 경우 본인 확인 절차 및 표결에 참여할 수 있는 시간 등을 구체적으로 결정할 필요가 있다.

III. 외국 사례 분석

코로나19 상황에서 각국 의회는 비대면 회의를 진행할 수 있는 다양한 방안들을 모색하고 있다. 미국은 하원 위원회에서 원격 회의와 원격 표결을 실시하고 있으며, 영국은 한시적으로 출석 참여와 원격 참여를 모두 인정하고 원격 표결을 도입했다.[95] 크로아티아는 원격 회의와 더불어 이메일 혹은

---

92. 김선화(2020, 4); U.S. Senate(2020b, 7).

93. 국회법 제110조(표결의 선포) ① 표결할 때에는 의장이 표결할 안건의 제목을 의장석에서 선포해야 한다. ② 의장이 표결을 선포한 후에는 누구든지 그 안건에 관해 발언할 수 없다. 제113조(표결 결과 선포) 표결이 끝났을 때는 의장은 그 결과를 의장석에서 선포한다.

94. 전진영·최정인(2020, 4)

95. 전진영·최정인(2020, 1)

문자 메시지로 표결할 수 있도록 했으며, 체코 공화국은 웨벡스(Webex) 프로그램을 통해 원격으로 표결에 참여할 수 있도록 했다.[96] EU도 한시적으로 이메일을 통한 원격 표결을 도입했다.[97] 이하에서는 미국과 영국 사례를 통해 비대면 의회 운영과 관련해 쟁점이 됐던 부분과 구체적인 법률안의 내용을 검토하고 우리에게 주는 시사점을 모색하고자 한다.

1. 미국 상원

2020년 3월 19일 포트만(Portman) 의원과 더빈(Durbin) 의원은 국가 위기 시에 출석하지 않고도 회의에 참여할 수 있도록 의사규칙을 개정하는 안을 상원에서 발의했다.[98] 포트먼-더빈 안은 국가적 위기 상황에서 제한적으로 원격 회의와 원격 표결을 허용하는 것을 내용으로 한다. 즉 여야 원내대표의 합의로 다음 두 조건을 모두 만족할 때 의회에 출석하지 않고 원격으로 표결할 수 있도록 허용하고 있다. 그 조건이란 ① 국가 전체의 예외적인 위기 상황이면서 ② 의원이 직접 표결에 참여하는 것이 불가능한 경우다.

이 안에 따르면 위기 시라 하더라도 원격 회의나 원격 표결이 상시화되지 않도록 원격 회의 기간은 30일로 제한하되, 상원 재적의원 3/5 이상의 동의를 얻어 30일 더 연장할 수 있다. 또한, 원격 표결의 허용은 국가 위기 시의회에서의 의결정족수를 충족시키려는 방안이기 때문에 회의장에 출석하거나 온라인으로 로그온되어 있지 않은 경우는 의결정족수에 포함되지 않는다. 한편 원격 표결에 앞서 시스템의 안정성과 비밀유지 등이 상원 사

96. Inter-Parliamentary Union, Country Compilation of Parliamentary Responses to the Pandemic(최종 검색일: 2020. 4. 15) https://www.ipu.org/country-compilation-parliamentary-responsespandemic.

97. Natasha Lomas, EU Parliament Moves to Email Voting During COVID-19 Pandemic, TECH CRUNCH(Mach 23, 2020) https://techcrunch.com/2020/03/23/eu-parliament-moves-to-email-votingduring-covid-19/

98. U.S. Senate(2020a)

무총장, 보안 책임자 등에 의해 보장되어야 한다.

상원에서 원격 화상회의와 원격 표결 등 비대면 회의를 수용할 것인지의 문제는 다양한 법적 쟁점들에 대한 논란과 더불어 진행됐다.[99] 먼저, 미국 헌법에 규정된 의사정족수나 의결정족수에 원격 출석을 포함할지의 문제가 다루어졌다. 연방법원은 그간 판결을 통해 헌법은 상원과 하원에 의회 운영과 절차를 결정할 수 있는 자율권을 부여하고 있음을 보여주었다. 따라서 원격 출석이나 표결을 의사정족수나 의결정족수에 포함할 수 있는지의 문제는 의회가 결정한다면 가능하다는 것이 일반적인 해석이다.[100] 다만 비대면 회의나 원격 표결의 도입에 앞서 상원 혹은 하원의 의사규칙 개정이 필요하다.

다음으로, 회의 장소와 관련된 문제로 비대면 회의를 진행할 경우 의원 중 일부라도 위원회나 본회의 등 의사당 내 회의장에 출석해야 하는가이다. 켄터키나 버몬트 주의회 사례는 이에 대한 시사점을 주는데, 이들 주에서는 회의 공간이 물리적으로 의사당으로 제한되지 않으며, 가상 공간 또한 회의장으로 인정된다고 보고 있다.

이상과 같이, 법적 쟁점과 관련한 법률적 해석의 측면에서는 미국 상원에 비대면 회의와 원격 투표를 도입하는 데 문제가 없다. 이처럼 비대면 의회운영의 필요성에 대한 공감대의 확산과 법적으로 수용 가능하다는 판단에도 불구하고 상원에서는 비대면 회의 도입에 소극적인 입장이다. 이는 미국 상원이 의회 전통에 대해 보수적인 시각을 견지하고 있으며, 비대면 의회의 운영 과정에서 나타날 수 있는 시스템 해킹 등 안전상의 문제의식에서 비롯된 것으로 볼 수 있다. 결과적으로 미국 상원에서는 비대면 의회의

---

99. U.S. Senate(2020b, 8-17)

100. 코로나19 상황에서 비대면 회의의 도입은 의회에만 적용되는 문제는 아니다. 연방 대법원은 2020년 4월 코로나19 위기 상황에서 법원에서의 심리나 표결과 관련해 유선 방식을 통한 심리 및 원격 출석도 인정된다고 밝혔다(U.S. Senate 2020b, 14).

운영과 관련된 법적, 기술적 문제들을 검토했으나 의회 활동에서 의원들 간의 대면 접촉이 갖는 중요성과 원격 투표를 실시할 경우 발생할 수 있는 기술적 안정성 보장 등에 대한 우려로 비대면 의회운영 방식을 채택하지 않고 있다.

2. 미국 하원

비대면 의회의 도입에 대해 보수적인 상원에 비해 하원의 경우 보다 적극적인 입장을 보이는데, 이는 미국 사회와 정부의 위기의식에 대응한 것이라 볼 수 있다. 코로나19의 확산으로 사회적 거리 두기와 집에 머물기 등의 조치들이 실시되면서 미국은 실업률이 높아지고 경제가 악화됐으며, 미국 하원은 이러한 국가적 위기 상황에서 의회에 요구되는 입법 절차를 수행하기 위해 비대면 회의의 도입을 검토하게 된 것이다. 하원에서의 논의에 앞서 이미 뉴욕(New York)과 뉴저지(New Jersey) 등 미국 내 10여 개 주에서는 전화나 화상회의 등의 전자적 기기를 이용한 원격 표결을 도입했으며, 켄터키와 펜실베이니아 주에서는 대리투표 방식을 통한 원격 표결을 도입했다. 하원에서의 논의는 주의회뿐 아니라 미국 정부와 법원에서 도입되고 있는 비대면 회의 시스템에 대한 반응이라고도 볼 수 있는데, 2020년 5월 미국 연방 대법원은 최초로 전화로 청문 절차를 진행했다.[101]

미국 하원에서 원격 투표 도입을 내용으로 하는 법률안은 2002년 처음 발의됐다. 랑방(James Langevin) 의원은 「의회 보안 및 연속성 보장법」(the Ensuring Congressional Security and Continuity Act)을 통해 국가적 위기 상황으로 인해 회의 소집이 불가능할 경우, 인터넷 및 위성 기반 통신 시스템을 활용해 비대면 회의를 진행할 것을 제안했다.[102] 법률안에 따르면 의원들은 전 세계 어디서나 안전한 생체 인식 기술로 시스템에 접속해 회의에 참석할 수

---

101. U.S. Congress, House of Representatives(2020, 4)
102. U.S. Congress, Ensuring Congressional Security and Continuity Act(2001)

있다. 또한, 원격 표결의 안정성 보장을 위해 국립 표준기술연구소(National Institute of Standards and Technology)에서 '의회를 위한 원격 표결 및 통신 보안 컴퓨터 시스템 구현의 가능성과 비용을 조사'할 것을 제안했다.

또한, 2020년 3월 스월웰(Swalwell) 하원의원은 「혁신적이고 모두를 연결하는 의원들(일명 Mobile) (Members Operating to be Innovative and Link Everyone(Mobile) Resolution)이라는 결의안을 발의했다.[103] 스월웰 의원의 안은 하원 의사규칙을 개정해 의원이 화상회의를 통해 위원회 청문회에 참여할 수 있도록 허용하고, 원격 표결 시스템을 구축해 본회의장에 출석하지 않더라도 본회의 표결에 참여할 수 있도록 하는 내용을 담고 있다. 이 결의안은 원격 표결을 국가적 재난 상황과 같은 비상시뿐만 아니라 일상적으로 실시할 것을 제안했는데, 하원의 위원회나 본회의가 의사당이 위치한 워싱턴에서 개최되기 때문에 발생하는 비효율성, 즉 미 전역에서 의원들이 워싱턴으로 이동하는 과정에서 나타나는 시간과 비용을 줄이는 데 필요할 경우 언제든 비대면 원격 회의를 가능하도록 하자는 것이다.[104]

이처럼 비대면 회의 도입을 내용으로 하는 법률안이나 결의안에 대해 하원 지도부는 기존에 신중한 검토가 필요하다는 입장을 보여왔다. 하지만 코로나19의 급속한 확산으로 사회적 거리 두기와 격리조치 등이 이루어지면서 의회의 입법 활동이 제한될 가능성이 커짐에 따라 하원에서는 원격 표결 가능성에 대해 논의하기 시작했다. 2020년 4월 22일에는 원격 의회를 위한 TF(Virtual Congress Task Force)를 구성해서 코로나19의 확산 시 원격 회의와 원격 표결을 실시하는 방안과 기술적 문제들에 대해 논의했다.

이러한 논의 이후 하원은 2020년 5월 15일 한시적으로 하원에서 비대면 회의와 원격 표결을 인정하는 결의안(H.Res.965)을 통과시켰다. 결의안의

---

103. 약칭으로 MOBILE 결의안(H. Res. 890)으로 불림. H.Res.890-116th Congress(2019-2020): MOBILE Resolution

104. U.S. Senate(2020b, 5)

내용은 크게 다음 3가지다. 첫째, 코로나19의 대유행 기간 한시적으로 본회의에서 대리투표 방식의 원격 표결을 인정한다. 둘째, 위원회의 경우 전체회의와 소위원회에서 온라인 등을 통한 원격 회의와 원격 표결을 실시한다. 셋째, 의회에서 원격 표결을 확대 실시할 수 있는 보다 안전하고 실현 가능한 대안을 모색한다.[105] 결의안에 따르면 본회의장에서 실시되는 대리투표는 결의안 의결 후 45일간 유효하며, 양당 지도부의 합의로 연장할 수 있도록 하되 116대 회기(2019~2020)까지만 유효하도록 제한을 두었다.[106] 위원회의 경우 필요한 경우 일부는 회의장에서, 일부는 온라인으로 회의를 하는 하이브리드 방식으로 회의를 진행할 수 있도록 했다. 하원에서 결의안이 통과된 후 의회 사무처는 비대면 회의를 운영하기 위한 시스템 구축을 위해 의원실과 위원회 등에 연방정부에서 승인한 웨벡스(Webex) 라이센스를 부여했다.[107]

하지만 비대면 회의 도입에도 불구하고 하원 결의안에 따르면 본회의장에서 대리투표를 허용한 것이 임시방편일 뿐이며, 더 안전하고 효율적인 원격 표결 방식을 마련하려는 의회 차원의 검토가 필요하다. 대리투표는 가장 단순한 형태의 원격 표결이라고 볼 수 있으며,[108] 미국 하원에서 원격 표결의 방식으로 대리투표를 채택한 것은 이미 위원회 차원에서 대리투표를 시행한 경험이 있기 때문이다.[109] 또한 대리투표를 실시하기 위해서는 일정 규모 이상의 의원이 본회의장에 출석해야 하는데, 감염병 학자들이 예견하

---

105. H.Res.965 – Authorizing Remote Voting by Proxy in the House of Representatives and providing for Official Remote Committee proceedings during a Public Health Emergency due to a novel Coronavirus, and for other Purposes; U.S. Congress, House of Representatives(2020, 9-25)

106. 결의안이 통과됨에 따라 하원의원 1명이 최대 10명의 하원의원을 대신해 대리투표를 할 수 있으며, 대리투표를 할 의원은 본인을 대신해 직접 표결할 의원을 지정해 하원 사무처에 통보하면 된다.

107. 웨벡스 라이센스는 하원의원 1인당 1개, 위원회별로 2개, 각 지도부 사무실에 1개씩 부여됐다(국회 사무처 국제국 2020, 1).

108. 대리투표를 원격 표결의 한 방식으로 볼 수 있는 것은 대리투표를 하는 의원이 회의장에 참석하지 못한 동료 의원의 의사를 대신 전달하는 기계적 장치와 같은 역할을 수행하기 때문이다.

듯이 제2차 유행이 나타날 경우 대리투표 기준을 맞출 수 있는 정도의 의원들이 의사당에 출석하기 어려울 수도 있다는 점에서 다른 대안을 찾는 노력이 필요함을 지적하고 있다. 하원 지도부는 이러한 점을 인식하고 있으며, 필요한 경우 전면 원격 표결이 가능한 방안을 모색하기 위한 기술적 대안들과 표결 방식에 대해 검토하고 있다.[110]

3. 영국 하원

영국은 코로나19의 확산에 따라 다른 국가들에 비해 빨리 비대면 의회 시스템을 도입했다. 2020년 3월 2일 하원에 의사절차위원회(Procedure Committee)를 구성해 코로나19 상황에서 의회의 대응 방안에 대해 논의했으며, 3월 24일에는 의사절차위원회 위원장이 제안한 임시의사규칙을 채택함으로써 위원회에 원격 화상회의 도입을 허용했다. 임시의사규칙은 6월 30일까지 한시적으로 적용하도록 했으며, 위원회의 회의 및 증언 청취를 원격 화상회의 방식으로 진행할 수 있도록 허용하는 내용을 담고 있다. 또한, 필요한 경우 의장의 결정으로 화상회의 허용 기간을 연장할 수 있도록 했다.[111]

2020년 4월 21일과 22일에는 의사규칙을 개정해 감염병 확산 기간에 한시적으로 본회의에 화상원격회의 및 원격 표결을 도입했다. 화상원격회의는 출석 참여(physical participation)와 원격 참여(virtual participation)를 모두 인정하는 병행 의사절차(hybrid proceedings) 방식으로 진행되는데, 본회의장 출석 인원을 50명 이내로 제한하고, 나머지 의원들은 줌(Zoom) 프로그램을

---

109. 1970년부터 1994년까지 위원회 차원에서의 대리투표가 허용됐다. 위원회에서의 대리투표는 위원회별로 위원회 규칙에 근거해 시행됐다. 반면 대리투표를 실시한 경험이 없으며, 선거 시에도 직접·비밀투표를 선호하는 한국의 정치문화를 고려한다면 원격 투표의 방법으로서 대리투표가 우리 국회의 선택지가 될 수 있는지에 대해서는 신중한 검토가 필요하다.

110. U.S. Congress, House of Representatives(2020, 7-8)

111. 국회사무처 국제국(2020, 2)

통해 원격 화상방식으로 참여할 수 있다.[112] 원격 표결의 실시 여부는 의장이 결정하며 의원들은 의장이 승인한 방법으로 원격 표결에 참여한다. 원격 표결은 의장이 안건을 회부하고 원격 표결을 고지할 때 개시되며, 의원은 원격 표결 개시 후 15분 이내에 투표해야 한다. 기술적 문제가 있을 경우 의장은 원격 표결을 중지하거나 연기할 수 있으며, 원격 표결 결과는 의장석에서 공표된다.[113]

2020년 6월 2일부터는 보다 완화된 방식으로 운영하고 있는데, 본회의장 안에서는 사회적 거리를 유지하는 범위에서 출석해 회의 및 표결에 참여하는 것을 원칙으로 하고 있다. 다만 개인 건강이나 감염병과 같은 공공 보건상의 이유가 있을 경우에 한해 대리투표를 허용했다.[114] 영국 하원은 2019년부터 출산휴가 등을 이유로 대리투표를 실시하고 있었는데, 코로나19의 확산으로 이를 더욱 확장한 것이다.

IV. 관련 법률과 입법 논의

우리 헌법은 국회의 표결과 관련해 국회의원의 출석을 기본 전제로 하고 있다. 헌법 제49조에 따르면 국회는 '재적의원 과반수의 출석과 출석의원 과반수의 찬성으로 의결'하며, 제50조는 '출석의원 과반수의 찬성으로 국회 회의를 공개하지 않을 수 있다'라고 명시하고 있다. 제53조는 대통령의 법률안 재의요구에 대해 '재적의원 과반수의 출석과 출석의원 2/3 이상

112.영국 의회 홈페이지(최종 검색일: 2020. 9. 21.) https://www.parliament.uk/about/how/covid-19-hybrid-proceedings-in-the-house-of-commons/

113. 국회사무처 국제국(2020. 3)

114. 영국 의회 홈페이지(최종 검색일: 2020. 9. 21.) https://www.parliament.uk/about/how/covid-19-hybrid-proceedings-in-the-house-of-commons/

의 찬성으로' 재의결이 가능함을 규정하고 있다. 이러한 헌법 조항들은 국회에서의 의사정족수와 의결정족수의 기본 요건으로 국회의원의 출석을 명시하고 있다.

국회법은 국회의원의 출석에 대해 더 구체적으로 규정하고 있으며, 기본적으로 모든 국회 회의와 심의·표결은 국회의원이 회의장에 출석함을 전제로 한다.[115] 구체적으로 살펴보면 위원회의 개회와 본회의 개의를 위해 재적의원 1/5 이상이 출석해야 하며, 위원회 의결이나 본회의 표결을 위해서는 재적의원 과반수가 출석해야 한다. 이러한 출석 규정과 더불어 국회법은 본회의에서 표결하기 위해서는 회의장에 입장해야 함을 명시하고 있다.

「국회법」

제54조(위원회의 의사정족수·의결정족수) 위원회는 재적위원 5분의 1 이상의 출석으로 개회하고, 재적위원 과반수의 출석과 출석위원 과반수의 찬성으로 의결한다.

제73조(의사정족수) ① 본회의는 재적의원 5분의 1 이상의 출석으로 개의한다.
② 의장은 제72조에 따른 개의 시부터 1시간이 지날 때까지 제1항의 정족수에 미치지 못할 때에는 유회(流會)를 선포할 수 있다.
③ 회의 중 제1항의 정족수에 미치지 못할 때에는 의장은 회의의 중지 또는 산회를 선포한다. 다만, 의장은 교섭단체 대표의원이 의사정족수의 충족을 요청하는 경우 외에는 효율적인 의사진행을 위하여 회의를 계속할 수 있다.

---

115. 다만 2020년 12월 9일 국회 본회의에서 가결된 개정 국회법은 감염병의 확산이나 천재지변 등으로 본회의가 정상적으로 개의되기 어려운 경우 원격영상회의로 개의할 수 있다는 조항을 신설했다.

제109조(의결정족수) 의사는 헌법이나 이 법에 특별한 규정이 없으면 재적 의원 과반수의 출석과 출석의원 과반수의 찬성으로 의결한다.

제111조(표결의 참가와 의사변경의 금지) ① 표결을 할 때 회의장에 있지 아니한 의원은 표결에 참가할 수 없다. 다만, 기명투표 또는 무기명투표로 표결할 때에는 투표함이 폐쇄될 때까지 표결에 참가할 수 있다.
② 의원은 표결에 대해 표시한 의사를 변경할 수 없다.

이처럼 헌법과 국회법에서 국회의 회의와 표결에 대해 국회의원의 출석을 전제로 하고 있기 때문에 비대면 국회를 도입하려면 법률 개정이 전제되어야 한다. 특히 비대면 국회의 도입과 관련해 "헌법상 출석은 국회 회의장 출석을 의미하기 때문에 원격투표는 위헌성이 있다"라는 주장이 야당을 중심으로 제기되기도 했다.[116] 비슷한 논란을 일본에서도 볼 수 있는데, 코로나19와 같은 비상상황에서 원격 심의를 할 수 있도록 하자는 주장에 대해 자민당 국회대책위원장은 위헌의 소지가 있다고 우려를 표명했다.[117] 반면 헌법에서 규정하고 있는 국회의원의 출석 개념에 대해 비대면 회의로 확장이 가능하다는 주장도 있어 개헌이 필요한 것인지에 대해서는 논란이 있었다.

비대면 국회의 도입에 대한 위헌 논란은 충분히 예상됐다. 하지만 헌법은 사회의 변화·발전에 따라 그 의미가 변화되거나 확장될 수 있으며, 코로나19와 같은 국가적 위기 상황과 전자투표의 발전이라는 기술의 변화는

---

116. 주호영 국민의힘 원내대표는 "헌법상 출석은 국회 회의장 출석을 의미하기 때문에 원격 투표는 위헌성이 있다"고 주장했다(서울신문 2020. 9. 13. "온택트 국회 가시화 … 불체포특권 폐지될까").

117. 일본 헌법 제56조는 '① 양원은 각각 그 총 의원의 3분의 1 이상이 출석하지 않으면 개의해 결의할 수 없다. ② 양원의 의사는 헌법에 특별한 규정이 있는 경우를 제외하고는 출석의원의 과반수로 결정하고 가부동수인 경우에는 의장이 결정하는 바에 따른다'고 명시하고 있다. 또한 중의원규칙에도 '회의장에 없는 의원은 표결할 수 없다'고 명시하고 있다(국회사무처 국제국 2020. 10).

국회의원 출석에 대한 헌법의 의미에 대한 재해석을 요구하고 있다. 미국 연방 법원의 최근 판례도 의회의 비대면 회의나 원격 투표 도입을 위헌으로 볼 수 없음을 보여준다.[118] 이와 관련해 김선화(2020)는 국회 출석과 회의를 비대면 국회로 확장할 수 있는 논거로 다음 3가지를 제시했는데, 첫째, 국회의 회의와 국회의원의 출석이라는 개념의 핵심은 국회의 심의와 표결에 대한 참석과 집중이라는 점, 둘째, 헌법 규정 중에 의도적으로 비대면 방식을 배제하기 위한 사항을 찾아보기 어렵다는 점,[119] 셋째, 국회의 회의 진행에 관한 구체적인 절차와 방식은 국회의 자율권에 속한다고 볼 수 있다는 점이다.[120]

이러한 논의 중에 제21대 국회에서 감염병 등으로 국회 출석이 어려울 경우 원격 출석을 허용하는 내용의 국회법 개정 법률안이 두 건 발의됐다. 개정안은 감염병 확산 및 천재지변의 발생 시 원격으로 출석 및 표결이 가능하도록 하는 내용을 담고 있으며, 비대면회의 운영방식 등 구체적인 사안은 국회규칙으로 정하도록 했다.

<표 11-1> 원격회의 도입을 내용으로 하는 국회법 일부개정법률안

대표발의	의안번호	발의연월일	주요 내용
조승래 의원	3069	2020. 8. 19	제73조의2(원격 출석) 신설 : 감염병 확산 및 천재지변 시에 원격으로 출석할 수 있음 제111조의2(비대면 표결) 신설 : 감염병 확산 및 천재지변 시 원격으로 표결에 참가할 수 있음
고민정 의원	3518	2020. 9. 3	제73조의2(원격영상회의) 신설 : ① 감염병 확산 방지를 위해 본회의를 원격영상회의로 진행할 수 있음 ② 원격영상회의에 출석한 의원은 표결에 참가할 수 있음

출처 : 국회의안정보시스템(최종 검색일 : 2020년 11월 20일) http://likms.assembly.go.kr/bill/BillSearchProposalResult.do

---

118. 대리투표가 위헌이라는 미국 공화당 하원의원들의 주장에 대해 콜롬비아특별구 연방법원은 국회의 의사규칙을 정하는 것은 헌법이 보장한 의회 자율권이라고 판결했다(전진영 2020. 3).

119. 이는 미국 상원의 원격 투표 도입 논의에서도 거론됐는데 미국 헌법을 제정하면서 원격 참여에 대한 고려는 없었지만 그렇다고 이를 금지하지도 않았다는 점이다(U.S. Senate 2020b, 16).

120. 김선화(2020. 3)

2020년 12월 정기회에서 국회운영위원회는 위원장 대안으로 국가위기 시 교섭단체 대표의원과의 합의를 통해 원격영상회의를 실시할 수 있는 내용을 담은 국회법 개정안을 발의했으며, 이 개정안이 12월 9일 본회의를 통과하면서 국회에서 원격회의와 원격 표결이 가능하도록 법적 근거가 마련됐다. 다만 2021년 12월 31일로 법률의 효력을 제한함으로써 코로나19 위기상황에 한해 제한적으로 원격의회를 허용했다.

「국회법」

제73조의2(원격영상회의) ① 의장은 「감염병의 예방 및 관리에 관한 법률」 제2조제2호에 따른 제1급감염병의 확산 또는 천재지변 등으로 본회의가 정상적으로 개의되기 어렵다고 판단하는 경우에는 각 교섭단체 대표의원과 합의하여 본회의를 원격영상회의(의원이 동영상과 음성을 동시에 송수신하는 장치가 갖추어진 복수의 장소에 출석하여 진행하는 회의를 말한다. 이하 이 조에서 같다) 방식으로 개의할 수 있다.

② 의장은 제76조제2항 및 제77조에도 불구하고 각 교섭단체 대표의원과 합의하여 제1항에 따른 본회의의 당일 의사일정을 작성하거나 변경한다.
③ 의장이 각 교섭단체 대표의원과 합의한 경우에만 제1항에 따른 본회의에 상정된 안건을 표결할 수 있다.
④ 원격영상회의에 출석한 의원은 동일한 회의장에 출석한 것으로 보며, 제111조제1항에도 불구하고 표결에 참가할 수 있다.
⑤ 제1항에 따라 개의된 본회의에서의 표결은 제6항에 따른 원격영상회의시스템을 이용하여 제112조에 따라 실시한다. 다만, 의장이 필요하다고 인정하는 경우에는 거수로 표결할 수 있다.
⑥ 국회는 원격영상회의에 필요한 원격영상회의시스템을 운영하여야 한다.
⑦ 그 밖에 원격영상회의의 운영에 필요한 사항은 국회규칙으로 정한다.

[본조신설 2020. 12. 22]
[법률 제17756호(2020. 12. 22) 부칙 제2조의 규정에 의해 이 조는 2021년 12월 31일까지 유효함]

한편 국정감사나 국정조사 시 증인·참고인의 원격 출석이 가능하도록 관련 법률을 개정하는 방안도 논의됐는데, 이는 감염병 예방뿐 아니라 질병, 부상, 해외체류 등을 이유로 증인·참고인의 국회 출석이 어려운 상황에서도 활용할 수 있다. 제21대 국회에 조명희 의원과 이동주 의원이 각각 대표 발의한 「국회에서의 증언·감정 등에 관한 법률 일부개정법률안」은 감염병 등의 사유로 국회에 직접 출석하기 어려운 경우 의장 또는 위원장의 허가를 받아 온라인으로 원격 출석할 수 있도록 하는 내용을 담고 있다.

<표 11-2> 원격 회의 도입을 내용으로 하는 국회에서의 증언·감정 등에 관한 법률 일부개정법률안

대표 발의	의안번호	발의 연월일	주요 내용
조명희 의원	3248	2020. 8. 25	제5조(증인 등의 출석요구 등) 제9항 신설 ⑨ 질병, 부상, 해외 체류 등의 사유로 직접 출석이 어려운 경우 의장 또는 위원장의 허가를 받아 원격 출석을 할 수 있음
이동주 의원	3425	2020. 9. 1	제5조(증인 등의 출석요구 등) 제9항 신설 ⑨ 「재난 및 안전관리 기본법」에서 정의하는 사회재난이나 「감염병의 예방 및 관리에 관한 법률」에 따른 감염병에 의한 사유로 국회에 직접 출석이 어려운 경우 의장 또는 위원장의 허가를 받아 원격 출석을 할 수 있음

출처 : 국회의안정보시스템(최종 검색일 : 2020년 11월 20일) http://likms.assembly.go.kr/bill/BillSearchProposalResult.do

V. 결론

　비대면 회의의 핵심은 화상회의와 원격 표결이다. 비대면 회의를 도입한 대부분 국가에서 화상회의 도입이 이루어지고 있지만, 원격 표결에 대해서는 입장 차가 있어서 영국은 온라인 등을 이용한 원격 표결을 허용하고 있다. 하지만 미국 하원은 위원회에서의 원격 표결은 허용했지만, 본회의는 대리투표 방식을 채택했다. 또한, 독일의 사례에서 볼 수 있듯이 화상회의는 개최하고 있지만, 표결에서는 원격 표결을 도입하지 않고 의사정족수와 의결정족수 완화를 통해 입법을 처리한 국가도 있다.[121]

　원격 투표의 도입 방식은 해당 국가의 의회운영 역사와 무관하지 않다. 미국은 2020년 5월 코로나19의 확산으로 하원 본회의에 대리투표를 도입했지만, 이미 위원회 차원에서 대리투표를 시행한 경험이 있다.[122] 코로나19로 인한 건강상의 이유로 회의 참석이 어려운 의원에 대해 대리투표를 허용한 영국 하원의 경우 2019년부터 출산휴가 등을 이유로 대리투표를 실시하고 있었다. 반면 우리 국회는 대리투표에 대한 경험이 없으며, 대리투표에 대한 국민 인식도 긍정적이라고 보기 어렵다.

　또한, 외국 사례를 보면 비대면 회의를 도입할 경우 모든 의사운영 과정에서 일괄적으로 적용하기보다 가능한 부분부터 실시했음을 볼 수 있다. 대정부질문, 의회 외교, 상임위원회 등 별도의 규정 변화 없이 비대면 회의 도입이 가능한 영역에서 우선 화상회의나 원격 표결을 도입했으며, 규칙이나 법률의 개정이 필요한 영역의 경우 개정 이후에야 도입할 수 있었다.

---

121. 독일은 상원에서는 현행 방식(투표 과반수)으로 의결하되 하원(본회의와 위원회)에서는 일시적으로 의결정족수를 완화해 재적의원 과반수에서 1/4로 줄였다(독일 연방하원 의사규칙 변경 관련 위원회 결정 권고안 보고 2020. 3. 25) https://dip21.bundestag.de/dip21/btd/19/181/1918126.pdf

122. 1970년부터 1994년까지 위원회 차원에서의 대리투표가 허용됐다. 위원회에서의 대리투표는 위원회별로 위원회 규칙에 근거해 시행됐다(전진영 2020. 3).

화상회의나 원격 표결 등 비대면 국회의 운영을 위해서는 법률이나 규정의 개정 못지않게 관련 시스템의 구축이 중요하다. 화상회의를 위한 시스템은 크게 카메라나 모니터, 스피커, 온라인 시스템 등 하드웨어 시스템과 원격 회의와 원격 표결이 가능한 소프트웨어로 구분할 수 있다. 그와 더불어 원격 표결을 실시하기 위해서는 온라인 회의와 표결을 위한 소프트웨어가 필요한데, 미국의 경우 안전한 원격 표결 방식을 논의하면서 E2EE 기술과 블록체인을 활용한 원격 표결 방식, 국제적인 인트라넷 시스템인 JWICS(Joint Worldwide Intelligence Communications System) 등을 검토했다. 우리 국회에서도 원격 표결을 도입할 경우 시스템의 보안성과 안전성 문제는 국회 차원에서 해당 부문 전문가와의 논의를 통해 신중하게 검토해야 할 것이다.

　　해외 사례를 보면 비대면 의회에 대한 논의는 코로나19로 촉발됐지만, 그 이전부터 의회의 효율성 강화라는 측면에서 논의가 이루어져 왔으며, 온라인이나 모바일 네트워크 기술의 발달로 원격 화상회의와 원격 표결을 실시할 가능성도 커지고 있다. 미국은 코로나19 이전부터 비대면 의회 도입 논의가 지속됐으며, 관련 법률안도 다수 발의됐다는 점에서 시사점을 얻을 수 있을 것이다. 미국의 경우 국가적 위기 상황에서 의회 운영을 지속해야 하는 문제는 냉전 시기나 9·11 테러 시기부터 논의되어왔다. 냉전 시기에는 소련의 위협으로부터 의회를 보호하기 위한 거대한 지하벙커의 건설이 주로 논의됐다면 9 11 이후에는 수도에 대한 공격이나 생화학 무기의 사용으로 인한 감염 위험 등으로 의회 소집을 하지 못할 경우를 대비해 비대면 회의와 원격 표결에 대한 논의가 이루어졌다.[123]

　　코로나19에 대응하기 위해 각국 의회는 각자의 정치문화와 기술 수준에 맞추어 다양한 방식으로 비대면 의회를 운영하고 있다. 우리 국회는 일

---

123. U.S. Senate(2020b, 2–3)

찍이 전자투표 시스템을 도입한 전자의회 선진국이다. 또한, 전국적으로 온라인망이 안정적으로 구축되어 있어 비대면 국회를 도입하기에 적절한 환경을 가지고 있다. 국회의 입법 활동과 의정 활동은 국가적 재난이나 위기 상황에서도 중단되어서는 안 된다. 비록 아직은 코로나19에 적절히 대응하고 있지만, 국회에서는 선제적으로 비대면 회의와 표결을 할 수 있도록 대응 방안을 마련해야 할 것이다.

우선 비대면 국회를 준비하기 위한 태스크포스(TF) 팀을 구성하고 법적 검토와 더불어 기술적 안정성의 문제에 대해서도 논의해야 할 것이다. 미국과 영국에서는 코로나19의 확산과 더불어 의회 운영이 중단되지 않도록 비대면 의회의 운영을 위한 다양한 대안들을 검토했으며, 전문가들과의 회의를 거쳐 관련 보고서들을 작성했다. 또한, 여야를 아우르는 TF를 구성해 도입 가능한 대안들을 논의하고 협의하는 과정을 거쳤다. 원격 화상회의나 비대면 표결 등 코로나19 이후 각국의 의회에서 취해진 조치들은 이러한 과정을 통해 나온 결과들이라는 점은 우리 국회에도 시사하는 바가 크다.

강우진. 2018. "인구구조변화와 세대 간 재정지출 배분." 『한국정책연구』 제18권 제3호, 93-109.

강원택. 2003. 『한국의 선거정치: 이념, 지역, 세대와 미디어』. 서울: 푸른길.

강원택. 2010. 『한국 선거정치의 변화와 지속』. 파주: 나남.

강원택. 2011. "한국사회의 국가정체성과 민족정체성의 변화." 강원택·이내영 편. 『한국인, 우리는 누구인가: 여론조사를 통해 본 한국인의 국가정체성』. 서울: 동아시아연구원.

강원택. 2013. "한국 선거에서의 '계급 배반 투표'와 사회 계층." 『한국정당학회보』 12권 3호, 5-28.

경기문화재단. 2020. 『경기도 신도시 형성과 변천 연구자료집』. 수원: 경기문화재단.

국회사무처 국제국. 2020. 『각국 의회의 코로나 19 대응 사례와 현황』.

김고은. 2018. "일본의 난민지위현황." 『해외동향』. 서울: 한국청소년정책연구원.

김기성. 2014. "성남 태평2·4구역 재개발 해제." 『한겨레』(1월 9일), http://www.hani.co.kr/arti/area/area_general/619197.html. (검색일: 2021.2.15.).

김도균. 2012. "국가의 저축동원과 발전주의 복지체제의 형성: 한국과 일본 사례 비교연구." 『한국사회정책』 19호, 163-198.

김동훈·윤찬웅·임태균. 2020. "한국교육정책의 정치적 기반: 공교육 투자확대에 대한 세대 효과." 『대한정치학회보』 제28권 제2호, 197-232.

김만흠. 1994. "정치균열, 정당정치 그리고 지역주의." 『한국정치학회보』 28집 2호, 215-237.

김명수. 2020. 『내 집에 갇힌 사회: 생존과 투기 사이에서』. 파주: 창비.

김묘정. 2007. "사회사적 관점에서 본 우리나라 도시빈민의 형성배경과 주거문화: 한국전쟁 이후 집단이주민촌부터 외환위기 이후 신빈곤층 주거까지." 『한국주거학회논문집』 18권 4호, 79-88.

김미현. 2018. "시공간과 감정: 『강남1970』." 『비교문화연구』 53집, 193-218.

김보명. 2020. "급진 페미니즘의 과거와 현재." 『문화과학』 104호, 73-91.

김상환. 2019. 『왜 칸트인가?』. 서울: 21세기 북스.

김선혜 외. 2019.『경계없는 페미니즘: 제주 예멘 난민과 페미니즘의 응답』. 서울: 와온.

김선화. 2020. "국회 비대면 회의의 법적 쟁점과 과제."『이슈와 논점』 제1759호.

김성모·이현우. 2015. "출신지 거주자와 비거주자의 지역주의 행태 비교분석."『한국정치학회보』 49집 5호, 243-266.

김성연. 2015. "한국 선거에서 투표 참여집단과 불참집단의 정책 선호와 사회경제적 배경: 2012년 양대 선거를 중심으로."『아태연구』 22권 4호, 41-68.

김수정. 2015. "한국인의 복지태도에서 성별 격차."『여성학연구』 제25권 제1호, 63-91.

김순양·전기우. 2011. "지역사회의 교육불평등(educational inequality) 해소를 위한 정책적 우선순위의 탐색: 대구·경북의 "교육복지우선지원사업"을 중심으로."『한국행정논집』 제23권 제4호, 1209-1244.

김영교·남궁미. 2019. "도시재생사업에서 주민참여도에 미치는 영향요인 연구: 장소애착심과 매개효과를 중심으로."『한국지역개발학회지』 31권 3호, 43-66.

김연주. 2020. "난민법상 난민에 대한 사회보장제도와 관련 쟁점."『사회보장법연구』 9권 1호, 97-144.

김영순·노정호. 2017. "복지태도에 있어서의 세대효과."『한국정당학회보』 제16권 제3호, 109-142.

김예경·백상준·정민정. 2018. "난민유입대응 관련 정책 현황과 개선방향."『NARS현안분석』 20호, 1-15. 서울: 국회입법조사처.

김왕배. 2018.『도시, 공간, 생활세계: 계급과 국가 권력의 텍스트 해석』. 파주: 한울엠플러스.

김왕배. 2020.『감정과 사회: 감정의 렌즈를 통해 본 한국사회』. 파주: 한울엠플러스.

김용철·조영호. 2015. "지역주의적 정치구도의 사회심리적 토대."『한국정당학회보』 14권 1호, 93-128.

김욱. 2006. "선거의 유형과 투표참여."『한국정치연구』 15집 1호, 99-121.

김원동·이태원·김성락. 2013.『강원인, 당신은 누구십니까?』. 춘천: 강원일보사.

김위정. 2020. "코로나19가 던진 교육격차 문제와 과제."『서울교육』 제241호. http://webzine-serii.re.kr/코로나19가-던진-교육격차-문제와-과제. (검색일: 2021.2.10.).

김은지·안상훈. 2010. "한국복지정치의 젠더메커니즘: 태도의 성별차이와 복지지위 매개효과를 중심으로."『사회복지연구』 제41권 제2호, 309-334.

김은희. 2019. "주민 참여로 본 도시재생사업의 현주소." 김은희 외 편.『당연하지 않은 도시재생』, 154-179. 세종: 건축도시공간연구소.

김인희. 2006. "교육복지의개념에 관한 고찰-교육소외 해소를 위한 교육복지의 이론적 기초 정립에 관하여."『교육행정학연구』 제24권, 289-314.

김인희. 2010. "교육소외와 격차 해소를 위한 교육복지정책의 과제." 『한국사회정책』 제17 권 제1호, 129-175.

김중래. 2019. "천정부지 땅값에 가로막힌 '경기도 도시재생'." 『인천일보』(5월 12일), http://www.incheonilbo.com/news/articleView.html?idxno=944786. (검색 일: 2021.2.15.).

김지범·강정한·김석호·김창환·박원호·이윤석·최슬기·김솔이. 2017. 『한국종합사회조사 2003-2016』. 서울: 성균관대학교출판부.

김희강. 2015. "난민은 보호받아야 하는가?" 『담론201』 18권 3호, 5-34.

김희주. 2020. "국내 난민인정자의 사회적 배제경험." 『사회복지정책』 47집 3호, 339-370.

나간채. 1991. "지역간 사회적 거리감." 김종철 편. 『지역감정연구』, 191-211. 서울: 학민사.

남녀평등고등위원회 보고서 2018. https://www.haut-conseil-egalite.gouv.fr/IMG/pdf/hce_avis_parite_elections_senatoriales_v2.pdf.

노영순. 2017. "동아시아의 베트남난민 수용과 각국의 난민정책." 『해항도시문화교섭학』 16 호, 77-114.

노환희·송정민·강원택. 2013. "한국 선거에서의 세대 효과: 1997년부터 2012년까지의 대 선을 중심으로." 『한국정당학회보』 제12권 제1호, 113-140.

마인섭. 2011. "한국정당의 복지정책과 선거." 『의정연구』 17권 3호, 29-62.

문돈·정진영. 2014. "'발전국가모델'에서 '신자유주의모델'로: '한국발전모델' 논쟁에 대한 비 판적 평가." 『아태연구』 21권 2호, 129-164.

문용직. 1992. "한국의 정당과 지역주의." 『한국과 국제정치』 8권 1호, 1-18.

문우진. 2005. "지역투표와 합리적 선택이론: 공간모형 분석." 『한국과 국제정치』 21권 3호, 151-187.

문우진. 2009 "지역주의와 이념성향: 17대 총선분석." 『한국정당학회보』 8권 1호, 87-112.

문우진. 2018. 『한국 민주주의의 작동원리: 한국에서 다수는 어떻게 형성되는가』. 서울: 고 려대학교 출판문화원.

박길성. 2011. "한국사회의 세대갈등: 연금과 일자리를 중심으로." 『한국사회』 제12권 제1 호, 3-25.

박미선. 2017. "한국 주거불안계급의 특징과 양상: 1인 청년가구를 중심으로." 『공간과 사 회』 27권 4호, 110-140.

박미희. 2020. "코로나19 시대의 교육격차 실태와 교육의 과제: 경기 지역을 중심으로." 『교 육사회학연구』 제30권 제4호, 113-145.

박상훈. 2001. "한국의 유권자는 지역주의에 의해 투표하나? 제16대 총선의 사례." 『한국정 치학회보』 35집 2호, 113-134.

박선경. 2017. "자신의 상대적 소득수준에 대한 오인과 재분배 선호." 『한국정당학회보』 제

16권 제1호, 71-100.

박세훈·김주은. 2018. "'참여하는 주민' 만들기: 서울시 도시재생 활동가와 정부-시민사회 관계의 변화." 『공간과 사회』 28권 3호, 48-81.

박소영. 2019. "도시재생, 계획의 역설." 김은희 외 편. 『당연하지 않은 도시재생』, 60-89. 세종: 건축도시공간연구소.

박승현. 2006. "태평4동에서 동락태평(同樂太平)하세." 『도시와 빈곤』 83호, 84-105.

박원익·조윤호. 2019. 『공정하지 않다: 90년생들이 정말 원하는 것』. 서울: 지와인.

박윤환·임현철. 2016. "우리나라 빈곤층 거주지 집중과 분리의 공간적 패턴: 탐색적 공간자료 분석의 활용을 중심으로." 『정부학연구』 22권 3호, 207-235.

박인권·이민주. 2016. "도시 포용성 구성개념과 지표체계의 개발: 한국의 포용도시 의제 설정을 위하여." 『공간과 사회』 26권 4호, 109-158.

박인권·홍철. 2019. "동아시아 (포스트) 발전주의 국가의 도시 포용성에 대한 실증 연구: 한국·중국·일본·대만의 비교." 『공간과 사회』 29권 2호, 175-213.

박지환. 2005. "분당 신도시의 사회적 생산과 구성: 계급-공간의 사회문화적 형성에 관한 연구." 『한국문화인류학』 38권 1호, 83-123.

박홍근. 2015. "1960년대 후반 서울 도시근대화의 성격: 도시빈민의 추방과 중산층 도시로의 공간재편." 『민주주의와 인권』 15권 2호, 237-275.

방하남·김기헌. 2003. "한국사회의 교육계층화: 연령코호트간 변화와 학력단계별 차이." 『한국사회학』 제37권 제4호, 31-65.

배재훈. 2019. "국민이 주인인 나라에 도착한 예멘 난민." 『경계 없는 페미니즘: 제주 예멘 난민과 페미니즘의 응답』. 서울: 와온.

백준기·조정관·조성대. 2003. "이데올로기와 지역주의, 그리고 2002년 대통령선거." 『국가전략』 9권 4호, 139-168.

법무부. 2017. "체류외국인 통계." 『통계월보』. 과천: 법무부.

부산대학교 한국민족문화연구소 편. 2013. 『선망과 질시의 로컬리티』. 서울: 소명출판.

부산역사문화대전. 2018. "베트남 난민 보호소." http://busan.grandculture.net.

서대승. 2017. "신도시 개발 이후 주택의 의미 변화와 사회적 경계 형성: 분당 신도시를 중심으로." 박배균·황진태 편. 『강남 만들기, 강남 따라 하기』, 318-354. 파주: 동녘.

서복경. 2010. "투표불참 유권자집단과 한국 정당체계." 『현대정치연구』 3권 1호, 109-129.

서현진. 2009. "투표참여와 학력 수준." 김민전·이내영 편. 『변화하는 한국유권자 3』, 131-158. 서울: 동아시아연구원.

석인선·황기식. 2019. "제주 예멘 난민사태와 인간안보: 사회통합방안을 중심으로." 『민족연구』 74호, 92-115.

성남시. 2019(6월). 『2030 성남시 도시·주거환경정비기본계획』. https://www.
seongnam.go.kr/city/1001106/10785/contents.do. (검색일: 2021.2.15).

성남시. 2019. 『제10회 성남시 사회조사 보고서』.

성남시. 2021(1월). 『성남시 태평2·4동 도시재생활성화계획: 근린재생형』. https://www.
seongnam.go.kr/city/1001170/30310/bbsView.do?currentPage=1&search
Select=&searchWord=&searchOrganDeptCd=&searchCategory=&subTabId
x=&idx=210161. (검색일: 2021.2.15).

성남시사편찬위원회. 2014. 『성남시사 제6권 도시개발사: 도시박물관, 성남』. 성남: 성남시
사편찬위원회.

성신형. 2020. "한국인의 의식조사를 통해 본 기독교인의 난민혐오 현상 분석." 『신학과 실
천』 69권, 719-742.

손현진. 2017. "북한 탈북자의 법적지위에 관한 고찰: 난민인정과 보호를 중심으로." 『법제연
구』 53호, 109-148.

손호철. 1996. "'수평적 정권교체,' 한국정치의 대안인가?" 『정치비평』 창간호.

송기영. 2018. 『서울 탄생기: 1960~70년대 문학으로 본 현대도시 서울의 사회사』. 서울: 푸
른역사.

송영훈. 2014. "테러리즘과 난민문제의 안보화: 케냐의 난민정책을 중심으로." 『국제정치논
총』 54집 1호, 195-230.

송영훈. 2016. "난민의 인권과 국가안보: 한국난민법 개정의 쟁점을 중심으로." 『담론201』
19권 3호, 55-82.

송영훈. 2018. "수의 정치: 난민인정률의 국제비교." 『문화와 정치』 5권 4호, 5-32.

송영훈. 2019. "제주 예멘 난민신청과 갈등적 난민담론." 『국제이해교육연구』 14집 2호,
9-38.

신병식. 2000. "강원도 지역 유권자의 투표성향 변화." 『지역개발연구』. 상지영서대학 지역
개발연구소

신병식. 2012. "강원도 유권자의 투표성향 변화와 그 정치적 함의." 염돈민 편. 『19대 총선
강원 리포트: 유권자의 선택과 강원정치의 과제』. 춘천 : 강원발전연구원.

신현방. 2016. "발전주의 도시화와 젠트리피케이션, 그리고 저항의 연대." 『공간과 사회』 26
권 3호, 5-14.

신현방. 2017. "투기적 도시화, 젠트리피케이션, 도시권." 서울연구원 편. 『희망의 도시』,
218-243. 파주: 한울엠플러스.

신현주·강명구. 2019. "도시계획수립 과정에서 도시계획가의 역할에 대한 고찰: 서울시 해방
촌 도시재생활성화계획 수립과정을 중심으로." 『서울도시연구』 20권 3호, 1-17.

염돈민. 2012. 『19대 총선 강원 리포트: 유권자의 선택과 강원정치의 과제』. 춘천: 강원발전
연구원.

오수진, 박상훈, 이재묵. 2017. "유권자의 계급배반과 정치지식: 제20대 총선에서 나타난 투표행태를 중심으로." 『한국정치학회보』 51집 1호, 153-180.

오수열·김주삼. 2006. "탈북사태를 둘러싼 동북아지역의 갈등과 협력." 『통일전략』 6권 1호, 107-132.

오영삼·김수영·정혜진. 2019. "도시재생사업의 탐색을 통한 쇠퇴지역 내 지역주민의 거주문제와 삶의 질 증대의 모색." 『보건사회연구』 39권 1호, 108-135.

오혜민. 2019. "혐오가 된 충분한 근거가 있는 불안: 난민과 여성의 공포 인정의를 중심으로." 『젠더와 문화』 12권 2호, 157-191.

유성진·손병권·정한울·박경미. 2018. "집단정체성으로서의 세대와 그 정치적 효과." 『한국정당학회보』 제17권 제2호, 93-119.

윤광일. 2012. "지역주의와 제19대 총선." 『대한정치학회보』 20권 2호, 113-138.

윤성호·주만수. 2010. "투표참여의 경제학: 제18대 국회의원 선거 투표율 결정요인 분석." 『경제학연구』 58권 2호, 221-254.

윤인진. 2011. "민족에서 국민으로: 재외동포, 북한이탈주민, 외국인 이주민에 대한 인식변화." 강원택·이내영 편. 『한국인, 우리는 누구인가: 여론조사를 통해 본 한국인의 국가정체성』. 서울: 동아시아연구원.

윤태형·이수형. 2002. 『북한인권문제해결을 위한 방안 연구』. 서울: 국회 통일외교 통상위원회.

이갑윤. 1998. 『한국의 선거와 지역주의』. 서울: 오름.

이갑윤. 2002. "지역주의의 정치적 정향과 태도." 『한국과 국제정치』 18권 2호, 155-178.

이갑윤. 2008. "한국선거에서의 연령과 투표참여." 『의정연구』 14권 2호, 93-115.

이남영. 1998. "유권자의 지역주의 성향과 투표." 이남영 편. 『한국의 선거 II』. 서울: 푸른길.

이병하. 2018. "한국 난민 이슈의 정치화." 『문화와 정치』 5권 4호, 33-68.

이보윤·김동훈. 2015. "한국의 경제적 불평등과 복지선호: 기술특정성과 국가정체성의 역할." 『한국과 국제정치』 제31권 제2호, 149-176.

이상록·김형관. 2013. "한국사회에서의 세대와 복지태도: 세대간 복지태도 차이 및 세대 영향의 분석." 『사회과학연구』 제29권 3호, 433-458.

이상신. 2015. "소수집단에 대한 사회적 인식 결정요인 연구: 우파 권위주의 성격과 사회적 거리감." 『다문화사회연구』 8권 2호, 39-67.

이선향. 2012. "강원도 국회의원 선거공약의 의미와 한계." 염돈민 편. 『19대 총선 강원 리포트: 유권자의 선택과 강원정치의 과제』, 79-98. 춘천: 강원발전연구원.

이순혁. 2019. "분배·평등보다 성장·경쟁 선호 강해진 청년들…왜?" 『한겨레』 (12월 27일), http://www.hani.co.kr/arti/society/society_general/922316.html. (검색일: 2020.3.17.).

이승희·권혁용. 2009. "누가 언제 재분배 정책을 선호하는가?: 한국의 거시경제 상황과 정책

무드."『국가전략』제15권 제3호, 147-173.

이신화. 2010. "동북아 주요 국가의 탈북자 정책: 재외 탈북자문제와 대량탈북 가능성을 중심으로."『아세아연구』53권 3호, 139-168.

이신화. 2017. "인구 이주 난민 안보의 복합지정학과 한반도."『한반도 신흥안보의 세계정치: 복합지정학의 시각』. 서울: 사회평론아카데미.

이영범. 2019. "커뮤니티와 커뮤니케이션, 참여의 새로운 프레임." 김은희 외 편.『당연하지 않은 도시재생』, 122-153. 세종: 건축도시공간연구소.

이영은. 2018. "도시재생의 목적, '성장'인가 '지속'인가?"『공간과 사회』28권 3호, 5-11.

이영은·서수정. 2019. "도시재생법 2013 되돌려보기." 김은희 외 편.『당연하지 않은 도시재생』, 10-59. 세종: 건축도시공간연구소.

이용마. 2014. "2000년대 이후 한국 사회 계층균열 구조의 등장."『한국정치학회보』48집 4호, 249-270.

이원웅. 2012. "강원도 복지이슈의 의미와 과제." 염돈민 편.『19대 총선 강원 리포트: 유권자의 선택과 강원정치의 과제』, 99-118. 춘천: 강원발전연구원.

이윤종. 2020. "페미니즘의 확장성을 지향하며."『문화과학』104호, 23-48.

이윤호. 2000. "신도시 개발로 인한 성남시의 차별적 생성과 변화."『한국도시지리학회지』3권 2호, 1-19.

이이범. 2012. "총선정국의 동향과 정당지지의 분석." 염돈민 편.『19대 총선 강원 리포트: 유권자의 선택과 강원정치의 과제』, 3-26. 춘천: 강원발전연구원.

이재열. 2019.『다시 태어난다면, 한국에서 살겠습니까: 한강의 기적에서 헬조선까지 잃어버린 사회의 품격을 찾아서』. 파주: 21세기북스.

이정민. 2020. "태평2·4동 가로주택정비사업 딜레마에 빠진 성남시."『경기일보』(6월 28일), https://www.kyeonggi.com/news/articleView.html?idxno=2300464. (검색일: 2021.2.15).

이철승. 2019.『불평등의 시대』. 파주: 문학과 지성사.

이철승·황인혜·임현지. 2018. "한국 복지국가의 사회경제적 기초: 자산 불평등, 보험욕구, 복지 선호도, 2007-2016."『한국정치학회보』제52권 제5호, 1-30.

이현경, 권혁용. 2016. "한국의 불평등과 정치선호의 계층화."『한국정치학회보』50집 5호, 89-108.

이효민. 2020. "래디컬 페미니즘의 급진성에 대한 검토."『문화과학』104호, 225-238.

임미리. 2012. "1971년 광주대단지 사건의 재해석: 투쟁 주체와 결과를 중심으로."『기억과 전망』26호, 228-268.

장세훈. 2017. "중산층 프로젝트로서 '분당 만들기': 분당 신도시 조성의 사회학적 해석." 박배균·황진태 편.『강남 만들기, 강남 따라 하기』, 355-393. 파주: 동녘.

장승진. 2013. "2012년 양대 선거에서 나타난 계층균열의 가능성과 한계." 『한국정치학회보』 47집 4호, 51-70.

장원봉. 2019. "도시재생사업에서 사회적경제 이상과 현실의 괴리." 김은희 외 편. 『당연하지 않은 도시재생』, 90-121. 세종: 건축도시공간연구소.

전진영. 2020. "코로나19로 인한 의회 표결제도의 변화: 대리투표의 도입." 『이슈와 논점』 제1752호.

전진영·최정인. 2020. "코로나 19와 원격의회(Virtual Parliament): 영국 의회를 중심으로." 『이슈와 논점』 제1715호.

정인섭. 2009. "한국에서의 난민 수용 실행." 『서울국제법연구』 16권 1호, 197-222.

정주아. 2016. "개발독재 시대의 윤리와 부(富): 광주대단지사건의 텍스트들과 '이웃사랑'의 문제." 『민족문학사연구』 61권, 241-280.

정진형. 2020. "국회도 코로나 셧다운 피하려 안간힘... 원격의회 될까." 『뉴시스』(8월 23일), https://mobile.newsis.com/view.html?ar_id=NISX20200821_0001138168.

정한울·이곤수. 2011. "민주주의는 민족주의를 강화시키나, 약화시키나." 강원택·이내영 편. 『한국인, 우리는 누구인가』. 서울: 동아시아연구원.

정한울. 2017. "대한민국 민족정체성의 변화: Two Nations-Two States 정체성 부상에 대한 경험적 연구." 『평화연구』 25권 2호, 43-86.

정한울. 2020. "'국뽕' 논란과 헬조선 담론을 넘어선 대한민국 자부심: 명과 암." 「EAI 이슈브리핑」 제2020-10호, 1-9.

조기숙. 2000. 『지역주의 선거와 합리적 유권자』. 서울: 나남.

조명래. 2003. "도시화의 흐름과 전망: 한국 도시의 과거, 현재, 미래." 『경제와 사회』 60호, 10-39.

조명래. 2011a. "만들어진 공간 불평등, 지역격차." 『월간 복지동향』 157호, 4-9.

조명래. 2011b. "8·10 성남대단지사건의 재해석과 성남 도시정체성의 모색: 도시권리의 관점에서." 『공간과 사회』 21권 4호, 34-66.

조명래. 2013. 『공간으로 사회 읽기: 개념, 쟁점과 대안』. 파주: 한울.

조성대. 2006. "투표참여와 기권의 정치학: 합리적 선택이론의 수리모형과 17대 총선." 『한국정치학회보』 40집 2호, 51-74.

조영희. 2017. "한국의 재정착 난민제도 시행평가 및 발전방향 검토." IOM 이민정책 연구원 정책보고서, No. 2017-01.

지병근. 2012. "제 19대 총선에서 한국정당들의 정책경쟁: 총선공약에서 나타난 정책적 일관성과 차별성을 중심으로." 『인문사회과학연구』 36집, 31-65.

지병근. 2015. "민주화 이후 지역감정의 변화와 원인." 『한국정당학회보』 14권 1호, 63-90.

청와대. 2018. "제주도 불법 난민 신청 문제에 따른 난민법, 무사증 입국, 난민신청허가 폐지/개헌 청원합니다." 국민청원 및 제안. https://www1.president.go.kr.

최승문·강성훈. 2018. "재분배 선호 및 정치적 성향 결정요인 분석."『재정학연구』제11권 제4호, 1-32.

최영진. 1999. "한국지역주의 논의의 재검토: 정치적 정체성 개념과 동기부여 구조를 중심으로."『한국정당학회보』33집 2호, 135-155.

최인기. 2009. "용산사태를 계기로 살펴본 철거민운동."『진보평론』39호, 138-197.

최장집. 1991. "지역감정의 지배 이데올로기적 기능." 김종철 외 편.『지역감정 연구』. 서울: 학민사.

최준영. 2008. "지역감정은 존재하는가?: 지역감정에 대한 간접측정 기법을 중심으로."『현대정치연구』1권 1호, 199-222.

최창규. 2021. "도시재생의 회고와 전망: 주민참여형 재생의 지속가능성을 기대하며."『Urban Planners』8권 1호, 5-6.

통계청. 2018. "2018년 초중고 사교육비 조사 결과." https://kostat.go.kr/portal/korea/kor_nw/1/7/1/index.board?bmode=read&aSeq=373552. (검색일: 2020.3.12.).

하상응. 2019. "유권자의 포퓰리즘 성향." 강원택·박원호·김석호 편.『한국정치의 재편성과 2017년 대통령 선거분석』. 서울: 나남.

한국토지공사. 1997.『분당신도시개발사』.

한정훈·강현구. 2009. "유권자의 합리적 선택과 정치엘리트의 전략적 행위가 투표율에 미치는 영향: 제18대 국회의원선거 사례분석."『한국정치연구』18집 1호, 51-82.

한지은. 2014.『도시와 장소 기억: 근대역사경관의 노스탤지어를 이용한 상하이의 도심재생』. 서울: 서울대학교출판문화원.

황규성. 2013. "한국 사교육 정책의 작동 메커니즘에 대한 정치적 분석: 공급자의 동원능력과 시장전략을 중심으로."『한국사회정책』제20권 제2호, 233-260.

황아란. 2008. "선거환경변화가 당선경쟁과 투표율에 미친 영향."『한국정당학회보』7권 2호, 83-109.

황아란. 2009. "정치세대와 이념성향: 민주화 성취세대를 중심으로."『국가전략』제15권 제2호, 123-152.

황정미. 2011. "한국인의 다문화 수용성과 국가정체성." 강원택·이내영 편.『한국인, 우리는 누구인가』. 서울: 동아시아연구원.

황정미. 2016. "한국인의 다층적 정체성과 다문화 국가의 전망." 이내영·윤인진 편.『한국인의 정체성: 변화와 연속, 2005-2015』. 서울: 동아시아연구원

허석재. 2015. "세대연구의 경향과 쟁점."『미래정치연구』제5권 제1호, 21-47.

허진무·이보라·조문희·탁지영·김희진. 2019. "[창간특집] 밀레니얼 세대 "나를 생각한다, 고

로 존재한다"." 『경향신문』(10월 4일), http://news.khan.co.kr/kh_news/khan_art_view.html?art_id=201910040600005. (검색일: 2020.3.17.).

히로세준 저·은혜 역. 2018. 『혁명의 철학』. 서울: 도서출판 난장.

Acemoglu, Daron, Simon Johnson, James A. Robinson, and Pierre Yared. 2005. "From Education to Democracy?" *American Economic Review* 95(2): 44-49.

Achen, Christopher H., and Larry M. Bartels. 2016. *Democracy for Realists: Why Elections Do Not Produce Responsive Government*. Princeton: Princeton University Press.

Adelman, Howard. 1998. "Why Refugee Warriors are Threats." *The Journal of Conflict Studies* 18(1).

Aichholzer, J., and Zandonella, M. 2016. "Psychological Bases of Support for Radical Right Parties." *Personality and Individual Differences* 96: 185-190.

Alarcón, Pau, Patricia García-Espín, Yanina Welp, and Joan Font. 2018. *Influencing Politics with Signatures? Models and Experiences of Local Citizens' Initiative*. Barcelona: Ajuntament de Barcelona.

Aldrich, John. 1993. "Rational Choice and Turnout." *American Journal of Political Science* 37(1): 246-278.

Alesina, Alberto, and Eliana, La Ferrara. 2005. "Preferences for Redistribution in the Land of Opportunities." *Journal of Public Economics* 89(5-6): 897-931.

Alesina, Alberto, and George-Marios Angeletos. 2005. "Fairness and Redistribution." *American Economic Review* 95(4): 960-980.

Altman, David. 2011. *Direct Democracy Worldwide*. Cambridge: Cambridge University Press.

Altman, David. 2019. *Citizenship and Contemporary Direct Democracy*. Cambridge: Cambridge University Press.

Alvarez, R. Michael, and Edward J, McCaffery. 2003. "Are There Sex Differences in Fiscal Political Preferences?" *Political Research Quarterly* 56(1): 5-17.

Anderson, Christopher J., and Pablo Beramendi. 2008. "Income, Inequality, and Electoral Participation." in *Democracy, Inequality, and Representation*, edited by Pablo Beramendi and Christopher J. Anderson, 278-321. New York: Russell Sage Foundation.

Ansell, Ben W. 2010. *From the Ballot to the Blackboard: The Redistributive Political Economy of Education*, New York: Cambridge University Press.

Aristotle. 1981. *The Politics.* Harmondsworth, England: Penguin.

Aristotle 저·천병희 역. 2012. 『정치학』. 서울: 도서출판 숲.

Assemblée nationale, and Les femmes députées depuis. 1945. http://www2. assemblee-nationale.fr/14/evenements/2015/les-femmes-deputees-depuis-1945.

Ayer, Alfred. 2001. *Language, Truth and Logic.* London, England: Penguin Books.

Badiou, Alain. 2016. https://www.versobooks.com/blogs/2940-alain-badiou-reflections-on-the-recent-election.

Bailey, Lonce H. 2015. "Introduction: Progressivism and its Critics." in *In Defense of the Founders Republic: Critics of Direct Democracy in the Progressive Era*, edited by Lonce H. Bailey and Jerome M. Mileur, 1-13. New York: Bloomsbury.

Barr, Huub van. 2017. "Evictability and the Biopolitical Bordering of Europe." *Antipode* 49(1): 212-230.

Barro, Robert J., and Jong-Wha Lee. 2015. *Education Matters. Global Schooling Gains from the 19th to the 21st Century*, Oxford: Oxford University Press.

Bartels, Larry. 2008. *Unequal Democracy: The Political Economy of the New Gilded Age.* Princeton, N.J.: Princeton University Press.

Bell, Andrew, and Kelvyn Jones. 2013. "The Impossibility of Separating Age, Period and Cohort Effects." *Social Science and Medicine* 93: 163-165.

Bénabou, Roland, and Efe A. Ok. 2001. "Social Mobility and the Demand for Redistribution: the PUOM Hypothesis." *Quarterly Journal of Economics* 116: 447-87.

Bénabou, Roland, and Jean Tirole. 2006. "Belief in a Just World and Redistributive Politics." *The Quarterly journal of economics* 121(2): 699-746.

Benhabib, Seyla. 2002. "Political Theory and Political Membership in a Changing World." in *Political Science: The State of the Discipline*, edited by Ira Karznelson. New York: W.W. Norton & Company.

Beramendi, Pablo, and Christopher J. Anderson, eds. 2008. *Democracy, Inequality, and Representation.* New York: Russell Sage Foundation.

Bereni, Laure. 2015. *La bataille de la parité. Mobilisations pour la féminisation du pouvoir.* Paris: Economica.

Berlin, Isaiah. 1995. *Liberty*, edited by Henry Hardy. Oxford University Press: Oxford, England.

Betts, Alexander, Gil Loescher, and James Milner. 2008. *The United Nations High*

Commissioner for Refugees (UNHCR): The Politics and Practice of Refugee Protection into the Twenty-first Century, edited by Alexander Betts, Gil Loescher and James Milner. New York, NY: Routledge.

Blaug, Ricardo, and John Schwarzmantel. 2016. Democracy: A Reader. 2nd ed. New York, NY: Columbia University Press.

Boix, Carles. 1998. Political Parties, Growth and Equality: Conservative and Social Democratic Economic Strategies in the World Economy. New York: Cambridge University Press.

Bolton, Marie. 2013. "The Promises and Dangers of Direct Democracy: A Historical Comparison." Siècles [En ligne] 37: 1-6. http://journals.openedition.org/siecles/1072. (검색일: 2020.5.17.).

Bonica, Adam, Nolan McCarty, Keith T. Poole, and Howard Rosenthal. 2013. "Why Hasn't Democracy Slowed Rising Inequality?" Journal of Economic Perspectives 27(3): 103-124.

Brady, Henry, Sidney Verba, and Kay Schlozman. 1995. "Beyong SES: A Resource Model of Political Participation." American Political Science Review 89(2): 271-294.

Brady, Henry. 2004. "An Analytical Perspective on Participatory Inequality and Income Inequality." In Social Inequality, edited by Kathryn M. Neckerman, 667-702. New York: Russell Sage Foundation.

Brunner, Eric, and Ed Balsdon. 2004. "Intergenerational Conflict and the Political Economy of School Spending." Journal of Urban Economics 56(2): 369-388.

Buchanan, James, and Gordon Tullock. 1962. The Calculus of Consent. Ann Arbor, MI: University of Michigan Press.

Burke, Edmund. 1999. The portable Edmund Burke, edited by Issac kramnick. New York, NY: Penguin Books.

Busemeyer, Marius R., and Christine Trampusch. 2011. "Comparative Political Science and the Study of Education." British Journal of Political Science 41(2): 413-443.

Buzan, Barry, Ole Wæver, and Jaap de Wilde. 1998. Security: A New Framework for Analysis. New York, NY: Lynne Rienner Publishers.

Calder, Kent. 1990. "Linking Welfare and the Developmental State: Postal Savings in Japan." Journal of Japanese Studies 16(1): 31-59.

Campodonico, Francesco. 2016. "Revisiting Historical Justifications of the Recall Procedures of Elected Representatives." Hungarian Journal of Legal Studies 57(3): 348-372.

Carothers, Thomas, and Andrew O'Donohue. 2019. https://carnegieendowment. org/2019/10/01/how-to-understand-global-spread-of-political-polarization-pub-79893.

Castelló-Climent, Amparo. 2008. "On the Distribution of Education and Democracy." *Journal of Development Economics* 87(2): 179-90.

Cattaneo, M. Alejandra, and Stefan C. Wolter. 2009. "Are the Ederly a Threat to Educational Expenditures?" *European Journal of Political Economy* 25(2): 225-236.

Chang, Alex C. H. 2014. "Egoism or Altruism: Citizens' Attitude toward Redistribution in the 2012 Presidential Election." [in Chinese] *EJournal of Electoral Studies* 21(2): 43-80. doi: 10.6612/TJES.2014.21.02.43-80. [in Chinese]

Chemin, Anne. 2007. "Rétrocontroverse: 1992, la parité et l'égalité des sexes." *Le Monde*, August 7, 2007. https://www.lemonde.fr/idees/ article/2007/08/07/retrocontroverse-1992-la-parite-et-l-egalite-des-sexes_942590_3232.html.

Choucri, Nazli. 1993. "Political Economy of the Global Environment." *International Political Science Review* 14(1): 103-116.

Comparative Constitutions Project https://www.constituteproject.org. (검색일: 2020.12.2.).

Cowen, Nick. 2008. Total Recall: *How Direct Democracy Can Improve Britain.* London: Civitas.

Corneo, Giacomo, and Hans Peter Grüner. 2002. "Individual Preferences for Political Redistribution." *Journal of Public Economics* 83(1): 83-107.

CRS (Congressional Research Service). 2012. *Recall of Legislators and the Removal of Members of Congress from Office.* CRS Report for Congress.

Dahl, Robert, and Ian Shapiro. 2015. *On democracy*, New Haven: Yale University Press.

De La O, Ana L., and Jonathan A. Rodden. 2008. "Does Religion Distract the Poor? Income and Issue Voting around the World." *Comparative Political Studies* 41(4/5): 437-76. doi: 10.1177/0010414007313114.

der Hulst, Marc Van. 2000. *Le Mandat Parlementaire: Etude Comparative Mondiale.* Union interparlemetaire: Genève.

Diamond, Larry. 2008. *The spirit of democracy.* New York, NY: Henry Holt and Company, LLC.

Diamond, Larry, and Marc Plattner. 2015. *Democracy in Decline?* Baltimore,

Maryland: Johns Hopkins University Press.

Dion, Michelle L., and Vicki Birchfield. 2010. "Economic Development, Income Inequality, and References for Redistribution." *International Studies Quarterly* 54(2): 315–334.

Downs, Anthony. 1957. *An Economic Theory of Democracy*. New York: Harper & Row.

Dreher, Axel, Andreas Fuchs, and Sarah Langlotz. 2018. "The Effects of Foreign Aid on Refugee Flows." *European Economic Review* 112: 127–147.

Edmond, Charlottee. 2017. "84% of Refugees Live in Developing Countries." *World Economic Forum*. https://www.weforum.org.

EIU (The Economist Intelligence UNit). 2019. *Democracy Index 2019: A Year of Democratic Setbacks and Popular Protest*. London: EIU.

Enelow, James, and Melvin Hinich. 1984. *The Spatial Theory of Voting: An Introduction*. Cambridge: Cambridge University Press.

Esping-Anderson, Gøsta. 1996. "After the Golden Age? Welfare State Dilemmas in a Global Economy." in *Welfare States in Transitions: National Adaptations in Global Economies*, edited by Gøsta Esping-Anderson. London: Sage Publications. doi: http://dx.doi.org/10.4135/9781446216941.n1.

European Commission. 2016. "An Economic Take on the Refugee Crisis: A Macroeconomic assessment for the EU." *Publications Office of the European Union*.

Evans, Peter. 1998. "Transferable Lessons? Re-examining Institutional Prerequisites of East Asian Economic Policies." *The Journal of Development Studies* 34: 66–86. doi: http://dx.doi.org/10.1080/00220389808422546.

Fei, Johan C.H., Gustave Ranis, and Shirley W.Y. Kuo. 1979. *Growth with Equity*. New York: Oxford University Press.

Feltin-Palas Michel. 2020. "La loi sur la parité, 20 ans après: du mieux, mais..." *L'Express*, April 26, 2020.

Finseraas, Henning, and Niklas Jakobsson. 2012. "The Gender Gap in Political Preferences: An Empirical Test of a Political Economy Explanation." *Social Politics* 19(2): 219–242.

Fiorina, Morris. 1982. *Retrospective Voting in American National Elections*. Yale University Press.

Fishkin, James. 2006. *Debating Deliberative Democracy*. Malden, MA: Blackwell publishing.

Flowers, Petrice. 2009. *Refugees, Women, and Weapons: International Norm*

Adoption and Compliance in Japan. Stanford, CA: Stanford University Press.

Flowers, Petrice. 2016. "International Human Rights Norms in Japan." *Human Rights Quarterly* 38(1): 85–107.

Francis, Alexandra. 2015. "Jordan's Refugee Crisis." *Carnegie Endowment for International Peace*. https://carnegieendowment.org.

Frank, Thomas. 2005. *What's the Matter with Kansas*. New York: Wiley.

Franklin, Mark N. 2004. *Voter Turnout and the Dynamics of Electoral Competition in Established Democracies since 1945*. Cambridge: Cambridge University Press.

Freeman, Richard. 2004. "What, Me Vote?" In *Social Inequality*, edited by Kathryn M. Neckerman, 703–728. New York: Russell Sage Foundation.

Fukuyama, Francis. 1989. "The End of History?" *The National Interest* 16: 3–18.

Fukuyama, Francis. 1992. *The End of History and the Last Man*. New York, NY: Free Press.

Gift, Thomas, and Erik Wibbels. 2014. "Reading, Writing, and the Regrettable Status of Education Research in Comparative Politics." *Annual Review of Political Science* 17: 291–312.

Gilens, Martin. 2012. *Affluence and Influence: Economic Inequality and Political Power in America*. Princeton, NJ: Princeton University Press and Russell Sage Foundation.

Gingrich, Jane, and Ben Ansell. 2015. "The Dynamics of Social Investment: Human Capital, Activation, and Care", in *The Politics of Advanced Capitalism*, edited by Pablo Beramendi, Silja Häusermann, Herbert Kitschelt and Hanspeter Kriesi. Cambridge: Cambridge University Press.

Goodin, Robert, and John Dryzek. 1980. "Rational Participation: The Politics of Relative Power." *British Journal of Political Science* 10(3): 273–292.

Goodman, Roger, and Ito Peng. 1996. "The East Asian Welfare State: Peripatetic Learning, Adaptive Change, and Nation-Building." in *Welfare States in Transitions: National Adaptations in Global Economies*, edited by Gøsta Esping-Anderson. London: Sage Publications.

Glaeser, Edward L., Giacomo A.M. Ponzetto, and Andrei Shleifer. 2007. "Why Does Democracy Need Education?" *Journal of Economic Growth* 12(2): 77–99.

Goldin, Claudia, and Lawrence F. Katz. 2008. *The Race between Education and Technology*, Cambridge: Harvard University Press.

Government Offices of Sweden. 2018. "Sweden's Migration and Asylum Policy."

Fact Sheet. https://www.government.se.

Greenhill, Kelly M. 2010. *Weapons of Mass Migration: Forced Displacement, Coercion and Foreign Policy*. Ithaca, NY: Cornell University Press.

Grossman, Michael. 2005. "Education and Nonmarket Outcomes." *NBER Working paper* 11582.

Habermas, Jurgen. 1998. *Between facts and norms*. Cambridge, MA: MIT Press.

Held, David. 2006. *Models of Democracy*. Stanford, CA: Stanford University Press.

Helliwell John F., and Robert D Putnam. 2007. "Education and Social Capital," *Eastern Economic Journal* 33(1): 1–19.

Hobbes, Thomas. 1996. *Leviathan*, edited by Richard Tuck. Cambridge, UK: Cambridge University Press.

Hobbes, Thomas 저·최공웅·최진원 역. 2016. 『리바이어던』. 서울:동서문화사.

Holmes, Stephen. 1995. *Passions and Constraint*. Chicago, IL: University of Chicago.

Horiuchi, Yusaku, and Ono Yoshikuni. 2018. *Public Opposition to Refugee Resettlement: The Case of Japan*. Tokyo: RIETI.

Huber, Evelyne, and John D. Stephens. 2012. *Democracy and the Left: Social Policy and Inequality in Latin America*. Chicago, IL: University of Chicago Press.

Hume, David. 2011. *A Treatise of Human Nature*. Translated by Mary J. Norton. Oxford University Press: Oxford, England.

Huntington, Samuel. 1991. *The Third Wave*. Norman, Oklahoma: University of Oklahoma Press.

Ibsen, Kailey Anne. 2014. "Refugee Law or Refugee Politics? The Varied Levels of China's Hospitality Towards North Korean, Kachin, and Vietnamese Refugees." *Law School Student Scholarship*.

IDEA (International Institute for Democracy and Electoral Assitance). 2008. *Direct Democracy: The International IDEA Handbook*. Stockholm: IDEA.

Inoguchi, Takahi, Satoru Mikami, and Seiji Fujii. 2007. "Social Capital in East Asia: Comparative Political Culture in Confucian Societies." *Japanese Journal of Political Science* 8(3): 409–426. doi: 10.1007/978-981-10-2305-7_13.

Inter-Parliamentary Union. 2020. "Country Compilation of Parliamentary Responses to the Pandemic." https://www.ipu.org/country-compilation-parliamentary-responsespandemic. (검색일: 2020.4.15).

International Organization for Migration (IOM). 2018. "Regional Consultative

Processes." https://www.iom.int.

Iversen, Torben, and David Soskice. 2001. "An Asset Theory of Social Policy Preferences." *American Political Science Review* 95(4): 875–893.

Iversen, Torben, and John D. Stephens. 2008. "Partisan Politics, the Welfare State, and Three Worlds of Human Capital Formation." *Comparative Political Studies* 41(4–5): 600–637.

Jacobs, Jane 저·유강은 역. 2010. 『미국 대도시의 죽음과 삶』. 서울: 그린비.

Jakobi, Anja P., and Kerstin Martens, eds. 2009. *Education in political science: Discovering a Neglected Field*. New York: Routledge.

Jenson, Jane, Bérengère Marques-Pereira, and Éric Remacle. 2007. *L'état des citoyennetés en Europe et dans les Amériques*. Montreal: l'Université de Montréal.

Jolliffe, Kim. 2015. *Ethnic Armed Conflict and Territorial Administration in Myanmar*. The Asia Foundation.

Jou, Willy. 2011. "How do Citizens in East Asian Democracies Understand Left and Right?" *Japanese Journal of Political Science* 12(1): 33–55.

Jovanovska, Tanja Karakamisheva. 2019. "Why Fear of Recall for Elected Officials." *Iustinianus Primus Law Review* 10(1): 1–17.

Kagan, Robert. 2016. *Dangerous Nation, Vintage*. London, UK: Penguin books.

Kam, Cindy D., and Carl L. Palmer. 2008. "Reconsidering the Effects of Education on Political Participation." *The Journal of Politics* 70(3): 612–631.

Karasapan, Omer. 2017. "Refugees, Migrants and the Politics of Fear." *Future Brookings*. https://www.brookings.edu.

Kaufmann, Bruno, Rolf Büchi and Nadja Braun. 2010. *Guidebook to Direct Democracy: In Switzerland and Beyond*. Marburg: Initiative and Referendum Institut.

Kelly, Richard and Isobel White. 2014. *Recall of MPs Bill 2014–15 Bill No 94 of 2014–15*. Research paper 14/53 9 October 2014.

Kent, Donald Peterson. 1953. *The Refugee Intellectual: The Americanization of the Immigrants of 1933–1941*. New York, NY: Columbia University Press.

Kenworthy, Lane, and Jonas Pontusson. 2005. "Rising Inequality and the Politics of Redistribution in Affluent Countries." *Perspectives on Politics* 3(3): 449–471.

Klein, Ezra. 2020a. *Why We're Polarized*. New York, NY: Avid Reader Press.

Klein, Ezra. 2020b. https://www.preposterousuniverse.com/podcast/2020/01/27/81-

ezra-klein-on-polarization-politics-and-identity.

Lake, David A., and Donald Rothchild.1996. "Containing Fear: The Origins and Management of Ethnic Conflict." *International Security* 21(2): 41- 75.

Lam, Tom. 2000. "The Exodus of Hoa Refugees from Vietnam and their Settlement in Guangxi: China's Refugee Settlement Strategies." *Journal of Refugee Studies* 13(4): 374-390.

Lee, Shin-wha. 2001. "Emerging Threats to International Security: Environment, Refugees, and Conflict." *Journal of International and Area Studies* 8(1): 73-90.

Leighley, Jan E., and Jonathan Nagler. 2014. *Who Votes Now? Demographics, Issues, Inequality, and Turnout in the United States.* Princeton, NJ: Princeton University Press.

Lépinard, E. 2007. *L"égalité introuvable – La parité, les féministes et la République–*. Paris: Sciences Po.

Lesh, Jonathan. 2017. "To be a Global Leader, China Needs a New Refugee Policy." *The Diplomat* (July 22), https://thediplomat.com.

Lévêque, Sandrine. 2018. "Parité et quotas en politique." *Politika.* https://www. politika.io/fr/notice/parite-quotas-politique.

Lijphart, Arend. 1997. "Unequal Participation: Democracy's Unresolved Dilemma." *American Political Science Review* 91(1): 1-14.

Lipset, Seymour M. 1959. "Some Social Requisites of Democracy: Economic Development and Political Legitimacy." *American Political Science Review* 53(1): 69-105.

Locke, John 저·강정인·문지영 역. 1996. 『통치론』. 서울: 까치글방.

Locke, John. 2013. *Second Treatise of Government*, edited by Peter Laslett. Cambridge, UK: Cambridge University Press.

Loescher, Gil, and John A. Scanlan. 1986. *Calculated Kindness: Refugees and America's Half-open Door*, 1945-Present. New York, NY: Free Press.

Machiavelli, Niccolo. 2009. *The Prince.* Translated from the Italian by W.K. Marriott. El Paso, Texas: Norte Press.

Machiavelli, Niccolo 저·박상훈 역. 2018. 『군주론』. 서울: 후마니타스.

MacIntyre, Alasdair 저·이진우 역. 1997. 『덕의 상실』. 서울: 문예출판사.

MacIntyre, Alasdair. 2007. *After Virtue.* 3rd ed. Notre Dame, Indiana: University of Notre Dame Press.

Madison, James. 1961. *The Federalist Papers*, edited by Clinton Rossiter. New York, NY: Signet Classics.

Manganelli-Rattazzi, A.M., Bobbio. A, and Luigina Canova.2007. "A Short Version of the Right-Wing Authoritarian Scale." *Personality and Individual Differences* 43(5): 1123-1234.

Mannheim, Karl. 1952. "The Problem of Generations" in *Essays on the Sociology of Knowledge*, edited by Paul Kecskemeti. New York: Oxford University Press.

Marx, Karl. 2000. *Das Kapital.* Seattle, WA: Pacific Publishing Studio.

Matsusaka, John G. 2020. *Let the People Rule: How Direct Democracy Can Meet the Populous Challenge.* Princeton: Princton University Press.

Mayer, Alex. 2011. "Does Education Increase Participation?" *The Journal of Politics* 73(3): 633-645.

McCall, Leslie. 2013. *The Undeserving Rich: American Belief about Inequality, Opportunity, and Redistribution*, Cambridge: Cambridge University Press.

McCurry, Justin. 2015. "Japan Says It Must Look After Its Own Before Allowing in Syrian Refugees." *The Guardian* (September, 30), https://www.theguardian.com.

Meltzer, Allan H., and Scott F. Richard. 1981. "A Rational Theory of the Size of Government." *Journal of Political Economy* 89(5): 941-927.

Ministry of Foreign Affairs of Japan (MFAJ). 2018. "Japan's Humanitarian Assistance." https://www.mofa.go.jp/files/000357360.pdf.

Mossuz-Lavau, Janine. 2002. "La parité en politique, histoire et premier bilan dans Travail." *genre et sociétés* N° 7: 41-57. https://www.cairn.info/revue-travail-genre-et-societes-2002-1-page-41.htm.

Mossuz-Lavau, Janine. 2005. "Histoire et enjeux de la loi sur la parité." *Revue Projet* N° 287, Comprendre pour agir. https://www.revue-projet.com/articles/2005-4-histoire-et-enjeux-de-la-loi-sur-la-parite.

Mounk, Yascha. 2018a. *The people vs Democracy.* Cambridge, MA: Harvard University Press.

Mounk, Yascha. 2018b. https://www.preposterousuniverse.com/podcast/2018/07/30/episode-7-yascha-mounk-on-threats-to-liberal-democracy.

Mueller, Dennis C. 2003. *Public Choice III.* Cambridge: Cambridge University Press.

Murdoch, James C., and Todd Sandler. 2004. "Civil Wars and Economic Growth: Spatial Dispersion." *American Journal of Political Science* 48(1): 138-151.

Natasha Lomas. 2020. "EU Parliament Moves to Email Voting During COVID-19 Pandemic." *TECH CRUNCH* (March 23), https://techcrunch.

com/2020/03/23/eu-parliament-moves-to-email-votingduring-covid-19/.

Nussbaum, Martha. 1996. "Patriotism and Cosmopolitanism." In *For Love of Country: Debating the Limits of Patriotism*, edited by Joshua Cohen. Boston: Beacon.

Oesch, Daniel. 2015. "Occupational Structure and Labor Market Change in Western Europe since 1990." In *The Politics of Advanced Capitalism*, edited by Pablo Beramendi, Silja Häusermann, Herbert Kitschelt and Hanspeter Kriesi, 112-32. Cambridge: Cambridge University Press.

Parameswaran, Prashanth. 2018. "China-Vietnam Joint Patrols in the Spotlight." *The Diplomat* (October, 31), https://thediplomat.com.

Paul. 2017. "La parité en politique : une coquille vide." *monmandalocal*, August 11, 2017. https://www.monmandatlocal.fr/innover-pour-son-territoire/social/parite-encore-ou-autre-chose/.

Peng, Ito, and Joseph Wong. 2008. "Institutions and Institutional Purpose: Continuity and Change in East Asian Social Policy." *Politics & Society* 36(1): 61-88.

Piketty, Thomas. 1995. "Social Mobility and Redistributive Politics." *Quarterly Journal of Economics* 110: 551-84.

Piketty, Thomas. 2014. *Capital in the Twenty-first century.* Cambridge: Havard University Press.

Plato 저·천병희 역. 2015. 『국가』. 도서출판 숲.

Radcliff, Benjamin. 1992. "The Welfare State, Turnout, and the Economy: A Comparative Analysis." *American Political Science Review* 86(2): 444-456.

Remy, Jacqueline, and Eric Mandonnet. 1999. "Oui à l'égalité, non à la parité." *Libération*, February 11, 1992. https://www.lexpress.fr/actualite/politique/oui-a-l-egalite-non-a-la-parite_492514.html.

Roberts, Adam. 1999. "NATO's 'Humanitarian War' over Kosovo." *Survival* 41(3): 102-123.

Robertson, Phil. 2017. "North Korean Refugees Trapped by China's Expanding Dragnet." *Human Rights Watch.* https://www.hrw.org.

Rodrik, Dani. 1995. "Getting Interventions Right: How South Korea and Taiwan Grew Rich." *Economic Policy* 4(1): 55-107.

Roemer, John. 2001. *Political Competition.* Cambridge: Harvard University Press.

Rouse, Stella M., Ashley D. Ross, and McCall, Leslie. 2013. *The Undeserving Rich: American Belief about Inequality, Opportunity, and Redistribution.*

Cambridge: Cambridge University Press.

Rouse, Stella M., and Ashley D. Ross. 2018. *The Politics of Millennials: Political Beliefs and Policy Preferences of America's Most Diverse Generation.* Ann Arbor: University of Michigan Press.

Rousseau, Jean-Jacques. 1964. *OEvres Complètes III, Du Contrat Social Ecrits Politiques.* Paris: Gallimard.

Rousseau, Jean-Jacques. 1997. *On the Social Contract, in The Social Contract and Other Later Political Writings, Book III.* Translated by Victor Gourevitch. Cambridge, England: Cambridge University Press.

Rousseau, Jean-Jacques 저·최석기 역. 2016. 『인간 불평등 기원론/사회계약론』. 서울: 동서문화사.

Rueda, David. 2007. *Social Democracy Inside Out: Partisanship and Labor Market Policy in Advanced Industrialized Democracies.* New York: Oxford University Press.

Salant, Brian. 2017. "As Displacement Becomes Long-Term, Refugee Hosts Grapple with new Normal." *Migration Policy Institute* (MPI). Migration Information Source, Issue #5.

Salehyan, Idean, and Kristian Skrede Gleditsch. 2006. "Refugee Flows and the Spread of Civil War." *International Organization* 60(2): 335-366.

Schlentz, Dace. 2010. *Did 9/11 Matter? Securitization of Asylum and Immigration in the European Union in the Period for 1992 to 2008.* Refugee Studies Centre.

Schmidt, Manfred G. 2007. "Testing the Retrenchment Hypothesis: Educational Spending, 1960~2002." in *The Disappearing State? Retrenchment Realities in an Age of Globalization*, edited by Francis G. Castles. London: Edward Elgar.

Schreier, Joshua, and Mira Sucharov. 2016. "The Israeli Right Wing Is Delighted by Trump's Win — and Why That's So Dangerous." *Forward* (November, 13), https://forward.com.

Senac, Rejane. 2015. *L'égalité sous conditions: Genre, parité, diversité.* Paris: Sciences Po.

Sennett, Richard 저·김병화 역. 2020. 『짓기와 거주하기: 도시를 위한 윤리』. 파주: 김영사.

Serdült, Uwe. 2015. "The History of a Dormant Institution: Legal Norms and Practice of Recall in Switzerland." *Journal of Representative Democracy* 51(2): 161-172.

Sørensen, Rune J. 2013. "Does Aging Affect Preferences for Welfare Spending?

A Study of Peoples' Spending Preferences in 22 countries, 1985~2006."
European Journal of Political Economy 29: 259–271.

Seth, Michael J. 2002. *Education fever: Society, Politics, and the Pursuit of
Schooling in South Korea*. Honolulu: University of Hawaii Press.

Shapiro, Ian. 2020. https://www.coursera.org/learn/moral-politics.

Shayo, Moses. 2009. "A Model of Social Identity with an Application to Political
Economy: Nation, Class, and Redistribution." *American Political Science
Review* 103(2): 147–174.

Sieyès, Emmanuel Joseph. 1822. *Qu'est-ce que le Tiers-État? précédé de l'Essai
sur les privilèges*. Paris: Alexandre Correard, Libraire, 1822, Réédition de
l'ouvrage original de 1788. http://classiques.uqac.ca.

Smith, Steven. 2006. https://oyc.yale.edu/political-science/plsc-114.

Solt, Frederick. 2010. "Does Economic Inequality Depress Electoral Participation?
Testing the Schattschneider Hypothesis." *Political Behavior* 32(2): 285–301.

Song, Lili. 2018. "China and the International Refugee Protection Regime: Past,
Present, and Potentials." *Refugee Survey Quarterly* 37(2): 139–161.

Stalin, Joseph. 1938. *Dialectical and Historical Materialism*. https://www.marxists.
org/reference/archive/stalin/works/1938/09.htm.

Stanley, Jason. 2020. https://www.npr.org/2020/09/06/910320018/fascism-
scholar-says-u-s-is-losing-its-democratic-status.

Steadman, Stephen John, and Fred Tanner. 2003. *Refugee Manipulation: War,
Politics and the Abuse of Human Suffering,* edited by Stephen John
Steadman and Fred Tanner. Washington DC: Brookings Institution Press.

Stefanini, Marthe Fatin-Rouge. 2008. "Les «discriminations positives» en
matière électorale aux États-Unis et en France." *CAHIERS DU CONSEIL
CONSTITUTIONNEL* 23: 91–94. https://www.conseil-constitutionnel.
fr/nouveaux-cahiers-du-conseil-constitutionnel/les-discriminations-
positives-en-matiere-electorale-aux-etats-unis-et-en-france.

Stevenson, Charles. 1944. *Ethics and Language*. New Haven, CT: Yale Univ press.

Suhrke, Astri. 1998. "Burden-sharing during Refugee Emergencies: The Logic of
Collective versus National Action." *Journal of Refugee Studies* 11(4): 396–
415.

Tajfel, Henry, and J Turner. 1979. "An Integrative Theory of Intergroup conflict."
The Social Psychology of Intergroup relations, edited by J. A. Williams and S.
Worchel, 33–47. Belmont, CA: Wadsworth.

Thachil, Tariq. 2014. "Elite Parties and Poor Voters: Theory and Evidence from

India." *American Political Science Review* 108(2): 454–77.

Thelen, Kathleen. 2012. "Varieties of Capitalism: Trajectories of Liberalization and the New Politics of Social Solidarity." *Annual Review of Political Science* 15: 137–159.

Thompson, Drew. 2009. "Border Burdens: China's Response to the Myanmar Refugee Crisis." *China Security* 5(3): 11–21.

Tocqueville, Alexis de 저·임효선·박지동 역. 1997. 『미국의 민주주의』. I, II. 서울: 한길사.

Tocqueville, Alexis de. 2003. *Democracy in America: and Two essays on America.* 2 vols. London, England: Penguin Classics.

UNDP (United Nations Development Programme). 2019. *Human Development Report 2019, Beyond Income, Beyond Averages, Beyond Today: Inequalities in Human Development in the 21st Century.* New York: UNDP.

UN High Commissioner for Refugees (UNHCR). 2017. *Global Trends: Forced Displacement in 2017.* Geneva, Switzerland: UNHCR.

UN High Commissioner for Refugees (UNHCR). 2018. *Status of World Refugees.* Geneva, Switzerland: UNHCR.

U.S. Congress. Ensuring. 2001. *Congressional Security and Continuity Act*, H.R.3481, 107th Congress.

U.S. Congress. House of Representatives. the Committee on Rules. 2020. *Authorizing Remote Voting by Proxy in the House of Representatives and providing for Official Remote Committee proceedings during a Public Health Emergency due to a novel Coronavirus, and for other Purposes: Report* (to Accompany H. Res. 965.).

U.S. Senate. 2020a. "a Resolution amending the Standing Rules of the Senate to enable the participation of absent Senators during a national crisis." *S.Res.548.*

U.S. Senate. 2020b. *PSI Staff Memorandum, Roundtable on Continuity of Senate Operations and Remote Voting in Times of Crisis.*

Varral, Merriden. 2017. "How China Views the Plight of Refugees." *The Interpreter.* Lowy Institute. https://www.lowyinstitute.org.

Venice Commission. 2017. *Republic of Moldova, Joint Opinion on the Draft Law on Amending and Completing Certian Legislative Acts.* CDL–AD(2017)012.

Venice Commission. 2019. *Report on the Recall of Mayors and Local Elected Representatives.* CDL–AD(2019)011rev.

Verba, Sidney, Kay L. Schlozman, and Henry Brady. 1995. *Voice and Equality: Civic Voluntarism in American Politics.* Cambridge: Cambridge University Press.

Vidalie, Anne, and Helene Constanty. "Les réseaux de femmes." *L'Express*, March 8, 2004. https://www.lexpress.fr/actualite/societe/les-reseaux-de-femmes_490489.html.

Vogel-Polsky, Eliane. 1994. "Les impasses de l'egalite ou pourquoi les outils juridiques visant a l'egalite des femmes et des hommes doivent etre repenses en terme de parite." *Parite-Infos, special issue* 1: 9.

Walzer, Michael. 1997. *On Toleration.* New Heaven, CT: Yale University Press.

Washington, Lindsey. 2018. "Inter-EU Conflict Over Refugee Placement." *Diplomatic Courier* (February, 9), https://www.diplomaticourier.com.

Wattenberg, Martin. 2002. *Where Have All the Voters Gone?* Cambridge, MA: Harvard University Press.

Weigert Andrew J., J. Smith Teitge, Joyce Smith Teitge, and Dennis W. Teitge. 1986. *Society and Identity: Toward a Sociological Psychology.* New York: Cambridge University Press.

Welp, Yanina. 2016. "Recall Referendums in Peruvian Municipalities: a Political Weapon for Bad Losers or an Instrument of Accountability?" *Democratization* 23(7): 1162-1179.

Welp, Yanina. 2018. "Recall Referendum Around the World: Origins, Institutional Designs and Current Debates." In *The Routledge Handbook to Referendums and Direct Democracy,* edited by Laurence Morel and Matt Qvortrup, 451-463. New York: Routledge.

Welp, Yanina, and Juan Pablo Milanese. 2018. "Playing by the Rules of the Game: Partisan Use of Recall Referendums in Colombia." *Democratization* 25(8): 1379-1396.

Welp, Yanina, and Ana Sofía Castellanos. 2019. "Understanding the use of recall referendums: Evidence from Ecuador." *International Political Science Review* 0(0): 1-14. DOI: 10.1177/0192512119830373.

Wolfinger, Raymond, and Steven Rosenstone. 1980. *Who Votes?* New Haven: Yale University Press.

Wong, Joseph. 2004. "Democratization and the Left: Comparing East Asia and Latin America." *Comparative Political Studies* 37(10): 1213-37.

Wright, Tony. 2015. "Recalling MPs: Accountable to Whom?" *The Political Quarterly* 86(2): 289-296.

Wu, Yu-Shan. 2013. "From Identity to Distribution: Paradigm Shift in Taiwan Politics." Paper presented *at the 55th Annual Conference of the American Association for Chinese Studies*, The State University of New Jersey at Rutgers, New Brunswick, NJ.

Young, lirs Marion 저·김희강·나상원 역. 2020. 『포용과 민주주의』. 서울: 박영사.

Zakaria, Fareed. 1997. "The Rise of Illiberal Democracy." *Foreign Affairs* 76: 22.

Zolberg, Ari, Astri Suhrke, and Sergio Aguayo. 1989. *Escape from Violence: Conflict and the Refugee Crisis in the Developing World.* Oxford, UK: Oxford University Press.

糠塚康江. 2005. 『パリテの論理 ― 男女共同参画の技法』. 東京: 信山社.

糠塚康江. 2013a. "フランスにおけるパリテ, 女性の政治参画推進の技法."『国際女性』No. 27.

糠塚康江. 2013b. "フランスの取組の特徴と日本への示唆: 法整備後に見えてきた課題." https://www.gender.go.jp/research/kenkyu/sekkyoku/pdf/h19shogaikoku/sec3.pdf.

難民支援協会. 2017. "Why Japan Recognizes Only a Few Refugees? Institutional Challenges." https://www.refugee.or.jp.

村上彩佳 2019. フランスにおける女性議員の増加のプロセスとその要因 : クオータ制導入の頓挫からパリテ法の制定・定着まで, 内閣府男女共同参画局推進課・諸外国における政治分野への女性の参画に関する調査研究報告書.

笹川平和財団. 2016. 『多様性のある政治リーダーシップ〜男女平等な政治参画に向けて〜』, 177. 東京: 笹川平和財団.

언론 자료

매일경제. 2001/02/13. "에티오피아인 사상 첫 난민인정."

연합뉴스. 2018/12/14. "제주, 예멘인 2명 난민인정 파장… 난민수용 두고 논란 커질 듯."

연합뉴스. 2019/12/19. 〈인터뷰〉 김도균 한국이민재단 이사장 "제주 난민들 잘 살고 있어요."

오마이뉴스. 2015/10/14. "대한민국 1호 난민, 왜 이탈리아로 떠났나."

이투데이. 2018/07/17. "일본은 지금: 난민정책과 외국인 수용정책."

자유아시아방송. 2016/01/18. "재일본 탈북자 200여 명의 현실은?"

조선일보. 2018/12/10. "일손 부족 시달린 일본 '이민 수용국'으로 간다."

중앙일보. 1977/10/01. "냉혹한 일본의 월남 난민정책, 전쟁 때 돈 벌고 기항마저 거부."

중앙일보. 2018/08/06. "난민에 우호적 51% 무슬림엔 적대적 67%… 이슬람포 비아."

한겨레. 2018/06/20. "한국, 난민법 5년전 시행… 난민 인정률은 4.1%뿐."

Economy Chosun. 2018/07/09. "난민쇄국으로 표류하는 보트피플의 후예."

L'Express. 2021/02/02. https://www.lexpress.fr/actualite/societe/parite-en-politique-les-femmes-plus-presentes-mais-toujours-exclues-du-pouvoir_1875431.html.

New China. 2017/06/24. "FM Calls for More Efforts to Solve Refugee Crisis in Mideast."

The Asahi Shimbun. 2018/02/14. "Japan Maintains Tough Stance on Refugees, Only 20 Accepted in 2017."

The AsiaN. 2016/03/07. "중국이 '시리아 난민' 받아들이지 않는 이유."

The Japan Times. 2018/05/21. "Japan's Refugee-Screening System Sets High Bar."

웹사이트

국립 통계 경제 연구소(Insee) 사이트: Femmes et hommes – Regards sur la parité https://www.insee.fr/fr/statistiques/1372781.

남녀평등고등위원회사이트 https://www.haut-conseil-egalite.gouv.fr/IMG/pdf/hce_plaquette_de_presentation_20170316-2.pdf.

남녀평등고등위원회(Haut Conseil à l'Égalité entre les femmes et les hommes) 사이트 https://fr.wikipedia.org/wiki/Haut_Conseil_%C3%A0_l%27%C3%A9galit%C3%A9_entre_les_femmes_et_les_hommes.

독일 연방하원 의사규칙 변경 관련 위원회 결정 권고안 보고. 2020. "Beschlussempfehlung und Bericht, Drucksache 19/18126," March 25, 2020. https://dip21.bundestag.de/dip21/btd/19/181/1918126.pdf.

루디법 사이트 https://fr.wikipedia.org/wiki/Loi_Roudy_du_13_juillet_1983_sur_la_parit%C3%A9.

정치 파리테(La parité politique). 사이트 https://www.vie-publique.fr/eclairage/19618-la-parite-politique.

파리테 감시위원회(Observatoire de la parité entre les femmes et les hommes) 사이트 https://fr.m.wikipedia.org/wiki/Observatoire_de_la_parit%C3%A9_entre_les_femmes_et_les_hommes.

파리테 노래(남과여) 사이트: Un homme et une femme (chanson) https://wikimonde.com/article/Un_homme_et_une_femme_%28chanson%29.

파리테법의 한계 사이트 http://eco-mouv.e-monsite.com/pages/sujets-et-problematiques/ancien-programme/la-loi-sur-la-parite-et-ses-limites.html.

영국 의회 홈페이지 https://www.parliament.uk/about/how/covid-19-hybrid-proceedings-in-the-house-of-commons/.

e-나라지표. 2018. "난민통계현황." http://www.index.go.kr.

ACE network knowledge https://aceproject.org. (검색일: 2020.12.2.).

Transparency International. https://www.transparency.org/en/cpi/2019/index/nzl. (검색일: 2021.1.20.).

불평등 시대의 시장과 민주주의

제1판 1쇄   2021년 8월 31일

지은이   권혁용 김동훈 문우진 유항근 윤찬웅 이동한 이신화 이양호
             이정진 임태균 정한울 조계원 지은주 최인숙 한서빈

펴낸이   장세린
편집   배성분, 박을진
디자인   얼앤똘비악

펴낸곳   (주)버니온더문
등록   2019년 10월 4일(제2019-000123호)
주소   서울특별시 용산구 청파로93길 47
홈페이지   http://bunnyonthemoon.kr
전화   050-5099-0594
팩스   050-5091-0594
이메일   bunny201910@gmail.com

ISBN   979-11-969927-5-0 93340